UTB **2522**

Eine Arbeitsgemeinschaft der Verlage

Beltz Verlag Weinheim · Basel
Böhlau Verlag Köln · Weimar · Wien
Wilhelm Fink Verlag München
A. Francke Verlag Tübingen und Basel
Haupt Verlag Bern · Stuttgart · Wien
Lucius & Lucius Verlagsgesellschaft Stuttgart
Mohr Siebeck Tübingen
C. F. Müller Verlag Heidelberg
Ernst Reinhardt Verlag München und Basel
Ferdinand Schöningh Verlag Paderborn · München · Wien · Zürich
Eugen Ulmer Verlag Stuttgart
UVK Verlagsgesellschaft Konstanz
Vandenhoeck & Ruprecht Göttingen
Verlag Recht und Wirtschaft Frankfurt am Main
VS Verlag für Sozialwissenschaften Wiesbaden
WUV Facultas Wien

Aspekte moderner Sonderpädagogik

herausgegeben von

Monika A. Vernooij und Manfred Wittrock

MONIKA A. VERNOOIJ

Erziehung und Bildung beeinträchtigter Kinder und Jugendlicher

FERDINAND SCHÖNINGH

PADERBORN · MÜNCHEN · WIEN · ZÜRICH

Die Autorin:
Prof. Dr. rer. nat. Monika A. Vernooij ist Lehrerin, Dipl. Psychologin, Dipl. Pädagogin und Psychotherapeutin. Nach mehrjähriger Tätigkeit als Lehrerin für Grund-, Haupt- und Sonderschulen ist sie seit 1992 Professorin für Heil- und Sonderpädagogik. Seit SS 1997 Ordinaria an der Bayerischen Julius-Maximilians-Universität Würzburg. Veröffentlichungen u. a.: *Einführung in die Arbeit mit behinderten Menschen* (7. Aufl. 2002; Zusammen mit Manfred Wittrock als Hg.: *Verhaltensgestört. Perspektiven, Diagnosen, Lösungen im pädagogischen Alltag* (2004, UTB 2523).

Bibliografische Information Der Deutschen Bibliothek

Die Deutsche Bibliothek verzeichnet diese Publikation in der Deutschen Nationalbibliografie; detaillierte bibliografische Daten sind im Internet über http://dnb.ddb.de abrufbar.

Gedruckt auf umweltfreundlichem, chlorfrei gebleichtem Papier (mit 50 % Altpapieranteil)

© 2005 Verlag Ferdinand Schöningh, Paderborn
(Verlag Ferdinand Schöningh GmbH & Co. KG, Jühenplatz 1, D-33098 Paderborn)
ISBN 3-506-71314-0

Internet: www.schoeningh.de

Printed in Germany.
Herstellung: Ferdinand Schöningh, Paderborn
Einbandgestaltung: Atelier Reichert, Stuttgart

UTB-Bestellnummer: ISBN 3-8252-2522-4

Inhalt

Geleitwort der Herausgeber

Mit der Reihe „Aspekte moderner Sonderpädagogik" soll den Veränderungen in der Theorie und Praxis der Gesamtdisziplin einerseits, den Entwicklungen und Forschungen in speziellen Bereichen der Disziplin andererseits, Rechnung getragen werden.

Ziel der Reihe ist die Vermittlung fachspezifischen Wissens mit deutlicher Ausrichtung auf die sonderpädagogische Praxis.

Dabei führen die gravierenden Veränderungen in den letzten 35 Jahren, speziell die Entwicklung von der separierten zur integrierten Erziehung und Bildung beeinträchtigter Kinder und Jugendlicher, zu einer Annäherung von Allgemeiner und Sonder-Pädagogik, insbesondere in der vorschulischen und schulischen Praxis. Dieser Prozess bedingt u. a. eine differenzierte inhaltliche Bestimmung der Sonderpädagogik als wissenschaftlich fundierter, handlungsorientierter Disziplin.

Sie ist eine Pädagogik für erschwerte Entwicklungs-, Lern- und Lebenssituationen, nicht eine Pädagogik für besondere Kinder!

Die Dimensionen dieser Pädagogik sind:

Erziehung, Bildung, Förderung und (subsidiäre) Fürsorge, unter Beachtung wesentlicher Prinzipien bezogen auf Entwicklungs- und Lernprozesse.

Diese Prinzipien
– Entwicklungsorientierung
– Autonomieorientierung
– Bedürfnisorientierung
– Ressourcenorientierung

gelten zwar für jegliches pädagogisches Handeln. Im Zusammenhang mit beeinträchtigten Kindern erhalten sie jedoch einerseits besonderes Gewicht, andererseits kann ihnen nur mit Hilfe besonderer Methoden, Maßnahmen und Organisationsformen entsprochen werden.

Aufgrund der Heterogenität des Personenkreises sind die erforderlichen, je spezifischen Hilfen im Entwicklungs- und Lernprozess unterschiedlich beeinträchtigter Kinder und Jugendlichen mit unterschiedlichem Förderbedarf („special needs") nur auf der Basis spezieller Kenntnisse und Qualifikationen effektiv zu planen und durchzuführen.

Sonderpädagogik ist in starkem Maße Einzelfallpädagogik, d. h. jedes Kind mit je spezifischen Beeinträchtigungen bedarf je spezifischer pädagogischer Maßnahmen vor dem Hintergrund seiner individuellen Situation und Lebenslage und bezogen auf die physischen, psychischen und sozialen Gegebenheiten.

Die in zwangloser Folge erscheinenden Einzelbände der Reihe versuchen einerseits Sonderpädagogik heute im nationalen und internationalen Feld auszuloten.

Andererseits spannen sie den Bogen von der Disziplin Sonderpädagogik über spezifische Teilbereiche und Fragestellungen bis hin zur Allgemeinen (Schul-) Pädagogik.

Würzburg / Oldenburg, 13.11.04

MONIKA A. VERNOOIJ   MANFRED WITTROCK

Vorwort

Der vorliegende Band ist als wissenschaftsorientiertes Lehrbuch gedacht für Sozialpädagogen, Heilpädagogen, Sonderpädagogen, Psychologen und Mediziner, deren
Klientel Beeinträchtigungen, Störungen, Behinderungen oder Entwicklungsgefährdungen aufweist.

Neben der institutionalisierten Erziehung und Bildung von Kindern und Jugendlichen (Kindergarten, Schule) werden spezifische Fördermaßnahmen (z. B. Interdisziplinäre Frühförderung, Mobile Sonderpädagogische Dienst etc.) mehrperspek-
tivisch vorgestellt. Ergänzt werden die Ausführungen durch ausgewählte gesetzliche Grundlagen, die in Zusammenhang mit der Erziehung, Bildung, Förderung und
Fürsorge bei beeinträchtigten Kindern und Jugendlichen bedeutsam sind.

Die Entwicklungen in der Sonderpädagogik, bezüglich theoretischer Grundlagen
und praktischer Konzepte werden ebenso herausgearbeitet, wie spezifische Aspekte der Disziplin Sonderpädagogik.

Die wesentlichen inhaltlichen Aussagen sind jeweils am Ende eines Kapitels/ei-
nes Abschnittes als Merksätze zusammengefasst. Bezogen auf bestimmte Begriffe
und Phänomene, die im Rahmen dieses Buches nicht ausführlich behandelt werden konnten, finden sich erläuternde Exkurse, die das Verstehen des Gesamtzu-
sammenhanges erleichtern.

Würzburg, 13.11.2004   MONIKA A. VERNOOIJ

1. Einführung

1.1 Das Subsidiaritätsprinzip in westlichen Demokratien

Menschen mit Behinderung, Beeinträchtigungen und Störungen befinden sich im Hinblick auf ihre Lebensplanung und Lebensgestaltung in besonderen Problemlagen. Sie müssen sich – im Gegensatz zu nicht beeinträchtigten Menschen – mit körperlichen Schädigungen, geistigen Schwächen, kommunikativen und sozialen Schwierigkeiten auseinandersetzen. Ihre Biographie, die Stationen des Lebensverlaufs sind durch diese Beeinträchtigungen mehr oder weniger, vorübergehend oder dauerhaft geprägt. In der Regel sind sie zumindest zeitweilig auf Hilfestellung von außen angewiesen, um ihr Leben halbwegs zufriedenstellend gestalten zu können.

Sowohl in der Kindheit und Jugend als auch im Erwachsenenalter bedürfen sie daher besonderer Hilfen, die „über die normale erziehliche und sonstwie mitmenschlichen Interaktionen hinausgehen" (BUCHKREMER 1982, 23). Solche Hilfen werden möglich im Rahmen des Subsidiaritätsprinzips, das in den westlichen Demokratien die Gesellschaftsstruktur und die (sozial-) politische Situation prägt (vgl. Abs. 1.3). Der Begriff *subsidium* kommt aus dem Lateinischen und bedeutet Beistand, Hilfe, Stütze, Schutz, Rückhalt (vgl. DER KLEINE STOWASSER 1966, 472).

Das Subsidiaritätsprinzip entwirft eine Gesellschaftsordnung, in der, in Abgrenzung zu totalitären und zentralistischen Systemen, übergeordnete Einheiten nur dort helfend, regulierend, stützend eingreifen, intervenieren, wo untergeordnete Einheiten aus unterschiedlichen Gründen nicht tätig werden können. Die Anerkennung der selbstständigen Handlungs- und Wirkungsmöglichkeiten untergeordneter gesellschaftlicher Einheiten, wie etwa der Familie, hat Priorität. Nur dann, wenn eine untergeordnete Einheit, eine Familie, ein Individuum nicht in der Lage ist, bestimmte Lebensprobleme aus eigener Kraft zu lösen, dürfen staatliche Institutionen eingreifen. Eine Gesellschaftsordnung nach dem Subsidiaritätsprinzip hat eine gestufte Struktur des Hilfeanspruchs und der Hilfeleistung. Dabei verschiebt sich zumindest teilweise die Verteilung der Verantwortung für ein selbstgestaltetes und gelingendes Leben von der kleinsten Einheit zur nächst größeren, wenn Hilfebedarf gegeben ist, d. h. wenn trotz größter Kraftanstrengung bestimmte Aufgaben nicht alleine zu bewältigen sind. Jede Einheit hat u. a. die Pflicht, die freie Entfaltung der individuellen Eigenart sowie die Eigenaktivität der einzelnen Mitglieder zu sichern (vgl. Böhm [15]2000).

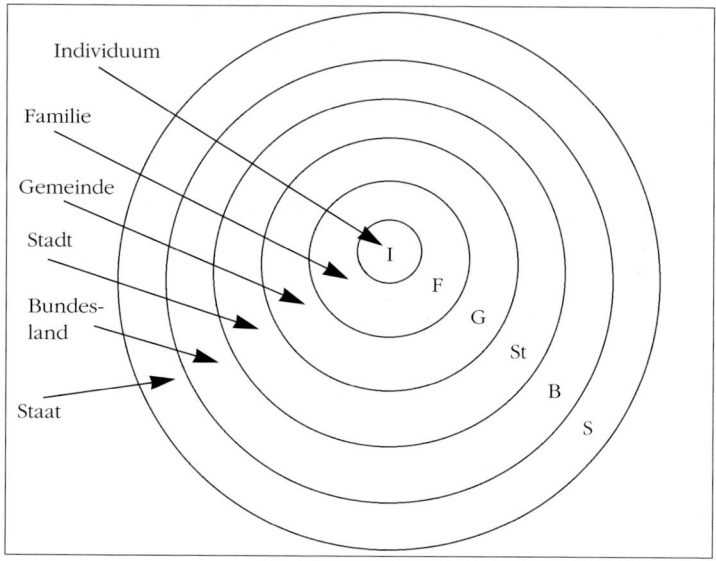

Abb. 1: Einheiten nach dem Subsidiaritätsprinzip

Unterschieden werden kann zwischen
– einem institutionenbezogenen und
– einem anspruchsbezogenen

Subsidiaritätsprinzip. Ersteres regelt die Zuständigkeit der verschiedenen sozialen Leistungsträger (freie Träger, öffentliche Träger, Stadt- oder Landkreis etc.) und deren Verhältnis zueinander.

Ob in einem spezifischen Falle ein Leistungsanspruch besteht, welcher Art dieser ist bzw. sein könnte und wie dies mit dem Anspruchsberechtigten zu realisieren wäre, regelt das anspruchsbezogene Subsidiaritätsprinzip.

Sowohl auf verschiedene Träger sozialer Leistungen als auch auf die rechtlichen Grundlagen hinsichtlich bestimmter Leistungsansprüche werde ich in den jeweiligen Kapiteln näher eingehen.

Ganz allgemein gilt, dass in einem sozialen Rechtsstaat nach dem Prinzip der Subsidiarität, der Staat in seinen untergeordneten Organen die Aufgabe hat „in soziale Not geratenen Menschen Hilfe anzubieten, die sie in den Stand setzen, ihre Notlage mit Würde (vgl. Art. 1 Abs. 1 GG) zu überleben" (BSHG, Einführung, VII).

Daraus leitet sich das Recht jedes Hilfsbedürftigen ab, soziale Leistungen des Staates in Anspruch zu nehmen, wenn andere Leistungssysteme (Sozialversicherung, Krankenkasse etc.) diese Hilfe nicht leisten können bzw. wenn die Leistungen außerhalb ihres Zuständigkeitsbereiches liegen.

Das staatliche soziale Hilfenetz hat dafür Sorge zu tragen, dass jedem Menschen angemessene Lebensmöglichkeiten eröffnet bzw. gesichert werden (vgl. BSHG, Einführung, VII).

Nicht nur das Bundessozialhilfegesetz (BSHG), sondern auch das Kinder- und Jugendliche-Hilfegesetz (KJHG), das Bundesausbildungsförderungsgesetz (BAFG) sowie das Jugendgerichtsgesetz (JGG), welches zum Jugendrecht gehört und auf den ersten Blick nicht zu den Gesetzen bezogen auf Hilfeleistungen zu zählen scheint, sind im Zusammenhang mit beeinträchtigten Menschen von großer Bedeutung, wobei hier nur die wesentlichen Gesetze genannt sind.

1.2 Zum Verhältnis von Sonderpädagogik und Sozialer Arbeit

In jedem Gesellschaftssystem findet sich eine Vielzahl von Individuen und Gruppen, die vom sozialen Netz aufgefangen, unterstützt, gefördert oder neu eingegliedert werden müssen. Zum einen sind es Kinder und Jugendliche, die einer besonderen Förderung, Erziehung, Bildung und Ausbildung bedürfen. Zum anderen sind es Erwachsene, die aufgrund von Behinderungen, sozialen und / oder emotionalen Beeinträchtigungen, ökonomischen Notlagen oder aufgrund besonderer Lebensumstände

(z. B. Asylsuchende, Einwanderer, ausländische Arbeitnehmer) der öffentlichen Hilfen in unterschiedlicher Form bedürfen.

Insbesondere im Bereich von Erziehung, Bildung und Förderung im Sinne einer subsidiären Pädagogik, liegt das praktische Aufgabenfeld der Sonderpädagogik.

Alle Formen besonderer Förderung, vorschulisch, schulisch und nachschulisch sind Gegenstand subsidiärer Erziehung und Bildung die von BUCHKREMER folgendermaßen definiert wird:

„Unter dem Oberbegriff Subsidiäre Erziehung sind alle jene Interventionen zu subsumieren, die aus der besonderen Problemlage des Adressaten resultieren und normale Erziehungs- und Lernfunktionen unterstützen" (1982, 24 f. / vgl. auch 1995, 9 ff.).

Überall dort, wo bestehende Regelinstitutionen sich hinsichtlich bestimmter Aufgabenfelder im Erziehungs- und Bildungsprozess als insuffizient erweisen, wo Kindern mit einem besonderen pädagogischen Förderbedarf im Regelsystem nicht angemessen begegnet werden kann, setzt sonderpädagogische Förderung ein. Dabei ist das Spektrum der Möglichkeiten besonderer, adressatengerechter Erziehung, Bildung und Förderung außerordentlich vielfältig, wie in den folgenden Kapiteln gezeigt wird.

Praktische Sonderpädagogik ist also eine Pädagogik für besondere Lern- und Lebenssituationen, eine Pädagogik, die der je spezifischen Situation behinderter, beeinträchtigter und entwicklungsgestörter Kinder und Jugendlicher in besonderem Maße Rechnung trägt. Sie hat das Ziel, ihre Klientel zu weitestgehender Selbständigkeit, Leistungsfähigkeit und Aktivität zu führen, die ihnen die Teilhabe in allen Bereichen privaten und gesellschaftlichen Lebens ermöglicht.

Dort wo bestehende Beeinträchtigungen nicht eliminiert oder zumindest reduziert werden können, liegt eine weitere Aufgabe darin, die Kinder und Jugendlichen psychisch zu stabilisieren und ihnen ein Höchstmaß an Fähigkeiten, Fertigkeiten und Kenntnissen zu vermitteln, um die gesellschaftliche Teilhabe trotz der Beeinträchtigung zu gewährleisten.

Vor-, außer- und nachschulisch ist die Sonderpädagogik dabei auf die Sozialpädagogik und die Sozialarbeit angewiesen. Auf die begrifflichen bzw. definitorischen Probleme hinsichtlich der Unterscheidung, der Über- oder Unterordnung von Sozialpädagogik und Sozialarbeit möchte ich nicht näher eingehen. (Ich verweise auf FOOKEN 1973; BUCHKREMER 1982, 1995; VAHSEN 1996; DBSH 1997.) Ungeachtet der seit Jahren mehr oder weniger intensiven kontroversen Diskussion verwende ich die Begriffe hier synonym bzw. subsumiere beide unter den Begriff „Soziale Arbeit" (vgl. WILKEN / VAHSEN 1999, 8; SCHAARSCHUCH 1999, 37).

Dass Sonderpädagogik und Soziale Arbeit aufgrund gemeinsamer Zielgruppen auch in sich überschneidenden Arbeitsfeldern tätig sind, steht außer Zweifel (vgl. THIERSCH 1982; WILKEN, U. 1994; WARZECHA 1999). Dass sie ihre notwendige Kooperation verbessern und intensivieren sollten, zum Wohle der jeweils Betroffenen, wird gerade in den letzten Jahren dringlich angemahnt (vgl. HARTKE 1998; WARZECHA 1999). Nach dem KJHG vom 15. März 1996 ist eine Zusammenarbeit klar gefordert (vgl. §§ 80, 81). Nach ELLINGER können bei dieser Zusammenarbeit „die Ressourcen der Jugendhilfe" sonderpädagogisch genutzt und z. B. im schulischen Rahmen entfaltet werden (vgl. 2000, 382). Damit erfahren sonderpädagogische Maßnahmen eine Erweiterung und Bereicherung zum Wohle der betroffenen Kinder.

Differenzen hinsichtlich der Berufsprofile, der Kompetenzen und der Statuswertigkeit erschweren mancherorts die Kooperation. Dennoch kann dem breiten Spektrum subsidiärer Maßnahmen, pädagogischer, rehabilitativer, sozial-betreuender Art nur in der gemeinsamen Arbeit beider Bezugsgruppen Rechnung getragen werden.

In einer sehr allgemeinen Abgrenzung kann man sagen:
Sonderpädagogik ist die Theorie und Praxis der Erziehung, Bildung und Förderung, der Betreuung und Pflege von Menschen mit Beeinträchtigungen in ihrer körperlichen, geistigen und/oder seelischen Entwicklung. Dabei liegt der Schwerpunkt der praktischen Arbeit in der Entwicklungsförderung, der institutionalisierten Erziehung und Bildung, der Unterstützung persönlicher und beruflicher Selbständigkeit. Das bedeutet, dass Sonderpädagogik eher individuumzentriert, Entwicklungs- und Lernprozesse initiiert, fördert und begleitet, um ein Höchstmaß an Selbständigkeit in der Lebensführung zu erreichen und die sozial-integrierte gesellschaftliche Teilhabe beeinträchtigter Menschen zu gewährleisten.

Soziale Arbeit ist eher soziologisch und damit systemisch ausgerichtet. Nach TUGGENER (1971, 136) kann der Erziehungsbegriff hier durch den Sozialisationsbegriff ersetzt werden, d. h. im Mittelpunkt des Interesses stehen die komplexen, vielfältig zu differenzierenden Prozesse sozialer Eingliederung unter erschwerten Bedingungen, im weiteren Sinne die Vergesellschaftung von Menschen mit unterschiedlichsten Beeinträchtigungen. Dabei müssen sowohl die je spezifischen Sozialisationsbedingungen (Milieu, sozio-ökonomische, sozio-

kulturelle, psychosoziale Faktoren etc.), als auch die individuellen Handlungs- und Freiheitsspielräume beachtet werden,
vor dem Hintergrund notwendiger Unterstützung und Hilfe.
Die Versuche in den 1970er Jahren, klarere Abgrenzungen der
sozialpädagogischen Aufgaben vorzunehmen, zeigen, dass
der wesentliche Unterschied zwischen Sonderpädagogik und
Sozialer Arbeit in den Feldern von institutionalisierter Erziehung und Bildung versus sozialer Konfliktlösung, Eingliederung, Unterstützung jenseits von Bildungsinstitutionen anzusiedeln ist.

FISCHER formuliert 1966 (30): „Sozialarbeit als Fürsorge bzw. als
soziale Hilfe ist zwar eine der unerlässlichen Ermöglichungen
von Erziehung, bleibt aber im vor- bzw. außerpädagogischen
Raum."
    MOOR betont 1969 (11): „Fürsorge ist etwas anderes als Erzie-
hung."
    Sehr differenziert versucht MOLLENHAUER (1966, 40), das Auf-
gabenfeld zu präzisieren, in Abgrenzung zu Schulpädagogik. Er
verdeutlicht in einer Gegenüberstellung, dass
– nicht „gesellschaftlich objektive Leistungsanforderung", sondern der soziale „Konflikt",
– nicht „kanonisierbares Wissen", sondern „subjektive Erfah-
  rungs- und Schicksalslagen" von Einzelnen,
– nicht institutionalisierte „kollektive Lehre", sondern eine Be-
  ratungsstruktur, die sich durch „Vielfalt und den methodisch
  eingesetzten Kombinationsreichtum" auszeichnet
das Aufgabenfeld der sozialen Arbeit bilden.

Aufgabe der Sozialen Arbeit ist es, soziale Probleme mit den
Adressaten gemeinsam zu lösen (vgl. MOLLENHAUER 1966, 40;
BUCHKREMER 1982, 22 ff.; LÜSSI 1991, 79 f.; KALLER 2001, 353).
Diese Aussage erscheint zunächst trivial. Bei genauerer Be-
trachtung zeigt sich jedoch, dass sie nur mit hoher Kompetenz
und mit vielfältigem Hintergrundwissen zu bewältigen ist.

Nach KALLER (2001, 354 f.) lassen sich für die soziale Arbeit vier
Wissenskomplexe herausstellen:

1. Strukturiertes Problemwissen,
    führt zur Fähigkeit, Ereignisse, Situationen und Lebensla-
    gen von Menschen zu erfassen und zu beschreiben.

2. **Theoretisches Erklärungswissen**,

    sichert die Möglichkeit, aus einer Fülle von Erklärungsan-
    sätzen und -aspekten die jeweils angemessenen Methoden
    und Sozialtechniken zur Problemlösung auswählen, vor-
    schlagen und Interventionspläne erstellen zu können.

3. **Organisatorisches Strukturwissen**,

    d. h. die Kenntnis über Institutionen, gesetzliche Möglich-
    keiten, Trägerorganisationen etc. sorgt für eine umsichtige,
    problem- und sachgerechte Planung, bei der u. U. auch
    Handlungsgrenzen einbezogen werden müssen.

4. **Methodenwissen**,

    im Zusammenhang mit Sozialmanagement einerseits (z. B.
    bezogen auf Notsituationen in Gruppen), mit Einzelbetreu-
    ung andererseits, im Sinne von Organisations-, Beratungs-,
    Therapiekompetenz.

Für einen „sozialen Sachverhalt" der ein soziales Problem darstellt sieht LÜSSI drei Kriterien als notwendig an:
– eine Notsituation, im Sinne „unzumutbarer Beschwernis";
– die subjektive Belastung mindestens einer der betroffenen
  Personen;
– die Schwierigkeit der Problemlösung durch die Betroffenen
  selbst, ohne professionelle Hilfe. (vgl. 1991, 84 ff.).

Soziale Arbeit setzt also dort ein, wo Einzelpersonen oder Gruppen aufgrund bestimmter Problemlagen besonderer Hilfen innerhalb des sozialen Systems bedürfen. Von Resozialisierungs- über
Ersatzerziehungs- bzw. Erziehungshilfemaßnahmen bis hin zu Re-
habilitationsmaßnahmen reicht das Spektrum möglicher subsidiärer Interventionen. Soziale Arbeit „kümmert sich um das schicksalhaft Besondere ihrer Adressaten bzw. ihrer Adressatengrup-
pen", und dies relativ unabhängig von Faktoren wie Geschlecht,
Beruf, Stand und Herkunft (vgl. BUCHKREMER 1982, 28; 1995, 13 ff.).
  Unabhängig davon, dass der Begriff „schicksalhaft" hinsichtlich bestimmter „Notlagen" (z. B. Kriminalität, Sucht) durchaus
zu diskutieren wäre, ist das Ziel aller Maßnahmen immer ein
emanzipatorisches: die Hilfe zur Selbsthilfe! Wie im Subsidiaritätsprinzip angelegt, verfolgen die Interventionen das Ziel, hil-
febedürftige Personen oder Gruppen weitestgehend zu befähigen, von subsidiären Maßnahmen unabhängig zu werden. Sie
sollen soweit stabilisiert werden, dass sie möglichst selbständig
und selbstverantwortlich ihre Lebensgestaltung (wieder) übernehmen können.

Dieses Ziel haben Sonderpädagogik und Sozialpädagogik gemeinsam, wobei häufig nach Beendigung sonderpädagogischer Maßnahmen sozialpädagogische einsetzen (z. B. beim betreuten Wohnen erwachsener Behinderter) oder beide Berufsgruppen parallel und gemeinsam mit der Lösung eines Problems befasst sind (z. B. in der Erziehungshilfe).

Zusammenfassend lässt sich sagen: Sonderpädagogik und Soziale Arbeit sind zwei Seiten einer Medaille, wobei Sonderpädagogik eher auf institutionalisierte Entwicklungs- und Lern-/Leistungsförderung ausgerichtet ist, die soziale Arbeit hingegen eher der Sozialisation im weitesten Sinne, der sozialen Problematik von Menschen zugewandt ist, was z. B. Formen von Erziehungshilfe einschließt. In einer zunehmend komplexer werdenden Gesellschaft, in der sich zwischenmenschliche soziale Netze langsam auflösen, in der sich Sozialstaatlichkeit linear proportional zur wirtschaftlichen Situation eines Landes verändert (d. h. je schlechter die wirtschaftliche Situation, desto geringer sind die sozialstaatlichen Möglichkeiten und Leistungen), sind subsidiäre Maßnahmen von besonderer Bedeutung.

Nur interdisziplinäre Kooperation aller an diesen Maßnahmen beteiligten Institutionen und Berufsgruppen kann den vielfältigen Aufgaben im Zusammenhang mit beeinträchtigten, behinderten, in Notlagen geratenen Menschen gerecht werden. Dabei kann Zusammenarbeit nicht heißen, berufs- und arbeitsfeldtypische Kompetenzen aufzuheben, sondern unterschiedliche Kompetenzen und Handlungsausrichtungen sachlich und konkurrenzfrei so miteinander zu verknüpfen, dass die gemeinsamen Ziele zum Wohle der Adressaten in bestmöglicher Form erreicht werden können. Fachkompetente Zusammenarbeit heißt nicht Kompetenzen zu vermischen, sondern unterschiedliche Kompetenzen in sich ergänzender Weise zu verzahnen!

1.3 Gemeinsame Sozialpolitik in der Europäischen Union?

1.3.1 Soziale Gerechtigkeit als Leitidee

Es ist heute kaum angemessen, bei Ausführungen zum Subsidiaritätsprinzip als **einer** Grundlage staatlicher Sozialpolitik, den Blick nicht auf die sogenannte gemeinsame Sozialpolitik der EU zu richten. Dabei zeigt sich, wie häufig bei Vergleichen unterschiedlicher Systeme, dass weder begrifflich noch inhaltlich direkte Zuordnungen möglich sind. Im Zusammenhang mit europäischer Sozialpolitik wird immer wieder das Argument der „sozialen Gerechtigkeit" gebraucht. Dabei sind die theoretischen Positionen unterschiedlich. Einigkeit besteht allerdings darin, dass eine soziale Gerechtigkeit im ökonomisch-sozialen Prozess nicht zu erreichen ist.

Der englische Sozialphilosoph JOHN RAWLS (dt. 1975) geht von einer Grundvorstellung von Gerechtigkeit aus, die er „Fairness" nennt.

Sie enthält zwei Prinzipien:
– Jedem Mitglied der Gesellschaft muss ein Maximum an Freiheit zugebilligt werden, unabhängig von sozio-ökonomischen Gegebenheiten.
– Jedem Mitglied der Gesellschaft muss ein Höchstmaß an Chancen für Entwicklung, Bildung, Lebensführung etc. gewährt werden.

Er geht davon aus, dass soziale Ungleichheiten in komplexen Industrie- und Leistungsgesellschaften nicht zu vermeiden sind. Beide Prinzipien sollen aber auch für sozial Schwächere optimale Bedingungen bzw. den größtmöglichen Vorteil sichern.

Gerechtigkeit heißt nicht „Allen das Gleiche", sondern „Jedem das Seine". Unter diesem Aspekt lassen sich nach KERBER (1981) und SUTOR (1997) fünf Dimensionen sozialer Gerechtigkeit unterscheiden:

– **Besitzstandsgerechtigkeit**
   im Sinne der bestehenden Ordnung, d. h. der Schutz rechtmäßig erworbenen Eigentums muss garantiert sein, denn dies ist Voraussetzung für Rechtssicherheit und erfolgreiches Wirtschaften.

– **Leistungsgerechtigkeit**
   im freien Wettbewerb der Kräfte, d. h. Leistungsanreize und Leistungsunterstützung sind in einem modernen Industrie- und Sozialstaat bei schwächeren Individuen besonders bedeutsam, da Leistung geknüpft ist an die Individualstruktur des Einzelnen.

– **Chancengleichheit**
   für alle bisher Benachteiligten, im Sinne der Schaffung von Möglichkeiten zur besseren Lebensgestaltung und Lebensbewältigung.

– **Bedürfnisgerechtigkeit**
  im Sinne einer angemessenen Befriedigung der Grundbe-
  dürfnisse für alle Menschen.

– **Zukunftsgerechtigkeit**
  einerseits im Sinne individueller Zukunftsplanung (Überlap-
  pung mit Chancengleichheit), andererseits im Sinne einer
  Generationenplanung, d. h. einer Planung, die die Bedürfnisse künftiger Generationen nicht aus dem Blick verliert, sondern deren Ressourcen und Lebensbedingungen sichert.

Soziale Gerechtigkeit kann somit nicht reduziert werden auf eine rein materielle Verteilungsfrage. **Aufgabe einer angemessenen Sozialpolitik ist der Ausgleich verschiedener Ansprüche auf unterschiedlichen Ebenen.** Dabei muss ein solcher Ausgleich allen Beteiligten zumutbar sein und im Zusammenhang mit gesellschaftlichen Veränderungsprozessen immer
wieder neu definiert werden. Dieser Prozess vollzieht sich z. B.
seit einigen Jahren in der Europäischen Union allgemein, in
Deutschland im besonderen.

Zum besseren Verständnis dessen, was in der EU geschieht,
folgt zunächst ein kleiner Exkurs zur nationalen Sozialpolitik.

1.3.2 Sozialpolitik in der Bundesrepublik Deutschland und in Europa

Der Begriff Sozialpolitik wurde 1854 von RIEHL in die politische
Diskussion eingebracht und findet seitdem durchgängig Verwendung, allerdings weitgehend bezogen auf die deutschsprachigen Länder. Die Inhalte der Sozialpolitik sind in nahezu 150
Jahren relativ gleichgeblieben, sieht man von Ausdifferenzie-
rungen in den wesentlichen Bereichen ab. Bereits 1921 definiert V. MAYR Sozialpolitik als „zielbewußte Einflußnahme der
öffentlichen Gewalt auf die Gestaltung der Lage der verschiedenen gesellschaftlichen Schichten ... im Interesse der schutz-
bedürftigen Schichten" (1921, 172 f.).

LAMPERT stellte 1980 zwei wesentliche Ziele der Sozialpolitik heraus:
– „die Verbesserung der wirtschaftlichen Lage und der sozialen
  Stellung solcher Personenmehrheiten, die absolut oder rela-

tiv, d. h. im Vergleich zu anderen als wirtschaftlich und /
oder sozial schwach gelten", oder die in eine Situation aku-
ter Existenzgefährdung geraten sind, z. B. durch situative
Veränderungen (Arbeitslosigkeit, Krankheit, Unfall);
– „die Sicherung der wirtschaftlichen Lage und der sozialen
  Stellung solcher Personenmehrheiten, die nicht in der Lage
  sind, auf sich gestellt, für diese Risiken Vorsorge zu treffen"
  (LAMPERT 1980, 6 f.).

Von ihrer Zielrichtung her ist Sozialpolitik immer **auch,** aber
nicht primär Verteilungspolitik. Das materielle Sozialleistungssystem wird notwendig ergänzt durch soziale Dienst- und Hilfs-
leistungen, die zwar staatlich finanziert aber für die Betroffenen
den Charakter immaterieller Zuwendungen haben (vgl. Abs. 1.1
/ 1.2).

Neben dem Rentenversicherungswesen gehören zum materiel-
len Sozialleistungssystem
– Einkommensleistungen bei Krankheit und Invalidität,
– Einkommensleistungen im Familienlastenausgleich,
– Einkommensleistungen im Ausbildungs- und Beschäftigungs-
  system,
– Einkommensleistungen im Wohnungswesen (z. B. sozialer
  Wohnungsbau),
– Einkommensleistungen im Zusammenhang mit Sparförde-
  rung und Eigentumsbildung,
– Einkommensleistungen im Zusammenhang mit politischen
  Ereignissen (z. B. Kriegsopferversorgung, Entschädigungs-
  leistungen),
– Einkommenssicherung als allgemeine Lebenshilfe (z. B. Leis-
  tungen in besonderen Notlagen).

Nur am Rande sei angemerkt, dass in Standardwerken zur Sozialpolitik das Wort Behinderung und die damit verbundenen
Sozialleistungen nicht vorkommen (z. B. bei FRERICH [3]1996).
Wie bei den Sozialstatistiken richten sie sich aus auf die werk-
tätige Bevölkerung und auf die Situation der Erwerbsminde-
rung nach ursprünglich voller Erwerbsfähigkeit. Lediglich die
Blindenhilfe findet Erwähnung.
  Eine begriffliche Entsprechung findet sich im englisch oder
französisch sprechenden Ausland zwar (engl.: *social politics* –
selten gebraucht, eher: *social legislation*; franz.: *politique socia-
le*), die Inhalte sind jedoch wesentlich auf Gesetzgebung und

materielle Verteilungspolitik beschränkt, und dies mit deutlicher Präferierung arbeitsrechtlicher Bestimmungen und Gesetze.

In allen europäischen Staaten gibt es aber seit unterschiedlich langer Zeit (CLASEN 1997; WEBER / LEIENBACH 2000) und in unterschiedlicher Ausprägung Systeme des „sozialen Schutzes", welche im wesentlichen die Vorsorge für soziale Risiken umfassen, wie
- Krankheit / Mutterschaft
- Invalidität / Behinderung / Alter
- Arbeitsunfall / Berufskrankheit
- Arbeitslosigkeit
- Familienhilfeleistungen
- Sozialhilfe.

Diese Systeme sind jedoch eher unter dem Begriff *„social-welfare"* zu subsumieren (franz.: *bienfaisance public*).

Wie auch immer die Begrifflichkeit lautet: Es ist deutlich, dass in den Mitgliedsstaaten der EU über wesentliche Bereiche sozialer Politik und Gesetzgebung Einigkeit besteht. Allerdings verbleiben diese Sozialleistungssysteme in nationaler Zuständigkeit und damit in Ausrichtung, Organisation und Volumen unterschiedlich.

1.3.3 Das Europäische Sozialrecht

Europäisches Sozialrecht ist geprägt durch eine Wettbewerbsordnung, die auf grenzüberschreitenden Marktfreiheiten gründet. Dabei richtet sich die öffentliche Vor- und Fürsorge auf die Teilhabe derjenigen, die aus eigener Kraft dazu nicht in der Lage wären.

Insofern bezieht sich dieses Europäische Sozialrecht als Gemeinschaftsrecht unter dem Aspekt der Trennung von Sozialrecht und Arbeitsrecht vornehmlich auf *das* Rechtsgebiet, in dem innerhalb der Gemeinschaft Konflikte zu erwarten sind, nämlich dem Gebiet Sozial- und Arbeitsrecht, wobei Sozialrecht hier nicht im deutschen Sinne zu verstehen ist, sondern eher als Sozial-Arbeitsrecht (vgl. VERNOOIJ 2004).

Es handelt sich beim Europäischen Sozialrecht um ein supranationales Recht der Europäischen Gemeinschaft, welches nur für Mitglieder dieser Gemeinschaft, d. h. für Bürger der Mitgliedsstaaten, Gültigkeit hat.

Insgesamt teilt sich das Europäische Sozialrecht in drei Bereiche:

1. Das Freizügigkeitsrecht,

welches im Hinblick auf die Arbeitnehmerfreizügigkeit verhindern soll, dass Wanderarbeitnehmer aufgrund der Wahrnehmung dieses Freizügigkeitsrechts sozialrechtliche Nachteile im Zusammenhang mit ihrer Erwerbstätigkeit haben.

2. Das Wettbewerbs – Sozialrecht,

welches den Bereich der wettbewerblichen Grundfreiheiten in aktiven und passiven Dienstleistungs- und Warenverkehr sowie die traditionelle sozialstaatliche Daseinsvorsorge in der EU revolutionierte. Dies betrifft insbesondere das freiwillige und gesetzliche Sozialversicherungswesen. Zwar wurde die Inanspruchnahme von Sozialversicherungsleistungen als materielle Leistungen auf den Bereich des jeweiligen Mitgliedslands beschränkt, das Verhältnis von nationalem Sozialrecht (im Zusammenhang mit Arbeit) und europäischen Grundfreiheiten muss hier jedoch neu überdacht werden.

3. Das originäre Gemeinschaftssozialrecht,

das Aktivitäten der Gemeinschaft in sozial-politischer Absicht enthält.

Zwei Aufgabenfelder lassen sich für das Sozialrecht unterscheiden:
– die Erarbeitung von Vorgaben für die nationalen Sozialrechtsordnungen, bisher z. B. für den Bereich Gleichbehandlung von Männern und Frauen geschehen;
– die Entwicklung einer eigenen Sozialpolitik der Gemeinschaft, bisher
z. B. die Vorschriften über europäische Sozialfonds, d. h. die Mitfinanzierung mitgliedsstaatlicher Arbeitsförderungssubventionen
• Zuschüsse zur Finanzierung für die Mitgliedsstaaten
• als Anschubfinanzierung mit Initiativwirkung.

Auch hier wird noch einmal deutlich, dass Sozialpolitik im europäischen Zusammenhang stark fokussiert ist auf Arbeitsrecht, auf Ausbildungs- und Arbeitsförderung, weniger auf Ausgleichsleistungen im Sinne von *social welfare*, unter dem Aspekt sozialer Gerechtigkeit. Das heißt, die subordinären Leistungen im Zusammenhang mit der Erziehung, Bildung und Förderung beeinträchtigter und / oder behinderter Kinder und Jugendlicher bleiben nationale Aufgabe.

Obwohl sich die Europäische Union lange Zeit kaum mit Sozialpolitik befasste, wurden zwei Aspekte jedoch von Beginn an betont:
- die Unterschiedlichkeit der nationalen Sozialrechtsordnungen,
- das Prinzip der nationalen Solidarität, welches im Subsidiaritätsprinzip rechtlichen Ausdruck fand (zumindest in allen westeuropäischen Ländern).

Die Unterschiedlichkeit zeigt sich u. a. an den unterschiedlichen Sicherungsniveaus in den Mitgliedsstaaten. 1994 betrugen die Sozialausgaben in den Mitgliedsstaaten der EU im Durchschnitt 4728 EURO pro Kopf. Die Spanne reicht jedoch von 1236 EURO in Griechenland bis zu 8020 EURO in Dänemark. In Deutschland waren es 6520 EURO. Bei der Osterweiterung 2004 hat sich diese Bandbreite zusätzlich vergrößert.

Vergleichsdaten von 2001, die bereits einige der damaligen Beitrittsländer berücksichtigen, zeigen, dass der prozentuale Durchschnittswert der Sozialausgaben, bezogen auf das jeweilige Brutto-Inlands-Produkt (BIP), bei 24, 9 % liegt. Die Spanne erstreckt sich von einem Prozentsatz von 14, 6 in Irland über 25, 6 in der Slowakei und Italien bis zu 30, 0 in Frankreich und 31, 3 in Schweden. Mit 29, 8 % liegt Deutschland deutlich über dem EU-Durchschnitt und an 3. Stelle nach Schweden und Frankreich. Insgesamt waren 19 Länder erfasst (vgl. Eurostat 2004, 2).

Schlüsselt man die Daten auf und betrachtet nur die Sozialausgaben für Familien und Kinder, so liegt Luxemburg, mit 16, 8 % am höchsten, gefolgt von Dänemark und Ungarn (12, 9) sowie Großbritannien (12, 5) und Finnland (12, 1). Deutschland liegt mit 10, 4 % an sechster, Spanien mit 2, 6 % an letzter Stelle (vgl. Eurostat 2004, 1).

Wollte man das soziale Sicherungsniveau nach oben harmonisieren, so würden ärmere Mitgliedsstaaten finanziell überfordert. Eine Angleichung nach unten hingegen würde in wohlhabenden Staaten einen massiven Sozialabbau zur Folge haben.

Letzterem steht jedoch eine Empfehlung des Europäischen Rates vom 24. Juni 1992 zu den Systemen sozialer Sicherung entgegen, in der es u. a. heißt:

„... es ist daher angebracht, in der Sozialpolitik die Bestrebungen festzusetzen und das Erreichte zu festigen ... und die ver-

schiedenen Maßnahmen der Soforthilfe mit Maßnahmen zu kombinieren, die entschieden auf eine wirtschaftliche und soziale Eingliederung der bereits ausgegrenzten bzw. der von einer Ausgrenzung bedrohten Personen abzielen."
(Dok. 392 X 0441)

Diese Aussage bezieht sich aber auf Ausgrenzungsprozesse und drohende Verarmung bei der *werktätigen Bevölkerung*, infolge wirtschaftlicher Entwicklungen (z. B. Langzeitarbeitslosigkeit). Es ist daher, insbesondere bezogen auf Formen der Behindertenhilfe geboten, die weiteren Entwicklungen des europäischen Sozialrechts aufmerksam zu verfolgen. Dies gilt vor allem hinsichtlich der sozialen Dienst- und Hilfeleistungen im Sinne individueller, personenbezogener Förderung und Unterstützung (vgl. Vernooij 2004).

1.3.4 Die Charta der Grundrechte der EU

Im Dezember 2000 wurde die Charta der Grundrechte auf dem EU-Gipfeltreffen in Nizza feierlich proklamiert. Sie bildet die Grundlage für politische, wirtschaftliche und soziale Sicherheit in der EU. Sie beruht auf den Grundsätzen von Demokratie und Rechtsstaatlichkeit und stellt die Person, den Unionsbürger in den Mittelpunkt ihres Handelns.
Die Charta gliedert sich in Anlehnung an wenige fundamentale Prinzipien in 7 Kapitel:

– Würde des Menschen	Kap. I	(Art. 1 – 5)
– Freiheiten	Kap. II	(Art. 6 – 19)
– Gleichheit	Kap. III	(Art. 20 – 26)
– Solidarität	Kap. IV	(Art. 27 – 38)
– Bürgerrechte	Kap. V	(Art. 39 – 46)
– Justizielle Rechte	Kap. VI	(Art. 47 – 50)
– Allgemeine Bestimmungen	Kap. VII	(Art. 51 – 54)

Einige im Zusammenhang mit beeinträchtigten Menschen wesentliche Aussagen und Artikel sollen kurz herausgegriffen werden.

Bereits in der Präambel wird die Erhaltung und Entwicklung gemeinsamer Werte betont. An deren Ende wird verdeutlicht,

– dass die in den Artikeln festgeschriebenen Rechte sich u. a. aus der Europäischen Menschenrechtskonvention und aus den vom Europarat beschlossenen Sozialchartas ergeben;
– dass die Bekräftigung dieser Rechte unter Beachtung der jeweiligen Zuständigkeiten und unter Beachtung des *Subsidiaritätsprinzips* zu erfolgen habe.

In Kap. I, Art. 2, Satz 1 heißt es:

> „Jede Person hat das Recht auf Leben.“
> („Person“ ist hier nicht im Sinne Peter SINGERS gemeint – vgl. VERNOOIJ 1995, HENSLE / VERNOOIJ, [7]2002 – sondern im neutralen Sinne von Mensch.)

Dieser Satz ist im Zusammenhang mit Art. 3, Satz 2, Abs. 2 von Bedeutung, in dem es heißt:

> "Im Rahmen der Medizin und Biologie muss das *Verbot eugenischer Praktiken*, insbesondere derjenigen, welche die Selektion von Personen zum Ziel haben" beachtet werden.

In Kap. II ist Art. 14 dem Recht auf Bildung gewidmet. Im Satz 1 heißt es:

> „Jede Person hat das Recht auf Bildung sowie auf Zugang zur beruflichen Ausbildung und Weiterbildung.“

Im Sinne der eingangs dargelegten Dimensionen „Chancengleichheit“ und „Zukunftsgerechtigkeit“ sind damit alle Mitgliedsstaaten gehalten, Maßnahmen zur Gewährleistung dieses Rechts bereitzustellen, insbesondere für beeinträchtigte, behinderte und von Behinderung bedrohte Menschen.

Im Zusammenhang mit dem Prinzip der „Gleichheit“ besteht in Art. 21, Satz 1 ein Nichtdiskriminierungsgebot, welches sich bezieht auf
– Geschlecht
– Rasse
– Hautfarbe
– ethnische oder *soziale Herkunft*
– *genetische Merkmale*
– Sprache
– Religion oder Weltanschauung
– politische oder sonstige Anschauung
– Zugehörigkeit zu einer nationalen Minderheit
– Vermögen
– Geburt

– *Behinderung*
– Alter
– sexuelle Ausrichtung.

Soziale Herkunft, genetische Merkmale und Behinderung, explizit genannt, sichern zumindest formal die Gleichberechtigung beeinträchtigter und behinderter Menschen in allen Mitgliedsstaaten. Dabei ist anzumerken, dass auch im GG der BRD dieser Passus erst 1994 (!) eingeführt wurde (Art. 3 Abs. 3 Satz 2 – Benachteiligungsverbot).

Ein durchgängiger Grundsatz bezogen auf die Rechte des Kindes ist die Beachtung des Kindeswohls. In Kap. III, Art. 24 wird dieses explizit herausgestellt:

> „Bei allen Kinder betreffenden Maßnahmen öffentlicher oder privater Einrichtungen muss das Wohl des Kindes eine vorrangige Erwägung sein."

Das Kinder- und Jungendlichenhilfe-Gesetz der Bundesrepublik Deutschland basiert ebenso auf diesem Grundsatz, wie familienrichterliche Entscheidungen (z. B. im Zusammenhang mit Sorgerechtsfragen / vgl. auch Kap. 4).

Ein eigener Artikel ist der sozialen Integration von Menschen mit Behinderungen gewidmet. Art. 26 lautet folgendermaßen:

> „Die Union anerkennt und achtet den Anspruch von Menschen mit Behinderungen auf Maßnahmen zur Gewährleistung ihrer Eigenständigkeit, ihrer sozialen und beruflichen Eingliederung und ihrer Teilhabe am Leben in der Gemeinschaft."

Dies bedeutet, dass behinderte Kinder in der EU sowohl bezogen auf ihre allgemeine Erziehung und Bildung, als auch im Jugendlichen- und Erwachsenenalter bezogen auf ihre berufliche Ausbildung und Eingliederung ein Recht auf besondere Maßnahmen haben, die staatlicherseits bereitgestellt werden **müssen**.

Bei aller Unterschiedlichkeit nationaler Sozialgesetzgebungen ist in den Mitgliedsstaaten der EU die Erziehung, Bildung, Ausbildung und berufliche Eingliederung beeinträchtigter und behinderter Menschen sicher zu stellen, unter Beachtung eines Höchstmaßes an Eigenständigkeit und Mitsprache.

Im Zusammenhang mit dem Subsidiaritätsprinzip ist in Kapitel V der Art. 41 interessant. Er stellt das „Recht auf eine gute Verwaltung" sicher und lautet in Satz 2:

> „Dieses Recht umfasst insbesondere das Recht einer jeden Person, gehört zu werden, bevor ihr gegenüber eine für sie nachteilige individuelle Maßnahme getroffen wird."

Eine willkürliche Fremdbestimmung ist bereits durch das Subsidiaritätsprinzip erschwert. Die Verankerung des Rechtes auf Anhörung in der Grundrechtscharta gibt Rechtssicherheit in Fällen staatlicher Zuwiderhandlung.

Betrachtet man diesen Charta-Entwurf, so wird man bei vielen Artikeln an das Grundgesetz der BRD und an die bundesdeutsche Sozialgesetzgebung erinnert. Dies mag zum einen damit zusammenhängen, dass der ehemalige Bundespräsident Roman Herzog Vorsitzender des Konvents war, der den Entwurf der Charta erarbeitet hat, zum anderen macht es aber deutlich, dass die Mitgliedsstaaten der Europäischen Union von der Tendenz her ähnliche Traditionen und/oder Vorstellungen bezogen auf die Grundrechte der Bürger haben. Wichtig zu wissen ist auch, dass der Entwurf so ausgearbeitet wurde, als würde er sicher in die einzelnen Verträge eingearbeitet, denn nur dann erhalten die Grundrechte Rechtsgültigkeit und können im eigenen Land wenn nötig eingeklagt werden. Da alle Diskussionsergebnisse, alle Überlegungen und Bedenken einzelner Konventsmitglieder in den Entwurf eingearbeitet wurden, ist nicht anzunehmen, dass bei einer Übernahme in die Verträge der Mitgliedsstaaten deren Grundgesetz und deren Sozialgesetzgebung grundlegend geändert werden müsste.

1.3.5 Zusammenfassung

Sozialpolitik ist in allen demokratischen Staaten ein wesentlicher Teil des politischen Geschehens, sowohl bezogen auf die rechtliche Grundlegung, als auch bezogen auf deren konkrete Umsetzung. Auch die Europäische Union muss sich bei zunehmender Verbindlichkeit des Zusammenschlusses mehrerer Nationalstaaten und bei einer Verflechtung und Zusammenarbeit in vielen Bereichen politischen und gesellschaftlichen Handelns mit sozialpolitischen Fragen befassen.

Beim augenblicklichen Stand der gemeinsamen Rechtsvorschriften und Entwürfe kann festgehalten werden:

– Der Begriff Sozialpolitik wird in den einzelnen Mitgliedsstaaten in unterschiedlicher Weise definiert bzw. die inhaltlichen
  Schwerpunkte weichen teilweise stark voneinander ab.
– Das Europäische Sozialrecht entspricht eher einem Sozial-Arbeitsrecht verglichen mit dem deutschen Sozialsystem
– Dieses supranationale Sozialrecht wurde wesentlich unter
  dem Gesichtspunkte einer beruflichen und wirtschaftlichen
  Freizügigkeit innerhalb der Mitgliedsstaaten erstellt, d. h.
  dass die Fokussierung auf Arbeitsrecht und Arbeits- und Aus-
  bildungsförderung in einem umfänglichen Sinne liegt, wobei
  es sich wesentlich bezieht auf **voll Erwerbs-** und **Produkti-
  onsfähige**.
– Die eigentlich sozialpolitischen Aufgaben (*social-welfare*)
  verbleiben in der Zuständigkeit der Nationalstaaten, so auch
  die Sozialleistungen im Zusammenhang mit behinderten
  Menschen.
– Alle Mitgliedsstaaten der EU sind dabei dem Subsidiaritätsprinzip verpflichtet.
– Im Europäischen Sozialrecht werden **Vorgaben** für die nationalen Sozialrechtsordnungen als gemeinsame, harmonisie-
  rende Entschließungen erarbeitet, die wir aufmerksam verfolgen sollten.
– Die Charta der Grundrechte der Europäischen Union gibt bezogen auf die soziale Arbeit mit behinderten Menschen Anlass zu der Hoffnung, dass die Belange Behinderter nicht nur
  nationalstaatlich, sondern auch im europäischen Zusammenhang angemessene Berücksichtigung finden (vgl. VERNOOIJ
  2004).

Gesellschaftliche Umbrüche und politische Veränderungsprozesse bringen immer Verunsicherung, vorübergehende Des-
orientierung und Desintegration sowie Prozesse der Gleichge-
wichts- und Kompromissbildung mit sich. Die Weichen für ein
Gelingen sind in Europa positiv gestellt. Das enthebt uns jedoch nicht der Notwendigkeit, wachsam die weitere Entwicklung zu verfolgen und europabedingte Nachteile im bundesdeutschen Sozialsystem insbesondere bezogen auf Menschen mit Beeinträchtigungen oder Behinderungen zu verhindern.

MERKSÄTZE:

1. Das **Subsidiaritätsprinzip** ist in allen Sozialgesetzen der westeuropäischen Länder Grundlage des sozialen Handelns bzw. sozialer Maßnahmen. Es besagt, dass übergeordnete gesellschaftliche Einheiten (z. B. der Staat) und Institutionen im sozialen Bereich nur solche Aufgaben wahrnehmen dürfen, zu deren Wahrnehmung die untergeordneten Einheiten (z. B. die Familie) nicht in der Lage sind.
2. Das bedeutet nicht nur, dass Personen und Gruppen nicht (grundlos) fremdbestimmt werden dürfen, sondern auch, dass Hilfsmaßnahmen und unterstützende Leistungen mit dem Ziel zu gewähren sind, Selbstverantwortung und Eigenständigkeit herbeizuführen und / oder wiederherzustellen.
3. Jeder Hilfsbedürftige hat das Recht staatliche Hilfe in Anspruch zu nehmen, wenn bestimmte Lebens- bzw. Notlagen nicht ohne fremde Hilfe gemeistert werden können.
4. Sonderpädagogik ist die Theorie und Praxis der Erziehung, Bildung und Förderung, der Betreuung und Pflege von Menschen mit Beeinträchtigungen.
5. Praktische Sonderpädagogik ist eine Pädagogik für besondere Lernsituationen.
6. Soziale Arbeit bezieht sich auf Menschen in besonderen Lebens- bzw. Notlagen. Sie findet wesentlich im außerschulischen sozialen Feld statt, im Sinne allgemeiner Sozialisation.
7. Sonderpädagogik und Soziale Arbeit ergänzen sich bezogen auf das gemeinsame Ziel, hilfsbedürftige Personen oder Gruppen zu stabilisieren, zu fördern und sie zu befähigen, von staatlichen Maßnahmen unabhängig zu werden.
8. Die sachliche Kooperation zwischen beiden ist eine notwendige Voraussetzung für die Erreichung dieses Ziels.
9. Kooperation heißt nicht, Kompetenzen zu vermischen bzw. Kompetenzgrenzen aufzulösen. Es heißt vielmehr, unterschiedliche Kompetenzen zum Wohle der Adressaten reflektiert zu vernetzen.
10. Soziale Gerechtigkeit heißt nicht „Jedem das Gleiche" sondern „Jedem das Seine".
11. Ziele von Sozialpolitik sind die Verbesserung und Sicherung der wirtschaftlichen Lage und der sozialen Stellung von Menschen, die dauerhaft oder vorübergehend nicht in der Lage sind, ihre Existenz zu sichern bzw. ihre Lebensgestaltung selbständig vorzunehmen.
12. Das Sozialrecht der EU bezieht sich wesentlich auf Arbeits-Sozialrecht.
13. Alle nationalen Sozialsysteme der Mitgliedsstaaten sind dem Subsidiaritätsprinzip verpflichtet.
14. Die Charta der Grundrechte der EU berücksichtigt die Belange beeinträchtigter und behinderter Menschen in einer allgemeineren Form. Für die Mitgliedsstaaten setzt sie Mindest-Maßstäbe.
15. Sozialpolitische Entwicklungen in der EU bedürfen der aufmerksamen Beobachtung aller sonder- und sozialpädagogisch Tätigen, um mögliche europabedingte Nachteile für den Adressatenkreis zu verhindern.

1.4 Erziehung, Bildung und Förderung beeinträchtigter Kinder

1.4.1 Begriffliche Klärung

Obwohl die Begriffe Erziehung, Bildung und Förderung zentrale Begriffe der Pädagogik und Sonderpädagogik sind, d.h. bekannt und mit bestimmten Inhalten verbunden sind, werden sie im folgenden näher beleuchtet werden, um eine gemeinsame Basis für die nachfolgenden Kapitel zu schaffen. Da im sonderpädagogischen Bereich vermehrt von **Förderung**, weniger von Erziehung und Bildung gesprochen wird, soll zunächst dieser Begriff näher umschrieben werden.

1.4.1.1 Förderung

Im allgemeinen Sprachgebrauch kann sich Förderung sowohl auf individuelle wie auf materiell-ökonomische Entwicklung beziehen.

- **Förderung** meint in einem sehr **allgemeinen** Sinn ein unterstützendes, helfendes Einwirken auf Weiterentwicklung und Fortschritt.

- **Förderung pädagogisch** meint dem entsprechend unterstützendes, helfendes (pädagogisches) Einwirken auf ein Individuum (i.d.R. auf ein Kind), um es in seiner gesamten Entwicklung voranzubringen und seine individuelle Entfaltung zu einem Optimum zu führen.

- **Fördern im materiell-ökonomischen Sinn** bezieht sich auf den eng begrenzten Bereich beruflicher Unterstützung, die sowohl ideell als auch materiell sein kann (finanzielle, ausbildungsermöglichende, arbeitsplatzvermittelnde, projektfinanzierende Unterstützung; Beratung, Begleitung, Protektion im beruflichen Feld).

Im Begriff der Förderung sind die englischen Begriffe

to promote	→	fördern / befördern
to support	→	unterstützen
to assist	→	beistehen / assistieren

in unterschiedlichen Variationen enthalten.

Der in der Sonderpädagogik sehr gebräuchliche Begriff der „Förderung" wird in der einschlägigen Fachliteratur kaum jemals definiert.

Aus soziologischer Sicht können zwei Aspekte herausgestellt werden:
– „etwas bei jemandem ans Tageslicht bringen, jemandem helfen sich zu entwickeln";
– „etwas von jemandem fordern" (vgl. www.sociologi-cus.de/Lexikon, 19.05.2004)

Diese allgemeine Beschreibung, die sich weder auf bestimmte Personengruppen noch auf bestimmte Lebenssituationen bezieht, macht deutlich, dass es sich bei einer Förderung nicht um einen rein caritativen Akt handelt, sondern dass vom Geförderten auch etwas verlangt wird. Fördern ohne zu fordern heißt (auch pädagogisch) situative Hilfen zu geben, ohne den Entwicklungs- und Fortschrittsaspekt zu berücksichtigen.

In der sonderpädagogischen Literatur wird Förderung im dargestellten allgemeinen Sinn völlig ignoriert. Der Begriff wird quasi als sonderpädagogischer Ersatz für Erziehung und Bildung benutzt. Im *Handlexikon der Behindertenpädagogik* (ANTOR / BLEIDICK 2001, 63) heißt es z.B. „Der Begriff der pädagogischen Förderung bezeichnet pädagogische Handlungen bzw. Qualitäten, die gemäß eines impliziten oder expliziten Förderkonzepts auf die Anregung und Begleitung einer an Bildungszielen orientierten, für wertvoll gehaltenen Veränderung individueller Handlungsmöglichkeiten von Menschen in ihren Lebensgemeinschaften und an den sozialen Folgen der Benachteiligung und Behinderung ausgerichtet sind." Zwar heißt es etwas später, dass alle heranwachsenden Menschen, auch Behinderte und Benachteiligte einer „pädagogischen, institutionell übergreifenden Förderung bzw. Anregung und Begleitung ihrer Entwicklung" bedürfen (auch BLEIDICK 1999), die weiteren Ausführungen beziehen sich jedoch weitgehend auf eine Förderung „unter erschwerten Bedingungen" (ANTOR / BLEIDICK 2001, 64). In der *Enzyklopädie der Sonderpädagogik* (DUPUIS / KERKHOFF 1992, 213) findet sich unter dem Stichwort „Fördermaßnahmen, Organisation" der Hinweis, dass Fördermaßnahmen „stets so organisiert sein [sollen], dass die zu fördernde Person so wenig wie möglich diskriminiert wird." Förderung als allgemeiner (pädagogischer, psychologischer, soziologischer) Begriff gerät kaum ins Blickfeld. Die Forderung nach „begabungsgerechter Förderung" von Kindern durch die Kultusminister der meisten Bundesländer macht jedoch mehr als deutlich, dass Förderung kein ausschließlich sonderpädagogischer Begriff ist, d.h. nicht nur im Sinne „besonderer Förderung" zu benutzen ist. BACH (1993, 137) stellt heraus, „dass es gemäß Gesetz und Leit- bzw. Richtlinien **zentrale Aufgabe jeder Schule ist, jedes Kind zu fördern**."

Nach den bisherigen Ausführungen kann zunächst festgehalten werden,
– dass im Zusammenhang mit ihrer Entwicklung **alle** Kinder der Förderung im o. g. Sinne bedürfen,
– dass der Begriff im Rahmen der Sonderpädagogik in einer unzulässig verengten Form benutzt wurde, nämlich als Förderung bei Beeinträchtigungen und häufig bezogen auf bestimmte Entwicklungsbereiche sowie auf spezifische Maßnahmen (z.B. Früh-, Sprach-, Lernförderung etc.)

Unter Förderung aus sonderpädagogischer Sicht werden i. d. R. Maßnahmen zusammengefasst, die **über Regelangebote hinausgehen** mit dem Ziel, trotz beeinträchtigender Gegebenheiten (Behinderungen, Gefährdungen, schwierige Sozialisationsbedingungen) Entwicklungen zu ermöglichen, anzustoßen, voranzubringen, Kompetenzen anzubahnen und / oder zu stärken, die Grenzen je individueller Möglichkeiten auszuloten und das Kind bis an seine Grenzen zu führen.

In den KMK-Empfehlungen von 1994 wird wohl auch deshalb etwas differenzierter von „sonderpädagogischem Förderbedarf" gesprochen, als einem **über die regelhafte Förderung** hinausgehendem Bedarf an (je spezifischer) Förderung.

Dementsprechend schreibt SPECK (1995, 166f.): „Der Leitbegriff der KMK-Empfehlungen ist **sonderpädagogische Förderung**. Er hat sich seit der Verabschiedung der Empfehlungen des Deutschen Bildungsrates zur pädagogischen Förderung behinderter und von Behinderung bedrohter Kinder und Jugendlicher (1973) im Bereich sonderpädagogischer Arbeit ohne eingehendere Reflexion eingebürgert und gilt unter Sonderpädagogen seit längerem als so etwas wie ein facheigener Terminus."

Zusammenfassend zum Begriff Förderung kann gesagt werden:
• Förderung ist ein in die **Pädagogik** übernommener allgemeiner Begriff, der hier helfende und unterstützende Maß-

nahmen umfasst, deren **jedes Kind** für Entwicklungsfortschritte bedarf, nicht nur bei vorhandenen Defiziten. In gezielter systematischer Form geschieht pädagogische Förderung institutionalisiert im vorschulischen, schulischen und beruflichen Bereich

- Förderung im **sonderpädagogischen** Sinn umfasst *zusätzliche*, i.d.R. spezifische Maßnahmen, die aufgrund von Beeinträchtigungen für (bestimmte) Entwicklungsfortschritte als notwendig erachtet werden.

1.4.1.2 Erziehung

BÖHM bezeichnet Erziehung als zweiten Grundbegriff der Pädagogik neben dem der Bildung (vgl. [15]2000, 156). Insofern ist die Fülle an Literatur in den letzten 50 Jahren zum Thema Erziehung schier unübersehbar (Auswahl: SCHALLER 1961, WEBER 1969, MOLLENHAUER 1972, KLAUER 1974, BREZINKA 1974 / _1993, KUPFFER 1980, FLITNER, A. 1982, OELKERS 1985, GIESECKE 1987 / [6]1993, JASPERS _1992, MÄRZ 1993, BAUMGART 1997, MENCK 1998).

Erziehung steht in engerem Zusammenhang mit der allgemeinen Förderung, geht aber insofern über sie hinaus, als die eigenständige, gesellschaftsbezogene Handlungsfähigkeit als Ziel im Vordergrund steht. Nicht nur allgemeiner Entwicklungsfortschritt sondern umfassende Autonomie und Mündigkeit eines jungen Menschen sind das Ziel von Erziehung.

Bei BREZINKA wird Erziehung u.a. durch eine Förderungsabsicht definiert. „Mit Erziehung sind Handlungen gemeint, durch die Erwachsene versuchen, in den Prozess der Werdens heranwachsender Persönlichkeiten einzugreifen, um Lernvorgänge zu unterstützen oder in Gang zu bringen, die zu Dispositionen und Verhaltensweisen führen, welche von den Erwachsenen als seinsollend oder erwünscht angesehen werden" (1972, 26). Etwas später führt er aus, dass „nur durch das subjektive Merkmal der Förderungsabsicht ... objektiv gleichartiges Verhalten im einen Fall Erziehung genannt werden [kann], im anderen nicht" (vgl. 1972, 28).

Sehr allgemein kann Erziehung als „der Inbegriff für alle pädagogischen Maßnahmen und Prozesse, durch die das Kind zur Erwachsenheit (Mündigkeit) gelangt" verstanden werden (vgl. Brockhaus Enzyklopädie, Bd. 5, 1968, 707f.).

Insofern ist Erziehung „die planmäßige Tätigkeit zur Formung junger Menschen, die mit all ihren Anlagen und Kräften

zu vollentwickelten, verantwortungsbewussten und charakter-
festen Persönlichkeiten im Sinn der geltenden Persönlichkeits-
ideale gebildet werden sollen (intentionale Erziehung). Zur
Erziehung gehören außer Wissensvermittlung und Ausbildung
von Fertigkeiten (den Hauptaufgaben des Unterrichts) auch
Willensbildung, Charakterbildung, Gewissensbildung sowie die
Entwicklung der Fähigkeit, sich selbst zu sehen und zu beurteilen. Die wichtigsten Institutionen sind das Elternhaus und die
Schule, daneben Kirche und Jugendorganisationen u.a. „In au-
toritären Staaten wird die Erziehung durch den Staat politisch
beeinflusst und gelenkt" (vgl. Bertelsmann Lexikon, Bd. 6,
2001, 277).

Im Gegensatz zu dieser von der Absicht des Handelnden her
bestimmten Sichtweise von Erziehung finden sich auch Umschreibungen von Erziehung im weiteren Sinne. Dort ist mit Erziehung die Gesamtheit aller Einwirkungen gemeint, die den
Entwicklungsvorgang absichtlich oder unabsichtlich, direkt
oder indirekt beeinflussen (vgl. Bertelsmann Lexikon, Bd. 6,
2001, 277).

Auch wenn man Erziehenden keine negative Absicht unter-
stellen kann, schließt diese weitere Definition auch (unbeab-
sichtigte) Fehlhandlungen ein, durch die Entwicklungsprozesse
in einem nicht förderlichen Sinne beeinflusst werden (z.B. die
Entstehung von Verhaltensauffälligkeiten bei Kindern.)

Etymologisch betrachtet (vgl. Dolch 1961) meint der Wort-
stamm „ziehen" eine Tätigkeit / ein Handeln, bei der unter Anwendung von Kraft auf etwas (oder jemanden) eingewirkt
wird, um es (ihn / sie) in einen für den Einwirkenden bessere, richtigere, nähere oder erwünschtere Position / Situation zu
bringen. Zwei Bestimmungsstücke sind m. E. hier bedeutsam:
– die Einwirkung auf etwas (oder jemanden) mittels Kraftauf-
  wendung;
– die Setzung des Einwirkungszieles (des Maßstabes) durch
  den Einwirkenden.

Insofern wird in der Umgangssprache auch das Verb „großzie-
hen" gebraucht, welches sowohl alle Formen von Versorgung
(physisch / psychisch) als auch die Einwirkung auf alle Bereiche der Entwicklung umfasst mit dem Ziel, ein Kind vom Säug-
lings- zum Erwachsenenstadium zu bringen.

Die Vorsilbe „er" vermittelt zudem den Eindruck der Bewegung, des Prozessualen,

- von einem Ist-Wert zu einem Soll-Wert (z.B. **er**reichen);
- von einer Idee zur Produktion (z.B. **er**schaffen, **er**stellen);
- von einem Bedürfnis zur Bedürfnisbefriedigung (z.B. **er**langen, **er**halten);
- von der Bitte zu deren Gewährung (z.B. **er**hören);
- von der Unkenntnis zur Kenntnis (z.B. **er**lernen);
- von der Tiefe zur Höhe (z.B. **er**klimmen, **er**steigen, **er**heben, **er**höhen);

aber auch den Negativ-Prozess
- von der Selbständigkeit zur Abhängigkeit (z.B. **er**liegen, **er**geben);
- vom Leben zum Tode (z.B. **er**sterben, **er**morden).

Zusammenfassend lässt sich von der Wortbedeutung her sagen, Erziehung ist eine Kraft erfordernde Einwirkung auf ein Objekt, die **in diesem** oder **bezogen auf dieses** Objekt einen positiv gerichteten Prozess initiieren soll (kann). Stichwortartig könnte man sagen: Erziehung ist **positiv gerichtete Intervention / Manipulation** (vgl. VERNOOIJ 1995, 148).

Von einem gegebene Ist-Zustand wird auf einen Soll-Zustand hingewirkt, der u.a. bestimmt wird von je spezifischen kulturellen, religiösen und wirtschaftlichen Normen, Idealen, Regeln, Sollensforderungen. Bei diesem Prozess wird die Absicht verfolgt, jungen Menschen gemäß der o.g. formellen und informellen Normen bei der Entfaltung ihrer genetischen Dispositionen zu helfen, diese zu fördern, zu modifizieren und zu variieren.

Für die Erziehenden ist Erziehung eher ein (mehr oder weniger) systematischer langdauernder Handlungsprozess, für die Zöglinge eher ein Geschehens-, Entwicklungs-, Lernprozess in der Zeit. Immer jedoch ist es eine soziale Interaktion mit Ein- und Wechselwirkungscharakter (vgl. KOBI 1993, 71ff.).

Insofern kann Erziehung zusammenfassend als ein Prozess bezeichnet werden, bei dem zunächst fremdgesteuert, mit zunehmendem Alter auch selbstgesteuert (Selbsterziehung) mehr oder weniger planvoll auf die Entfaltung einer selbständigen, verantwortungsbewussten Persönlichkeit hingewirkt wird mit dem Ziel, Erwachsensein / Mündigkeit zu erreichen.

Der Begriff bezeichnet sowohl den Vorgang des pädagogischen Einwirkens, als auch sein Resultat, die Erzogenheit. Er ist gekennzeichnet durch Komplexität einerseits, durch Alltäglichkeit im Sinne allgemeiner Bekanntheit andererseits, wobei letz-

teres auch eine subjektiv-emotionale Dimension einschließt
(vgl. VERNOOIJ 1995, 149).

Zurückkommend auf BREZINKA kann festgehalten werden,
– dass Erziehung aus seiner Sicht eine pädagogische Einwirkung mit Förderabsicht ist,
– dass eine „eindeutige Klassifikation spezifisch erzieherischer
  Verhaltensweisen" nicht möglich ist (BREZINKA 1972, 28),
– dass aufgrund vielfältiger nicht nur absichtsvoller Einwirkungen diese Auslegung des Begriffs Erziehung als „idealtypi-
  sche Konstruktion" pädagogischen Verhaltens angesehen
  werden muss (vgl. a.a.O., 29),
– dass Erziehung und Förderung pädagogisch gesehen in engem Zusammenhang stehen, wobei Förderung keine eigene
  inhaltliche Dimension hat (vgl. SPECK 1995, 166) sondern als
  handlungsleitendes Ziel gesehen werden kann.

Damit erhält der Begriff des „sonderpädagogischen Förderbedarfs" eine fachspezifische, über die allgemeine pädagogische
Förderabsicht hinausgehende Bedeutung. Sonderpädagogische
Förderung beinhaltet ein erzieherisches Handeln mit einer Förderabsicht, bei der die inhaltliche Dimension i.d.R. klar benannt werden kann.
  Für BACH zielt zusätzliche Förderung „neben dem Aufholen
von Rückständen oder dem Abbau von bestimmten funktionalen Problemen u. U. auch auf eine weitmögliche Gesamtentwicklung durch langfristige Maßnahmen" (1993, 141). Für ihn
stellen sonderpädagogische Fördermaßnahmen zusätzliche pädagogische Einwirkungen innerhalb des Erziehungsprozesses
dar, deren Quantität und Qualität aufgrund von „Wertentschei-
dungen der am Erziehungsprozess Beteiligten" festgelegt wird
(vgl. a.a.O., 142).
  Auch wenn der Begriff Förderung in der Sonderpädagogik
eine eigenständige, über die Erziehung, d.h. über die pädagogische Handlung mit Förderungsabsicht hinausgehende Bedeutung erhält, können **die Begriffe Erziehung und Bildung jedoch keinesfalls ersetzt werden durch den Begriff der
sonderpädagogischen Förderung !**
  Sonderpädagogische Förderung ergänzt und unterstützt den
Erziehungsprozess bei beeinträchtigten Kindern und Jugendlichen durch je spezifische, individuelle Entwicklungen, Bedürfnisse, Probleme und Situationen berücksichtigende (sonder-)
pädagogische Maßnahmen.

1.4.1.3 Bildung

Der Begriff der Bildung ist nach BÖHM ([15]2000, 75ff) **der** zentrale Grundbegriff der Pädagogik, für den es in anderen Sprachen keine Entsprechung gibt. Die historische Entwicklung und variationsreiche Modifizierung des Begriffs vom 14. Jh. bis heute hier nachzuvollziehen, würde den Rahmen dieser Ausführungen sprengen. Ich verweise auf die einschlägige Fachliteratur (Auswahl: BALLAUF 1953; WEINSTOCK 1953; LITT 1957; 1961; LICHTENSTEIN 1966; WEBER _1976; PLEINES 1988; BREINBAUER 1991; HENZ 1991; BENNER 1995; WAGNER 1995; SCHÄFER 1996; v. HENTIG 1999).

Historisch gesehen können im Zusammenhang mit dem Bildungsbegriff zwei inhaltliche Schwerpunkte benannt werden:

1. Bildung als Entfaltung und Ausschöpfung aller dem Menschen innewohnender Kräfte im Sinne allgemeiner Menschenbildung (Rousseau) einerseits und – im weitesten Sinne – gesellschaftspolitischer Bildung andererseits (der Mensch als autonomer Bürger).
2. Bildung aus Ausformung der Individualität, d.h. als Ausschöpfung der individuellen Kräfte zu einem harmonischen Ganzen (W.v. Humboldt) im Sinne einer „Selbstverwirklichung des Geistes" (Böhm [15]2000, 76).

Während in der Aufklärung der Bildungsprozess stärker als ein durch systematische, planvolle und zielgerichtete pädagogische Einwirkung von außen initiierter Vorgang gesehen wird, liegt der Schwerpunkt im Humanismus eher auf der Selbstgestaltung des Menschen im Sinne von eigenständiger Entwicklung und Vervollkommnung je individueller Kräfte in allen Bereichen (geistig, körperlich, seelisch), im Rahmen der gegebenen Kultur (**formale Bildung**).

Die Erziehungswissenschaft nach 1945 lehnte den Bildungsbegriff als zu ungenau ab, da er im Zusammenhang mit empirisch-analytischer Forschung ein nicht-operationalisierbares Konglomerat fremd- und selbstgesteuerter Vorgänge darstellt, die in ihrer Komplexität weder empirisch zugänglich noch überprüfbar sind. Der Versuch, den Bildungsbegriff in weniger komplexe, überprüfbare Einheiten zu zerlegen, führte wie bereits ausgeführt in den 1960er / 1970er Jahren zu unterschiedlichen Begrifflichkeiten mit jeweils singulärer Schwerpunktsetzung, z.B. Sozialisation, Individuation, Enkulturation.

Betrachtet man den Bildungsbegriff heute, so beklagt BÖHM (¹⁵2000, 76) eine Sinnentleerung u.a. aufgrund des inflationären Gebrauchs in unterschiedlicher Zusammensetzung und in unterschiedlichen pädagogischen Zusammenhängen (Bildungsplanung, Bildungsstufen, Bildungsforschung, Bildungspolitik, Bildungsministerium etc.).

Mir scheint in dieser Begrifflichkeit eher eine Verengung des Bildungsbegriffs deutlich zu werden; die Verengung auf schulische Bildung, auf den institutionalisierten Erwerb von Wissen, Kenntnissen, Fertigkeiten (**materiale Bildung**).

Dementsprechend findet sich in einer Enzyklopädie (Microsoft Encarta E. 2004) über Bildung zunächst:

„Bildung bezeichnet das gesammelte Wissen [eines Menschen] wie auch den Prozess, in dem dieses Wissen erworben wird"

Auch in einem Lexikon von 2003 finden sich Ausführungen, die eine Begriffsverengung unterstreichen: Der Bildungsbegriff „.....erfuhr unter dem Einfluss einer sich immer pragmatischer ausrichtenden Wissenschaftsentwicklung entscheidende Veränderungen. Höherbewertung des Sachwissens, Vermehrung des Lernstoffes und Intellektualisierung des Unterrichts machten Bildung immer mehr zur enzyklopädischen Wissensbildung" (Bertelsmann Lexikon, Band 3). Allerdings verweisen beide auf den humanistischen Bildungsbegriff, der weit über die reine Wissensvermittlung hinaus geht und die Art und Weise meint „wie sich ein Individuum geistig, seelisch „ausbildet" bzw. seine Werte und Anlagen vervollkommnet" (Microsoft Encarta E. 2004).

Bildung umfasst die „innere Formung, Entfaltung der geistigen Kräfte des Menschen durch Aneignung kultureller Werte" der gegenwärtigen Umwelt und der Vergangenheit und ihre Verarbeitung zu einer persönlichen Ganzheit (vgl. Bertelsmann Lexikon a.a.O.). BÖNSCH (1994, 39ff.) bringt moderne Bildung in Zusammenhang mit dem Konzept der Schlüsselqualifikationen (vgl. Kap. 6). Er kommt zu dem Schluss, dass mit diesem Konzept sowohl für den Weg als auch für die Ziele von „Bildungsbemühungen" Essentials gewonnen werden können. Bildung dient der Entfaltung und Weiterentwicklung der eigenen Persönlichkeit, Bildung dient der Fundierung der beruflichen Existenz, Bildung dient der Verbesserung des Lebens der Menschen miteinander" (41). Damit sind personale, soziale und existenzsichernde Aspekte angesprochen. Gleichzeitig sind Prozesse der Selbst- und Fremdsteuerung, der Selbstentfaltung und der pädagogischen Einwirkung einbezogen.

Die Problematik des Bildungsbegriffs mag in den bisherigen Ausführungen hinlänglich deutlich geworden sein. Festzuhalten ist für Bildung aus heutiger Sicht:

– Die traditionelle Unterscheidung in formale Bildung (allgemeine Ausformung von geistigen, sozialen, kulturellen Kompetenzen) und materiale Bildung (individueller Wissenserwerb) kennzeichnet die beiden wesentlichen Dimensionen des Bildungsbegriffs

– Diese analytische Unterscheidung ist nicht gleichbedeutend mit einer Trennung oder mit der Präferenz einer der beiden Dimensionen. Sie geschieht aus didaktischen Gründen und dient der besseren Erfassung des Begriffs.

– Er umfasst sowohl den Prozess der Entfaltung (selbst- und fremdgesteuert), als auch das Ergebnis dieses Prozesses, die je individuelle Geprägtheit einer Persönlichkeit.

– In diesem Ergebnis verschmelzen im Idealfall formale und materiale Bildung zu einem harmonischen, individuellen Ganzen.

– Insofern ist der Prozess der Bildung ein lebenslanger, bewusster Vorgang, eine nie endgültig abschließbare Leistung der Eigentätigkeit des Menschen mit dem Ziel eigener Weiterentwicklung und Vervollkommnung.

Im Zusammenhang mit beeinträchtigten Menschen sei abschließend nochmals BÖHM ([15]2000, 7f.) zitiert: Bildung meint „prinzipiell gerade das, was nicht verloren gehen darf, wenn Menschsein seinen humanen Charakter bewahren soll: die aller Planung und Machbarkeit entzogene Selbstbestimmung des Menschen."

Während Erziehung, Förderung und auch Fürsorge eher fremdinitiierte und fremdgesteuerte Prozesse darstellen, die zeitlich begrenzt sind, ist Bildung ganz wesentlich ein Prozess bewusster Eigenständigkeit des Individuums, der lebenslang anhält.

1.4.1.4 Fürsorge

Der Begriff Fürsorge gilt heute eher als veralteter Begriff, der häufig ersetzt wird durch Bezeichnungen für subsidiäre staatliche Hilfen, z.B. Sozialhilfe. Im pädagogischen Zusammenhang war bis zum Inkrafttreten des KJHG 1990 der Begriff „Fürsorgeerziehung" gebräuchlich. Er bezeichnete Maßnahmen des Jugendamtes zur staatlichen Erziehung gefährdeter oder sozial

verwahrloster Kinder und Jugendlicher, i.d.R. in Internatsform
(Fürsorgeheim). Diese Maßnahmen waren im gesetzlichen Vorläufer des KJHG, dem JWG (Jugendwohlfahrtsgesetz, 1. Fassung 1922) in §§ 64 ff. festgelegt. Heutige Sozial- und Jugend-
gesetze verzichten auf den Begriff der Fürsorge, weil er in der
Alltagswahrnehmung mit dem Odium der Armut, der Verwahrlosung, der Nicht-Seßhaftigkeit behaftet war und in der bürgerlichen Gesellschaft diskriminierenden Charakter angenommen
hatte.

Betrachtet man den Begriff unabhängig von gesetzlichen Ver-
knüpfungen, als Begriff des allgemeinen Sprachgebrauchs, so
bedeutet er
– einerseits Besorgnis vor gegenwärtigen und / oder zukünftigen Entwicklungen, Umgang mit Gegebenheiten und Situationen im Sinne von **vorsorglichem** Handeln;
– andererseits die Sorge um jemanden in Gegenwart und Zukunft im Sinne von fürsorglichem Handeln (vgl. Deutsches
  Universalwörterbuch _1989, 550f.).
  Damit kann unterschieden werden in
– Selbstfürsorge   und
– Fremdfürsorge.

Im zweiten Fall ist der Begriff immer verbunden mit sozialem
Handeln bezogen auf Situationen und Personen, die besonderer Sorge, Aufmerksamkeit und / oder Hilfe bedürfen.

Bei der Fürsorge als 4. Dimension bezogen auf den Entwick-
lungs- und Lernprozess von (beeinträchtigten) Kindern (vgl.
Abs. 2) geht es einerseits um die Unterstützung und Sicherung
der formalen und materialen Grundvoraussetzungen, z.B.
durch Kostenübernahme bei der Frühförderung (vgl. Kap. 3),
andererseits um Sicherstellung bedürfnisangemessener Rahmenbedingungen im Hinblick auf die Entwicklung und das Lernen von Kindern (z.B. familienergänzende und familienunterstützende Maßnahmen nach KJHG, vgl. Kap. 4).
  Im Zusammenhang mit mehr oder weniger schwer behinderten Kindern und Jugendlichen umfasst der Begriff der Fürsorge
zusätzlich unterschiedliche Formen mitmenschlicher, pflegerischer und protetischer Hilfen die das Wohlbefinden und die
Entwicklung des Kindes je individuell unterstützen und sichern.
Fürsorge im pädagogischen Feld (Sozialpädagogik / Sonderpädagogik) schließt immer das tätige Bemühen um Personen und

ihre Lebenssituation ein mit dem Ziel, Entwicklungsprozesse durch zusätzliche, teilweise subsidiäre Maßnahmen zu unterstützen, Lebensbedürfnissen aktuell und zukünftig Rechnung zu tragen und die Existenz von Menschen zu erleichtern bzw. zu sichern.

Dabei sollte das Prinzip der Autonomieorientierung nicht aus dem Blick verloren werden. Vorsorgliches oder fürsorgliches soziales Handeln sollte nach Möglichkeit „Hilfe zur Selbsthilfe" sein, d.h. es sollte Eigenkräfte stärken und auf eine weitgehende Selbständigkeit der Personen ausgerichtet sein (vgl. Abs. 1.1).

1.4.2 Entwicklungs- und Lernprozesse unter erschwerten Bedingungen

Sonderpädagogik ist keine Pädagogik für besondere Kinder sondern eine Pädagogik für erschwerte Lebenssituationen. In unterschiedlicher Weise behinderte und beeinträchtigte Kinder befinden sich in einer Lebenssituation, die durch physische, psychische und / oder soziale Faktoren so erschwert ist, dass für ihre Erziehung und Bildung spezifische Hilfen in Form von sonderpädagogischer Förderung einerseits, in Form von subsidiärer Fürsorge andererseits notwendig werden.

Die pädagogischen Dimensionen im Entwicklungsprozess eines Kindes sind
– Erziehung
– Bildung
– Förderung und ggf. subsidiäre
– Fürsorge,
z.B. bei Kindern, die in schwierigen sozio-emotionalen bzw. sozio-ökonomischen Lebensverhältnissen aufwachsen unterstützen bestimmte Maßnahmen des Jugendamtes (KJHG – vgl. Kapitel 4) die Entwicklungs- und Lernprozesse. Durch sie werden die notwendigen Rahmenbedingungen für eine möglichst optimale Erziehung und Bildung nach dem Grundsatz des Kindeswohls sichergestellt.

Bei beeinträchtigten und / oder behinderten Kindern erhalten die Dimensionen

– Förderung
– Fürsorge

zwar ein besonderes Gewicht im Sinne je spezifischer, zusätzlicher Hilfen, einerseits als sonderpädagogischer Förderung, andererseits als subsidiäre Fürsorge, z.B. nach dem Bundessozialhilfegesetz oder nach dem Kinder- und Jugendhilfe-Gesetz (vgl. auch Abs. 3.3.3.6 und Kap. 4). Die Dimensionen
– Erziehung
– Bildung
unterscheiden sich in ihrer Bedeutung jedoch nicht von der bei nicht-beeinträchtigten Kindern.

Es ist die primäre Aufgabe eines Staates bzw. einer Gesellschaft, **allen** Kindern, unabhängig davon, ob und in welchem Maße sie behindert sind oder nicht, eine möglichst optimale Er-

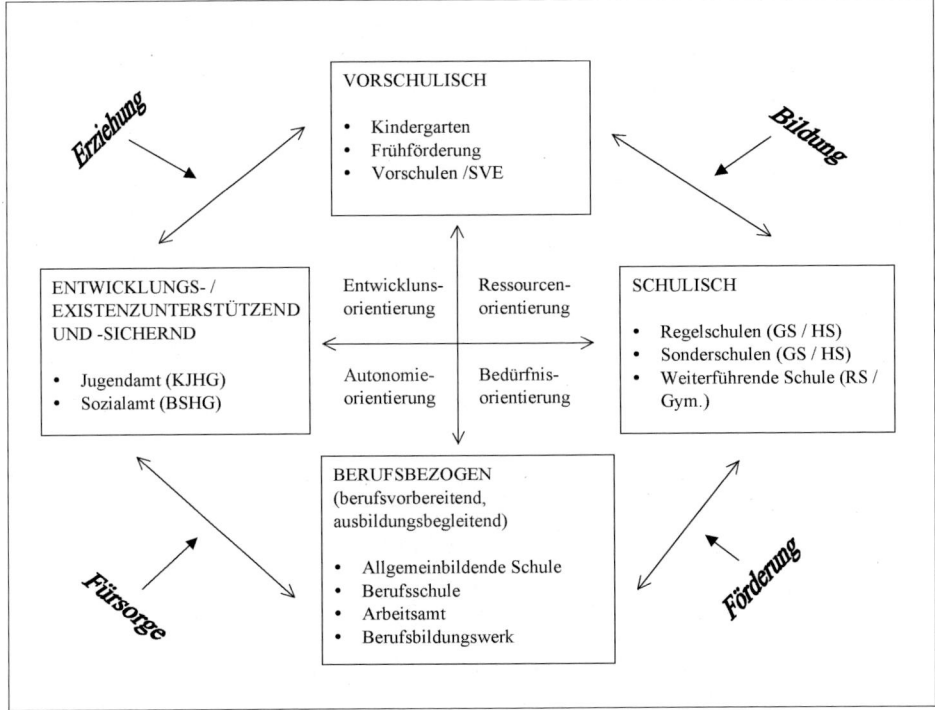

Abb. 2: (Sonder-) Pädagogische Dimensionen, Prinzipien und Institutionen bezogen auf den Entwicklungs- und Lernprozess

ziehung, Bildung und Förderung zu ermöglichen, unterstützt durch subsidiäre Hilfesysteme in unterschiedlichem Ausmaß. Insofern zeigt die Abbildung das Gesamtsystem pädagogischer Dimensionen, Orientierungen und Institutionen bezogen auf den Entwicklungs- und Lernprozess von Kindern und Jugendlichen, mit sonderpädagogischer Ausrichtung.

Dabei sind für das pädagogische (sonderpädagogische, sozialpädagogische) Handeln vier Orientierungsprinzipien unabdingbar notwendig.

- **Entwicklungsorientierung**
  ist wesentlich auf eine möglichst störungsfreie allgemeine Förderung der Gesamtentwicklung ausgerichtet; ausgehend von einem gegebenen Entwicklungsniveau (Ist-Stand) und fortschreitend zum nächst höheren (Solll-Stand). Dabei bilden die je individuellen Situationsbedingungen (geistig, körperlich, seelisch, sozio-ökonomisch) verbunden mit pädagogisch-psychologischen Zielen und Aufgaben die handlungsleitenden Prämissen, denen inhaltlich und methodisch Rechnung zu tragen ist.

- **Ressourcenorientierung**
  meint einerseits das Erkennen und Unterstützen bzw. Stärken vorhandener Möglichkeiten, Fähigkeiten und Begabungen von Kindern; andererseits deren kontinuierliche Erweiterung und Anreicherung durch gezielte pädagogische Intervention. Ziel jedes pädagogischen Einwirkens sollte die Ausschöpfung des bei allen Kindern vorhandenen je individuellen Entwicklungs- und Lernpotenzials sein. Das Anregen, Aktivieren und Initiieren von Entwicklungs- und Lernprozessen vor dem Hintergrund je individueller kindlicher Ressourcen ist ebenso notwendig wie die Korrektur von Fehlentwicklungen und die Kompensation fehlender oder unzulänglicher Ressourcen in bestimmten Bereichen.

- **Bedürfnisorientierung**
  hat sowohl momentane, gegenwärtige Bedürfnisse des Kindes in den Blick zu nehmen als auch auf die Zukunft gerichtete prognostizierte bzw. antizipierte Bedürfnisse. Die Orientierung an den Momentanen, gegenwärtigen Bedürfnissen unterstützt und erleichtert aktuelle Entwicklungs- und Lernprozesse, während die antizipierte Orientierung an zukünftigen Bedürfnissen die je individuelle Lebensgestaltung in der Zeit ermöglicht, indem Voraussetzungen und

notwendige Kompetenzen angebahnt bzw. geschaffen werden.

- **Autonomieorientierung**
  basiert auf dem humanen Grundsatz der Selbständigkeit und Selbstbestimmung des Menschen bezogen auf seine Lebensplanung und -gestaltung. Die Entfaltung einer selbständigen, verantwortungsbewussten, autonomen Persönlichkeit, die sowohl personal authentisch als auch sozial handlungsfähig ist, setzt Entwicklungs- und Lernprozesse voraus, die einerseits bestimmte Kompetenzen, andererseits frühe Selbststeuerung ermöglichen bzw. anbahnen. Nicht nur die pädagogischen Maßnahmen sondern auch die subsidiäre Fürsorge zielen auf eine maximale Selbständigkeit des Menschen ab, unabhängig davon, ob und in welchem Ausmaß er behindert ist oder nicht. Insofern stellt die Autonomieorientierung ein Prinzip dar, welches insbesondere in Zusammenhang mit beeinträchtigten Kindern besonderer Beachtung bedarf, um auch für sie ein möglichst selbstbestimmtes Leben zu gewährleisten.

Im (sonder-)pädagogischen Handeln greifen sowohl die Dimensionen als auch die Orientierungsprinzipien ineinander, überschneiden und ergänzen sich.

Der außerordentliche komplexe Prozess der Entwicklung zur selbstbestimmten, mündigen Persönlichkeit vollzieht sich einerseits in der familialen Situation, andererseits in öffentlichen Erziehungs- und Bildungsinstitutionen (in staatlicher oder privater Trägerschaft) durch pädagogisch / sonderpädagogisch qualifizierte Personen. Mit den wesentlichen Institutionen bezogen auf die Erziehung und Bildung beeinträchtigter Kinder befassen sich die nächsten Kapitel.

MERKSÄTZE:

- Erziehung, Bildung, Förderung und Fürsorge bilden die (sonder- / sozial-) pädagogischen Dimensionen im Zusammenhang mit Entwicklungs- und Lernprozessen von Kindern.
- **Erziehung** umfasst die pädagogischen Handlungen einerseits, die Prozesse andererseits, die mehr oder weniger planvoll und systematisch abzielen auf bzw. hinführen zur Entwicklung einer selbständigen, verantwortungsbewussten Persönlichkeit, die mündig und autonom ihr Leben gestalten kann.
- **Förderung** allgemein meint ein unterstützendes, helfendes Einwirken mit dem Ziel, Fortschritt und Weiterentwicklung zu gewährleisten.

- **Pädagogische Förderung** hat die Gesamtentwicklung und die individuelle Entfaltung von Kindern im Blick, die es zu unterstützen gilt.
- Zentrale Aufgabe erzieherischer Institutionen und Instanzen ist es, alle Kinder möglichst optimal zu fördern.
- **Sonderpädagogische Förderung** meint spezifische, über die regelhafte Förderung hinausgehende, zusätzliche Maßnahmen, die aufgrund von Behinderungen / Beeinträchtigungen für bestimmte Entwicklungsfortschritte als notwendig erachtet werden.
- **Bildung** ist neben Erziehung der zweite zentrale Begriff der Pädagogik.
- Der Bildungsbegriff hat eine lange, wechselvolle Geschichte, bei der sich bis heute als wesentliche Unterscheidung die formale und die materiale Bildung heraus kristallisiert bzw. gefestigt hat.
- Beides ist bezogen auf den Bildungsprozess untrennbar miteinander verbunden und verschmilzt im Idealfall zu einem harmonischen Ganzen. D.h., die allgemeine Entfaltung und Ausformung der dem Menschen innewohnenden Kräfte und Möglichkeiten (formale B.) und der Erwerb von Wissen, Kenntnissen, Fertigkeiten (materiale B.) kennzeichnen Bildung als ganzheitlichen Prozess.
- Im Gegensatz zur Erziehung, die sich wesentlich fremdgesteuert vollzieht, ist Bildung eine lebenslange, mehr oder weniger bewusste, eigentätige Leistung des Menschen mit dem Ziel eigener Weiterentwicklung und Vervollkommnung.
- **Fürsorge** gilt bezogen auf Gesetzestexte als veralteter Begriff. Im allgemeinen Sprachgebrauch umfasst der Begriff unterschiedliche formen sozialen Handelns bezogen auf Personen, die besonderer Sorge, Aufmerksamkeit und Hilfe bedürfen.
- Fürsorge als 4. Dimension bezogen auf den Entwicklungsprozess von (beeinträchtigten) Kindern umfasst
  - die Unterstützung und Sicherung der formalen und materialen Grundvoraussetzung,
  - die Sicherstellung bedürfnisangemessener Rahmenbedingungen,
  - unterschiedliche Formen mitmenschlicher, pflegerischer und protetischer Hilfen

2. Früherziehung – Frühpädagogik

Nicht erst seit der Pisastudie 2001 und nicht nur im Zusammenhang mit beeinträchtigten und behinderten Kindern kommt der **Früherziehung** bzw. **Frühpädagogik** eine bedeutsame Rolle für die Gesamtentwicklung von Kindern zu. Im weitesten Sinne umfasst Früherziehung „die Erziehung und Förderung des Kindes von der Geburt bis zum Schuleintritt, und zwar sowohl innerfamiliär als auch außerfamiliär bzw. familienergänzend" (vgl. Vernooij 2001, 459 f.).

In einem engeren Sinne bezieht sich Frühpädagogik auf die institutionalisierte öffentliche oder private familienergänzende Erziehung von 3 – 6jährigen Kindern. Man spricht hier von Erziehung / Pädagogik im **Elementarbereich** – mit Blick auf die schulische Erziehung und Bildung, die sich einteilt in Primarbereich (Grundschulstufe) und Sekundarbereich (Hauptschul- / Realschulstufe).

Im „Strukturplan für das Bildungswesen" (1970) wurden im Zusammenhang mit Begriffs-Angliederungsvorschlägen der OECD die Begriffe Elementarbereich / Primarbereich für die beiden ersten Stufen institutionalisierter Erziehung und Bildung eingeführt (vgl. Vernooij 2001, 100).

Ein weiterer Begriff, der in den Bereich Frühpädagogik fällt, ist der Begriff der **Vorschulerziehung**, der sich in einer sehr engen Auslegung auf die besondere Förderung von Kindern unmittelbar vor Schuleintritt bezieht, z. B. bei mangelnder Schulreife, nach der Rückstellung vom Schulbesuch oder bei frühzeitig sichtbarer Entwicklungsverzögerung.

Die institutionalisierte Früherziehung lässt sich historisch bis ins späte 18. Jahrhundert zurückverfolgen. Ein wesentlicher Meilenstein dabei ist die Gründung des Kindergartens durch Friedrich Fröbel (1782 – 1852). Allerdings war sein Ziel ursprünglich nicht die Gründung einer neuen Erziehungsinstitution sondern eine bessere Fundierung der Kleinkinderziehung in der Familie. In seinem Buch „Menschenerziehung" (1826) legt er zum einen dar
– dass für alle Menschen dieselbe Erziehung notwendig sei,
– dass aufgrund gesellschaftlicher Veränderungen Probleme in der Familienerziehung gegeben seien dadurch, dass Eltern nicht mehr „den Kindern leben" könnten (vgl. Fröbel 1826, Nachdruck 1973, 52 ff.).

Mit Vorsicht lässt sich daraus ableiten, dass FRÖBEL bereits vor 200 Jahren eine gewisse Chancengleichheit für alle Kinder anstrebte, zumindest in der Erziehung und Bildung, und dass er eine frühe familienergänzende Erziehung für notwendig hielt.

Auf die Geschichte der Früh- und Kindergartenpädagogik kann hier nicht näher eingegangen werden. Ich verweise auf die einschlägige Literatur: GROSSMANN 1992; WOLFRAM 1995; TIETZE 1996; BÜTTNER / DITTMANN 1999; COLBERG-SCHRADER / KRUG 1999.

Zu fragen ist allerdings nach dem Standort der institutionalisierten Früherziehung in der BRD. Bereits im „Gutachten zur Erziehung im frühen Kindesalter" von 1957 (Deutscher Ausschuss für das Erziehungs- und Bildungswesen) wird die Aufgabe des Kindergartens als im Wesentlichen familienergänzend gesehen. „Die alte Aufgabe des Kindergartens, mit Eltern zusammenzuarbeiten, um die Familienerziehung zu ergänzen und zu bereichern, erhält heute ein verstärktes Gewicht. Es geht nicht darum, der Schulbildung vorzugreifen sondern darum, **die frühe Bildung des kleinen Kindes zu schützen und zu fördern**" (Nachdruck in GROSSMANN 1992, 51). Administrativ werden die Kindergärten den Jugendämtern, d. h. dem Sozialministerium zugeordnet (a. a. O., 53).

Auf der Grundlage des „Strukturplans für das Deutsche Bildungswesen" (1970) wurde der Elementarbereich, d. h. die Kindergartenerziehung, als erste Stufe des Bildungswesens gesehen. Die administrative Zuordnung änderte sich dabei nicht (vgl. a. a. O.; 60 f.). Die Zielsetzung präzisierte sich auf der Basis lerntheoretischer und entwicklungspsychologischer Erkenntnisse dahingehend,

– dass allen Bedürfnissen des Kindes, intellektuelle, emotionale, soziale und physische, Rechnung getragen werden sollte;
– dass aufgrund unterschiedlicher Entwicklungs- und Lernvoraussetzungen, Kinder aus unteren sozialen Schichten, Kinder mit soziokulturellen Defiziten in ihrer Entwicklung in besonderem Maße berücksichtigt werden sollten (vgl. GROSSMANN 1992, 62, 64).

Betont wird weiterhin, dass die Früherziehung eine kompensatorische, d. h. ausgleichende Funktion habe, damit die Förderung und damit die (schulische) Chancengleichheit für alle Kinder sichergestellt werden könne (vgl. auch Abs. 2.3).

Der „Achte Jugendbericht" von 1990 befasst sich u. a. mit Tageseinrichtungen für Kinder. Dabei wird die bildungs- und sozialpolitische Bedeutung früher, familienergänzender Erziehung betont. Hingewiesen wird auch darauf, dass zunehmend mehr Kindergärten und Tageseinrichtungen erfolgreich Kinder mit Beeinträchtigungen und / oder Behinderungen integrieren, d. h. sie erziehen und fördern nichtbehinderte und behinderte Kinder gemeinsam. „Nirgendwo im bundesdeutschen Bildungswesen haben sich Formen der gemeinsamen Erziehung von behinderten und nichtbehinderten Kindern in solchem Umfang in der Praxis verbreiten können wie im Kindergarten" (in GROSSMANN 1992, 79; vgl. auch REISER 1984; VERNOOIJ 1990, 1992).

Für die aktuelle Situation ist festzuhalten, dass die institutionalisierte Früherziehung von Kindern in Einrichtungen der Jugendhilfe realisiert und organisiert wird, auf der Basis des Kinder- und Jugendhilfegesetzes (KJHG) von 1991, in dem der Anspruch eines jeden Kindes auf den Besuch eines Kindergartens in § 24 festgeschrieben ist. Für die Sicherstellung eines bedarfsgerechten Angebots haben die Träger der öffentlichen Jugendhilfe (Gemeinde, Stadt, Bundesland) Sorge zu tragen.

In § 22 Satz 1 und 2 werden als Ziel (Satz 1) und Aufgabe (Satz 2) angegeben:

„(1) In Kindergärten ... soll die Entwicklung des Kindes zu einer eigenverantwortlichen und gemeinschaftsfähigen Persönlichkeit gefördert werden."

„(2) Die Aufgabe umfasst die Betreuung, Bildung und Erziehung des Kindes ... ." (KJHG, Fassung vom 15. März 1996)

Dabei ist das Leistungsangebot auch als bedarfsgerechte Unterstützung der Familienerziehung bzw. der Familiensituation zu sehen (vgl. § 22 KJHG).

Bezogen auf den eigenen Bildungsauftrag im Rahmen institutionalisierter Früherziehung, werden mögliche Bildungsinhalte von pädagogisch-psychologischen Experten immer wieder kontrovers diskutiert, da die Kritiker vorschulischer Bildung „eine Verschulung und Intellektualisierung" der Früherziehung fürchten, die „das einseitige Trainieren kognitiver Kompetenzen präferiere und die Kinder der Gefahr aussetze, bereits im frühen Alter neurotisiert zu werden" (VERNOOIJ 2001, 460).

Diese Kontroverse bewirkt bis heute, dass der gezielten, systematischen kognitiven Förderung im Sinne von **vorschulischer Bildung** nicht in angemessener Weise in den inhaltlichen Konzepten der Kindergartenarbeit Rechnung getragen wird.

MERKSÄTZE:

- Unter Früherziehung wird die Erziehung und Förderung eines Kindes von der Geburt bis zum Schuleintritt verstanden, inner- und außerfamiliär sowie familienergänzend und –unterstützend.
- Im engeren Sinne bezeichnet Früherziehung die institutionalisierte öffentliche oder private familienergänzende Erziehung von 3 – 6jährigen Kindern.
- Als erste Stufe des Bildungswesens bildet die Früherziehung im o. g. Sinn den Elementarbereich.
- Institutionalisierte Früherziehung hat eine mehr als 200jährige Geschichte. Als „Vater des Kindergartens" gilt FRIEDRICH FRÖBEL (1782 – 1852).
- Überlegungen zur Chancengleichheit und zur Notwendigkeit familienergänzender Früherziehung lassen sich bereits bei FRÖBEL finden.
- Im „Strukturplan für das deutsche Bildungswesen" (1970) wird umfängliche und entwicklungsangemessene, individuelle Früherziehung mit kompensatorischer Funktion zur Sicherung der Chancengleichheit herausgestellt.
- Gemeinsame Erziehung von behinderten und nichtbehinderten Kindern hat sich besonders im Kindergarten etabliert.
- Der Anspruch eines jeden Kindes auf einen Kindergartenplatz ist in § 24 (KJHG) festgeschrieben.
- Aufgabe der Kindergartenarbeit ist die Triade von Betreuung, Bildung und Erziehung des Kindes.
- Kritiker fürchteten bereits vor 35 Jahren „eine Verschulung und Intellektualisierung" der Früherziehung, was für die kognitive Förderung im Kindergarten schwerwiegende und lang dauernde Folgen hatte.

2.1 Wissenschaftliche Grundlagen der Früherziehung

Im Zusammenhang mit der Pisa-Studie hat diese Diskussion neue Impulse erhalten. SCHÜMER (2001) macht beispielsweise deutlich,
– dass es in anderen europäischen Ländern vielfältige Formen von Vorschulen für Kinder ab 4 Jahren (teilweise ab 3 Jahren) gibt (Frankreich, Niederlande, Großbritannien);
– dass mindestens ein Jahr vor Schuleintritt i. d. R. eine Vorschulklasse besucht wird;
– dass einige Länder die Schulpflicht um ein Jahr vorverlegt haben, dieses erste Schuljahr aber als „Klasse Null" gezählt wird (z. B. Polen);
– dass in Deutschland eher die Tendenz zur späten Einschulung besteht (vgl. S. 414), wobei die o. g. Diskussionen zu-

sätzlich darauf hinzuweisen scheinen, dass offenbar die Sorge „zu früher" kognitiver Förderung hier weit verbreitet ist (vgl. auch Fthenakis / Oberhuemer 2004).

Es erscheint daher sinnvoll, die wissenschaftlichen Grundlagen einer umfassenden Früherziehung näher zu beleuchten.

2.1.1 Merkmale des Entwicklungsprozesses

Unter Entwicklung wird eine fortschreitende (progressive), nicht umkehrbare (irreversible) Veränderung von Lebewesen verstanden. Diese Veränderung vollzieht sich innerhalb einer gewissen Spannbreite individuell variabel (vgl. Touwen 1993; Michaelis 2000; Trautner [2]1992; 2001; Oerter / Montada [5]2002). Das bedeutet, dass die kindliche Entwicklung nur mit der Einschränkung interindividueller Variabilität als schrittweise sich vollziehender Veränderungsprozess betrachtet werden kann, oder anders ausgedrückt: Entwicklungsverläufe von Kindern sind nicht in einem engmaschigen Entwicklungsraster zu erfassen sondern nur individuell zu betrachten. Dabei kann allerdings eine Altersgrenze angegeben werden für den i. d. R. abgeschlossenen jeweiligen Entwicklungsschritt. Michaelis spricht hier von „essentiellen Grenzsteinen der Entwicklung" (2001, 28). Beispielsweise haben Kinder i. d. R. bis zum Ende des 9. Lebensmonates gelernt, frei zu sitzen; manche von ihnen bereits im 7. Monat, andere etwas später. Das Ende des 9. Lebensmonats markiert hier den „essentiellen Grenzstein" dieser Fähigkeit (vgl. Michaelis, a. a. O.).

Neben dieser **interindividuellen** Variabilität findet sich nach Touwen (1993) eine **intraindividuelle** Variabilität, was bedeutet, dass **ein** Kind sich in verschiedenen Bereichen unterschiedlich schnell entwickeln kann. Man spricht hier auch von „asynchronen Entwicklungsverläufen" (vgl. Vernooij 2002, 367). In der individuellen Entwicklung können auch Phasen übersprungen oder länger beibehalten werden.

Die Kultur in der ein Kind aufwächst, beeinflusst ebenfalls das Entwicklungsgeschehen und führt zu einer **interkulturellen** Variabilität. Etwas enger gefasst lässt sich letztere übertragen auf das Lebensumfeld eines Kindes im Sinne von Milieu, d. h. auch innerhalb der gleichen Kultur gibt es eine Entwicklungsvariabilität bezogen auf den soziokulturellen Entwicklungshintergrund eines Kindes. Je nach förderlichem oder benachteiligendem Milieu gestalten sich Entwicklungsprozesse unterschiedlich (vgl. VERNOOIJ 2002, 365 ff.). Ich möchte daher auch von einer **intrakulturellen** Variabilität der Entwicklung sprechen, auf die später (Abs. 2.3) näher eingegangen werden wird.

Als Elemente der Entwicklung, die in Grenzen multivariabel von niederen zu höheren Stufen führt, können in Anlehnung an TRAUTNER (²1992) genannt werden:
– Wachstum
– Reifung
– Differenzierung
– Lernen
– Prägung
– Sozialisation.

Tab. 1: Entwicklungselemente unter dem Aspekt ihrer Beeinflussbarkeit

Wachstum	– quantitative körperliche Veränderung
	  => biologisches Wachstum;
	– quantitative und qualitative Veränderung im kognitiven, emotionalen und sozialen Bereich
	  => psychologisches Wachstum;
	– **letzteres kann auch von außen intensiv gefördert werden;**

Reifung	– aufgrund biologisch vorgegebener Pläne spontan einsetzende Vorgänge der organischen Entwicklung; – endogen gesteuerter, in Phasen oder Stufen verlaufender Prozess der Veränderung in unterschiedlichen Entwicklungsbereichen => biogenetische Entwicklungstheorien; – **Reifungsvorgänge sind von außen nur bedingt beeinflussbar;**
Differenzierung	– Vorgänge der Strukturierung, Erweiterung, Verfeinerung von physischen und psychischen Funktionen; – Zunahme der Vielfalt, Selbständigkeit und Spezialisierung von Funktionen und Verhalten; – **beides ist von außen beeinfluss- und förderbar;**
Lernen	– dauerhafte Verhaltensänderung aufgrund von Erfahrung, Einsicht, Übung und Beobachtung; – Prozess der aktiven Anpassung an eine sich ständig verändernde Umwelt; – Prozess der Aneignung artspezifischer Funktionen und Verhaltensweisen; – **Lernprozesse sind von außen förder- und steuerbar**
Prägung	– allgemein: nachhaltige Eindrücke durch einmalige oder dauerhafte / langfristige Einwirkung von außen

	=> Familie, Schule, Medien, etc.; – ethologisch: Einschränkung der Anzahl möglicher Auslösereize für bestimmte Verhaltensmuster (Ethologie = Verhaltensforschung; s. Abs. 2.1.2.3); – **geschieht immer von außen, mehr oder weniger bewusst geplant;**
Sozialisation	– komplexer Prozess des Hineinwachsens in die soziale Umwelt mit ihren Normen, Regeln und Konventionen; – milieuspezifische Unterschiede sind insbesondere bei Wertvorstellungen und Rollenverhalten gegeben; – **Förderung und ggf. Kompensation von Sozialisationsmängeln von außen sind sehr bedeutsam.**

Entwicklung ist immer ein vielschichtiger, und komplex vernetzter Prozess, bei dem biologische und soziale Bedingungen eine große Rolle spielen. Die seit Jahrzehnten kontrovers geführte Diskussion hinsichtlich des Verhältnisses von (erblicher) Anlage und (umgebender) Umwelt kann hier nicht aufgerollt werden. Allerdings erscheint es mir wesentlich, dass W. Stern bereits 1914 versucht, einer zu starken Akzentuierung eines der beiden Faktoren vorzubeugen, indem er sagt: Entwicklung ist „nicht ein bloßes Hervortretenlassen angeborener Eigenschaften aber auch nicht ein bloßes Empfangen äußerer Einwirkungen", sondern das Ergebnis des Zusammenwirkens beider, nämlich „innerer Angelegtheiten und äußerer Entwicklungsbedingungen" (Konvergenztheorie – 1914, zitiert nach Thomae 1959, 6).

Familienergänzende Früherziehung heißt u. a. auch, die äußeren Entwicklungsbedingungen zu verbessern bzw. mangelhafte, beeinträchtigende äußere Entwicklungsbedingungen im Sinne intrakultureller Variabilität weitestgehend auszugleichen. Dabei sollte die Förderung der kindlichen Entwicklung möglichst ganzheitlich erfolgen, was nicht heißt, dass isolierte Funktionstrainings nicht sinnvoll seien. Sie müssen nur eingebunden sein in ein ganzheitliches Gesamtkonzept.

MERKSÄTZE:

- In anderen europäischen Ländern gibt es vielfältige Formen von Vorschulen für Kinder ab 3 – 4 Jahren.
- In Deutschland wird die frühe kognitive Förderung von Kindern eher kritisch gesehen.
- Entwicklung ist ein fortschreitender, nicht umkehrbarer Prozess der Veränderung von Lebewesen.

- Dieser Prozess verläuft in Grenzen individuell variabel.
- Man kann unterscheiden zwischen
  - interindividueller
  - intraindividueller
  - interkultureller Variabilität
  - intrakultureller
- Elemente der Entwicklung sind
- Wachstum, Reifung, Differenzierung, Lernen, Prägung und Sozialisation.
- Außer bei biologischen Reifungsprozessen ist eine Förderung von außen mehr oder weniger ausgeprägt möglich.
- Bei der Entwicklung wirken innere Anlagen und äußere Entwicklungsbedingungen zusammen.
- Familienergänzende oder –unterstützende Früherziehung nimmt auch positiv Einfluss auf die äußeren Entwicklungsbedingungen bzw. ergänzt und bereichert diese.

2.1.2 Wissenschaftliche Forschungsergebnisse zur Förderung kindlicher Entwicklung

In den 1960er Jahren herrschte eine pädagogische Aufbruchstimmung aufgrund von unterschiedlichen Forschungsergebnissen, die zu folgenden theoretischen Grundannahmen führten:

- **Der Primat von Erziehung, Bildung und Förderung**
  Bei der geistigen und seelischen Entwicklung von Kindern haben die Umweltbedingungen den größten Einfluss. Erbanlagen spielen eine eher untergeordnete Rolle.

- **Der dynamische Begabungsbegriff**
  Die Disposition zur intellektuellen Leistung ist plastisch und formbar. Die kognitive Entwicklung lässt sich durch systematische pädagogisch-psychologische Förderung dahingehend beeinflussen, dass die allgemeine kognitive Leistungsfähigkeit, das Intelligenzniveau erhöht werden kann.

- **Die Bedeutung frühkindlicher Umwelteinflüsse**
  Umwelteinflüsse in der frühen Kindheit wirken besonders nachhaltig. Fehlentwicklungen in dieser Periode sind zu einem späteren Zeitpunkt kaum korrigierbar.

- **Die Wirksamkeit kompensatorischer Erziehung**
  Negative Erziehungs- und Bildungseinflüsse durch das Elternhaus / das Sozialisationsmilieu können durch frühzeiti-

ge öffentliche Bildungs- und Förderangebote kompensiert und korrigiert werden.

– **Die Herstellung von Chancengleichheit**
 Neben positiven Effekten solcher Programme bezogen auf die individuelle kindliche Entwicklung können benachteiligte oder / und weniger intelligente Kinder in ihrer allgemeinen Leistungsfähigkeit den nichtbenachteiligten Kindern angenähert oder gar gleich gestellt werden.

Es ist unschwer zu erkennen, dass hier – gemäß der politischen Ideologie der damaligen Zeit – eine einseitige Interpretation von Forschungsergebnissen vorliegt, die jedoch zu hohem sozialen Engagement für benachteiligte Kinder und zu vielfältigen bildungspolitischen Aktivitäten in der Früh- und Vorschulerziehung führten.

Eine bedeutsame Rolle spielte dabei eine Untersuchung von BLOOM (1965), derzufolge die Beeinflussung der Intelligenzentwicklung nur bis zum Alter von 8 Jahren wirksam möglich sei. Nach dieser Untersuchung wäre bei 4jährigen Kindern bereits 50 % der späteren Erwachsenenintelligenz entwickelt; bei 8jährigen sogar 80 %. Insofern hätte die kognitive Förderung in der frühen Kindheit eine wesentlich stärkere Wirkung als zu einem späteren Zeitpunkt, da die Intelligenzentwicklung sich mit zunehmendem Alter verlangsame. Entwicklungsmängel in den ersten 4 – 8 Jahren seien später nicht mehr voll aufzuholen bzw. auszugleichen.

Sowohl die Untersuchung BLOOMS als auch andere entwicklungspsychologische Untersuchungen (z. B. im Zusammenhang mit der Kompensatorischen Erziehung) wurden sehr bald widerlegt, bzw. als sehr viel weniger effektiv erkannt, als es zu Beginn der Programme prognostiziert worden war. Bereits Anfang der 1970er Jahre führt RAUH aus:

– Förderprogramme in der frühen Kindheit können die Intelligenzentwicklung positiv beeinflussen. „Es ist jedoch unwahrscheinlich, dass Endform und Endausprägung der Intelligenz durch kurzzeitige Fördermaßnahmen wesentlich verändert werden" (1973, 28). Langfristige Programme, bei denen nicht nur die Inhalte sondern auch die Erziehungs- und Vermittlungsstile eine große Rolle spielen, haben jedoch große Bedeutung.

– Für die Aussage, dass Intelligenzförderung nur in einem begrenzten zeitlichen Rahmen möglich ist, gibt es keine hinreichenden Hinweise. Sicher ist allerdings, dass frühe Fehlentwicklungen zu kognitiven Hemmungen führen können. Je früher eine Förderung beginnt, desto eher können diese Folgen aufgefangen werden (vgl. RAUH 1973, 28 f.).

Die bisherigen Überlegungen zeigen, dass weder der Optimismus in der zweiten Hälfte des 20. Jahrhunderts noch der heute mancherorts vorherrschende Pessimismus hinsichtlich der frühen Förderung von Kindern, insbesondere von sozio-kulturell benachteiligten Kindern angemessen sind. Sie zeigen allerdings auch, dass die wesentlichen Diskussionen in Deutschland im Zusammenhang mit **der frühen kognitiven Förderung** geführt wurden und bis heute nicht verstummt sind. Wie sonst ist es zu erklären, dass in aktuellen Standardwerken zur Kindergartenpädagogik der Bereich der kognitiven Förderung ausgespart bleibt (WOLFRAM 1995; TIETZE 1996; COLBERG-SCHRADER / KRUG 1999) bzw. nur im Zusammenhang mit Montessori Erwähnung findet (BÜTTNER / DITTMANN 1999)?

2.1.2.1 Lerntheoretische Grundlagen der Früherziehung

Zwischen dem eigentlichen **Lernprozess**, d. h. den zugrunde liegenden Prinzipien und Bedingungen von Verhaltensaneignung bzw. Verhaltensänderung und der Verhaltensäußerung, d. h. dem beobachtbaren Ergebnis eines Lernprozesses muss zunächst unterschieden werden. Je nach der Art des Lernens sind die Prinzipien und Bedingungen des Prozesses unterschiedlich, wobei das wesentliche lerntheoretische Paradigma das Reiz-Reaktions-Lernen ist, d. h. gelernt wird aufgrund bestimmter Reize, die, wenn sie wahrgenommen werden entsprechende Reaktionen auslösen.

Auf der Basis der Lerntheorien (Behaviorismus) lassen sich drei Arten des Lernens unterscheiden
– klassisches Konditionieren
– operantes oder instrumentelles Konditionieren
– Imitations- oder Modelllernen

Beim **klassischen Konditionieren** (PAWLOW 1897; WATSON 1913, 1920, 1925) wird einem natürlichen (unkonditionierten) Reiz, der normalerweise eine bestimmte (unkonditionierte) Reaktion auslöst, ein neutraler Reiz zeitgleich zur Seite gestellt. Nach wiederholter Koppelung von natürlichem und neutralen Reiz erfolgt die Reaktion (unkonditioniert) auch dann, wenn der neutrale Reiz allein gegeben wird.

PAWLOW fand diese Möglichkeit des Lernens bei Untersuchungen zur Verdauungsphysiologie bei Tieren heraus. Ein hungriger Hund hat beim Anblick von Nahrung (Reiz) bereits Speichelfluss. Koppelt man das Zeigen der Nahrung z. B. mit einem bestimmten Ton oder Lichteffekt, wird der Hund nach einigen Wiederholungen bereits Speichelfluss haben, wenn nur der Ton oder der Lichteffekt erscheint.

Übertragen auf ein Kind heißt das beispielsweise, dass die Koppelung der Nahrungsaufnahme, der Einschlafsituation, der Exkretionsfunktion mit bestimmten, immer gleichen Begleitumständen die erwünschte kindliche Reaktion auslösen wird. SCHAMBERGER (1978, 38) wies z. B. nach, dass bereits bei den Vorbereitungen zum Füttern, der Säugling mit Saugbewegungen reagiert.

Alle Rituale im Umgang mit Kindern (teilweise auch mit Erwachsenen) basieren auf den Prinzipien des klassischen Konditionierens. Auch im emotionalen Bereich, z. B. bei der Angstentstehung, sowie beim Erwerb von Wortbedeutungen scheint der Vorgang des klassischen Konditionierens eine Rolle zu spielen (RACHMANN 1970; BALDWIN 1974; FITZGERALD & BRACKBILL 1976). Statt von klassischem Konditionieren spricht man auch von Signallernen.

Beim **operanten** oder **instrumentellen Konditionieren** wird das Reiz-Reaktions-Schema um den Faktor „Konsequenz" erweitert (THORNDIKE 1932; SKINNER 1938, 1953, 1961).

Die Steuerung von Lernprozessen erfolgt mit Hilfe der Konsequenzen, die eine Reaktion auf einen gegebenen Reiz hat. Deshalb spricht man auch von Verstärkungs- oder Bekräftigungslernen. Ausgangspunkt ist die Erkenntnis, dass sich die Auftretenswahrscheinlichkeit eines Verhaltens durch die systematische Gestaltung der Folgen steuern lässt. Positive Folgen (Verstärkung) erhöhen, negative Folgen (z. B. Strafe) reduzieren die Auftretenswahrscheinlichkeit. Zu unterscheiden ist zwischen **materiellen** (Süßigkeiten, Spielzeug, Geld, etc.) und **sozialen** (Lob, Anerkennung, Zuwendung) Verstärkern. Beide Gruppen können als externe Verstärker bezeichnet werden. Als interne oder Selbstverstärkung werden Zufriedenheit bzw. Freude bei der erfolgreichen Problemlösung oder beim Gelingen selbst- oder fremdgestellter Aufgaben bezeichnet. Die Wirksamkeit des operanten Konditionierens steht heute außer Zweifel. Bereits im Säugling- und Kleinkindalter lernt das Kind nach diesem Prinzip (KANFER & PHILLIPS 1970; BELSCHNER u. a. 1973).

Es wäre allerdings falsch, davon auszugehen, dass Verhalten ausschließlich auf diese Weise gelernt wird.

Imitations- oder **Modelllernen** findet ebenfalls vom Säuglingsalter an statt. Bestimmte Gewohnheiten, Eigenarten, Ausdrucksweisen werden gelernt durch Verhaltensvorbilder wie Eltern, Geschwister, Betreuungspersonen. Im höheren Alter zunehmend auch durch Freunde, Idole aus Funk, Film und Fernsehen, Figuren aus Büchern und Printmedien. Nach BANDURA (1969, 1971) werden neue Verhaltensformen und –muster erworben durch die Beobachtung des Verhaltens anderer und den für diese daraus resultierenden Konsequenzen. Das Beobachtungsobjekt (Modell, Vorbild) kann dabei real (persönlich bekannt) oder symbolisch (bildlich dargestellt / textlich beschrieben) sein.

Das Modelllernen stellt eine Verknüpfung von klassischem und operantem Konditionieren mit kognitiven individuellen Prozessen dar (Wahrnehmung, Vorstellung, Bewertung, Sprache), wobei gerade im frühen Alter nachahmendes Lernen sehr häufig zu beobachten ist, ohne dass die genannten kognitiven Prozesse bereits **bewusst** ablaufen könnten. Dennoch wird davon ausgegangen, „dass Nachahmungsverhalten das beobachtbare Resultat eines vorausgegangenen, genauer zu klärenden Lernprozesses ist" (TRAUTNER ²1992, 101).

Lerntheoretische Erkenntnisse allein würden sicher nicht ausreichen, eine gezielte Früherziehung zu rechtfertigen. Sie zeigen aber einerseits, dass auch später wirksame Lernprinzipien bereits in frühester Kindheit wirksam sind. Andererseits machen sie deutlich, dass aufgrund nicht-geplanter, eher zufälliger Konditionierungsvorgänge oder durch nicht-förderliche Modelle frühzeitig Lernprozesse stattfinden können, die der kindlichen Entwicklung abträglich sind, die Forscherdrang, Aneignungsmotivation und Aktivität eines Kindes hemmen und damit seine Entwicklungsmöglichkeiten einschränken, oder die sozial nicht erwünschte Verhaltensformen begünstigen. Mangelnde Anregung / Stimulation lässt allerdings bestimmte Lernprozesse gar nicht erst eintreten. Insofern legen lerntheoretische Forschungsergebnisse eine frühe familienergänzende bzw. ausgleichende Erziehung durchaus nahe.

MERKSÄTZE:

- Die lerntheoretischen oder behavioristischen Theorien unterscheiden drei Arten des Lernens
  – klassisches Konditionieren

- operantes / instrumentelles Konditionieren
- Imitations- / Modelllernen.
- Das Grundprinzip ist das des Reiz-Reaktions- bzw. Reiz-Reaktions-Konsequenz-Lernens.
- Wesentliche Methode bezogen auf die Konsequenz ist die Verstärkung.
- Man kann unterscheiden zwischen
  - materiellen
  - sozialen   Verstärkern.
  - internen
- Letztere werden auch Selbstverstärker genannt.
- Das Modelllernen bezieht kognitive Prozesse (Wahrnehmung, Vorstellung, Bewertung, Sprache) mit ein.
- Bereits der Säugling lernt auf der Basis von Konditionierung und Nachahmung.
- Durch nicht-geplante, eher zufällige Konditionierungsprozesse und aufgrund ungünstiger Modelle können entwicklungsbeeinträchtigende oder sozial unerwünschte Verhaltensweisen entstehen.
- Eine reizarme Umgebung verhindert bestimmte Reaktionen und damit Lernprozesse.

2.1.2.2 Kognitionspsychologische Grundlagen

Wesentlich zu nennen sind hier JEAN PIAGET und LAWRENCE KOHLBERG, sowie LEW S. WYGOTSKI. Es würde zu weit führen, die drei Theorien hier differenziert darzulegen. Von jeder sollen daher nur die wesentlichen Aspekte kurz angerissen werden, mit Blick auf die Entwicklung in der frühen Kindheit.

- JEAN PIAGET (1896 – 1980)
  entwickelte eine Stufentheorie der geistigen Entwicklung des Kindes, bei der die Stufen von ihm in einer mathematisch formalisierten Sprache umschrieben werden. Mit den Stufen der frühen Kindheit hat er sich dabei am intensivsten beschäftigt.

Tabellenartig sollen die Stufen und ihre Merkmale im folgenden dargestellt werden:

Tab. 2: Stufentheorie der geistigen Entwicklung nach PIAGET

Stufe / Alter	Handlungs- bzw. Operationsschemata	Merkmale der Stufe
1. Stufe der **sensumotorischen** Intelligenz (0 –2 Jahre)	Wahrnehmungsmäßige und motorische Schemata → Koordinationsleistung → Gewohnheit	– Vorsymbolische Intelligenz – Situations- bzw. Zustandszentrierung – Subjekt- und Handlungsorientierung – Ziel- und Zweckgerichtete Bewegung

2. Stufe der **vorbegrifflichen** (präoperationalen) **Intelligenz**	Symbol- bzw. Anschauungsschemata → räoperationales / vorbegriffliches Denken → orbegriffliche bzw. anschauliche Schemata	– Funktionsdifferenzierung
		– von nachahmender Akkomodation zum bildlichen Symbol
		   → Differenzierung von Mittel / Zweck
		   → Differenzierung von Realität und Vorstellung
		   → Spracherwerb
		– Wörter noch ohne Begriffscharakter, d. h. ohne logische, klassifikatorische Funktion

2.1 Phase des **symbolischen** Denkens (2 – 4 Jahre) 2.2 Phase des **anschaulichen** Denkens (4 – 7 Jahre)		
3. Stufe der **konkreten** Operationen (7 – 11 Jahre)	Schemata des konkreten, nicht mehr anschauungsgebundenen Denkens → operationale Schemata	– Erschließung der Realität ohne direkte Anschauung – mehrperspektivische Betrachtungen – Dezentrierung von Aufmerksamkeit – Transformationsleistungen – gedankliche Umkehrleistungen / Gedankenspiele
4. Stufe der **formalen** Operationen (ab 12 Jahre)	Formal-operationale Schemata	– Abstraktionsmöglichkeit – Hypothetisches Denken – Schlussfolgerndes Denken – Logisch-verknüpfendes bzw. überprüfendes Denken (synthetisch / analytisch) – kombinierendes, kreativ-schöpferisches Denken

Für PIAGET stellt jedes Verhalten einen funktionalen **Austauschprozess** zwischen **Individuum** und **Umwelt** dar. Dabei spielen die Vorgänge von **Assimilation** und **Akkomodation** eine wesentliche Rolle. Sie bezeichnen unterschiedliche Prozesse der Adaptation oder Anpassung eines Individuums an seine Umwelt.

– Akkomodation
 bezeichnet den Vorgang der eigenen Verhaltens- / Strukturänderung im Zusammenhang mit den Anforderungen und Gegebenheiten der Umwelt.
– Assimilation
 bezeichnet den Vorgang der Umweltveränderung im Zusammenhang mit eigenen Möglichkeiten und Bedürfnissen.

Vereinfacht ausgedrückt heißt das: In einem Fall passt sich das Individuum der Umwelt an, im anderen Fall wird die Umwelt für das Individuum „passend" gemacht.

Betrachtet man die ersten beiden Stufen der PIAGET'schen Entwicklungstheorie, so ist unschwer zu erkennen, dass sowohl im Säuglingsalter als auch im Kleinkind- bzw. Kindergartenalter die Einflüsse der Umwelt, förderlicher oder beeinträchtigender Art, eine große Rolle spielen, zumal sich die Entwicklung nicht nur bei PIAGET als ein permanenter Austauschprozess zwischen Individuum und Umwelt darstellt.

Die Notwendigkeit frühzeitiger pädagogisch-erzieherischer Einwirkung lässt sich hier zweifelsohne begründen, zumal nach PIAGET die jeweils vorausgehenden Stufen und deren Entwicklungsgelingen Voraussetzung für die nächsthöheren Stufen sind.

• LAWRENCE KOHLBERG (1927 – 1987)
 sieht, in Anlehnung an PIAGET, Entwicklung ebenfalls als einen phasenweise fortschreitenden, gerichteten Prozess von organisierten inneren Strukturveränderungen, die in beobachtbarem Verhalten Ausdruck finden. Sein von ihm als „kognitiv-genetischer Ansatz" bezeichnetes Konzept stellt weniger eine Entwicklungstheorie, sondern eher ein „Programm zur Analyse der gerichteten strukturellen Veränderungen der Verhaltensentwicklung" dar (vgl. TRAUTNER 1991, 195).

Als wesentliche Aussagen bzw. Annahmen können gelten:

1. Strukturen sind allgemeine Formen oder Muster von Handlungen, die im Laufe des Entwicklungsprozesses verändert und ausgeformt werden.

2. Strukturen entwickeln sich in einem **Austauschprozess** zwischen **Individuum** und **Umwelt**. Weder Reifungsprozesse noch Reiz-Reaktions-Lernen, d. h. Konditionierungsprozesse führen zur Strukturbildung, sondern dieser Austauschprozess, der aktiv, selbsttätig und selbstreguliert erfolgt.

3. Kognitive Strukturen sind Handlungsstrukturen bezogen auf bestimmte Objekte.

4. Die Entwicklung von Strukturen als gerichteter Prozess geht von niederen zu höheren Gleichgewichtsstufen der Individuum-Umwelt-Interaktion. Es ist ein Prozess fortschreitender, aktiver Anpassung, mit ständig sich erweiternden Möglichkeiten der Erkenntnis und der Handlungsfähigkeit.
(vgl. KOHLBERG 1974, TRAUTNER 1991).

Eine wesentliche Rolle spielen für KOHLBERG die Imitation und Identifikation bei der Entwicklung des Kindes, wobei die Begriffe nicht identisch sind mit dem Imitations- oder Modelllernen bei BANDURA bzw. mit dem psychoanalytischen Begriff der Identifikation.

Sie bezeichnen Strukturierungsvorgänge, die sich im Zuge des sozialen Miteinander als mehr oder weniger dauerhafte Strukturstufen ergeben, und zwar im Sinne **wechselseitiger Beeinflussung** auf der Basis **emotionaler** und **sozialer** Faktoren in Verknüpfung mit **kognitiven** Prozessen.

Auch bei KOHLBERG wird deutlich, wie wichtig die Umwelt mit ihren vielfältigen Einflüssen und damit Strukturierungsanregungen ist, insbesondere in den Jahren der frühen Kindheit, d. h. bei der Bildung erster, niederer Strukturierungsstufen.

• LEW SEMJONOWITSCH WYGOTSKI (1896 – 1934)
kann als Begründer der Kulturhistorischen Schule angesehen werden, zu der auch LURIJA (1902 – 1977) und LEONTJEW (1903 – 1979) zu zählen sind.

Sie gehen davon aus, dass die Entwicklung des Menschen nur im Zusammenhang mit den gesellschaftlichen Existenzbedingungen, insbesondere mit der Kultur zu sehen ist; dass sie nicht allein auf

– anlage- und reifungsbedingte interne Entwicklungsprogramme,
– und auf pädagogische externe Beeinflussung

zurückzuführen ist.
Nur im kulturhistorischen Kontext kann Entwicklung geschehen und gelingen. Nur auf der Basis dieses Kontextes werden Entwicklungsverläufe verseh- und erklärbar.

In einer Kultur finden sich gemeinsame Überzeugungen, Werte, Kenntnisse, eine **gemeinsame kollektive Geschichte**, strukturierte Beziehungen, Bräuche, bestimmte symbolische Systeme (z. B. Sprache). Zu einer Kultur gehören aber auch Gestaltungs- und Organisationsformen (Architektur, Kunst, Verwaltung).

Aufgrund der innerhalb einer Gesamtstruktur befindlichen unterschiedlichen Gruppierungen sind aber je individuelle Kontextausprägungen für ein Kind gegeben (je nach Rasse, Milieu, Lebensraum), die den Entwicklungsprozess beeinflussen.

Dem **unmittelbaren** Kontext des Kindes misst WYGOTSKI große Bedeutung bei.

„Die allererste Quelle für die Entwicklung der inneren individuellen Eigenschaften der Persönlichkeit des Kindes ist die Zusammenarbeit [im weiteren Sinne] mit anderen Menschen" (WYGOTSKI ²1987, 85).

Dabei [verschmelzen] „das Kind, die andere Person und der soziale Kontext [...] in einer Aktivität" (MILLER 1993, 344 f.), bei der auch das Kind eine mehr oder weniger aktive Rolle hat.

Es findet eine beständige wechselseitige Beeinflussung **Kind – personale Umwelt – kultureller Kontext** statt. Im Grunde genommen hat WYGOTSKI hier bereits systemisches Denken praktiziert (vgl. Bd. I, Abs. 11.6.3), bzw. er hat seine Theorie vor dem Hintergrund gedachter komplexer Vernetzungsstrukturen entwickelt, was in den 1980er Jahren in der Systemtheorie **eine** wesentliche Basis wissenschaftlich-theoretischer Betrachtung bildete, die eine kontinuierliche Weiterentwicklung erfuhr bis heute.

Entwicklung vollzieht sich nach WYGOTSKI als Prozess der Veränderung in der „Zone proximaler Entwicklung" (WYGOTSKI 1978, 85 f.) was in etwa „Zone der nächsten Entwicklung" heißt. Als „Zone der proximalen (oder nächsten) Entwicklung" bezeichnet WYGOTSKI die **Distanz** zwischen einem **gegebenen Entwicklungsniveau** und der **nächsthöheren**, quasi potentiellen **Entwicklungsebene**.

Abb. 3.1: Entwicklung als Veränderung in der Zone proximaler Entwicklung

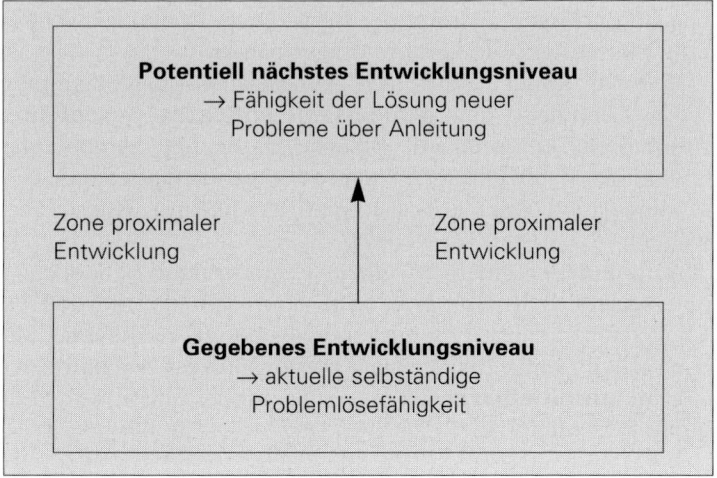

Um diesen Veränderungsprozess erfolgreich zu durchlaufen, bedarf es nach WYGOTSKI
– der **gezielten Instruktion**, durch Erwachsene oder Gleichaltrige, formeller (Kindergarten / Schule) oder informeller (Mutter, Freunde) Art;
– eines **stimulierenden unmittelbaren Kontaktes**, d. h. einer anregenden, fördernden, anleitenden Umgebung;
– des **Spiels**, dem WYGOTSKI eine deutlich entwicklungsverändernde Bedeutung beimisst.

Als wesentliche Forderung WYGOTSKIS an pädagogisch Tätige kann gelten, dass gezielte Instruktionen
– die potentielle nächste Ebene eines Kindes immer im Blick haben sollten;
– so gestaltet sein sollte, dass sie über die aktuelle Entwicklungsebene hinausgehen.

Das bedeutet: pädagogische Einwirkung sollte **immer** als Entwicklungsförderung verstanden sein, bei der das Kind von einer aktuellen Entwicklungsebene zur nächsthöheren „gepuscht" wird.

Zu bedenken ist dabei,
– die von WYGOTSKI vorausgesetzte **Eigenaktivität des Kindes**, die durch Erwachsene unterstützt werden kann;
– die **wechselseitige Beeinflussung** Kind / Person / Kontext, die auch eine Instruktionssituation nicht als einseitig verlaufenden Prozess erscheinen lässt, sondern als Prozess der Interaktion und Kooperation.

Nach MILLER (1993, 352) ist die Definition zum Konzept der Zone der proximalen Entwicklung sehr weit gefasst, geht über intentional pädagogische Interaktionen hinaus. Sie umfasst alle Situationen, in denen Kinder „durch eine Aktivität über ihren jeweiligen Entwicklungsstand hinausgeführt werden" (a. a. O.).

Abb. 3.2: Entwicklung als Veränderung in der Zone proximaler Entwicklung aufgrund wechselseitiger Kooperation bzw. Aktivität von Kind / Person / Kontext

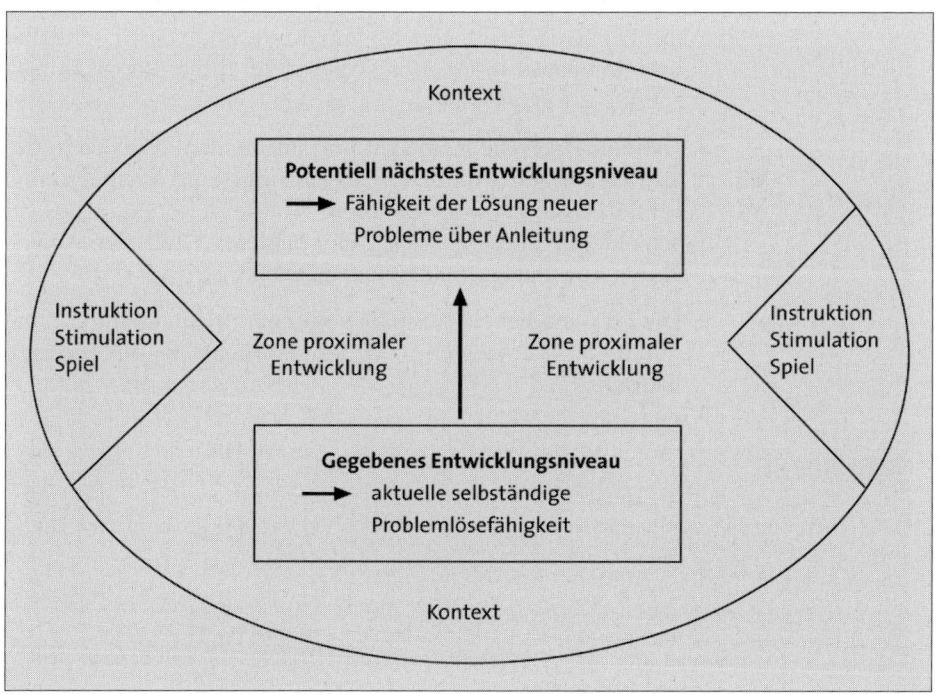

Zusammenfassend lässt sich zu den genannten Entwicklungstheorien sagen:

1. Alle drei sehen Entwicklung als fortschreitenden Veränderungsprozess von einer niederen zu einer höheren Stufe (Phase, Ebene).

2. Für alle ist der aktive Austausch zwischen Individuum und Umwelt (Kontext) von entscheidender Bedeutung.

3. Während PIAGET eher motorische Aktivitäten mit physikalischen Objekten im Blick hat, legen KOHLBERG und WYGOTSKI größeres Gewicht auf soziale Interaktionen und Prozesse.

4. Dabei spielt die Sprache (Symbolschemata) für alle eine wesentliche Rolle.

5. Frühe Stimulation und Förderung durch die Umwelt tragen zum Gelingen der Entwicklung erheblich bei.

6. Allerdings ist die Eigenaktivität des Kindes, sein individueller Antrieb insbesondere bei WYGOTSKI ein bedeutsamer Faktor für die Entwicklung.

7. Je anregender, vielfältiger und unterstützender die sozio-kulturellen Gegebenheiten für ein Kind sind, desto schneller und intensiver können insbesondere frühe Entwicklungsschritte erfolgen.

8. Dabei müssen die formellen und informellen Aktivitäten des Kindes auf den jeweiligen Entwicklungsstand so abgestimmt sein, dass sie zur nächsten Stufe hinführen können. Dies geschieht am ehesten, wenn ein mittlerer Grad der Abweichung von bereits Bekanntem gegeben ist.

9. Die Notwendigkeit frühpädagogischer Einflussnahme kann durch die dargelegten Theorien zweifelsohne untermauert werden.

MERKSÄTZE:

- Als wesentliche kognitionspsychologische Entwicklungstheorien können diejenigen von
  - JEAN PIAGET
  - LAWRENCE KOHLBERG
  - LEW S. WYGOTSKI
  gelten.

- PIAGET entwickelt eine Stufentheorie, bei der, bezogen auf die Früherziehung, die ersten beiden Stufen
  - Stufe der sensumotorischen Intelligenz
  - Stufe der präoperationalen Intelligenz
  von entscheidender Bedeutung sind.
- Die Vorgänge von Assimilation und Akkomodation dienen der aktiven Anpassung des Individuums an seine Umwelt. Jedes Verhalten ist daher nach PIAGET ein funktionaler Austauschprozess zwischen Individuum und Umwelt.
- KOHLBERG geht von Entwicklung als Prozess der strukturellen Verhaltensänderung aus.
- Strukturbildungen erfolgen in einem aktiven, selbsttätigen und selbstreguliertem Austauschprozess zwischen Individuum und Umwelt.
- Strukturierungsanregungen in der frühen Kindheit spielen dabei eine wichtige Rolle.
- WYGOTSKI sieht Entwicklung als beständigen wechselseitigen Prozess zwischen Kind – personaler Umwelt – kultureller Kontext.
- Entwicklung findet statt als Veränderung in der Zone proximaler Entwicklung.
- Als notwendige Voraussetzung dafür sieht WYGOTSKI
  - gezielte Instruktion von außen
  - eine stimulierende Umgebung
  - Möglichkeit des Spiels

2.1.2.3 Ethologische Grundlagen

In den Anfängen der Verhaltensforschung (Ethologie) war es insbesondere KONRAD LORENZ (1935), der Prägungsvorgänge bei Tieren (Graugänse, Enten) beschrieb und dabei auf sogenannte sensible oder kritische Phasen hinwies, die im Zusammenhang mit frühen Prägungen irreversible Wirkungen für die Entwicklung hinterließen.

Dabei muss kurz auf die sechs Merkmale von Prägung aus ethologischer Sicht (LORENZ 1935; THORPE 1956; SLUCKIN [2]1972; EIBL-EIBESFELDT 1974; TEMBROCK 1978) eingegangen werden:

1. Eine Prägung findet nur in bestimmten Zeiten, sogenannten **sensiblen Perioden**, statt. Danach ist eine Prägung nicht mehr möglich.

2. Die erworbene Prägung wird zeitlebens beibehalten, ist irreversibel. Sie unterliegt **nicht** dem Vergessen, wie die Inhalte von Lernvorgängen.

3. Beim Prägungsvorgang findet eine Verschränkung von genetisch angelegten **Reaktionsmustern** mit **Reizgegebenhei-**

ten der Umwelt statt, denen dann **Auslösefunktion** für ein bestimmtes Verhalten zukommt.

4. Durch Prägung werden **überindividuelle, artspezifische Merkmale** „gelernt".

5. Beim Prägungsvorgang wird immer eine bestimmte Reaktion auf ein bestimmtes Reizobjekt als Reiz-Reaktionsmuster erworben. Der Erwerb ist nicht auf Verstärkung zurückzuführen. Die Verhaltensausführung muss nicht geübt werden sondern ist bereits beim ersten Auftreten wirkungsvoll.

6. Eine Prägung bezogen auf bestimmte Verhaltensmuster (z. B. sexuelle Prägung) kann zu einem Zeitpunkt erfolgen, zu dem die betreffende Funktion noch nicht ausgereift und / oder handhabbar ist.

Es gibt u. a. Orts- bzw. Raumprägung, sexuelle Prägung, Zeitprägung, Nachfolge- und Ton- / Gesangsprägung. In der Regel ist der **Prägungsvorgang** ein sehr **kurzer**, oft **einmaliger** (vgl. TEMBROCK 1978, 159).

Ergebnisse der Verhaltensforschung bei Tieren lassen sich nicht ohne weiteres auf den Menschen übertragen, es sei denn es lassen sich gleiche oder analoge Vorgänge im Humanbereich finden. Tatsächlich wurde, insbesondere im Zusammenhang mit dem ersten sozialen Bindungsverhalten von Säuglingen eine Übertragung des Prägungskonzeptes auf menschliche Entwicklungsvorgänge versucht, bei der ganz wesentlich auf sensible Phasen / Perioden abgehoben wurde.

HESS (1975, 83 f.) unterschied später drei Phasen oder Perioden:

1. die kritischen Perioden,

2. die empfindlichen oder sensitiven Perioden bzw. sensiblen Phasen,

3. die optimalen Perioden.

Der Grad der Verbindlichkeit und der Irreversibilität nimmt dabei von den kritischen über die sensitiven zu den optimalen Perioden hin kontinuierlich ab. Während der kritischen Perioden müssen bestimmte Erfahrungen gemacht werden, da sonst lebenslanges abweichendes Verhalten die Folge ist; in den sensiblen Phasen und optimalen Perioden gibt es nur noch eine erhöhte Ansprechbarkeit für bestimmte Umweltreize.

Hinsichtlich der Frage nach der Übertragbarkeit dieser Befunde auf die menschliche Entwicklung zeigte sich, dass zwar beim Menschen im allgemeinen an die Stelle starrer Auslöseschemata und irreversibler Prägungen eher kontinuierliche Lernvorgänge getreten sind, dass aber **Phasen unterschiedlicher Empfänglichkeit** für bestimmte Reize auch in der menschlichen Entwicklung bestehen.

„Wenn auch ‚kritische Phasen' im strengen Sinne nach der angeführten Definition von Hess als beim Menschen sehr fraglich bezeichnet werden müssen, so kann seiner Überzeugung wohl kaum widersprochen werden, dass eine Vielzahl von stark empfänglichen und vielen optimale Phasen in der menschlichen Entwicklung bestehen". (Schamberger 1978, 47)

Heute wird eher von **sensiblen Phasen** gesprochen bezogen auf die kindliche Entwicklung. Auch geht man davon aus, dass eine vollkommene Irreversibilität früher Prägungen oder die ausschließliche Fixierung bestimmter Beeinflussungseffekte auf einen eng begrenzten Zeitraum für die menschliche Entwicklung zu relativieren seien. Fest steht allerdings, dass „gleiche Einwirkungen [...] zu verschiedenen Zeiten unterschiedliche Effekte [haben]", und dass die sensiblen Phasen beim Kind sehr früh anzunehmen sind. „Die erste Lebenszeit scheint insgesamt eine sensible Periode für Stimulationseffekte zu sein". Dabei ist das Konzept der Sensiblen Perioden bezogen auf die kindliche Entwicklung weiter gefasst als das Prägungskonzept der Ethologie (vgl. Trautner [2]1992, 133 ff.).

Wie bereits erwähnt stellt offenbar die früheste Kindheit insbesondere in sozialer Hinsicht eine sensible Periode dar, wie klassische Untersuchungen
– zum Fehlen eindeutiger Bezugspersonen bei längeren Klinikaufenthalten,
– zur Heimunterbringung
– oder bei anders gearteter sozialer Deprivation im frühen Kindesalter
deutlich gemacht haben.

EXKURS: Hospitalismus und Deprivationssyndrom
=> Bindungstheorie

Erstmals um 1900 fanden die Probleme der Heimunterbringung und Massenpflege von Säuglingen Beachtung unter psychologischem Aspekt. Zuvor war insbesondere das Faktum hoher Säuglingssterblichkeit in Findelhäusern ausschließlich auf eine hohe Infektionsrate zurückgeführt und mit erweiterten Hygienemaßnahmen beantwortet worden.

SPITZ beschrieb 1945 die „anaklitische Depression" von Säuglingen, die zwischen dem sechsten und achten Monat (Phase des Fremdelns) von ihren Müttern getrennt wurden. Seine Beobachtungen wurden von BOWLBY (1951) und DÜHRSSEN (1958) bestätigt.

Als Symptome wurden einheitlich beobachtet:
– Weinerlichkeit
– Apathie
– gehemmte oder verstärkte Motorik
– Jaktationen (Hand-, Kopf- und Körperbewegungen spasmodisch-rhythmischer Art)
– Verlangsamung der körperlichen und geistigen Entwicklung
– Verschlechterung des Gesundheitszustandes trotz guter körperlicher Versorgung, bis hin zu körperlichem Verfall (Marasmus) und Exitus (Tod).

Zusammengefasst werden alle negativen psychischen und psychosomatischen Folgeerscheinungen unter den Begriffen „Hospitalismussyndrom" oder „Deprivationssyndrom".

BOLWBY (1968) und AINSWORTH (1969) gehen davon aus, dass alle frühen Verhaltensmuster, die einen engen räumlichen Kontakt von Mutter und Kind aufrecht erhalten, prägungsrelevant sind bezogen auf sozio-emotionale Bindungsmuster. In ihrer bedeutsamen Baltimore-Untersuchung konnte AINSWORTH (1978) verschiedene Bindungstypen herausarbeiten
– bindungssichere Kinder
– bindungsvermeidende Kinder
– bindungsambivalente Kinder
– bindungsdesorganisierte Kinder
(vgl. BÖLLING-BECHINGER 1998, 73 f.; MILLER 1993, 274).

Bindungssichere Kinder zeigen eine bessere emotionale und kognitive Entwicklung als die anderen Bindungstypen. Nach SCHLEIFFER (1998) sind sicher gebundene Kinder erfolgreicher im Lernen und Problemlösen sowie bezogen auf ihre Sozialbeziehungen (Gleichaltrige und Erwachsene).

„Der Bindungstyp ist ein guter Prädikator für das spätere Verhalten des Kindes, etwa sein Sozialverhalten im Kindergarten" (MILLER 1993, 294).

Bei bindungsdesorientierten Kindern ist die Wahrscheinlichkeit einer psychischen Fehlentwicklung am höchsten (vgl. GREENBERG et al. 1993; LYONS-RUTH et al. 1993).

Die sogenannten sensiblen Phasen liegen beim menschlichen Kind wesentlich in den ersten Lebensjahren. Die Notwendigkeit früher pädagogischer Einwirkung und Unterstützung der Entwicklung von angemessenen Bindungsformen, sowie der frühzeitigen Stimulierung / Anregung in anderen Entwicklungsbereichen wird durch die ethologische Forschung eindeutig gestützt.

MERKSÄTZE:

- Ergebnisse der Verhaltensforschung legen sogenannte sensible Phasen während der frühkindlichen Entwicklung nahe.
- In diesen Phasen finden notwendige Prägungs- und Lernvorgänge statt.
- Insbesondere bezogen auf Formen sozialen Bindungsverhaltens scheint das Prägungskonzept auch beim Menschen wirksam zu sein.
- Dies zeigen Untersuchungsergebnisse der Hospitalismusforschung und in Erweiterung dessen die Bindungstheorie von AINSWORTH.

2.1.2.4 Neuropsychologische Grundlagen

Die Neuropsychologie ist ein Teilbereich der Psychologie, der wesentlich die Zusammenhänge zwischen Erleben bzw. Verhalten und den zugrundeliegenden biologischen Prozessen erforscht. Insbesondere Gehirnfunktionen und Leistungen des Nervensystems sind ihr Untersuchungsgegenstand. Einbezogen werden allerdings auch andere Organsysteme, z. B. im Zusammenhang mit der hormonellen Steuerung von Verhalten. Es würde hier zu weit führen, die bedeutsamen Organsysteme und ihre Funktion darzulegen. Ich verweise auf die einschlägige Literatur (HEUBROCK / PETERMANN 2000; REMSCHMIDT et al. 2000; GRAICHEN 1989; GOLDENBERG [2]1998).

Eine grundlegende Annahme der Neuropsychologie ist, dass Verhalten und Erleben, Wahrnehmen und Denken nur auf der Basis entsprechender Prozesse im Zentralnervensystem (ZNS) möglich sind.

Daraus kann gefolgert werden, dass Entwicklung ein Vorgang ist, bei dem hirnorganische Prozesse und psychische Funktionen unauflöslich miteinander verknüpft sind. „Entwicklung bedeutet demnach immer gleichzeitig Veränderung des Verhaltensrepertoires sowie Veränderung in der Struktur und Funktion des Zentralnervensystems" (BREITENBACH 2002, 122), und auch umgekehrt: Veränderungen in Struktur und Funktion des ZNS führen gleichzeitig zu Veränderungen im Verhalten und Erleben.

Die Neuropsychologie basiert auf Forschungsergebnissen der im wesentlichen experimentellen Gehirnforschung. Der Kopf des Menschen, das Gehirn, war bereits in der Antike Gegenstand wissenschaftlicher Betrachtung, die zu unterschiedlichen Hypothesen und kontroversen Diskussionen durch die Jahrhunderte führte (vgl. Kolb /Wishaw 1996; Sturm / Herrmann 2000).

Verstärktes Forschungsinteresse im 19. und intensive experimentelle Forschung im 20. Jahrhundert brachten zahlreiche neue und zunehmend exaktere Daten zu Aufbau und Funktion des Gehirns und des Nervensystems sowie zu deren Zusammenwirken bezogen auf Wahrnehmung, Emotion, Kognition, Motorik, Sinnesleistungen etc. des Menschen.

Heute wird allgemein davon ausgegangen
– dass komplexe Erlebens- und Verhaltensweisen aus vielfältigen grundlegenden Funktionen aufgebaut sind;
– dass diese Einzelfunktionen örtlich relativ festgelegt sind;
– dass für die Steuerung komplexer Handlungsabläufe zahlreiche Einzelfunktionen des Gehirns notwendig sind;
– dass das Nervensystem in Form neuronaler Netzwerke aufgebaut ist, d. h. dass einzelne, autonom miteinander interagierende Nervenzellen (Neuronen) Netzwerke bilden, die spontan oder reaktiv erregbar sind und die Funktion der Leistung bzw. die Verarbeitung von Reizen oder auch deren Hemmung ausüben;
– dass – ungeachtet der kontroversen wissenschaftlichen Diskussion um eindeutige Lokalisation jedes Verhaltensaspektes im Gehirn oder dessen ganzheitliches Funktionieren unabhängig von der Art des Verhaltens – Wissenschaftler heute vermehrt davon ausgehen, dass ein ganzheitliches Funktionieren des Gehirns sehr wahrscheinlich sei, es jedoch teilweise feste Orts-Funktions-Zusammenhänge (z. B. Sprachzentren im Gehirn) gebe (vgl. Brand et al [6]1997; Remschmidt / Schmidt 1981; Melchers / Lehmkuhl 2000; Breitenbach 2002).

Nach Goldenberg ([2]1998, 3) wird davon ausgegangen, dass der organische Aufbau der Menschen im Wesentlichen bei allen gleich ist, und dass „daher bei allen Menschen die gleichen Fähigkeiten und Eigenschaften von den gleichen Hirnregionen produziert werden".

Trotz revolutionärer Erkenntnisse in den letzten 50 Jahren ist die Erforschung des ZNS und seine Wirkweise auf Erleben und Verhalten des Menschen noch in den Anfängen. Deutlich wird jedoch, dass eine Verknüpfung von neuropsychologischer und entwicklungspsychologischer Forschung unabdingbar notwendig ist.

Bezogen auf die kindliche Entwicklung lassen sich bereits heute als gesicherte Erkenntnisse herausstellen:
– Kinder sind, auch neurologisch betrachtet, nicht mit dem Erwachsenen gleichzusetzen.
– Gehirn und Nervensystem unterliegen im frühen Kindesalter noch außerordentlich tiefgreifenden und umfänglichen Entwicklungsprozessen; beispielsweise bezogen auf die Lokalisation bestimmter Funktionen, die beim kleinen / jungen Kind noch nicht so eindeutig ist.
– Auch wenn das Gehirn als Ganzes funktioniert, gibt es hochspezialisierte Hirnareale, die quasi Knotenpunkte innerhalb der Hirnstruktur bilden. Deren reibungs- und fehlerloses Funktionieren bei integriertem Zusammenwirken verschiedener Areale ist die unerlässliche Voraussetzung für bestimmte Handlungen, Tätigkeiten, Leistungen.

Wygotski (1934 – vgl. auch Abs. 2.1.2.2) gehört wohl zu den ersten Wissenschaftlern, die neuropsychologisch, entwicklungs- und kognitionspsychologisch gearbeitet haben. Seine grundlegende „Theorie der höheren psychischen Funktionen" (1934, dt. 1985) enthält bereits die wesentlichen Aussagen der Neuropsychologie unter entwicklungs- und kognitionspsychologischen Aspekten (1985, 355 ff.). Er spricht von interfunktionellen Beziehungen und Verbindungen zwischen hirnorganischen Teilstrukturen und psychischen Teilfunktionen, deren Zusammenwirken erst „jede einheitlich ablaufende psychische Funktion" ermöglicht (vgl. Graichen ²1996, 125 f.).

Luria (1973) führt die Arbeiten Wygotskis fort. So unterteilt er beispielsweise das ZNS in drei funktionale Einheiten, die er jedoch in einen ganzheitlichen Zusammenhang bringt. Auf diese Weise wird die unvorstellbare Komplexität und Vielfalt von Hirnfunktionen übersichtlich (vgl. Graichen ²1996, 128) und schematisierbar.

Die folgende Abbildung mag dies besser verdeutlichen:

Tonusregulation, Aktivierung und Bewusstheit geschieht wesentlich im Hirnstamm, im Thalamus und im aufsteigenden retikulären System.

Für Aufnahme, Analyse und Speicherung von Informationen zeichnen wesentlich die Sehrinde, das Hörzentrum, der sensorische Cortex verantwortlich.

Programmierung, Regulation und Ausführung von Aktivitäten erfolgt wesentlich in Stirnhirn, motorischem Cortex und

Abb. 4: Einteilung des ZNS nach Luria (1973), modifiziert nach Brand et al. [6]1997, 32

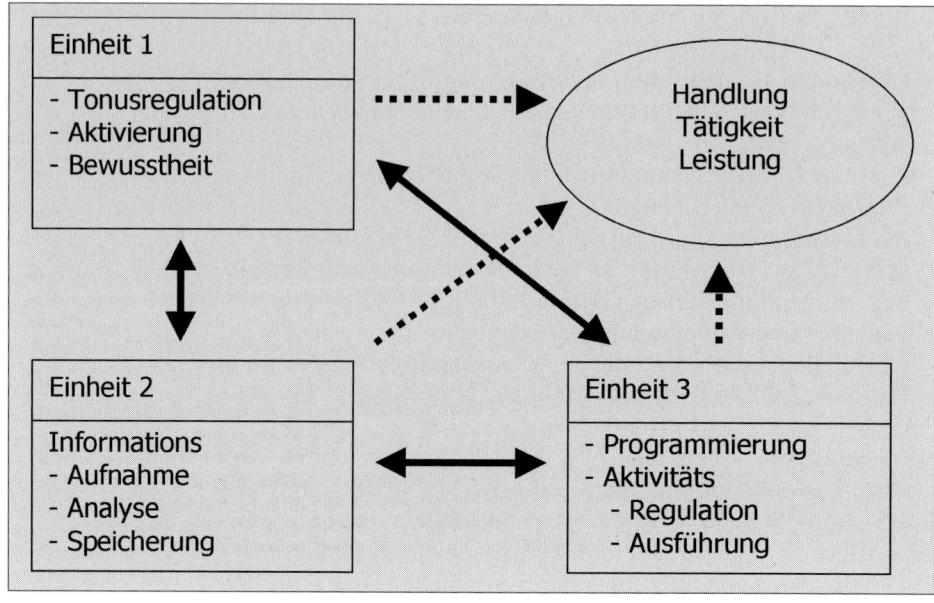

Kleinhirn (vgl. LURIA 1973, 1989; BRAND et al. [6]1997; WYGOTSKI 1987, Bd. 1; GRAICHEN 1993; JANTZEN 1990).

Bei jeder Verhaltensäußerung sind immer alle drei Einheiten beteiligt. LURIA spricht von „**funktionellen Systemen**", die sich, je nach zu realisierender psychischer Äußerung bilden, indem sich viele Areale und Knotenpunkte zusammenschließen, zu einem funktionellen Ganzen. Dabei können Teilfunktionsbereiche in ihrer Wirkweise je nach gewünschter Äußerung unterschiedlich sein. Sie bewirken jedoch das Verhalten in ihrer Gesamtheit (gemäß Abb. 4). Das heißt allerdings auch, dass „bei Störung oder Ausfall eines Teilbereiches jedes Mal die Integration des gesamten Systems misslingt" (GRAICHEN 1993, 336).

Das integrierte Zusammenwirken vieler Hirnareale und Knotenpunkte, störungsfrei und präzise, ist eine der wichtigsten Leistungen des ZNS. Je komplexer ein Verhalten ist, desto mehr Subsysteme müssen sich rasch und präzise zu einem größeren funktionellen System zusammenschließen, um die erfolgreiche Ausführung des Verhaltens zu gewährleisten.

Als **Integrationsschwäche** bezeichnet man eine verminderte Fähigkeit des ZNS, sich rasch und präzise in je erforderlicher

Weise umstrukturieren zu können. Nach GRAICHEN (1979, 49) sind Integrationsschwächen „Leistungsminderungen einzelner Faktoren oder Glieder innerhalb eines funktionellen Systems, das zur Bewältigung einer komplexen Anpassungsaufgabe erforderlich ist." AYRES spricht von „integrativer Dysfunktion" (1984, 71) im Zusammenhang mit dem sensorischen Bereich. Der Begriff Teilleistungsschwäche, der häufig synonym mit Integrationsschwäche gebraucht wird (vgl. GRAICHEN 1973, 1979) ist aus zwei Gründen nicht sinnvoll:

– zum einen verhindert er u. U. eine ganzheitliche Betrachtungsweise (vgl. BREITENBACH 2002, 136);
– zum anderen ist er in der Pädagogik bereits als Terminus Technicus belegt bezogen auf Legasthenie und Dyskalkulie, d. h. bezogen auf spezifische Lernleistungen (Lese-Rechtschreib-Schwäche; Rechenschwäche).

Integrationsschwächen können in allen Bereichen des Verhaltens und Erlebens auftreten und die Entwicklung eines Kindes erschweren. Auf spezifische Störungsbilder wird im Zusammenhang mit der Frühförderung behinderter und von Behinderung bedrohter Kinder näher eingegangen werden.

Frühzeitige pädagogische Einwirkung und Stimulation ist deshalb von besonderer Bedeutung, weil das kindliche Gehirn in den ersten Lebensjahren eine hohe Plastizität besitzt, d. h. es ist noch in besonderem Maße veränder- und beeinflussbar.

Insbesondere das Wachstum und die Verknüpfung von Synapsen (Verbindungsstellen zwischen Neuronen, zur Weiterleitung von Reizen) erfolgt postnatal in den ersten Lebensjahren und wird durch die individuelle Lebenssituation, durch Erfahrung und Lernen beeinflusst.

„Als gesichert gilt, dass die synaptische Plastizität für Veränderungen in der neuronalen Repräsentation – und damit für das Lernen insgesamt – verantwortlich ist, und dass umgekehrt alltägliches Lernen und alltägliche Erfahrung zu einer Veränderung der synaptischen Plastizität führt" (HEUBROCK / PETERMANN 2000, 27 f.).

Diese Erkenntnis unterstreicht die Notwendigkeit frühpädagogischer Maßnahmen, insbesondere unter primärpräventivem Aspekt.

MERKSÄTZE:

- Grundlage der Neuropsychologie ist die Annahme, dass hirnorganische Prozesse und psychische Funktionen (Erleben und Verhalten) unauflösbar miteinander verknüpft sind.
- Das Zentralnervensystem ist in Form neuronaler Netzwerke aufgebaut.
- Das Gehirn funktioniert ganzheitlich, wobei es für bestimmte Funktionen festgelegte Zentren (Orte) im Gehirn gibt.
- LURIA unterteilt das Zentralnervensystem in drei funktionale Einheiten.
- Verhaltensäußerungen kommen zustande, indem sich „funktionelle Einheiten" bilden, d. h. viele Areale und Knotenpunkte aus diesen Einheiten schließen sich, je nach Art der Äußerung unterschiedlich zusammen.
- Bei Störung oder·Ausfall eines Teilbereichs kommt die Integration des Gesamtsystems und damit die Verhaltensäußerung nicht oder nur unzulänglich zustande.
- Man spricht dann von Integrationsschwäche (GRAICHEN) oder Integrationsdysfunktion (AYRES).
- Frühpädagogische Einwirkung und Stimulation ist aus neuropsychologischer Sicht außerordentlich bedeutsam, weil das kindliche Gehirn in den ersten Lebensjahren in besonderem Maße beeinflussbar ist und Integrationsschwächen verhindert oder ausgeglichen werden können.

2.2 Kompensatorische Früherziehung

2.2.1 Begriffsklärung und Einführung

Der Begriff Kompensation ist abgeleitet vom lateinischen Verb „**compensare**", was allgemein **ausgleichen** bzw. **ersetzen** heißt.

Kompensatorische Prozesse finden sich selbsttätig sowohl im physischen als auch im psychischen Bereich, z. B. ersetzt beim Ausfall der Funktion einer Niere die zweite gesunde Niere weitgehend deren Tätigkeit.

ADLER beschreibt den Kompensationsprozess im Zusammenhang mit Minderwertigkeitsgefühlen beim Menschen als einen Vorgang, bei dem Defizite in einem Leistungsbereich durch besondere Leistung in einem anderen Bereich ausgeglichen werden. Auf diese Weise wird das psychische Gleichgewicht erhalten bzw. wiederhergestellt (vgl. ADLER 1912 / 1972, 57 ff.).

Sehr weitgefasst könnte man im pädagogisch-psychologischen Bereich alle jene Maßnahmen als kompensatorische zusammenfassen, die zum Ziel haben, fehlende oder unzureichend entwickelte Verhaltens- und Erlebensmuster anzubahnen, zu fördern, auszugleichen bzw. durch andere zu ersetzen, z. B. in den Sinnesfunktionen, der Motorik, der intellektuellen und / oder in der Sprachfunktion.

In der Pädagogik und Sonderpädagogik sind mit kompensatorischer Erziehung alle jene „vor-, inner- und außerschulischen Fördermaßnahmen gemeint, die insbesondere sprachliche und intellektuelle Defizite bei Kindern und Jugendlichen, entstanden durch frühkindliche sozio-kulturelle Benachteiligung, ausgleichen und weitere Lern- und Leistungsdefizite verhindern sollen" (VERNOOIJ 2001, 241).

Als Fachbegriff meinte kompensatorische Erziehung zunächst, die möglichst frühe vorschulische Förderung von Kindern, die aufgrund wenig förderlicher Sozialisationsbedingungen vermutete oder tatsächliche Defizite in ihrer Gesamtentwicklung, in ihrer Lernfähigkeit, in der Sprachentwicklung sowie in ihrem sozialen Verhalten haben oder haben könnten. Ziel der Maßnahmen war es auch, sozio-kulturell benachteiligten Kindern bei Schuleintritt eine Situation der Chancengleichheit zu ermöglichen (zur sozio-kulturellen Benachteiligung siehe HENSLE / VERNOOIJ [7]2002, 192ff.).

Ursprünglich kam die Idee der kompensatorischen Erziehung aus den USA (compensatory education); dort ausgelöst einerseits durch den sogenannten Sputnik-Schock von 1957 (die UdSSR hatten als erste einen bemannten Satelliten in die Erdumlaufbahn geschossen), andererseits aufgrund zunehmend gewalttätiger Bürgerrechtsbewegungen nach der gesetzlichen Aufhebung der Rassentrennung von Schwarzen und Weißen auch im Bildungssystem (Rassengegensätze, Unruhen in den anwachsenden Slums durch Armut und Bildungsbenachteiligung). J. F. Kennedy und L B. Johnson riefen in dieser Situation zum „Krieg gegen die Armut (War on Poverty)" auf, was zu unterschiedlichen Programmen vorschulischer kompensatorischer Erziehung führte. Die Motive dafür waren zweifache:

– sozialpolitisch dienten sie der Befriedigung angestauter gesellschaftlicher Aggressivität aufgrund sozialer Ungleichheiten und politischer Ungleichbehandlung;
– wirtschaftlich wurde die Ausschöpfung aller gesellschaftlichen Begabungsressourcen und die frühzeitige Qualifikation

der Bürger für den Arbeitsprozess angestrebt, um den ökonomischen Wohlstand des Landes und seine internationale wirtschaftliche Konkurrenzfähigkeit zu sichern.

Mit Recht kritisiert IBEN insbesondere das zweite Motiv, nachdem in den 1960er Jahren das Konzept der kompensatorischen Erziehung auch in der BRD und anderen westlichen Staaten diskutiert und realisiert wurde.

„Die Leitidee der kompensatorischen Erziehung kann nicht die bessere Verwendbarkeit der Geförderten im Produktionsprozess sein, sondern es geht um die Ich-Identität und die Selbstbehauptung der bisher daran Gehinderten. Eine so bestimmte kompensatorische Erziehung wird sich nicht auf Angehörige der sozialen Unterschicht beschränken können" (IBEN 1971, 14).

Ganz sicher war auch der Optimismus der 1960er und 70er Jahre, basierend auf der Annahme einer weitestmöglichen Plastizität (Formbarkeit) der Kinder, unter geringer Beachtung sozialer und genetischer Gegebenheiten, eine Triebfeder für vielfältige (sonder-) pädagogische Aktivitäten im Vorschulbereich.

MERKSÄTZE:

- Kompensatorische (ausgleichende) Erziehung verfolgt das Ziel, fehlende oder unzureichend entwickelte Verhaltens- und Erlebensmuster zu fördern oder auszugleichen.
- Schwerpunktmäßig im Vorschulalter sollen fehlgelaufene, stockende oder stagnierende Entwicklungsprozesse korrigiert und aktiviert werden, um Kindern – insbesondere solchen aus sozio-ökonomisch und kulturell benachteiligten Familien – bei Schuleintritt annähernd gleiche Startchancen zu ermöglichen.
- Die Idee der kompensatorischen Erziehung kam aus den USA (um 1960), die mit teilweise militanten Bürgerrechtsbewegungen infolge von Rassengegensätzen und massiven sozialen Ungleichheiten zu kämpfen hatten.
- Auch war die Sicherung der internationalen wirtschaftlichen Wettbewerbsfähigkeit durch Ausschöpfung aller nationalen Begabungsressourcen ein Beweggrund, der jedoch in der Bundesrepublik Deutschland heftig kritisiert wurde.
- Ausgangspunkt war weiterhin ein pädagogischer Optimismus, der von einer Überlegenheit äußerer Einflüsse ausging, gegenüber inneren (genetischen) und sozialen Gegebenheiten.

2.2.2 Kompensatorische Vorschul- programme in den USA (ca. 1958 – 1970)

In den USA vollzog sich zwischen 1960 und 1970 eine regelrechte Kampagne zur kompensatorischen (Früh-) Erziehung. Unterschiedliche Aktivitäten und Programme, von Head-Start-Sommerkursen für Vorschulkinder über Ganzjahreskurse innerhalb und außerhalb der Familie bis hin zu Projekten, deren Ziel die umfängliche und nachhaltige Veränderung der Umfeldbedingungen des Kindes war, z. B. das Milwaukee-Projekt (HEBER et al. 1972), wurden eingesetzt, erprobt, wissenschaftlich begleitet. Allerdings erwies es sich als relativ schwierig, Eltern und Kinder aus sozio-kulturell schwachem Milieu, aus sogenannten sozialen Brennpunkten (in den USA „Slums") zu erreichen und für eine Mitarbeit zu gewinnen.

Nach BRONFENBRENNER (1974) war bei der Entwicklung von Programmen auch dem Umstand Rechnung zu tragen, dass es bei Untersuchungen von Kindern aus sozial benachteiligten Elternhäusern deutliche Unterschiede bezogen auf den Grad der Benachteiligung, d. h. bezogen auf das allgemeine Entwicklungsniveau, auf Entwicklungsverzögerungen und Entwicklungsstörungen gab (BRONFENBRENNER 1974, 37; auch IBEN 1971, 1973).

So entstanden vier Programmtypen (BRONFENBRENNER 1974)

- Vorschulische Förderung von **Kindern in kleinen Gruppen** außerhalb der Familie;

- **Einzelförderung** im Elternhaus;

- **Förderung von Eltern und Kind**, d. h. es waren wesentlich Mutter-Kind-Förderprogramme;

- **„Ökologisches Eingreifen"** bezeichnet relativ einschneidende Maßnahmen der Veränderung im unmittelbaren Umfeld, bis hin zur Herausnahme des Kindes aus der Familie (vgl. Bronfenbrenner 1974, 140 ff.).

Wesentlich ausgerichtet waren die Programme

- bei den Kindern
  - auf kognitive und soziale Förderung allgemein, die alle Entwicklungsbereiche im Sinne ganzheitlicher Früherziehung (vgl. 2.1.2, insbesondere 2.1.2.4) einbezog;

- auf sprachliche Förderung im Besonderen, aufgrund der Untersuchungen von BERNSTEIN (1964) hinsichtlich schichtspezifischer Sprachcodes (vgl. auch HENSLE / VERNOOIJ [7]2002, 193; OEVERMANN 1969);

- bei den Müttern
  - auf allgemeine Erziehungsberatung,
  - auf Analyse und Verbesserung der Mutter-Kind-Beziehung,
  - auf Anbahnung entwicklungsfördernder Erziehungsmaßnahmen und Verhaltensweisen.

Nach der **Analyse** von 26 Begleituntersuchungen zur kompensatorischen Erziehung mit unterschiedlichen Programmen kommt BRONFENBRENNER (1974) zu folgenden **Ergebnissen**:

- **Förderung in Kleingruppen**
  - Die Förderung von Kindern in kleinen Gruppen zeigt deutliche Effekte im kognitiven und im sozio-emotionalen Bereich. Diese waren jedoch in der Regel nur während der Dauer der Förderung feststellbar. Nach Beendigung des Programms reduzieren sich die Messwerte der Fähigkeitsuntersuchungen teilweise sehr rasch.
  - Je stärker die Familie eines Kindes sozio-ökonomisch und kulturell benachteiligt ist, desto geringer ist der Nutzen, den das Kind durch die Förderung hat.
  - Dabei spielen der Zeitpunkt des Beginns (z. B. vom 1. Lebensjahr an) oder die Dauer der Maßnahme (z. B. bis zum Ende des 5. Lebensjahrs) keine wesentliche Rolle.

„Es scheint, als hätte das Kind allein keine Möglichkeit, die Prozesse zu vollziehen, die sein Wachstum [seine Entwicklung – M. A. V.] fördern" (BRONFENBRENNER 1974, 143).

- **Einzelförderung im Elternhaus**
  - Ähnlich wie bei der Förderung in Kleingruppen außerhalb des Elternhauses verschwanden die positiven Fördereffekte nach Beendigung des Programms, d. h. nach Einstellung der Hausbesuche.

- **Mutter-Kind-Förderprogramme**
  - Die Förderung erbrachte bei den Kindern deutlich positive Effekte, insbesondere, wenn die Programme **vor** dem 3. Lebensjahr einsetzten.
  - Nicht nur das zu fördernde Kind sondern auch die jüngeren Geschwister profitierten von den Fördermaßnahmen,

da auch die Eltern (Mütter) durch Beratung und Trainings deutlich beeinflusst wurden, hinsichtlich ihrer Einstellung und ihres Erziehungsverhaltens.
– Bei früh einsetzenden Programmen zeigte sich, dass die Förderung durch die inzwischen geschulten Eltern zusätzliche Gruppenförderung unterstützen und in ihrer Wirkung verstärken konnte.
– Nicht nur die kognitive und soziale Entwicklung des Kindes konnte nachhaltig gefördert werden, sondern auch die Eltern-Kind-Beziehung konnte verbessert werden.

Allerdings beziehen sich diese Ergebnisse und Aussagen wesentlich auf Familien aus höheren Schichten. Da die **Teilnahme** an den Förderprogrammen **freiwillig** war, und Familien aus sozio-ökonomisch sehr benachteiligten Schichten offenbar nicht bzw. kaum zur Teilnahme motiviert werden konnten, kommt BRONFENBRENNER zu dem Schluss:
– „Neben ihren Vorzügen scheint die „Förderung durch die Eltern" dort ihre Grenzen zu haben, wo sie auf Familien in der sozio-ökonomisch am schlechtesten gestellten Gruppe angewendet werden soll" (1974, 144).

• **„Ökologisches Eingreifen"**
– Wesentliche Veränderungen im Umfeld des Kindes, insbesondere bezogen auf die Bezugsperson, können deutliche und anhaltende Entwicklungsverbesserungen bewirken.
– In stark verelendeten Gruppen scheinen Fördermaßnahmen, die sich nur auf das Kind oder auf die Eltern-Kind-Beziehung konzentrieren nicht erfolgreich zu sein.

Dabei macht BRONFENBRENNER deutlich, dass „die entscheidenden Kräfte der Zerstörung" weder im Kind, noch in seiner Familie liegen, „sondern in den hoffnungslosen Umständen, unter denen die Familie leben muss" (BRONFENBRENNER 1974, 144).

Als Fazit der frühen Programme kompensatorischer Erziehung in den USA kann gelten:
– Eine früh einsetzende familienunterstützende und familienergänzende Erziehung kann unter bestimmten Bedingungen die Entwicklung von Kindern erheblich fördern und sich anbahnende oder vorhandene Defizite ausgleichen.
– Damit die positiven Effekte dauerhaft oder zumindest langdauernd sind, muss diese Erziehung (familienunterstützend und familienergänzend) in der Grundschulzeit fortgeführt werden.

- Die Betreuung der Kinder auch während der Ferienzeiten scheint bedeutsam, um Verluste der erworbenen Fähigkeiten und Fertigkeiten bei Kindern aus sozio-kulturell benachteiligten Familien zu vermeiden (vgl. BRONFENBRENNER 1974, 141).
- Daraus kann geschlossen werden, dass eine familienergänzende Erziehung von der frühen Kindheit bis weit in das Schulalter hinein kontinuierlich erfolgen müsste, um ein nur annähernd gleiches Entwicklungsniveau und damit gleiche Lebenschancen für die Kinder sicherzustellen.
- Wenn es gelingt, die Eltern in diese Maßnahmen einzubeziehen, ist die Wahrscheinlichkeit dauerhafter Entwicklungs- und Leistungsverbesserung um ein Vielfaches höher. BRONFENBRENNER verweist darauf,
- dass der eigentliche Schlüsselvorgang in den frühen Lebensjahren „das ständige gemeinsame Gespräch von Eltern und Kind über **kognitiv herausfordernde Aufgaben**" ist,
- dass die entscheidende Rolle für die frühe Entwicklung „eine beständige Zweierbeziehung [ist], in der das Kind mit einem Erwachsenen im Gespräch über **kognitiv anregende Tätigkeiten** verwickelt wird" (BRONFENBRENNER 1974, 143 f. / Hervorhebungen durch M. A. V.).

MERKSÄTZE:

- Bei der kompensatorischen Früherziehung in den USA lassen sich vier Programmtypen unterscheiden:
  - Förderung in kleinen Gruppen außerhalb der Familie,
  - Einzelförderung im Elternhaus,
  - Eltern-Kind-Förderung,
  - Ökologisches Eingreifen und Umfeldveränderung.
- Die Analyse von 26 Begleituntersuchungen kam zu folgenden Ergebnissen:
  - Bei der Gruppen- und Einzelförderung verloren sich die positiven Effekte nach Beendigung der Maßnahme.
- Die kombinierte Eltern-Kind-Förderung zeigte deutliche Effekte
  - bezogen auf die kognitive und soziale Entwicklung der Kinder,
  - bezogen auf die Verbesserung der Eltern-Kind-Beziehung.
- Diese Effekte waren umso deutlicher, je früher die Programme einsetzten.
- Die Ergebnisse beziehen sich kaum auf sozial sehr benachteiligte Familien, da diese nicht erreicht bzw. motiviert werden konnten.
- Um dauerhafte Effekte zu erzielen, müsste die familienergänzende und –unterstützende Früherziehung im Grundschulalter fortgesetzt werden.
- Die Einbeziehung der Eltern erhöht die Wahrscheinlichkeit erfolgreicher und dauerhafter Entwicklungsförderung.

2.2.3 Kompensatorische Programme in der Bundesrepublik Deutschland

Nach IBEN (1973) wurden unter ähnlichen Gesichtspunkten, wie in den USA seit den 1960er Jahren zunächst „Spielstuben" für kleine Kinder in sozialen Brennpunkten eingerichtet. Folge der Bewegung in den USA waren auch Vorschulmaterialien und Programme, wie z. B. Frühlesen (LÜCKERT 1966), die jedoch weniger den sozial benachteiligten Kindern zugute kamen sondern, aufgrund des hohen finanziellen Aufwandes, eher Kindern aus Mittel- und Oberschicht zugänglich waren (vgl. IBEN 1973, 281 ff.).

Auch geriet die kompensatorische Erziehung bereits vor der Entwicklung theoriegeleiteter Konzepte in eine kontroverse Diskussion der Pädagogen und Sonderpädagogen.

Einerseits wurde ein bedeutsamer Einfluss der Umweltbedingungen aufgrund der Ergebnisse amerikanischer Studien infrage gestellt.

Andererseits wurden, aufgrund des Scheiterns vieler Programme, radikale gesellschaftliche Veränderungen als einzige Möglichkeit gesehen, sozio-kulturelle Benachteiligung zu beseitigen und zu verhindern.

Mit erheblicher Verzögerung und unter teilweise heftigen fachlichen und politischen Kontroversen wurde in der Bundesrepublik Deutschland die kompensatorische Erziehung wesentlich als Aufgabe der Kindergärten und der Vorschulerziehung (Schulkindergarten) angesehen. Insbesondere die kognitiven Leistungen der Kinder sollten durch gezielte Maßnahmen verbessert werden. Wechselnde Programme und neue Methoden (z. B. Gruppen- und Teamarbeit) wurden eingesetzt mit dem Ziel
- Entwicklungsrückstände von sozio-kulturell benachteiligten Kindern in ihrer frühkindlichen Sozialisation auszugleichen;
- durch zusätzliche Leistungsimpulse eine Annäherung an das Leistungsvermögen von Mittelschichtkindern zu erreichen;
- den Übergang zur und den Start in der Grundschule zu erleichtern (vgl. SCHENK-DANZINGER 1980, 24).

Wie in den USA erwies es sich auch in der BRD als problematisch, dass über Vorschulprogramme die unteren Schichten deutlich seltener erreicht wurden.

Zum einen besuchten diese Kinder häufig keine vorschulischen Einrichtungen, so dass die Pädagogik keine Möglichkeit der Einflussnahme sah. Zum anderen wurden die Möglichkeiten von bildungsorientierten Eltern der Mittel- und Oberschicht vermehrt wahrgenommen, was eher eine Vertiefung der Entwicklungs- und Leistungskluft zwischen Kindern unterschiedlicher sozialer Herkunft zur Folge hatte. HARDE / SIERSLEBEN / WOGATZKI (1969) erstellten auf der Basis eines Head-Start-Programms aus den USA (Head-Start = Kopf-an-Kopf-Start => Chancengleichheit) ein Programm für kompensatorische Erziehung, welches neben der kognitiven auch die sozio-emotionale Förderung einbezog. Insgesamt blieben die deutschen Ansätze jedoch unbefriedigend, zum einen aus Gründen des Organisations- und Verwaltungsaufwandes, zum anderen wegen der Kritik einer Verschulung von Kindergärten.

Häufig erfolgte die Auswahl der Kinder durch den Schulpsychologischen Dienst, wobei eine Voraussetzung war, dass die Kinder dort angemeldet wurden. Die Durchführung der Programme erfolgte teilweise unter Hinzuziehung von Grundschullehrern, die, z. B. in einem Vorschulversuch in Hannover (begonnen 1968) je 2 Stunden pro Woche 4;6 – 5;6jährige Kinder in Kindergärten und Vorschulgruppen spezifisch förderten. Ein Jahr später wurden zwei Vormittagsgruppen aus vorwiegend sozio-kulturell benachteiligten Kindern gebildet, die täglich je 4 Stunden „unterrichtet" wurden (vgl. IBEN 1973, 288). Bei einer Ausweitung des Versuchs auf einen sozialen Brennpunkt der Stadt wurden Kleingruppen (5 Kinder) von Sonderpädagogen betreut.

In einem Bericht des Schulpsychologischen Dienstes Hannover von 1970 heißt es: „Die schulpsychologische Begleitung des Vorschulversuchs ergab schon sehr frühzeitig, dass über die sprachliche Benachteiligung hinaus ein breites Spektrum individueller defizitärer Entwicklungen pädagogisch bewältigt werden musste, wenn dass Programm seinem Auftrag durch ausgleichende Bildungsbemühungen zur Startchancengerechtigkeit zu führen, gerecht werden sollte. Es mussten deshalb über ein Sprachförderprogramm zum Abbau von Sprachbarrieren hinaus Angebote zur Förderung der verschiedenen Fähigkeiten und Fertigkeiten gemacht werden" (1970, zit. nach IBEN 1973, 288 f.).

Letztlich war diese Aussage auch zur damaligen Zeit nicht neu. Die defizitäre Entwicklung von Kindern aus sozio-ökonomisch schwachen Familien war bereits zu Beginn des 20. Jahr-

hunderts bekannt (HETZER 1929; BUSEMANN 1956). Sie wurde u.
a. durch Untersuchungen von BERNSTEIN (1959), OEVERMANN
(1970) und ROEDER (1965) insbesondere bezogen auf die
sprachliche Entwicklung und deren Bedeutung für das Lernen
untermauert und ins pädagogische und bildungspolitische
Blickfeld gerückt.

Der Beitrag von KLEIN im Gutachten des Deutschen Bildungsrates von 1973 mit dem Titel „Die Frühförderung potentiell
lernbehinderter Kinder" arbeitet die verschiedenen Untersuchungsergebnisse zu defizitären Sozialisationsbedingungen unter dem Aspekt auf, dass der größte Teil der Kinder in den
Schulen für Lernbehinderte eine solche defizitäre Entwicklung
durchlaufen habe aufgrund sozio-kultureller Benachteiligung
nicht nur in der frühen Kindheit sondern dauerhaft.

Will man unter präventiven Gesichtspunkten diese Kinder
fördern, so muss dies möglichst früh, im Sinne einer kompensatorischen Erziehung geschehen.

EXKURS PRÄVENTION:

Der Begriff Prävention (lat.) bedeutet soviel wie Vorbeugung, Verhütung, Verhinderung.
Präventive Maßnahmen sind Maßnahmen, die bezogen auf einen bestimmten Sachverhalt verhütend wirken sollen. Im (sonder-) pädagogischen Bereich geht es dabei immer um den Sachverhalt der Beeinträchtigung.

„Seit CAPLAN (1964) die Aufgaben von präventiver Arbeit drei Bereichen zuordnete,
sprechen wir, in Anlehnung an seine Gliederung, von primärer, sekundärer und tertiärer
Prävention.
– Primäre Prävention zielt darauf ab, das erstmalige Auftreten einer Krankheit, einer Störung oder einer Auffälligkeit zu verhindern bzw. deren Auftretenswahrscheinlichkeit
  zu reduzieren.
– Sekundäre Prävention setzt bei bereits vorhandenen Störungen an. Dabei bilden Früherkennung und Früherfassung *eine* vordringliche Aufgabe und gleichzeitig die Vorbe-
  dingung für den baldmöglichen Beginn von heilenden, korrigierenden und / oder fördernden Maßnahmen, dem zweiten Arbeitsfeld der sekundären Prävention, die eingesetzt werden mit dem Ziel der Gesundung, der Normalisierung und / oder der Ent-
  wicklungsaktivierung.
– Tertiäre Prävention zielt ab auf die Vermeidung von Residual-, Folge- oder Sekundär-
  schäden, sowie auf die Verhinderung von Chronifizierung und Wiedererkrankung, von
  Rückfällen und von sozialen Problemen und Nachteilen (z. B. Maßnahmen zur Reso-
  zialisierung)" (VERNOOIJ 1991, 118).

Nach dieser Einteilung ist die Aufgabe der Früherziehung eine
primärpräventive, die der kompensatorischen Erziehung eine
primärpräventive bezogen auf die Verhinderung von Schul-

schwierigkeiten und Sonderschulkarrieren; eine sekundärpräventive bezogen auf vorhandene Entwicklungsdefizite in unterschiedlichen Bereichen.

Erwähnenswert ist eine Maßnahme, die in den USA entwickelt und realisiert wurde, und die in Deutschland seit nunmehr 30 Jahren ebenfalls eingesetzt wird: die Förderung über das Medium Fernsehen, bekannt und berühmt für Kinder im Vorschulalter unter dem Namen „**Sesamstrasse**". Im Internet findet sich heute beim NDR folgende Aussage: „Sie [die Sesamstraße, M. A. V.] legt großen Wert auf das Erlernen von sozialem Verhalten, Kreativität und Selbstbewusstsein. Der ursprünglich aus dem amerikanischen übersetzte und ergänzte Lernzielkatalog wandelte sich von einer Konzentration auf kognitives Lernen zu seinem Schwerpunkt auf soziales Lernen" (http://www.ndr.de/tv/sesamstrasse/geschichte.html – vom 19.01.2003).

In diesem Zitat wird einmal mehr deutlich, dass es in Deutschland fast an Kindesmisshandlung zu grenzen scheint, wollte man eine gezielte kognitive Förderung im Vorschulalter institutionalisiert durchführen (siehe auch Kap. 2.2.4).

Vielleicht sollte eine Aussage des amerikanischen Psychologen JEROME S. BRUNER (1968, dt. 1970) in Deutschland verstärkt als Leitmotiv von Erziehung und Bildung herangezogen werden: „Es ist nicht Ziel der Erziehung, selbstbewusste Dummköpfe zu produzieren" (a.a.O., 73).

Dennoch kann die TV-Sendung Sesamstraße als durchaus erfolgreich angesehen werden bezogen auf ihre Zielsetzung Kinder im Vorschulalter auf motivierend-spielerische Weise in ihrer Entwicklung zu unterstützen, zu fördern und Anregungs- und Erfahrungsrückstände auszugleichen.

MERKSÄTZE:

- Die Kompensatorische Früherziehung wurde in der Bundesrepublik Deutschland ideologiebefrachtet kontrovers diskutiert:
  - Verschulung und Intellektualisierung des Kindergartens,
  - Anpassung der Unterschichtkinder an die Mittelschicht,
  - Stabilisierung sozialer Ungleichheit.
- Wie in den USA wurden Kinder aus unteren Schichten – aufgrund der Freiwilligkeit des Kindergartenbesuchs – selten erreicht.
- Teilweise waren Modellversuche organisatorisch ungünstig konzipiert (Anmeldung der Kinder beim Schulpsychologischen Dienst – Hannover 1968), so dass eine bessere Erfassung von Unterschichtkindern nicht gewährleistet war.

- Die Annahme, Kinder aus sozial schwachen Familien seien nicht nur im sprachlichen Bereich sondern in ihrer Gesamtentwicklung beeinträchtigt, konnte bestätigt werden.
- Diese Kinder laufen ohne systematische kompensatorische Früherziehung Gefahr, eine Sonderschul-„Karriere" zu durchlaufen.
- Präventive Maßnahmen sind vorbeugende, verhütende Maßnahmen.
- Man kann primär-, sekundär- und tertiärpräventive Maßnahmen unterscheiden.
- Früherziehung als primärpräventive, kompensatorische Früherziehung kann als teilweise primär-, teilweise sekundärpräventiver Bildungsbereich angesehen werden.
- Eine von den USA übernommene Fördermaßnahme für das Vorschulalter ist die Fernsehsendung „Sesamstraße", die seit 30 Jahren entwicklungsfördernd und –unterstützend wirkt.
- Der in den USA ursprüngliche Schwerpunkt kognitiver Förderung wurde in der BRD stärker auf die sozial-emotionale Entwicklung verschoben.
- Die Versuche mit kompensatorischer Erziehung haben – trotz ihres faktischen Scheiterns – bedeutsame Auswirkungen gehabt:
  - die Problematik sozio-kulturell benachteiligter Kinder wurde erneut und deutlich ins pädagogische und bildungspolitische Blickfeld gerückt;
  - die Kindergartenerziehung wurde konzeptionell verbessert;
  - die kognitive Förderung und Bildung von Vorschulkindern ist bis heute nicht zufriedenstellend berücksichtigt.

2.2.4 Kompensatorische Erziehung heute

Die Modellversuche und Programme zur kompensatorischen Erziehung zwischen 1960 und 1980 wurden nicht institutionalisiert fortgeführt. Sie haben die Abhängigkeit der Bildungsmöglichkeiten Einzelner von ihrer sozialen Herkunft nicht wesentlich verringert, wie auch die Pisa-Studie 2000 verdeutlicht:

„In Deutschland ist der Gesamtzusammenhang zwischen diesen Merkmalen [soziale Herkunft, Bildungsniveau der Eltern] und der Risikogruppenzugehörigkeit enger als in vielen anderen OECD-Staaten, die gerade bei der Förderung von Kindern unterer sozialer Schichten erfolgreicher sind" (PISA 2000, 402).

Dennoch kann als wesentliche Erkenntnis und Folge der Diskussion und der mehr oder weniger langdauernden bildungspolitischen Aktivitäten konstatiert werden:

– Die Problematik sozio-kulturell benachteiligter Kinder, die aufgrund wenig förderlicher Sozialisationsbedingungen bei Schuleintritt schlechte Ausgangsbedingungen haben und im weiteren Verlauf aufgrund von Schulleistungsschwächen möglicherweise in eine Sonderschullaufbahn gedrängt werden, ist stärker ins pädagogische und bildungspolitische Blickfeld gerückt worden.

– Die Ergebnisse der Begleituntersuchungen zur kompensatorischen Erziehung lassen fundierte Aussagen zu, bezogen auf die Bedingungen, unter denen familienunterstützende und –ergänzende Erziehung effektiv ist.

– Die Kindergartenerziehung hat im Zusammenhang mit kompensatorischen Programmen eine allgemeine Verbesserung erfahren, insbesondere im Zusammenhang mit sozialer Erziehung.

– Bezogen auf eine ganzheitlich entwicklungsfördernde Situation auf der Basis der dargelegten psychologischen und ethologischen Grundlagen ist sicherlich noch einiges an fundierter konzeptioneller Arbeit zu leisten, um vorschulische Einrichtungen wie Kindergärten zu einem **wirklichen** Teilbereich des Bildungssystems umzugestalten.

Es ist heute unumstritten, dass die Entwicklungs- und Erziehungsdefizite sozio-kulturell benachteiligter Kinder im Wesentlichen Defizite unseres Sozial- und Bildungssystems sind. Es ist Aufgabe der Pädagogik / Sozial- und Sonderpädagogik auf der einen, der Sozial- und Bildungspolitik auf der anderen Seite ALLEN Kindern die Chance zu einer umfassenden Bildung und Ausbildung zu geben. Der Grundstein dafür wird in der Früherziehung – allgemein und kompensatorisch – gelegt!

Zwei grundlegende Bildungspolitische Forderungen müssen in diesem Zusammenhang gestellt werden:

1. Das **Recht** auf einen **Kindergartenplatz** muss in eine **Pflicht** zum **Kindergartenbesuch** umgewandelt werden, und zwar nach Vollendung des 4. Lebensjahres

2. Die Kindergärten / Kindertagesstätten müssen als Teil des Bildungssystems den Kultusministerien der Bundesländer zugeordnet werden.

Bezogen auf die pädagogische Arbeit vor Ort müssen Konzepte entwickelt werden, die der Aufgabe des Kindergartens, Betreuungs-, Erziehungs- und Bildungsinstitution zu sein besser gerecht werden.

2.2.5 Kompensatorische Früherziehung am Beispiel der Schulvorbereitenden Einrichtungen (SVE) in Bayern

Auf der Basis unterschiedlicher Forschungsergebnisse, u. a. zur diagnosegeleiteten Förderung von Kindern mit Sprach- und Entwicklungsstörungen im Vorschulalter, sowie unter dem Aspekt der Prävention von schulischen Misserfolgs- bzw. Sonderschulkarrieren wurden bereits 1985 erste Modellversuche mit Schulvorbereitenden Einrichtungen in Bayern durchgeführt. Diese Institutionen der Früherziehung blieben allerdings bis 1993 beschränkt auf behinderte Kinder, und dort speziell auf Kinder mit Sinnesschädigungen, Wahrnehmungs- und Aufnahmestörungen, Motorischen Beeinträchtigungen und Sprachstörungen (vgl. DIRNAICHER / KARL 1994, 11.40, 3), d. h. nur hör- oder sehgeschädigte, geistig- und / oder körperbehinderte Kinder sowie Kinder mit Sprachstörungen kamen zunächst für diese Form der Früherziehung in Frage. Diejenigen Gruppen, von denen insbesondere in Kapitel 2.2.2. – 2.2.4 die Rede war,

– Kinder mit Entwicklungsverzögerungen in unterschiedlichen Bereichen;
– Kinder, die in einem Umfeld mit hohen sozio-kulturellen und psycho-sozialen Belastungsfaktoren aufwachsen;
– Kinder also, die nicht im klassischen Sinne behindert sind, die kein „Impairment" aufweisen (vgl. HENSLE / VERNOOIJ ⁷2002, 13), die jedoch in einer **entwicklungsbehindernden** Umgebung aufwachsen und damit von Behinderung im weitesten Sinne bedroht sind (vgl. GUTACHTEN UND STUDIEN DER BILDUNGSKOMMISSION, Bd. 25, 1973)

wurden nicht erfasst. Obwohl gerade bei diesen Kindern im Sinne primärer Prävention eine gezielte, systematische Früherziehung sinnvoll und effektiv wäre, beschränkte man sich auf sekundärpräventive Maßnahmen bei bereits als behindert erkannten Kindern, quasi als vorschulische Fortsetzung der Frühförderung (vgl. Kap. 3). „Demnach wurde vor allem jenen Kindern, die sonderpädagogischen Förderbedarf in ihrer emotionalen und sozialen Entwicklung aufwiesen, die präventive Chance in der Schulvorbereitenden Einrichtung vorenthalten" (SCHOR 2001, 21). Ab 1994 wurde diese Einschränkung aufgehoben. Das Angebot präventiver und kompensatorischer Früherziehung gilt seitdem für **alle Kinder**, die einer besonderen pädagogischen Betreuung und Förderung im Vorschulalter bedürfen. Aufgenommen werden Kinder in den letzten drei Jahren vor Beginn der regulären Schulpflicht, d. h. von 3 – 6 (evtl. 4 – 7 Jahren). Dabei werden im Wesentlichen Kinder berücksichtigt, die im Kindergarten bereits im Rahmen der mobilen sonderpädagogischen Hilfe gefördert wurden, deren Rückstände und Defizite jedoch so umfänglich sind, dass eine umfassendere, ganzheitliche Förderung angezeigt erscheint.

EXKURS: Mobile sonderpädagogische Hilfe

Im Gegensatz zum Mobilen Sonderpädagogischen Dienst, von dem später (Kap. 5) noch die Rede sein wird, ist das Tätigkeitsfeld der mobilen sonderpädagogischen Hilfe (msH) der Kindergarten. Bei Bedarf kann von der Kindergartenleitung die Unterstützung durch den msH angefordert werden. Heil- und Sonderpädagogen, entweder hauptamtlich tätig in staatlichen Frühfördereinrichtungen oder in Sonderschulen übernehmen wesentlich die Diagnose der Defizite und Möglichkeiten des jeweiligen Kindes vor dem Hintergrund seiner Sozialisationsbedingungen. Sie beraten des weiteren die Erzieher(innen) hinsichtlich besonderer individueller Förderschwerpunkte und erstellen gegebenenfalls mit ihnen gemeinsam Förderpläne. Auch die Beratung der Eltern gehört zu ihren Aufgaben. In bestimmten Fällen, z. B. bei Sprachstörungen eines Kindes, werden spezifische Fördersequenzen von den in der msH Tätigen durchgeführt (BAYEUG, Art. 22,2, Stand 2002). Problematisch und bisher nicht optimal ist die geringe zur Verfügung stehende Zeit der msH-Kräfte. Ein höheres Stundenbudget wäre hier dringend erforderlich.

Die SVE nimmt eine Position zwischen Kindergarten und Schule ein. Sie stellt die erste Stufe schulischer Bildung im Bayerischen Fördersystem dar und ist dementsprechend entweder dem jeweiligen Sonderschultyp organisatorisch und räumlich zugeordnet oder in einem Sonderpädagogischen Förderzentrum angesiedelt. Die gesetzliche Grundlage bildet das Bayerische Gesetz über das Erziehungs- und Unterrichtswesen vom 07. Juli 1994 (Neufassung 1996 / Novellierung 2003). In Artikel 22, Absatz 1 heißt es dort: „Noch nicht schulpflichtige Kinder mit sonderpädagogischem Förderbedarf, die zur Entwicklung ihrer Fähigkeiten auch im Hinblick auf die Schulreife sonderpädagogischer Anleitung und Unterstützung bedürfen, sollen in Schulvorbereitenden Einrichtungen ... gefördert werden".

Dies ist zweifelsohne ein bedeutsamer Schritt bezogen auf Früherziehung unter primärpräventivem und kompensatorischem Aspekt.

Zu fragen ist jedoch, auf der Basis der bisherigen Ausführungen, ob nicht jeder Kindergarten im Grunde genommen als

Schulvorbereitende Einrichtung betrachtet werden müsste, in der junge Kinder nicht nur sozial-emotionale sondern auch und im besonderen kognitive Anregung und Förderung erfahren sollten unter dem Aspekt der frühen Ausschöpfung von Begabungs- und Leistungspotentialen.

MERKSÄTZE:

- Unter präventivem und kompensatorischem Aspekt hat das Bundesland Bayern seit 1994 Schulvorbereitende Einrichtungen für behinderte und für sozio-kulturell benachteiligte Kinder.
- Eine weitere Maßnahme der besonderen Früherziehung ist die Mobile sonderpädagogische Hilfe im Kindergarten.
- Auf der Basis der dargelegten wissenschaftlichen Grundlagen bezogen auf Früherziehung sollte jeder Kindergarten eine Schulvorbereitende Einrichtung sein, mit dem Ziel, die Entwicklung aller Kinder zu aktivieren, zu fördern und zu unterstützen u. a. im Hinblick auf den späteren Schulbesuch

---

2.3 Früherziehung – Resümee und Ausblick

Die Früherziehung in Deutschland hat eine lange, wechselvolle und teilweise ideologiebefrachtete Geschichte. Zweifellos hat die Kindergartenarbeit den Schritt vom Bewahren der Kinder zu deren Bildung längst vollzogen. Auch sind die Gedanken der Schaffung von Chancengleichheit, der Emanzipation sowie der Kompensation in die Konzeptbildungen der letzten 30 Jahre eingegangen. Ebenso wurde der Kindergarten als erste Stufe des Deutschen Bildungssystems festgeschrieben (1970), der Bildungsauftrag seit den 1980er Jahren konkretisiert. Dennoch kann man sich des Eindrucks nicht erwehren, dass die ganzheitliche Entwicklungs- und Bildungsförderung, insbesondere unter präventiven und kompensatorischen Gesichtspunkten nicht so systematisch und umfänglich erfolgt, wie es – ausgehend von den dargelegten wissenschaftlichen Grundlagen – sinnvoll und wünschenswert wäre. Bereits 1967 beklagte Lückert, dass im traditionellen Kindergarten die Kinder „künstlich dumm" gehalten würden (11). Sollte diese Kritik auch heute – 35 Jahre später – noch berechtigt sein?

Von den ernüchternden Forschungsergebnissen im Zusammenhang mit der kompensatorischen Erziehung scheint sich die Frühpädagogik noch nicht gänzlich erholt zu haben, obwohl nach SCHMIDT-DENTER gerade im Bereich kognitiver Förderung durchaus Grund zu „neuem Optimismus" gegeben ist. „Im deutschsprachigen Raum wurden neue Denktrainings entwickelt, die im Unterschied zu vielen älteren Ansätzen theoretisch und methodisch sorgfältig konzipiert und evaluiert wurden" (^{5}2002, 741). Darüber hinaus führt er aus, dass frühe Programme weiterentwickelt und verbessert als Langzeitstudien fortgeführt wurden. Ein Ergebnis dabei ist, dass sich teilweise erst „nach Jahren bzw. Jahrzehnten unerwartete positive Effekte" zeigten (vgl. a. a. O.). Die Ergebnisse unterstreichen die Bedeutung früher Erziehung und Förderung, insbesondere die von gezielten kompensatorischen Maßnahmen.

Neben einer quantitativen Ausdehnung der Früherziehungsinstitutionen wird heute auch eine qualitative Veränderung aufgrund neuer und zusätzlicher Aufgaben unvermeidbar sein.

– Umfängliche und weitreichende gesellschaftliche Veränderungen und Entwicklungen in Deutschland und weltweit (z. B. Veränderungen in der Berufstätigkeit der Mütter; steigende Scheidungsraten und damit eine steigende Zahl alleinerziehender Elternteile; Abnahme der Mehrkindfamilien; veränderte Einstellung von Eltern zu konsequenter Erziehung) bringen für die Frühpädagogik neue Aufgaben und Probleme mit sich, die aus einer familienunterstützenden und familienergänzenden teilweise eine **familienersetzende** Früherziehung machen. Die Triade **Betreuung, Erziehung, Bildung**, die als Einheit das Selbstverständnis der Früherziehung ausmacht, erhält dabei häufig eine Schwerpunktverschiebung in Richtung Erziehung und Betreuung.

– Seit der Pisa-Studie (2000) ist das Problem der bildungspolitischen Chancengleichheit wieder aktuell. Damit erhält die Früherziehung verstärkt auch eine vorschulische Bildungsaufgabe unter präventivem und kompensatorischem Aspekt, der in unseren Nachbarländern offenbar erfolgreicher Rechnung getragen wird, was bereits in den Bezeichnungen deutlich wird, z. B.

- Großbritannien: pre-school   – Vor**schule**
- Frankreich: école maternelle   – fürsorgliche (mütterliche) **Schule**
- Niederlande: Kleuterschool   – Kleinkinder**schule**

Aus all dem folgt, dass in der Früherziehung, neben organisatorischen Neuerungen, die häufig bereits gegeben sind, wie z. B. längere und flexiblere Öffnungszeiten, inhaltliche Konzepte entwickelt werden müssen, die
- eine motivierende Betreuung
- eine allgemeine Erziehung　　und
- eine entwicklungsfördernde Unterstützung und Bildung, auch unter kompensatorischem Aspekt

so miteinander verbinden, dass **allen Kindern** – von hochbegabten bis zu entwicklungsverzögerten – begabungs- und entwicklungsgerechte Anregungen und Erfahrungen in vielfältigen Bereichen ermöglicht werden können.

Der öffentlichen Früherziehung wächst damit eine komplexe Aufgabe zu, **die mit bisherigen Konzepten und Ressourcen nicht zu bewältigen ist**.

Bisher waren besondere Fördermaßnahmen wesentlich auf benachteiligte und retardierte Kinder beschränkt. Angesichts des dramatischen Anstiegs von Kindern, die bereits im Vorschulalter Defizite in ihrer sozial-emotionalen Entwicklung aufweisen, ohne dass man ihren sozio-kulturellen Sozialisationshintergrund als sozial schwach oder benachteiligt im Sinne der Schicht- oder Milieustudien bezeichnen könnte, erhält die Forderung nach umfänglicher, vielschichtiger und systematischer Früherziehung besonderes Gewicht.

Jedes Kind hat ein Recht auf individuell angemessene frühe Förderung, wobei individuell angemessen heißt, dass die inhaltlichen Schwerpunkte dieser Förderung für jedes Kind je spezifische sein werden, je nach seinen Fähigkeiten und Stärken auf der einen, seinen Schwächen und Defiziten auf der anderen Seite.

Damit hier nicht der Eindruck entsteht, es handele sich bei diesen Ausführungen um eine „Kindergartenschelte", noch kurz einige Anmerkungen zu personellen, räumlichen und finanziellen Ressourcen.

Wie in allen Institutionen öffentlicher Betreuung, Bildung und Pflege von Menschen, in Institutionen also, die den Sozial- oder Kultusministerien unterstehen und daher abhängig sind von der Unterstützungsmöglichkeit und dem Unterstützungswillen der sogenannten öffentlichen Hand, schlagen sich Einsparungsmaßnahmen auch in Kindergärten und Tageseinrichtungen nieder.

Dies gilt auch für Institutionen in freier Trägerschaft (z. B. Kirchen, AWO, Diakonie, Caritas etc.). Niemann merkt dazu an, dass u. a. aufgrund der Unterschiedlichkeit im Bereich der Trägerorganisationen und bezogen auf die politischen Meinungsträger „in der Bundesrepublik Deutschland bislang über Funktion, Inhalte und Ziele der Erziehung im Kindergarten noch keine einheitlichen Grundlagen gefunden und verabschiedet" werden konnten (NIEMANN 2001, 225). Daraus kann gefolgert werden:

– Selbst, wenn Theoretiker und Praktiker sich hinsichtlich inhaltlicher Konzepte kompromissmäßig annähern könnten, verhindern oft die ideologischen Grundlagen der Trägerorganisation eine Realisierung.
– Bei knappen finanziellen Ressourcen sind es in der Regel die nichtschulischen Institutionen, die personell und bezogen auf Sachmittelausstattung von Einsparungen betroffen sind.

Es wäre an der Zeit, jenseits ideologiebefrachteter Reflexionen unterschiedlicher Gruppierungen dem Grundsatz des Kindeswohls (KJHG; vgl. auch Kap. 1.3.4) oberste Priorität im Zusammenhang mit der Früherziehung aller Kinder einzuräumen. Dass eine umfängliche frühe institutionalisierte Erziehung dem Wohle des Kindes dient, dürfte in den bisherigen Ausführungen zweifelsfrei deutlich geworden sein.

Zu diskutieren wäre – insbesondere vor dem Hintergrund der Notwendigkeit früher kompensatorischer Erziehung – ob der Grundsatz der Freiwilligkeit bezogen auf den Besuch eines Kindergartens nicht aufgegeben und stattdessen eine **Kindergartenpflicht** ab dem 4. Lebensjahr eingeführt werden sollte. Gleichzeitig wäre eine **kostenfreie** Früherziehung als erste Stufe des Bildungssystems in Erwägung zu ziehen.

Damit wäre gewährleistet, dass auch Kinder aus sozial schwachen Familien spätestens nach Vollendung des 3. Lebensjahres die Möglichkeit gezielter Förderung erhielten und damit die Chance, sozialisationsbedingte Rückstände und Defizite noch vor Schulbeginn zumindest teilweise ausgleichen zu können.

Auf einen wichtigen Bestandteil der Kindergartenarbeit, die Zusammenarbeit mit den Eltern, kann hier nicht näher eingegangen werden.

Um eine theoriegeleitete Erneuerung von Früherziehung zu erreichen, scheint es allerdings notwendig, dass Theoretiker, Fachkräfte aus der Praxis und Eltern gemeinsam die Bedeutung früher Erziehung und Förderung ins öffentliche Bewusstsein bringen, neue Konzepte entwickeln sowie eine Ressourcen-

und Organisationsverbesserung als gesamtgesellschaftliche Aufgabe von Politikern und freien Trägern einfordern.

MERKSÄTZE:

- Der Kindergarten hat sich im Laufe seiner Geschichte von einer Kinderbewahranstalt zu einer Bildungseinrichtung für junge Kinder entwickelt.
- Seit 1970 ist der Bildungsauftrag im Bildungsgesamtplan der BRD festgeschrieben.
- Die Aufgaben der Frühpädagogik sind in den letzten 30 Jahren komplexer geworden.
- Motivierende Betreuung, allgemeine Erziehung und umfänglich entwicklungsfördernde Bildung bilden eine Aufgabentriade, deren Einzelbereiche gleichberechtigt in ihrer Bedeutung sind.
- Insbesondere dem Teilbereich der entwicklungsfördernden Bildung wurde bisher nicht in optimaler Weise Rechnung getragen.
- Präventive und kompensatorische Erziehung und Bildung bedingt die Notwendigkeit, **allen** Kindern, vom hochbegabten bis zum entwicklungsverzögerten Kind, eine individuell angemessene Früherziehung zuteil werden zu lassen, um eine annähernde Chancengleichheit bei Schuleintritt zu gewährleisten.
- Einerseits müssen zur Bewältigung dieser Aufgaben neue inhaltliche Konzepte entwickelt werden.
- Andererseits ist eine Verbesserung der personellen, räumlichen und sächlichen Ressourcen unerlässlich.
- Um auch Kinder aus sozial schwachen Familien zu erreichen, wäre die Aufhebung des Prinzips der Freiwilligkeit (bei gleichzeitiger Kostenübernahme nach dem KJHG) eine sinnvolle sozialpolitische Maßnahme zum Wohle des Kindes.
- Gilt die Früherziehung als 1. Stufe des Bildungssystems, wäre zudem eine gebührenfreie Kindergartenpflicht sinnvoll.
- Für eine Reform der Früherziehung müssen Theoretiker, Praktiker und Eltern sowie Politiker gemeinsam aktiv werden.

2.4 Gemeinsame Früherziehung von behinderten und nicht-behinderten Kindern

2.4.1 Historische Entwicklung

Wie bereits in Absatz 2 (S. 53) verdeutlicht, haben sich Formen gemeinsamer Erziehung im Kindergartenbereich in fast allen Bundesländern mehr oder weniger ausgeprägt etabliert. Die gemeinsame Früherziehung, auch integrative Erziehung genannt, stellt eine Organisationsform dar, die eine begabungsgerechte Förderung **aller** Kinder ohne Ausgrenzung und Diskriminierung zum Ziel hat.

Gemeinsame Erziehung findet seit ca. 35 Jahren statt. Dabei war einer der wegweisenden ersten Modellversuche die „Aktion Sonnenschein" in München (HELLBRÜGGE), die 1968 auf der Basis der Montessori-Pädagogik die gemeinsame Erziehung behinderter und nicht-behinderter Kinder im Kindergarten konkret praktizierte.

In der Folge verstärkten sich zu Beginn der 1970er Jahre die wissenschaftlichen und öffentlichen Diskussionen hinsichtlich der Möglichkeiten integrativer Erziehung, verbunden mit Forderungen von Eltern und Sonderpädagogen nach entsprechenden institutionellen und rechtlichen Regelungen, um eine Realisierung dieser Organisationsformen in den verschiedenen Bundesländern sicherzustellen.

Dabei ist anzumerken, dass es Formen „schwarzer" bzw. „grauer" Integration bereits seit einigen Jahren gab, d. h. es wurden vereinzelt inoffiziell behinderte Kindern in Regelkindergärten aufgenommen. Dabei war für diese Kinder die spezifische, behinderungsbedingte Förderung nicht immer sichergestellt.

Zeitlich uneinheitlich entstanden in einzelnen Bundesländern unterschiedlich intensiv Projekte und Modellversuche zur gemeinsamen Früherziehung. So entstand beispielsweise 1972 in Berlin das Kinderhaus Friedenau, 1979 wurden in Frankfurt (Kindergarten der Französisch-Reformierten Gemeinde) erste integrative Gruppen eingerichtet, die auch wissenschaftlich begleitet wurden. Zwischen 1978 und 1982 wurde in den Stadtstaaten Berlin, Bremen und Hamburg offiziell mit der gemeinsamen Erziehung im Elementarbereich begonnen. Dabei bildete die Tatsache, dass eine gemeinsame Früherziehung behinderter und nicht-behinderter Kinder eher mit gesellschaftlicher Akzeptanz rechnen konnte (z. B. aufgrund der relativen Ferne zu allgemeinen Bildungsmaßstäben), als integrative schulische Bildung, eine günstige Basis für die Weiterentwicklung dieser Organisationsform.

Im Rahmen der Forschungsförderung des BUNDESMINISTERIUMS FÜR BILDUNG UND WISSENSCHAFT (BMBW) entstanden zwischen 1982 und 1986 Modellversuche in mehreren Bundesländern:
- 1982 Hessen,
- 1983 Rheinland-Pfalz,
- 1984 Bayern,
- 1984 Nordrhein-Westfalen,
- 1986 Saarland (mit dem besonderen Schwerpunkt der Erprobung von integrativer Erziehung in Regelkindergärten der Nachbarschaft).

Ergebnisse aus diesen Modellversuchen waren u. a.:

- Alle behinderten Kinder können bei angemessenen Rahmenbedingungen in den jeweiligen Einrichtungen gemeinsam mit nichtbehinderten Kindern erzogen und gefördert werden.
- Integrative Gruppen sollten altersgemischt sein (3 – 7 Jahre). In den einzelnen Gruppen sollten Kinder mit unterschiedlichen Behinderungsbildern betreut werden.
- Behinderte und nichtbehinderte Kinder finden bei Formen integrativer Erziehung zusätzliche Anregungen und Entwicklungsanreize.
- Eine besondere pädagogische Konzeption, die neben den individuellen Bedürfnissen *aller* Kinder auch den besonderen Förder- und Therapiebedürfnissen der behinderten und der von Behinderung bedrohten Kinder gerecht werden kann, ist unabdingbar notwendig.
- Sowohl die Anzahl der Mitarbeiter als auch deren fachliche Qualifikation muss bei integrativer Erziehung höher sein. Im Rahmen der notwendigen Fort- und Weiterbildung sind zudem praxisbegleitende, supervidierende Beratungen und Kurse sicherzustellen.
- Eine wesentliche Voraussetzung für das Gelingen integrativer Erziehung im Elementarbereich ist die intensive Zusammenarbeit des Kindergarten-Fachpersonals mit den Eltern.
- Sollten die erforderlichen Therapieanteile durch Teilzeit-Fachkräfte von außen abgedeckt werden, so ist eine regelmäßige Kooperation zwischen den Erziehern und den therapeutischen Mitarbeitern unerlässlich; zumal die Herstellung von Kompetenztransfer bezogen auf Therapieunterstützende-Fördermaßnahmen sinnvoll erscheint.

Unter Kompetenztransfer wurde im Zusammenhang mit integrativer Früherziehung die Übertragung von spezifischen Kompetenzen, z. B. heilpädagogische oder therapeutische, auf andere Mitarbeiter verstanden (vgl. FEUSER 1984, 96). Gemeint ist damit die Anleitung und Befähigung von Erziehern und Sozialpädagogen, zur Durchführung einfacher Fördermaßnahmen, um die Kontinuität je besonderer Förderung im pädagogischen Alltag sicherzustellen. Das heißt nicht, dass damit Mitarbeiter des Kindergartens annähernd zu Therapeuten werden. Es geht lediglich darum, die Zeiten zwischen spezifischen Fördersequenzen durch Fachkräfte von außen (z.B. Krankengymnastik, Sprachtherapie) zu nutzen, um die therapeutischen Maßnahmen zu unterstützen bzw. Erfolge zu festigen.

Hinsichtlich pädagogischer Konzepte für die gemeinsame Früherziehung wurden in diesen ersten Jahren – in Ermangelung ausgearbeiteter Modelle – unterschiedliche Ansätze der Kindergartenarbeit in die Konzeptentwicklung einbezogen. Häufig wurden von den Mitarbeitern spezifisch auf die eigene Einrichtung bezogene Konzepte erarbeitet (vgl. HÖSSL 1988, 115), deren theoretische Grundlagen wenig differenziert waren. Alle frühen Konzeptpapiere sind jedoch Ausdruck intensiver Auseinandersetzung mit den neuen Gegebenheiten im Hinblick auf eine gemeinsame Erziehung von behinderten und nichtbehinderten Kindern (vgl. auch Abs. 2.4.3).

2.4.2 Rahmenbedingungen für die gemeinsame Früherziehung

Von 1988 bis 1991 wurde in Niedersachsen ein 3jähriges Erprobungsprojekt in 16 Kindergärten durchgeführt, bei dem die Autorin selbst die wissenschaftliche Begleitung der beteiligten Einrichtung in Hannover übernommen hatte. Daher bildet für die folgenden Ausführungen dieses Projekt den Praxishintergrund.

Zwei Organisationsformen lassen sich in dieser ersten Phase unterscheiden:

• die Aufnahme behinderter Kinder in Regelkindergärten;

• die Aufnahme nichtbehinderter Kinder in Sondereinrichtungen (z. B. Kindergärten der Lebenshilfe).

Letztere Form wurde in Hannover praktiziert. Aufgrund zahlreicher Praxisberichte sowie unter Auswertung eigener Erfahrungen wurden bei den Vorplanungen folgende Voraussetzungen als notwendig erachtet:

1. *Wohngebietsbezogenheit* (Regionalisierung) bei der Aufnahme. Einerseits wird dadurch eine unzulässige Selektion von behinderten Kindern vermieden, andererseits wird eine sinnvolle Fortsetzung der im Kindergarten geknüpften freundschaftlichen Kontakte im häuslichen Bereich ermöglicht.

2. *Angemessenheit der Gruppengröße,* unter den Aspekten, Überforderung der Kinder zu vermeiden und vielfältige gegenseitige Anregungsmöglichkeiten zu schaffen. Dies erschien gewährleistet bei einer Gesamtzahl von 15 Kindern, altersgemischt, im Verhältnis 2 : 1, d. h. bei 10 nichtbehinderten Kindern konnten maximal fünf behinderte Kinder in die Gruppe aufgenommen werden.

3. *Beachtung des besonderen Förderbedarfs.* Da optimale Förderung behinderter Kinder auch bei integrativer Erziehung ein Ziel der Kindergartenarbeit sein muss, ist die Gewährleistung spezieller Fördermaßnahmen sicherzustellen.

4. *Vielseitigkeit der Materialausstattung,* unter dem Aspekt, entwicklungs- und bedürfnisorientiert sowohl den behinderten als auch den nichtbehinderten Kindern gerecht zu werden.

5. *Veränderung der Personalstruktur* in der Weise, dass zusätzlich Mitarbeiter aus dem Regelbereich eingestellt werden (zu den bereits vorhandenen heilpädagogischen Fachkräften).

6. *Entwicklung einer didaktisch-methodischen Konzeption* die als Zielvorstellung einer Verknüpfung von allgemeiner sowie von spezieller Entwicklungs- und Leistungsförderung einerseits, und von behutsamer Hinführung zu mitmenschlich sozialem Verständnis andererseits Rechnung tragen muss.

7. *Akzeptanz erhöhter Einsatzbereitschaft und Flexibilität* aller Mitarbeiter, die neben einem erheblichen Mehraufwand an Planungs- und Besprechungszeit auch die Bereitschaft zu Kooperation und Teamarbeit einschließen. (vgl. Vernooij 1990, 34 f.; 1992, 19 f.)

Bezogen auf Punkt 5 ist anzumerken, dass in allen Modellversuchen die Veränderung der Personalstruktur eine wesentliche Forderung war und bis heute ist. Bei integrativer Früherziehung ist es unabdingbar notwendig, dass neben Regelerziehern in jeder gemischten Gruppe ein Heilpädagoge tätig ist, um den Bedürfnissen der behinderten Kinder fachkompetent gerecht zu werden. Aufgrund der in den 1980er Jahren nicht nur in Niedersachsen unzulänglichen Regelungen zur finanziellen Absicherung von Organisationsformen der gemeinsamen Früherziehung war gerade diese Voraussetzung schwer zu realisieren.

Im Laufe der Arbeit in der integrativen Gruppe zeigte sich zudem, dass einige der allgemeinen Aufgaben und Ziele der

Kindergartenarbeit in integrativen Gruppen verstärktes Gewicht erhalten. Dazu gehören:

- Die systematische Schaffung von entwicklungsunterstützenden und -fördernden Rahmenbedingungen,
  - innerhalb derer das Kind weitgehend selbstbestimmt in tätiger Auseinandersetzung sich selbst und sein personales und materiales Umfeld erfassen kann;
  - innerhalb derer differenzierende und individualisierende methodische Formen zur Erweiterung dieser Umfelderfassung möglich sind.

- Die Entwicklung und Förderung prosozialer Verhaltensweisen unter besonderer Berücksichtigung der vorurteilsfreien Annahme je individuellen So-Seins (vgl. Abs. 2.4.4).

- Die Anbahnung von Kommunikations-, Interaktions- und Kooperationsmustern unter besonderer Berücksichtigung des Transfers in andere Lebensfelder.

- Die Schaffung einer gemeinsamen Erfahrungsbasis unter Berücksichtigung des je individuellen Vorerlebens.

Diese Aufgaben und Ziele müssen bei der Erarbeitung eines gemeinsamen Konzeptes angemessen Berücksichtigung finden.

EXKURS ZUR SITUATION VON MITARBEITERN IN DER GEMEINSAMEN FRÜHERZIEHUNG

„Für Mitarbeiter in einem integrativ arbeitenden Kindergarten ergeben sich zwangsläufig veränderte berufliche und persönliche Anforderungen,
unabhängig davon, ob sie aus einer Sonder- oder aus einer Regeleinrichtung kommen" (Vernooij 1991, 102). Zur genaueren Analyse dieser veränderten Anforderungen wurde 1980 eine Befragung in 7 integrativ arbeitenden Kindergärten durchgeführt, in denen sowohl Sozialpädagogen / Erzieher als auch Heilpädagogen tätig waren.
Als Problembereiche im Sinne unzulänglicher Ausbildung und Vorbereitung kristallisierten sich sechs heraus (vgl. Vernooij 1991, 103 f.):

1. Allgemeine Grundlagen
- im (sonder-) pädagogischen Bereich (insbesondere allgemeine und spezielle Aspekte von Behinderung; Früh- / Fördermöglichkeiten; Verursachung von Verhaltens- und Lernproblemen);
- im psychologischen Bereich (insbesondere Entwicklungs- und Lernpsychologie aber auch methodische Grundlagen der Beobachtung und Beschreibung von kindlichem Verhalten und von Entwicklungsprozessen).

2. **Methoden der Konzeptentwicklung** und deren organisatorische Umsetzung

3. **(Sonder-) Pädagogische Handlungskompetenz** (insbesondere Fördermöglichkeiten und –konzepte, Feststellung besonderer Förderbedürfnisse, Problemlösestrategien)

4. **Teamfähigkeit und Teamarbeit**

5. **Elternarbeit** (insbesondere Motivierung von Eltern, Umgang mit überhöhten Erwartungen, Kontaktförderung zwischen Familien / Eltern, alternative Formen von Elternarbeit)

6. **Berufliches Selbstverständnis** und Psychohygiene

Bezogen auf den letzten Punkt machten beide Gruppen (Regelpädagogen / Heilpädagogen) deutlich, dass aufgrund der neuen Erfahrungen mit Kindern, mit denen sie bisher nicht arbeiteten, ihr berufliches Selbstverständnis neu überdacht werden müsse.
Je nach Vorerfahrung ergaben sich für beide Gruppen
– Veränderungen in der Planung, der Arbeitsintensität sowie bezogen auf die eigene Rolle;
– stärkere Gruppenbezogenheit im Sinne von allgemeiner, ganzheitlicher Entwicklungsförderung (im Gegensatz zu individueller Planung und spezifischer Funktionsförderung);
– Einstellungsveränderung aufgrund neuer Erfahrungen, zusätzlicher Informationen und vermehrter Auseinandersetzung mit Lebens- und Entwicklungsvariationen, bzw. mit dem bisherigen Menschenbild;
– Sensibilisierung und emotionale Intensivierung bezogen auf die Arbeit mit der gemischten Gruppe;
– Aufgabe der „Einzelkämpfer"-Position zugunsten von konstruktiver Teamarbeit (gezwungenermaßen und verbunden mit mehr oder weniger großen Problemen);
– Erfolgsdruck aufgrund verstärkten institutionellen und öffentlichen Interesses (gilt besonders für Modellversuche).

Die Zeit der Modellversuche liegt inzwischen schon einige Jahre zurück. In einigen Bundesländern ist die Aufnahme behinderter Kinder in Regelkindergärten fast selbstverständlich geworden (z. B. Hessen). In den Bundesländern **uneinheitlich** haben sich die Curricula an den entsprechenden Fachschulen zur Ausbildung von Erziehern, Sozialpädagogen und Heilpädagogen den neuen Erfordernissen der Praxis mehr oder weniger ausgeprägt angepasst. Wie mehrtägige Fort- und Weiterbildungskurse (gehalten in verschiedenen Bundesländern – M.A.V.) zeigen, sind die eingangs aufgeführten „Problembereiche" nach wie vor **die** Bereiche, in denen Defizite, offene Fragen, mangelnde Vorbereitung von den Mitarbeitern in der gemeinsamen Früherziehung erlebt und beklagt werden.

2.4.3 Pädagogische Konzeptionen für die gemeinsame Früherziehung

Wie bereits ausgeführt, wurden in den ersten 20 Jahren unterschiedliche pädagogische Ansätze für die integrative Früherziehung herangezogen. Am Ende der 1980er Jahre ließen sich, neben einrichtungsspezifischen Konzepten, im wesentlichen drei Konzepttypen herauskristallisieren.

- Konzepte auf der Basis der **Montessoripädagogik** waren bereits bei den ersten Modellversuchen (z. B. München 1968) zum Einsatz gekommen. Die Montessoripädagogik scheint u. a. deshalb so geeignet für sehr heterogene Gruppen, weil sie der je individuellen Förderung auf unterschiedlichen Entwicklungsstufen verstärkt Rechnung trägt. Allerdings zeigen die meisten Konzepte, dass die Montessoripädagogik nicht in orthodoxer sondern eher in modifizierter Form Anwendung findet (vgl. Miedaner 1986, 92 f.). Häufig fließen Aspekte der Montessoripädagogik in andere Konzeptvarianten mehr oder weniger mit ein.

- Konzepte auf der Basis des **Situationsansatzes**, der im Lebensraum Kindergarten darauf abzielt, Kindern mit unterschiedlichen
  Vorerfahrungen und Bedürfnissen neue Erfahrungen
  – mit sich selbst,
  – mit der sächlichen Umwelt,
  – mit dem sozialen Umfeld

zu vermitteln. Dabei werden die Vorerfahrungen sowie die jeweiligen Entwicklungsvoraussetzungen und Bedürfnisse der Kinder einbezogen. Der Schwerpunkt liegt auf dem sozialen Lernen, für welches die gemeinsame Erziehung von behinderten und nichtbehinderten Kindern gewiss eine spezifische Situation darstellt.

- Konzepte auf der Basis der **Aneignungstheorie** (vgl. Abs. 2.1.2.2, Wygotski) versuchen, die pädagogische Situation so zu gestalten und zu lenken, dass jedes Kind von seinem jeweiligen Entwicklungsniveau zum nächsthöheren Niveau gelangen kann. Dabei präferiert Feuser (1984, 31 f.) die Methode des „Spielens und Lernens am gemeinsamen Gegenstand".

Eingeflossen in diese frühen Konzepte sind auch Elemente
– der Verhaltenstherapie / -modifikation
– der Psychoanalyse oder der Individualpsychologie (tiefenpsychologische Theorien vgl. VERNOOIJ 2004, 15 ff.).
– oder auch der Waldorfpädagogik.

Nach HÖSSL (1988) liegen den Konzepten bei aller Unterschiedlichkeit gemeinsame Überlegungen zugrunde:

• Integration, ganzheitlich betrachtet, will **alle** Kinder, unabhängig von der Art und Schwere der Behinderung einbezie-
hen.

• Dabei geht es nicht um bloßes Zusammensein von behinderten und nichtbehinderten, sondern um ein gemeinsames Be-
treuungs- und Förderangebot. Pädagogische und therapeutische Elemente fließen dabei in neue methodisch-didaktische
Konzepte ein, mit deren Hilfe den individuellen und je spezifischen Bedürfnissen der Kinder Rechnung getragen werden kann.

• Integrative Früherziehung zielt auf die Förderung in allen Lebensbereichen, sowie auf die Integration im sozialen Umfeld
(Wohngebietsbezogenheit). Kooperation mit anderen Institutionen der Betreuung, Unterstützung und Bildung sind dabei
von großer Bedeutung
(vgl. HÖSSL 1988, 117).

Ähnliche Überlegungen flossen auch in die pädagogische Konzeption des Kindergartens in Hannover ein. Nach einer Phase
schrittweiser Verknüpfung von funktionsorientierten mit situati-
onsorientierten Elementen verschoben sich die Anteile zugunsten des Situationsansatzes. Der in den meisten Sondereinrichtungen stärker praktizierte Funktionsansatz ist relativ einseitig
auf die Förderung bestimmter Funktionen, wie z. B. Motorik,
Wahrnehmung, Sprache, Arbeitsverhalten, Denkfähigkeit des
Kindes ausgerichtet. Dies kann als Ergänzung zu einem mehr
ganzheitlich orientierten Arbeiten durchaus sinnvoll und notwendig sein im Rahmen gruppeninterner Fördermaßnahmen.
Isoliert durchgeführte Funktionstrainings mit einzelnen Kindern
sind in integrativen Kindergartengruppen allerdings nicht sinnvoll.
    Im Laufe des ersten Jahres, nach zahlreichen Modifizierun-
gen nahm eine Konzeption endgültige Gestalt an, die als **Kon-**

zept der handlungsorientierten Langzeitthemen bezeichnet werden kann (vgl. Vernooij 1990, 41 f.; 1992, 20 f. / Die folgenden Ausführungen zur Konzeption sind teilweise diesen Veröffentlichungen entnommen.). Dieses Konzept stellt eine Verknüpfung von **Situationsansatz** und **Projektmethode**, aufbereitet für den Elementarbereich dar.

Der *situations*orientierte Ansatz geht von der aktuellen Situation des Kindes aus, unter Berücksichtigung seiner je individuellen Biographie. In Vorbereitung auf künftige Lebenssituationen sollen, neben spezifischen Fähigkeiten und Fertigkeiten (*„Kompetenzen"*), insbesondere die Selbständigkeit (*„Ich-Autonomie"*) und die Soziabilität (*„Solidarität"*) der Kinder gefördert werden.

Situative Gegebenheiten (Ereignisse, Probleme, Ideen) führen dabei zu spielerischem Lernen, zur Bearbeitung von Problemen und zur Umsetzung von Gelerntem.

Die *Projektmethode* wurde für den schulischen Unterricht entwickelt und ist nicht ohne Veränderungen auf den Vorschulbereich zu übertragen. Für das Gelingen eines Projektes im schulischen Sinne müssen folgende Voraussetzungen gegeben sein:
– Einsatzfähigkeit und –bereitschaft aller Beteiligten,
– Disziplin und Ausdauer der Gruppenmitglieder,
– Zuverlässigkeit im Hinblick auf die zugeteilten Aufgaben,
– die Fähigkeit zu selbständigem Handeln,
– Entscheidungsfähigkeit bezogen auf Planen und Handeln,
– Kooperationsfähigkeit,
– Kompromissbereitschaft.

Diese Voraussetzungen können von Vorschulkindern, insbesondere von behinderten Vorschulkindern, nur ansatzweise oder noch gar nicht erfüllt werden. Im Gegenteil: Diese Voraussetzungen sind in der Vorschulpädagogik wesentliche angestrebte *Erziehungsziele*. Insofern handelt es sich im Elementarbereich eher um eine *handlungsorientierte Methode im Zusammenhang mit einem Langzeitthema*, bei der projektartige Aspekte einbezogen werden.

Situations- und handlungsorientiertes Spielen und Lernen kann
– die allgemeine Entwicklung fördern,
– (z. B. bei sozial benachteiligten Kindern),
– spezifische Kompetenzen anbahnen oder festigen, ohne auf einseitig funktionsorientierte Maßnahmen angewiesen zu sein.

Die Methode handlungsorientierter Langzeitthemen ist immer ausgerichtet auf die Gruppe unter Beachtung der je spezifischen Voraussetzungen und Bedürfnisse.

Die einzelnen Langzeitthemen sollten sich wesentlich nach dem Prinzip der konzentrischen Kreise strukturieren. Das heißt: Ausgangspunkt ist ein eng eingegrenzter thematischer Kern, der im Laufe der Bearbeitung eine kontinuierliche Erweiterung erfährt.

Abb. 5: Langzeitthema nach dem Prinzip konzentrischer Kreises

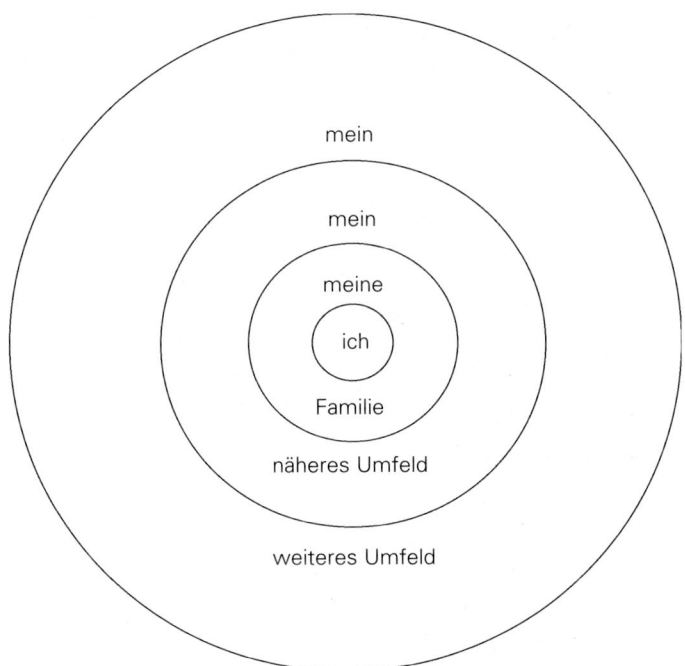

Wie beim Situationsansatz wird zunächst eine Situationsanalyse mit Hilfe systematischer Beobachtung der einzelnen Kinder sowie der interaktionalen Prozesse in der Gruppe erstellt. Der zu erhebende **Ist-Stand** bezieht sich sowohl auf das einzelne Kind, als auch auf die Gruppe als Ganzes. Dieser Doppelbezug findet sich ebenso bei der Bestimmung der Ziele, bzw. bei der Festlegung eines **Soll-Standes**. Insbesondere letzterer ist in integrativen Gruppen, zumindest bezogen auf den individuellen

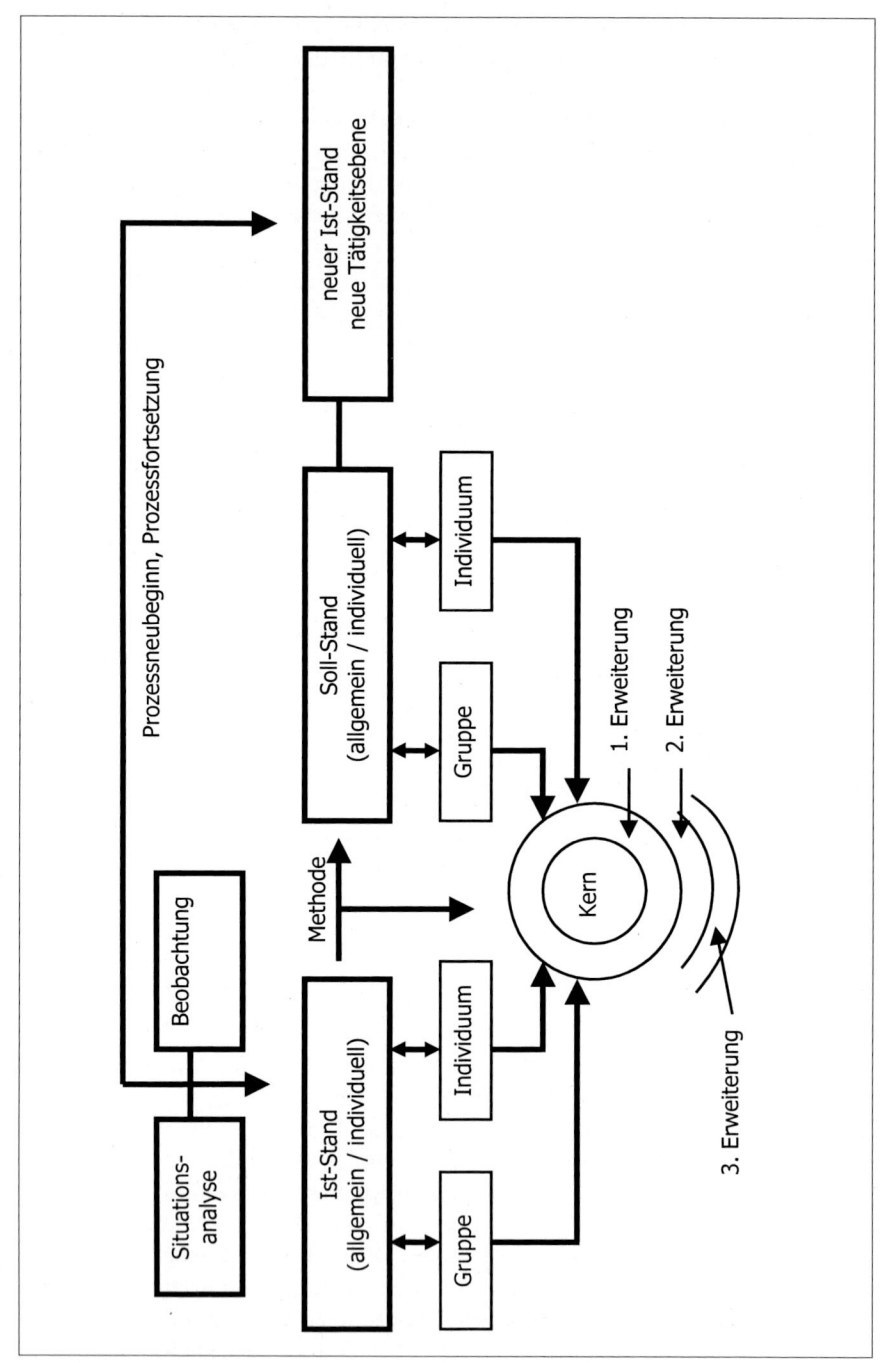

Abb. 6: Methode Handlungsorientierter Langzeitthemen in integrativen Kindergartengruppen (in Anlehnung an Vernooij 1992, 21)

Soll-Stand, recht verschieden. Je nach Bedarf können in die thematischen Erweiterungen Wiederholungen der voraufgegangenen Inhalte in unterschiedlicher Form eingeplant werden. Abb. 6 verdeutlicht das Konzept in schematisierter Form.

Aufgrund der Verknüpfung mit dem Situationsansatz haben aktuelle Themen immer Vorrang. Sie können zwischen die einzelnen Erweiterungskreise des Langzeitthemas einbeschoben werden. Bei der Wiederanknüpfung an das Thema ergibt sich neben der Möglichkeit einer Differenzierung des Angebotes je nach Entwicklungs- und Fähigkeitsstufe, die Situation des zwanglos natürlichen Wiederholens vorausgegangener Kreise und Kreiselemente. Dies ist insbesondere für beeinträchtigte Kinder sinnvoll und notwendig.

2.4.4 Die Entwicklung der Kinder bei gemeinsamer Früherziehung

Die Ergebnisse der wissenschaftlich begleiteten Modellversuche hinsichtlich der Entwicklung der Kinder waren durchgängig sehr ermutigend.

Bevor ich allgemein einige Ergebnisse zusammenfasse, möchte ich kurz auf die von mir selbst erhobenen Daten eingehen.

Betrachtet man hier die Entwicklung der behinderten Kinder (im wesentlichen Kinder mit geistiger Behinderung), so lässt sich sagen:

- Alle behinderten Kinder zeigten nach 1 bzw. 2 Jahren einen allgemeinen Entwicklungszuwachs. Dabei vollzog sich bei einem „Grenzfallkind" (leichte geistige Behinderung im Überschneidungsfeld zur Lernbehinderung) ein regelrechter Entwicklungssprung. Bei einem Lebensalter von 4;9 Jahren bei Beginn der integrativen Erziehung und einem Entwicklungsalter von 2;3 wurde nach einem Jahr, bei einem Lebensalter von 5;10 Jahren ein Entwicklungsalter von 3;9 festgestellt.

- Neben einer Zunahme der praktischen Selbständigkeit, die allerdings auch bei nicht-integrativer Erziehung in einer Sondereinrichtung zu verzeichnen ist, verbesserte sich die **Sprachfähigkeit** der behinderten Kinder teilweise erheblich, was bei den meisten auch eine erhöhte **Sprechwillig-**

keit zur Folge hatte. Ohne Zweifel wirken sich in diesem Bereich die vielfältigen guten bis sehr guten gleichaltrigen „Sprachmodelle" positiv aus.

- Ebenso veränderte sich das Spielverhalten der Kinder in Richtung Ausdauer und Intensität positiv. Sowohl die Fähigkeit und die Bereitschaft zu freiem Spiel als auch zum Spiel mit anderen, insbesondere mit nichtbehinderten Kindern nahm deutlich zu.

Anzumerken ist hierbei, dass bei zwei geistig behinderten Kindern, welche in Ermangelung einer integrativen Grundschulklasse nach zwei Jahren gemeinsamer Früherziehung in die Schule für Geistigbehinderte eingeschult wurden, die positiven Entwicklungseffekte sich nach ca. _ Jahr verloren hatten. Dies entspricht den Ergebnissen, die auch im Zusammenhang mit der kompensatorischen Erziehung festgestellt wurden.

- Hinsichtlich des Sozialverhaltens sind die Erfahrungen so zahlreich, dass ich nur anhand einiger Beispiele einen kleinen Eindruck des Verhaltensspektrums der Kinder geben möchte. Die Kinder – behinderte und nicht-behinderte – gingen unbefangen, vorurteilsfrei miteinander um. Mehr oder weniger vorhandene Berührungsängste konnten durch behutsame (sonder-) pädagogische Einwirkung weitgehend abgebaut werden. Hierzu ein Beispiel:
  Ein 5jähriger nichtbehinderter Junge reagierte besonders auffällig auf ein sechsjähriges stark geistig- und sehbehindertes Mädchen, das schon durch sein Äußeres häufig auf Ablehnung stieß (unsicherer Gang; feuchte, tastend vorgestreckte Hände; dicke Brillengläser; Minimalsprache; durch Speichel- und Nasenfluss zusätzlich ungepflegt wirkend). Er beobachtete das Kind ängstlich aus sicherer Entfernung, teilweise hinter Erwachsenen versteckt. Zu Hause berichtete der Junge aufgeregt von diesem Mädchen und träumte wohl auch von ihm. Durch vorsichtige Versuche, eine räumliche Annäherung während des gemeinsamen Spiels herzustellen, konnte er, unterstützt durch Gespräche über das „befremdliche Verhalten" des Mädchens, allmählich seine Angst überwinden und die Situation dieses Kindes zumindest ansatzweise verstehen. Nach einem Viertel Jahr konnte er relativ offen auf das Mädchen zugehen und ihm sogar manchmal bei alltäglichen Verrichtungen Hilfestellung geben.
  Auf öffentlichen Spielplätzen zeigte sich, dass die integrative Gruppe nach einigen Monaten zu einem Ganzen zusammen-

gewachsen war, ein „Wir-Gefühl" entwickelt hatte. Gemeinsam wehrte sich die Gruppe gegen fremde Kinder, oder sie zog sich als Ganzes zurück, wobei einige Kinder genau kontrollierten, ob alle Gruppenmitglieder dabei waren.

Das veränderte Sozialverhalten der nichtbehinderten Kinder ließe sich an zahlreichen Beispielen verdeutlichen. Von direkten situativen Hilfeleistungen über selbstverständliche gemeinsame Spiele bis hin zur theoretischen und praktischen Erklärung bzw. Vorführung komplizierter Sachverhalte reicht das Verhaltensspektrum der Kinder im freien Umgang miteinander. Ein Regelkind z. B. erklärte einem geistigbehinderten Kind sehr präzise und geduldig die Kriterien für das richtige Zusammenlegen eines Puzzles:

„Die glatten Ränder sind immer an den Seiten, und die musst du zuerst legen; dann musst du gucken, welche Farben zusammenpassen ...".

Im Laufe der Zeit lernten die Kinder Unterschiede im Alter, im Aussehen und in der individuellen Leistungsfähigkeit zu akzeptieren. Der Umgang mit sichtbar behinderten Kindern wird für die anderen natürlich und selbstverständlich.

Die Richtigkeit der Annahme, dass durch eine Regionalisierung bei der Aufnahme der Kinder Kontakte auch außerhalb des Kindergartens möglich werden, mag folgendes Beispiel belegen:

Ein nichtbehindertes Kind lud zu seiner häuslichen Geburtstagsfeier mehrere Kinder aus dem Kindergarten ein; unter anderem auch ein geistigbehindertes Mädchen mit ausgeprägten Sprachschwierigkeiten. Fremde Kinder waren ebenfalls anwesend. Für diese „übersetzte" das Geburtstagskind ganz selbstverständlich die schwer verständliche Sprache des behinderten Kindes.

Ganz allgemein können folgende Ergebnisse herausgestellt werden (vgl. KLEIN u. a. 1987; KRON 1988; BECKER-GEBHARD 1990; VERNOOIJ 1992):

- Die gemeinsame Früherziehung von behinderten und nichtbehinderten Kindern bietet beiden Gruppen erweiterte Lernmöglichkeiten und Anregungen.

- Insbesondere im sozialen Bereich ergeben sich für beide Gruppen neue Situationen, in denen die Möglichkeit andersgearteter Erfahrungen als bisher die Entwicklung neuer Formen des Sozialverhaltens begünstigt.

- Ein Großteil der Vorschulkinder nimmt eine Behinderung bei sich selbst oder bei anderen Kindern nicht als bedeutsame Besonderheit wahr. Werden die Unterschiede im Laufe der Zeit bewusst,
  - so kann das nichtbehinderte Kind in der Auseinandersetzung mit einem bisher unbekannten Phänomen (z. B. dass ein gleichaltriges Kind nicht laufen kann) seinen Vorstellungsbereich erweitern, aus Interesse an der Situation des behinderten Kindes neue Kenntnisse erwerben und Formen des Umgangs mit der Situation entwickeln.
  - Für das behinderte Kind, dem die eigene Beeinträchtigung im Umgang mit nichtbehinderten Kindern u. U. schmerzlich deutlich wird, ergibt sich die Notwendigkeit der Auseinandersetzung mit dem eigenen So-Sein. Diese ist sehr bedeutsam für die Identitätsentwicklung. Indem das behinderte Kind von anderen – auch nichtbehinderten – Kindern Akzeptanz erfährt, erhöht sich die Chance, dass das behinderte Kind sich und seine Behinderung ebenfalls akzeptieren kann, ohne sich minderwertig zu fühlen.

- Kommunikations- und Interaktionsfähigkeit werden im Umgang miteinander spezifisch gefördert, wobei auch die Fähigkeit der Selbstbehauptung angebahnt bzw. gestärkt wird (z.B. indem zu große Fürsorge oder zu hohe Erwartungen abgewehrt werden müssen).

Einigkeit besteht jedoch darin, dass, auch bei der Integration einzelner behinderter Kinder in Regelkindergärten, den spezifischen Bedürfnissen der behinderten Kinder Rechnung getragen werden **muss**, was auch heute noch nicht in allen Fällen gesichert ist.

Zu große Gruppen, eine unzureichende personelle und materiale Ausstattung, fehlende heilpädagogische und / oder therapeutische Ressourcen führen gelegentlich zu Situationen gemeinsamer Früherziehung, die unter sonderpädagogisch-therapeutischen Aspekten nicht in jedem Fall als positiv gewertet werden können.

2.4.5 Elternarbeit in der gemeinsamen Früherziehung

Die Zusammenarbeit mit den Eltern ist eine wesentliche Komponente für das Gelingen der sozialen Integration der Kinder

und ihrer Familien. Neben den allgemeinen Prinzipien der Elternarbeit in Kindergärten
– Abstimmung der Erziehungsziele und der Methoden,
– Ermöglichung einer Solidargemeinschaft zwischen den Eltern,
– pädagogische Beratung und Unterstützung der Eltern,
– Stärkung des Gemeinwesenbezugs, der Aktivitäten im Wohnviertel etc.

erhält die Elternarbeit in Kindergärten mit gemeinsamer Früherziehung besondere Bedeutung unter dem Aspekt der Integration. In der Regel unterscheidet sich die Elternschaft in einem Integrativen Kindergarten deutlich von der Elternschaft in Regel- bzw. in Sonderkindergärten. Insbesondere die Eltern der nichtbehinderten Kinder haben sich meistens sehr bewusst für eine integrative Erziehung entschieden. Dementsprechend interessiert und aktiv sind sie hinsichtlich des integrativen Geschehens im Kindergarten. Gleichzeitig ist der Dialog zwischen Eltern behinderter und Eltern nichtbehinderter Kinder für beide Gruppen relativ neu, da sie aufgrund der häufig separaten Betreuung und Erziehung der Kinder kaum miteinander in Kontakt kommen. Die Akzeptanz, Betreuung und Erziehung eines behinderten Kindes bringt völlig andere Probleme mit sich, als die Betreuung und Erziehung eines gesunden, nichtbehinderten Kindes, insbesondere für die Mütter (vgl. HENSLE / VERNOOIJ [7]2002, 272ff.).

Es besteht häufig weder eine gemeinsame Erfahrungsbasis noch eine annähernd ähnliche Tagesstrukturierung, über die sich Eltern austauschen könnten. Entscheidend ist es daher für eine erfolgreiche Elternarbeit, bei der die Eltern zu einer Solidargemeinschaft werden können, dass behutsam, auf der Basis gemeinsamer Früherziehung der Kinder, weitere gemeinsame Erfahrungsgrundlagen geschaffen werden, die einen Austausch hinsichtlich der je spezifischen Situation ermöglichen. In Hannover wurden gute Erfahrungen gemacht mit thematischen Angeboten, die zu Beginn von Elternabenden ca. 25 Minuten in Anspruch nahmen und über die dann gemeinsam diskutiert werden konnte.

Themen waren dabei beispielsweise:
– Umgang mit kindlichen Aggressionen
– Sprachtherapie bei Vorschulkindern
– Frühförderung geistig behinderter Kinder

Hemmungen und Ängste auf beiden Seiten, sowie Informationsdefizite auf Seiten der Eltern nichtbehinderter Kinder konnten auf diese Weise abgebaut, das Verständnis für die je spezifische Situation konnte erweitert werden. Ein persönlicher Austausch zwischen Familien, die zwar nahe beieinander wohnten, bisher jedoch kaum Kontakt hatten, wurde möglich. Gemeinsame Unternehmungen in zwangloser Atmosphäre, z. B. Faschings- oder Sommerfeste, Laternenumzüge, Weihnachts- und Nikolausfeiern sowie 14tägig ein Kindergartenkaffeeklatsch, jeweils für Eltern und Kinder, unterstützten persönliche Kontakte zwischen den Eltern. Die Erfahrung sozialer Akzeptanz bei Nachbarn, Freunden und Verwandten ist für Familien mit behinderten Kindern bedeutsamer für das allgemeine Wohlbefinden als jede professionelle Hilfe (vgl. Vernooij 1998) !

Elternarbeit in integrativen Kindergartengruppen heißt auch, soziale Akzeptanz und in der Folge soziale Integration aufzubauen, zu fördern und zu stärken.

2.4.6 Die Situation gemeinsamer Früherziehung in Deutschland – heute

Für die gemeinsame Früherziehung lassen sich heute fünf Organisationsformen unterscheiden (vgl. Bundesministerium für Arbeit und Sozialordnung 1998, 40 ff.):

- Die Aufnahme **eines** behinderten Kindes im Kindergarten des Wohngebietes (Einzelintegration).

- Die Bildung integrativer Gruppen neben Regelgruppen in Kindergärten.

- Die Bildung integrativer Gruppen neben Sondergruppen in Sonderkindergärten.

- Die Einrichtung integrativer Kindergärten mit durchgängiger gemeinsamer Früherziehung.

- Die additive gemeinsame Früherziehung, d. h. Sonder- und Regelkindergarten befinden sich als selbständige Organisationsformen mit getrennter Trägerschaft in einem Gebäude bzw. auf dem gleichen Gelände. Zwischen beiden finden unterschiedlich intensive pädagogische und soziale Kontakte statt.

Die Entwicklung hinsichtlich gemeinsamer Früherziehung vollzog sich in den verschiedenen Bundesländern uneinheitlich. Die Integrationsquote im Kindergarten bezogen auf „wesentlich behinderte Kinder" liegt im Bundesdurchschnitt bei 43 % (vgl. BfAS 1998, 41).

Auf der Basis der Angaben des Bundesministeriums (a. a. O.) lässt sich für die Bundesländer folgende Tabelle erstellen:

Tab. 3: Integrationsquote im Kindergarten / Bundesländervergleich

Bundesland	Integrationsquote im Kindergarten %
Bremen Hessen	80
Brandenburg Mecklenburg-Vorpommern	70 – 75
Berlin Sachsen Schleswig-Holstein	60
Nordrhein-Westfalen Saarland	40
Hamburg Niedersachsen Rheinland-Pfalz Sachsen-Anhalt	30
Baden-Württemberg Bayern	14

Während in Hamburg, Niedersachen, Rheinland-Pfalz und Sachsen-Anhalt Sondergruppen, Sonderkindergärten oder Sonderkindertagesstätten deutlich überwiegen, liegt die Quote in Bayern und Baden-Württemberg deshalb so niedrig, weil es in beiden Bundesländern ein System vorschulischer Förderung an Sonderschulen gibt (vgl. Abs. 2.2.5). Diese Vorschuleinrichtungen erfassen neben behinderten Kindern auch von Behinderung bedrohte und / oder sozial-benachteiligte Kinder, unter dem Aspekt präventiver und kompensatorischer Förderung.

Während es in Baden-Württemberg keine Sonderkindergärten mehr gibt, sind diese in Bayern noch in geringer Zahl vorhanden. In beiden Ländern finden jedoch vermehrt Angebote zur gemeinsamen Früherziehung in Regelkindergärten statt.

In Hessen, welches neben Bremen mit einer Integrationsquote von 80 % an der Spitze steht, wurden alle verbleibenden Sondergruppen integrativen Kindertagesstätten zugeordnet, so dass es offiziell keine eigenständigen Sonderkindergärten oder –tagesstätten mehr gibt.

Problematisch bei der kontinuierlichen, wenn auch uneinheitlichen Entwicklung zu gemeinsamer Früherziehung erwies sich in einigen Bundesländern die Finanzierung der Förderung behinderter Kinder in Regeleinrichtungen. Die gemeinsame Früherziehung als gleichberechtigte Form der Förderung neben Sondereinrichtungen zu stellen, ist eine Grundsatzentscheidung, die dem integrativen Kindergarten den Status einer subsidiären pädagogischen Einrichtung zuerkennt, mit Finanzierungskonsequenzen gemäß BSHG oder KJHG (vgl. Abs. 3.3.3.6). Inzwischen haben sich die zuständigen Leistungsträger in fast allen Bundesländern auf eine Mischfinanzierung aus Mitteln der Sozial- und der Jugendhilfe geeinigt (vgl. Kap. 4). Das bedeutet, dass integrative Kindergärten als teilstationäre Einrichtungen anerkannt werden können, wenn die spezifische Förderung und Hilfe für behinderte Kinder gewährleistet ist durch entsprechende personelle Ressourcen bzw. entsprechend qualifizierte Mitarbeiter.

Im Zusammenhang mit der sogenannten Einzelintegration bleibt die Situation schwierig, da die notwendigen Rahmenbedingungen selten erfüllt werden können. Nicht nur hinsichtlich der Finanzierungskriterien sondern auch und im besonderen bezogen auf das betroffene behinderte Kind und dessen Förderung ist es außerordentlich wichtig, die Qualitätsmaßstäbe genau zu prüfen und eine fachkompetente Förderung zu sichern. „Einzelintegration entspricht zwar wichtigen Grundsätzen wie Wohnortnähe und flächendeckender Integration, dient bei Mangelausstattung jedoch oft als >Einsparmodell<" (BFAS 1998, 42).

Bezogen auf den unterschiedlichen Ausbau integrativer Angebote in den einzelnen Bundesländern wäre noch anzumerken, dass in den Bundesländern, in denen Sondereinrichtungen dominieren, die Chancen für eine gemeinsame Früherziehung bei steigendem Schweregrad der Behinderung sinken. Das heißt, dass in den vorhandenen integrativen Gruppen eher leichter behinderte Kinder aufgenommen werden, da der Ausstattungsaufwand für ein schwerer behindertes Kind angesichts vorhandener, gut ausgestatteter Sondereinrichtungen selten geleistet wird bzw. geleistet werden kann.

MERKSÄTZE:

- Gemeinsame Früherziehung von behinderten und nichtbehinderten Kindern (integrative Erziehung) findet seit etwa 35 Jahren statt.
- Einer der ersten Modellversuche war die „Aktion Sonnenschein" in München (THEODOR HELLBRÜGGE).
- Insbesondere in den 1980er Jahren entstanden in vielen Bundesländern wissenschaftlich begleitete Modellversuche.
- Die Ergebnisse der Begleituntersuchungen waren ermutigend, wobei die Voraussetzungen / Rahmenbedingungen für eine qualitativ gute gemeinsame Früherziehung vielfältig sind.
- Als wesentliche Rahmenbedingungen können genannt werden:
  - Wohngebietsbezogenheit,
  - Gruppengröße 12 – 15 im Mischungsverhältnis B : NB = 1 : 2, altersgemischt,
  - Gewährleistung der spezifischen Fördermaßnahmen / Beachtung des besonderen Förderbedarfs behinderter Kinder,
  - Erweiterung der (vielseitigen) Materialausstattung,
  - Veränderung der Personalstruktur (Regel- **und** Heilpädagogen),
  - Entwicklung spezifischer pädagogischer Konzeptionen.
- Für Mitarbeiter in einem integrativen Kindergarten verändern sich die Anforderungen beruflich und persönlich erheblich.
- Die Ausbildungscurricula für Erzieher, Sozialpädagogen und Heilpädagogen stellen sich erst allmählich auf die veränderte Praxissituation ein.

Bei den jeweiligen pädagogischen Konzeptionen fließen
  - die Montessoripädagogik
  - die Aneignungstheorie
  - der Situationsansatz
  - neuere schulische Methoden (z. B. offener Unterricht, Handlungsorientierung)
- mehr oder weniger intensiv mit ein.
- Ein Beispiel für eine Mischform ist das „Konzept der handlungsorientierten Langzeitthemen" (VERNOOIJ 1990, 1992).
- Bezogen auf die Entwicklung der Kinder in integrativen Einrichtungen kann allgemein gesagt werden:
  - beiden Gruppen bieten sich vielfältige und erweiterte Lernanreize;
  - insbesondere im Bereich der Sozialerziehung ergeben sich für beide Gruppen positive Möglichkeiten;
  - die Auseinandersetzung mit einer Behinderung (der eigenen oder der eines Anderen) kann frühzeitig und fast selbstverständlich erfolgen, was sowohl für die Identitäts- als auch für die Solidaritätsbildung von großer Bedeutung ist;
  - Sprache und Kommunikationsfähigkeit, sowie Interaktionsfähigkeit werden bei behinderten Kindern teilweise erst angebahnt, in beiden Gruppen gestärkt und erweitert.
- Wesentlicher Bestandteil der Arbeit in einem integrativen Kindergarten ist die gezielte Elternarbeit, bei der u. U. neue Wege beschritten werden müssen.
- Gemeinsame Früherziehung heute ergibt bezogen auf die Bundesländer ein uneinheitliches Bild.

- Die höchste Integrationsquote haben Hessen und Bremen, die niedrigste Baden-Württemberg und Bayern, die allerdings ein ausgebautes Vorschulsystem an Sonderschulen entwickelt haben.
- Die Finanzierung der gemeinsamen Früherziehung erfolgt als Mischfinanzierung aus Mitteln der Sozial- und der Jugendhilfe.

3. Frühförderung

3.1 Allgemeine Einführung und Begriffsklärung

Im Gegensatz bzw. in Ergänzung zur Früherziehung und Frühpädagogik, die sich auf die frühe, d. h. vorschulische Erziehung und Bildung von Kindern (0 – 6 Jahre) bezieht, stellt die Frühförderung eine subsidiäre Form früher, spezifischer Förderung dar. Sie bezieht sich auf Kinder mit Beeinträchtigungen und / oder Entwicklungsstörungen, die in der allgemeinen Früherziehung nicht angemessen gefördert werden können. Nach THURMAIR / NAGGL versteht sich Frühförderung als „ein Hilfsangebot für Kinder im Säuglings-, Kleinkind- und Kindergartenalter, die behindert oder von einer Behinderung bedroht sind" sowie für „deren Eltern und andere Personen, die Elternfunktionen wahrnehmen" (2000, 13).

Damit ist Frühförderung ein Sammel- bzw. Oberbegriff für verschiedenartigste Hilfeangebote in der frühen Kindheit unter dem Aspekt, Beeinträchtigungen und Entwicklungsgefährdungen frühestmöglich zu erkennen und diese durch spezifische fachliche und menschliche Hilfen zu eliminieren, zu regulieren, auszugleichen und Folgebeeinträchtigungen zu verhindern oder so gering wie möglich zu halten.

„Frühförderung wendet sich also an Eltern, deren Kinder im Vorschulalter insbesondere bei ihrer körperlichen, kognitiven, sprachlichen, motorischen und sozialen Entwicklung Unterstützung brauchen" (WAGNER-STOLP 1999, 14).

3.2 Entwicklung und Geschichte der Frühförderung in der Bundesrepublik Deutschland

Versuche früher Intervention und Förderung gehörloser Kleinkinder in den 1950er Jahren gelten als ein wesentlicher Impuls zur Entwicklung eines umfassenden Frühfördersystems, welches auch andere Gruppen von Kindern mit Behinderungen und Beeinträchtigungen im frühen Alter umfassen sollte.

Bereits zu Beginn des 20. Jahrhunderts war über Mütterberatungsstellen eine Säuglingsfürsorge ermöglicht worden, bei der
regelmäßig „Entwicklung und Gedeihen des Kinder verfolgt,
Pflege und Ernährung kontrolliert, Vorsorgemaßnahmen realisiert" werden konnten (vgl. Neuhäuser 1996, 62). Das Konzept
der „Risikokinder" in den 1960er Jahren, welches insbesondere
in der Kinderheilkunde entwickelt wurde, verfolgte das Ziel,
Kinder mit besonderen Risiken, d. h. Beeinträchtigungen mit
der Folge von Entwicklungsverzögerungen und –störungen
möglichst früh zu erfassen. So entstanden in fast allen größeren
Kliniken sogenannte Risikosprechstunden bezogen auf jene
Kinder, die bereits prä- oder perinatal problematische Situationen, zum Teil auch Intensivbehandlungen durchzustehen hatten.

Die frühe Erfassung der Kinder war jedoch einerseits von der
Bereitschaft der Eltern zur regelmäßigen medizinischen Kontrolle ihres Kindes abhängig, andererseits konnte die im wesentlichen medizinische Betrachtungsweise den Problemen sozialer Art (z. B. in den Familien) nicht gerecht werden. Kinder,
deren Beeinträchtigung erst nachgeburtlich sichtbar wurde, d.
h. Kinder, die in der Geburtsklinik nicht als „Risikokinder" re-
gistriert waren, wurden häufig gar nicht erfasst. 1970 wurden in
der Bundesrepublik Deutschland die gesetzlichen Vorunter-
suchungen eingeführt, zunächst 7 Untersuchungen von der Geburt bis zur Einschulung. Damit wurde das Problem der frühen
Erfassung zwar gemildert, jedoch nicht gelöst, da ein Teil der
Eltern die Untersuchungsangebote nur teilweise oder gar nicht
wahrnahm (vgl. auch Neuhäuser 1996, 62; Thurmair / Naggl
2000, 16 f.).

Ein wesentlicher Meilenstein für die Entwicklung des Frühfördersystems waren die Gutachten und Studien der Bildungskommission von 1973. Neben einer differenzierten statistischen
Bestandsaufnahme von behinderten Kindern im Schulalter, die
als sonderschulbedürftig eine je spezifische Sonderschule besuchen, finden sich zwei Grundlagenartikel im Zusammenhang
mit der Frühförderung dieser Kinder. Otto Speck, einer der Ini-
tiatoren des Frühfördersystems in (West-) Deutschland legte ein
Konzept der „Früherkennung und Frühförderung behinderter
Kinder" vor, während Gerhard Klein sich dem Personenkreis
widmete, der als von Behinderung bedroht gelten kann. Sein
Beitrag „Die Frühförderung potentiell lernbehinderter Kinder"
befasst sich umfassend und kritisch mit der Situation von Kindern, die weniger aufgrund intellektueller Minderbegabung als

aufgrund deprivierender Milieueinflüsse eine Sonderschule für Lernbehinderte besuchen (vgl. 1973, 160 ff.).

In seinen Empfehlungen „Zur pädagogischen Förderung behinderter und von Behinderung bedrohter Kinder und Jugendlicher" hat der DEUTSCHE BILDUNGSRAT (1974, 44 – 65, 141 – 151) der Frühförderung einen breiten Raum gewidmet und sie in einen längerfristig zu verwirklichenden Stufenplan aufgenommen; es gelte dabei drohenden Behinderungen vorzubeugen beziehungsweise vorhandenen Behinderungen rechtzeitig entgegenzuwirken, so dass sie in ihrem Ausmaß kontrolliert und reduziert werden könnten.

Der Grundgedanke der Frühförderung ist der der Prävention. Ähnlich wie in der Medizin präventive Konzepte an Bedeutung gewinnen gegenüber rein curativen (heilenden), so wird auch in der Sonderpädagogik versucht, vorbeugend und / oder verhütend tätig zu werden. Ausgehend von wissenschaftlichen Grundlagen (vgl. Kap. 2.1.2), die eine möglichst frühe Einwirkung nahelegen, war die Frühförderung in ihren Anfängen auf die ersten drei Lebensjahre beschränkt.

Bereits vor 1974 gab es vereinzelt Einrichtungen zur frühen Förderung entwicklungsgefährdeter Kinder, insbesondere für Kinder mit Hör- und / oder Sprachstörungen (vgl. SPECK 1977, 1993; HEESE 1978) in Form von Beratungs- und Frühförderstellen (LÖWE 1965; SPECK 1977), deren erste wohl in Trägerschaft der Lebenshilfe Bonn 1970 eingerichtet wurde (vgl. WAGNER 1997, 2).

Die weitere Entwicklung erfolgte zweigleisig:
– zum einen aus medizinisch, pädiatrischer Sicht,
– zum anderen aus sonderpädagogischer Sicht.

3.2.1 Das medizinische Modell

Als erste medizinische Einrichtungen entstanden 1968 in München das Sozialpädiatrische Zentrum (HELLBRÜGGE), 1971 in Mainz das Kinderneurologische Zentrum (PECHSTEIN).

Grundlage für die Förderung war die interdisziplinäre Zusammenarbeit verschiedener Berufsgruppen und Experten im Sinne eines „familienzentrierten, sozialpädiatrischen Arbeitsmodells" (PECHSTEIN 1981), bei dem über eine medizinische Behandlung und Betreuung hinaus Psychologen, (Sonder-) Pädagogen, Physiotherapeuten, Krankengymnasten, Logopäden etc. einbezogen wurden.

PECHSTEIN erstellte 1975 ein Gutachten über Sozialpädiatrische Zentren (SPZ) für den Deutschen Bildungsrat. Dabei unterscheidet er zwischen

– Risikokindern (ca. 20 % eines Jahrgangs),
– Überwachungskindern (ca. 10 % eines Jahrgangs),
– behinderten Kindern (ca. 5 % eines Jahrgangs).

Bei Risikokindern ist die Belastung bereits unmittelbar nach der Geburt erfassbar, während bei Überwachungskindern entwicklungsneurologische Auffälligkeiten in den ersten beiden Lebensjahren sichtbar werden (vgl. PECHSTEIN 1975, 25). Aus seiner Sicht steht mit den Vorsorgeuntersuchungen (U 1 – U 7), die seit 1971 über die gesetzlichen Krankenkassen, seit 1974 über das BSHG für Eltern die nicht versichert sind, kostenfrei durchgeführt werden, ein effektives Ausleseverfahren zur Früherkennung von Beeinträchtigungen und Behinderungen zur Verfügung. Allerdings weist PECHSTEIN ebenso auf die sehr schwankende Inanspruchnahme der zwar kostenlosen aber nicht verpflichtenden Untersuchungsreihe hin, die den Wert der Maßnahme dahingehend schmälert, dass die ohnehin stärker mit geburtsanamnestischen und soziokulturellen Risiken belasteten Unterschichtkinder von diesem Programm nicht ausreichend profitieren, aufgrund des mangelnden Interesses ihrer Mütter (vgl. PECHSTEIN 1975, 27).

Auffälligkeiten bei einer dieser Untersuchungen sollten zu einer gründlichen Entwicklungsdiagnostik im Sozialpädiatrischen Zentrum führen, welches aus seiner Sicht für einen Bereich von 1 Million Einwohner zur Verfügung stehen sollte. Zusätzlich empfiehlt er „zur Optimierung der Wege" die Einrichtung sogenannter Coronarzentren. Gemeint sind damit kleinere Zentren, in denen verordnete Behandlungen durchzuführen sind, und die in weniger besiedelten Gebieten einzurichten wären, um Entfernungen von 50 km bzw. Transport- und Anfahrzeiten von 1 Stunde nicht zu überschreiten. Kleinere Kinderkliniken, Schwerpunktgesundheitsämter, Verbundpraxen oder auch Tagesstätten und Erziehungsberatungsstellen könnten hier einbezogen werden (vgl. PECHSTEIN 1975, 41 ff.).

In vier Aufgabenbereichen sollte das SPZ tätig werden:

1. Diagnostik:
   als umfassende Differentialdiagnostik im neurologischen und psychologischen Bereich.

2. Behandlungsanbahnung:

- vorrangig „frühe Lerntherapie" (Krankengymnastik, Sprachanbahnung und –therapie, Beschäftigungstherapie); und
- medizinische Maßnahmen (operative, medikamentöse, diätetische Behandlung).

3. Sozialhygiene:
   damit meint er im wesentlichen
   - den Ausbau nachgehender sozialer Dienste,
   - die verbesserte Rückkopplung zu Institutionen und Behörden,
   - den Einsatz mobiler Behandlungsteams in sozialen Brennpunkten.

4. Fort- und Weiterbildung:
   aufgrund der zusätzlichen Erfahrungen mit beeinträchtigten und behinderten Säuglingen und Kleinkindern gewonnenes Wissen sollte insbesondere für Kinderärzte und für Mitarbeiter in Sozialberufen nutzbar gemacht werden (vgl. PECHSTEIN 1975, 49 ff.).

Er plädiert außerdem für die Einrichtung von Mutter-Kind-Stationen, wo unter Vermeidung einer Trennung von Mutter und Kind, bei einem Aufenthalt von ein oder zwei Wochen, eine umfängliche Entwicklungsdiagnostik vorgenommen werden und eine Einweisung der Mütter (Eltern) in Fördermaßnahmen erfolgen kann (a. a. O., 55).

Als personelles Grundteam empfiehlt er:
- einen neuropsychiatrisch erfahrenen Kinderarzt,
- einen Kinderpsychologen,
- einen Krankengymnasten,
- einen heilpädagogischen Therapeuten,
- einen Logopäden

und je nach Beeinträchtigungssituation stundenweise
- einen Sozialarbeiter
- einen Sonderpädagogen (vgl. PECHSTEIN 1975, 59).

Tatsächlich war für das SPZ in Mainz, bei ca. 800 ambulanten Neuaufnahmen pro Jahr eine Verfünffachung dieses Grundteams notwendig. Hinzu kamen stationär ca. 30 Krankenschwestern und –pfleger, sowie im klinikeigenen Heilpädagogischen Kindergarten 6 Erzieherinnen.

Berücksichtigt werden muss dabei, dass es sich sowohl beim Mainzer SPZ, als auch bei dem in München um Modelleinrichtungen mit einem außerordentlich großen Einzugsbereich handelte. Die Überlegungen zum „diagnostisch-therapeutischen Grundteam" bleiben davon jedoch unberührt.

Als Vorteile eines sozialpädiatrischen Zentrums dieser Konzeption und Größe könnten genannt werden:

1. Die verschiedenen Experten und Dienste befinden sich unter einem Dach und können ohne organisatorische und kommunikative Probleme zusammenarbeiten.

2. Die Ausstattung des Zentrums erlaubt eine umfassende Diagnostik mit modernsten medizinisch-technischen Apparaturen.

3. Die Finanzierung der vorgenommenen und eingeleiteten Maßnahmen ist infolge des medizinischen Status des SPZ problemlos über die Krankenkasse möglich. (Die Finanzierung der Frühförderung war zu Beginn der 1970er Jahre rechtlich nicht eindeutig geregelt.)

Als Nachteile können gelten:

1. Familien aus weiter entfernten Gebieten haben, insbesondere bei wiederholter Behandlung, erhebliche zeitliche und finanzielle Aufwendungen (z. B. Wegezeiten und –kosten).

2. Die Fachleute und Spezialisten in den Coronarzentren werden zu ausführenden Organen des im SPZ erstellten Therapieplans. Erfolgskontrolle und Therapieveränderungen werden dort vorgenommen, obwohl das Kind nur selten im SPZ vorgestellt wird.

3. Die im Regelfall ein- bis zweitägige Diagnostik im SPZ ist zwar ökonomisch sinnvoll, dürfte jedoch viele, zumal beeinträchtigte Kinder überfordern. Hinzu kommt, dass in der alltagsfernen Kliniksituation weder das Alltagsverhalten von Kind und Eltern sichtbar wird noch ein Eindruck vom familiären Milieu entsteht.

4. Frühförderung im SPZ bringt mit sich, dass spätestens bei Schuleintritt die Verantwortung für die kindliche Förderung auf den Sonderpädagogen übergeht, der aber an der Frühförderung nur marginal beteiligt war und deshalb i. d. R. ein Informationsdefizit hat.

3.2.2 Das sonderpädagogische Modell

Die sonderpädagogischen Einrichtungen, zunächst als „Frühpädagogische Stationen" bezeichnet, basieren auf dem bereits erwähnten Konzept von SPECK (1973). Erste Erfahrungen mit diesen Einrichtungen werden 1977 von SPECK in einem Herausgeberband veröffentlicht. Dabei werden auch die Kontroversen zwischen dem „medizinischen Modell" und dem „sonderpädagogischen Modell" deutlich, die in den ersten Jahren der Entwicklung eines Frühfördersystems zu teilweise heftigen Diskussionen führten, die aber aus heutiger Sicht, notwendig und förderlich waren für die weitere Entwicklung und endgültige Etablierung der Frühförderung als subsidiärer Institution.

Kritisiert wurde von sonderpädagogischer Seite, dass vorhandene Ansätze zur Früherfassung zu unsystematisch oder zu einseitig somatisch orientiert seien, „während eine pädagogische Förderung der Kinder erheblich zu kurz kommt" (SPECK 1977, 46). Daraus wird die Notwendigkeit abgeleitet, „ein System der Früherkennung und Frühförderung aufzubauen, das medizinische, pädagogische und soziale Aktivitäten einschließt" (a. a. O., 47).

Dazu zählen sowohl Maßnahmen der Prävention einschließlich Vorsorgeuntersuchungen, als auch eine gründlichere Information der Öffentlichkeit und der einschlägigen Berufsgruppen: „Alle Ärzte, Pädagogen und Psychologen müssen während ihrer Ausbildung ausreichende Informationen über Frühdiagnostik, Frühpädagogik und Frühtherapie behinderter Kinder erhalten (a. a. O., 49). In ‚sozialen Brennpunkten' sowie in Säuglings- und Kleinkinderheimen wird eine besonders intensive Prävention späterer Lern- und Verhaltensstörung für notwendig erachtet (SPECK 1977, 50 ff.; vgl. auch Kap. 3.1.2.3 – Hospitalismus).

Der Aufgabenbereich der Frühförderung wurde, wie im medizinischen Modell untergliedert in 1. Früherkennung und Diagnose, 2. Beratung und Anleitung der Eltern, sowie 3. eigentliche Fördermaßnahmen, die in Form von Hauserziehung, sowie in Spiel- und Wechselgruppen stattfanden, ehe das behinderte oder gefährdete Kind in einen allgemeinen Kindergarten oder einen speziellen Sonderkindergarten aufgenommen wurde.

Die Hausfrüherziehung war dabei **ein**, wenn nicht **das** Spezifikum des sonderpädagogischen Modells. Wöchentlich oder monatlich erfolgend, war sie „immer exemplarische Förderung unter Einbeziehung und Anleitung wenigstens eines Elternteils, weil die Hausfrüherziehung im wesentlichen von den Eltern durchgeführt wird" (a. a. O., 54). Sie vermittelt dem Frühpädagogen einen Einblick in die häuslichen Entwicklungsbedingungen des Kleinkindes und erlaubt ihm eine kontinuierliche Kontrolle der kindlichen Entwicklung, wobei die Förderungstechnik in der alltäglichen familiären Umgebung der Eltern demonstriert wird, und ihre Anwendung nötigenfalls korrigiert werden kann.

Mit den Vor- und Nachteilen der Hausbesuche setzte sich KORTE (1977, 125 ff.) intensiv auseinander. Als ein wesentlicher Nachteil wurde der Zeitaufwand für An- und Rückfahrt genannt, der bei der Hausfrüherziehung ca. 8 Stunden, also ein Fünftel der wöchentlichen Arbeitszeit ausmachte (a. a. O., 127). Das Angebot von Spiel- und Übungsmaterial sei beschränkt, das häusliche Milieu teilweise unruhig und störend. Eine wenig einsichtsvolle Mutter könne gelegentlich den Früherzieher als einen Babysitter-Ersatz betrachten, statt sich von ihm in die Förderung des Kindes einweisen zu lassen. Als Konsequenz empfiehlt KORTE (1977, 127), „sich auf ein flexibles und offenes System einzustellen, so dass in jedem Falle individuell entschieden werden kann, ob der mobilen oder ambulanten Form bzw. beiden alternativ der Vorzug gegeben wird."

Als Wechselgruppen wurden regelmäßige Gesprächskreise einer Mutter-Kind-Gruppe bezeichnet, die anstelle einer stationären Aufnahme von Mutter und Kind (1 Woche pro Vierteljahr), als ambulante Möglichkeit mit wöchentlichen Treffen eingerichtet wurden. Systematische Beobachtung und intensive Trainings zur Förderung der Kinder (ab ca. 1 Jahr aufwärts) kennzeichnete die Arbeit in diesen Gruppen.

Mehr der sozialen Integration dienten sogenannte Spielgruppen, bei denen die Mutter eines behinderten Kindes Mütter mit gleichaltrigen Kindern aus der Nachbarschaft zu einer Spielstunde einlud. Durch die Unterstützung der Frühförderstelle wurde für diese Spielstunden besonders reichhaltiges und vielfältiges Spielmaterial zur Verfügung gestellt.

Auch im sonderpädagogischen Konzept der Frühförderung war die enge Zusammenarbeit mit dem sozialpädiatrisch spezialisierten Kinderarzt vorgesehen; er übernimmt die medizinische Diagnose und Beratung. Außer dem Sonderpädagogen gehörten dem Team, wie KORTE (1977, 114) am Beispiel der Münchener Carolinenhilfe aufzeigt, zwei Heilpädagogen, ein Psychologe, zwei Krankengymnasten, ein Logopäde sowie eine Sekretärin an. Es handelt sich – im Vergleich zum Sozialpädiatrischen Zentrum – deutlich um ein kleines Team, welches jedoch näher am Wohnort des behinderten Kindes angesiedelt ist. SPECKS Konzeption sieht **eine** Frühpädagogische Station auf ca. 200 000 Einwohner vor, die in vielen Fällen anderen sonderpädagogischen Institutionen, etwa der ‚Lebenshilfe' angeschlossen werden könnte. An die Stelle eines Sozialpädiatrischen Zentrums würden also hier fünf kleinere Frühpädagogische Stationen treten; die Leitung läge im Unterschied zu dem im Sozialpädiatrischen Zentrum geltenden Chefarztsystem, beim Sonderpädagogen.

MERKSÄTZE:

- Frühförderung stellt ein institutionalisiertes Hilfeangebot für Kinder dar, die in unterschiedlicher Weise beeinträchtigt und / oder entwicklungs-gefährdet sind, und zwar von der Geburt bis zum Schuleintrittsalter.
- Die Beratung, Unterstützung und Begleitung der Eltern bzw. der Personsorgeberechtigten ist als wesentlicher Teilbereich in diesem Hilfeangebot enthalten.
- Der systematische Auf- und Ausbau des Frühfördersystems erfolgte – nach unterschiedlichen Einzelinitiativen bezogen auf die spezifische frühe Förderung behinderter Kinder seit etwa 1950 – auf der Basis der Empfehlungen des Deutschen Bildungsrates von 1974.
- Erste Einrichtungen waren bereits Ende der 1960er Jahre entstanden und zwar zweigleisig
  – unter medizinischem Aspekt und
  – unter sonderpädagogischem Aspekt.
- Das medizinische Modell sah interdisziplinär ausgestattete Sozialpädiatrische Zentren vor (München 1968 / Mainz 1970).
- Das sonderpädagogische Modell konkretisierte sich in sogenannten Frühpädagogischen Stationen, deren Spezifikum die Hausfrühförderung war.
- Beide Modelle gingen von der Notwendigkeit der Kooperation unterschiedlicher Berufsgruppen aus, um ein vielfältiges, je nach der Beeinträchtigung des Kindes spezifisches Förderangebot sicherstellen zu können.
- Leiter eines SPZ war der pädiatrische Chefarzt. Die Leitung der Frühpädagogischen Station oblag einem Sonderpädagogen.
- Die Entwicklung der Frühförderung erfolgte unter dem Grundsatz der Prävention.
- Als Aufgabenbereiche der Frühförderung gelten
  – Früherkennung und Diagnose
  – Beratung und Anleitung der Eltern
  – Durchführung spezifischer Fördermaßnahmen.

3.3 Das Frühfördersystem 30 Jahre später

In den Anfängen der Entwicklung stellten das medizinische Modell und das sonderpädagogische Modell eher konkurrierende Konzeptionen und Einrichtungen dar, wobei Sozialpädiatrische Zentren eher in Großstädten zu finden waren, während Frühpädagogische Stationen in kleineren Städten und eher ländlichen Gebieten eine familiennahe und kontinuierliche Förderung gewährleisteten.

Die in den 1970er und –80er Jahren geführten Diskussionen, sowohl auf inhaltlicher wie auf politischer Ebene, zwischen Konzeptionen und deren Berufsgruppenvertretern, führten nicht dazu, „das die Frühförderung als eigenständig strukturiertes Arbeitsfeld zerrieben [wurde] in berufsständischen Disputen" (Jetter 1995, 98), sondern es kam zu „einem konstruktiven interdisziplinären Dialog" (a. a. O.), der für das Gesamtsystem von Vorteil war und zu einer differenzierten interdisziplinären Institution führte, die politisch und gesellschaftlich etabliert ist und hohes Ansehen genießt, wiewohl insbesondere im Zusammenhang mit Kindern aus sozial schwachen Familien das Optimum an Frühfördermöglichkeiten noch nicht erreicht ist. Aufgrund eines vielfältigen Angebotes unterschiedlicher, vernetzter und interdisziplinär organisierter Einrichtungen kann die Frühförderung heute auch über das 3. Lebensjahr hinaus fortgesetzt werden.

Nach Angaben des BMAS (2001) ist inzwischen, ca. 30 Jahre nach ihrem Beginn, der Auf- und Ausbau institutionalisierter Frühförderung nahezu flächendeckend erfolgt. Dabei ist die Dichte des Frühfördernetzes in den einzelnen Bundesländern unterschiedlich. Insbesondere in den neuen Bundesländern ist der flächendeckende Ausbau teilweise noch nicht abgeschlossen. Sozialpädiatrische Zentren und (sonder-) pädagogische Frühförderstellen bestehen nebeneinander bzw. miteinander vernetzt. Nachfolgende Tabelle gibt einen exemplarischen Überblick über die Institutionen der Frühförderung in sechs Bundesländern.

Die Tabelle zeigt dass Sozialpädiatrische Zentren bis heute in fast allen Bundesländern schwerpunktmäßig gebildet und vorhanden sind. In der Fläche befinden sich vermehrt Frühförderstellen, die nach Möglichkeit in Kooperation mit dem SPZ bzw. mit entsprechenden medizinischen Einrichtungen Förderange-

Tab. 4: SPZ und Frühförderstellen in sechs verschiedenen Bundesländern (Quelle: Bundesministerium für Arbeit und Sozialordnung, 2002; Statistisches Bundesamt, Stand 16. Dezember 2002)

Bundesland	Anzahl der Sozialpädiatrischen Zentren (SPZ) und der Frühförderstellen (FFS)	Einwohnerzahl
Bayern	12 Sozialpädiatrische Zentren 149 Frühförderstellen	12 329 967
Bremen	1 Sozialpädiatrisches Zentren 4 FFS (50 % mit behinderungsspezifischer Ausrichtung)	660 170
Niedersachsen	6 Sozialpädiatrische Zentren 71 FFS (teilweise mit behinderungsspezifischer Ausrichtung)	7 946 193
Rheinland-Pfalz	17 SPZ mit 9 Außenstellen 10 Frühförderstellen	4 031 008
Sachsen-Anhalt	2 Sozialpädiatrische Zentren 19 Frühförderstellen	2 580 069
Thüringen	33 Frühförderstellen	2 411 037

bote für behinderte und von Behinderung bedrohte Kinder sowie für deren Eltern anbieten und durchführen. Anzumerken ist, dass neben dem Grad des flächendeckenden Ausbaus auch die Organisationsstrukturen und Arbeitsweisen sowie die personelle Zusammensetzung von SPZ und FFS in den einzelnen Bundesländern sehr verschieden ist.

Im Sinne umfänglicher Vernetzung wird die Frühförderstelle allgemein auch als „Drehscheibe" im Zusammenhang mit vielfältigen Interventionen und beteiligten Institutionen gesehen (BURGENER WOEFFRAY 1998, 110). „Im Zusammenhang medizinischer, psychologischer, pädagogischer und sozialer Dienstleistungen haben Frühförderstellen einen spezifischen Platz und Auftrag. Sie stellen für behinderte und von Behinderung bedrohte Kinder und ihre Familien zunächst eine familiennahe Grund- und Flächenversorgung zur Verfügung" (THURMAIR / NAGGL 2000, 33). Allerdings scheinen z.B. in Rheinland-Pfalz eher die Sozialpädiatrischen Zentren diese Aufgabe zu übernehmen.

Eine „familiennahe Grundversorgung" heißt im Wesentlichen, dass in allen Regionen eines Bundeslandes, insbesonde-

Abb. 7: Ausbau der Frühförderstellen in Deutschland, exemplarisch in vier Bundesländern (entnommen aus: Bundesministerium für Arbeit und Sozialordnung (Hg. – 2001) Frühförderung, 10, 13, 19, 21)

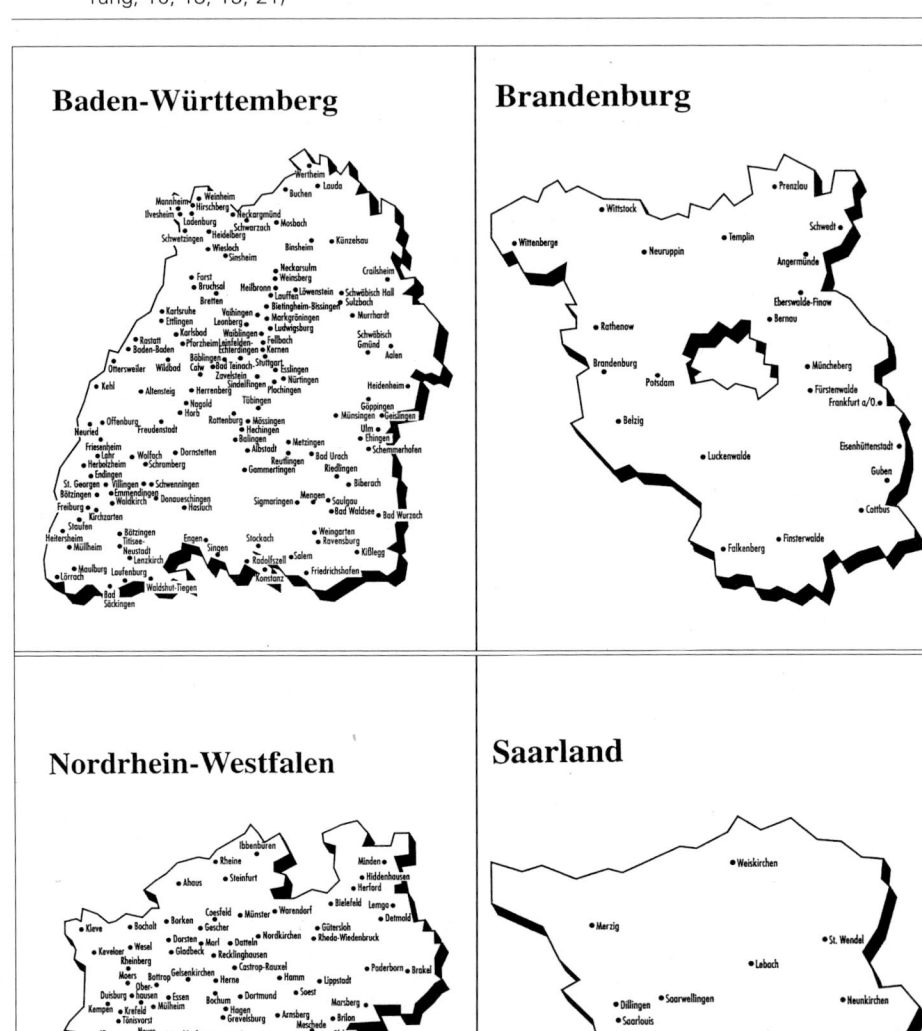

re in Flächenstaaten, eine nahezu flächendeckende Anzahl von Frühförderstellen gegeben sein sollte, was noch nicht in allen Bundesländern erreicht ist, wie folgende Abbildungen exemplarisch zeigen:

Folgt man den Angaben des BUNDESMINISTERIUMS FÜR ARBEIT UND SOZIALORDNUNG (1998), so haben sich bis heute vielfältige Organisationsformen zur Wahrnehmung der Frühförderung gebildet. Unterschieden werden können grob fünf Formen, von denen jede in unterschiedlicher Struktur und Arbeitsweise etabliert sein kann, je nach Bundesland und Trägerorganisation (vgl. auch Tab. 4, S. 92):

1. **Frühförderstellen im klassischen Sinne**, die sowohl ambulant als auch mobil (Hausfrühförderung) arbeiten.

2. **Frühförderstellen**, die an Kindergärten, Kindertagesstätten oder Schulen **angegliedert** sind. Diese Form hat sich insbesondere in den neuen Bundesländern herausgebildet.

3. **Frühförderstellen** (regional oder überregional) mit **behinderungsspezifischer Ausrichtung** (z. B. Sinnesbeeinträchtigungen, Bewegungsstörungen, Autismus, etc.).

4. **Frühförderangebote** in Einrichtungen der **Kinder- und Jugendpsychiatrie**.

5. **Sozialpädiatrische Zentren**, teilweise mit Neben- und Außenstellen.

Der überwiegende Anteil aller Einrichtungen zur Frühförderung ist in sogenannter freier Trägerschaft entstanden und weiterentwickelt worden.

3.3.1 Grundprinzipien der Frühförderung

Im Laufe der Entwicklung haben sich, aufgrund vielfältiger Erfahrungen und in Verbindung mit wissenschaftlichen und politischen Entwicklungen vier handlungsleitende Prinzipien für die institutionelle Frühförderung herausgebildet. Sie spielen auch in anderen Feldern subsidiärer Hilfe eine wesentliche Rolle, finden sich dort allerdings eher als Einzelprinzipien, während sie in der Frühförderung als Prinzipienbündel die Arbeitsfelder in einen größeren Zusammenhang bringen und die Komplexität der Aufgaben transparent werden lassen.

Diese handlungsleitenden Prinzipien sind (nach THURMAIR / NAGGL 2000, 25):
– die Ganzheitlichkeit,
– die Familienorientierung,
– die Interdisziplinarität,
– die Vernetzung.
(vgl. auch SOHNS 2000, 27 f.)

Sie sollen in nachfolgender Tabelle näher umschrieben werden.

Ganzheitlichkeit	steht im Gegensatz zu Spezialisierung, Fragmentierung oder Funktionsorientierung. Das Prinzip besagt, dass alle Einzelinterventionen, alle Teilaspekte des Förderplans eingebettet werden müssen in einen Gesamtkontext, der die Realität der kindlichen Möglichkeiten und Schwächen ebenso einbezieht, wie sein konkretes Umfeld mit den dort vorhandenen Möglichkeiten und Grenzen. Bezogen auf die Zusammenarbeit verschiedener Berufsgruppen ist die Koordination von Einzelmaßnahmen und –kompetenzen gefordert, im Sinne eines Verbundssystems unterschiedlicher Teilinstitutionen, die sich in beständiger Abstimmung gegenseitig ergänzen.
Familien-orientierung	ist unter systemischem Aspekt in besonderem Maße geboten. Die Familie als wechselseitig vernetztes Interaktionssystem bildet eine Ganzheit. Auch wenn in der Frühförderung das Kind im Vordergrund steht, ist eine Betrachtung und Intervention in isolierter nicht familienorientierter Form wenig effektiv. Der je spezifische mehr oder weniger intensive Einbezug der Familie, oder heute vielleicht eher der für das Kind zum sozialen Umfeld gehörenden Personen reicht von beratender Begleitung über Förderanleitung bis hin zur Beobachtung der spezifischen Familiendynamik, in der dem Kind möglicherweise eine nicht-förderliche Rolle zugewiesen wird, die i. d. R. mit einer spezifischen, unbewussten Funktion verknüpft ist, z. B. die Rolle des Symptomträgers mit der Funktion des Familienzusammenhalts, oder auch mit der Funktion familialer Desorganisation (vgl. auch VERNOOIJ 1998, 42 ff.; HENSLE / VERNOOIJ [7]2002, 281ff.)
Interdisziplinarität	wurde bereits in den Anfängen der Frühförderung gefordert (vgl. Kap. 3.2). Sie gewährleistet die konstruktive Zusammenarbeit verschiedener Berufsgruppen unter dem Aspekt einer umfänglichen Förderung und Betreuung des Kindes und seiner Familie auf mehreren Ebenen, als ganzheitlichen Prozess.
Vernetzung	ist auf zwei Ebenen wahrzunehmen: – einerseits geht es um die Einbettung des Kindes und seiner Familie in weitere familiäre und nachbarliche Netzwerke im Sinne sozialer Integration (vgl. Kap. 3.3.2);

> – andererseits ist die Vernetzung mit anderen Institutionen (z. B. Behörden), die dem Kind und der Familie die notwendige Teilhabe an subsidiären Ressourcen, sowie die Wahrnehmung ihrer Rechte sichern eine wesentliche Aufgabe der Frühförderung.

Nach SOHNS (2000, 29) befindet sich so verstandene Frühförderung immer „im Spannungsverhältnis zwischen dem Wunsch nach möglichst umfassenden und qualifizierten Hilfe- und Therapieangeboten einerseits und der Notwendigkeit, Kind und Familie vor einer Überforderung ... zu schützen". Aus seiner Sicht gibt es zur Auflösung dieses Spannungsverhältnisses kein Patentrezept (vgl. a. a. O.). Es bleibt der Kompetenz der in der Frühförderung Tätigen überlassen, eine Ausgewogenheit herzustellen, indem notwendige Maßnahmen vor dem Hintergrund der Belastbarkeit aller Beteiligten geplant und durchgeführt werden.

3.3.2 Ziele der Frühförderung

Sehr differenziert stellen THURMAIR / NAGGL (2000) die Ziele der Frühförderung dar. Sie unterscheiden zwischen kindbezogenen und elternbezogenen Zielen.

Kindbezogene Ziele haben allgemein die „Entfaltung der Kompetenzen" eines Kindes im Blick, die Förderung seiner Entwicklung und seiner Integration in die Lebenswelt (vgl. 21 f.).

Bezogen auf die **Eltern** werden im Wesentlichen zwei Anliegen verfolgt:
– Die Erweiterung und Stärkung der Kompetenzen der Eltern bezogen auf den Umgang mit ihrem Kind und bezogen auf dessen Erziehung und Förderung.
– Die Unterstützung der Eltern in der Auseinandersetzung mit ihrer Situation, d. h. die beratende Begleitung (vgl. a. a. O., 23).

Deutlich wird dabei, dass THURMAIR / NAGGL primär von der Frühförderung **behinderter** Kinder ausgehen, von Kindern mit funktionellen Beeinträchtigungen, mit einem wie auch immer gearteten Impairment (vgl. HENSLE / VERNOOIJ [7]2002, 13), und dementsprechend von Eltern, die sich mit der Situation, ein behindertes Kind zu haben, auseinandersetzen müssen (vgl. VERNOOIJ 1998; HENSLE / VERNOOIJ [7]2002, 272ff.).

Frühförderung umfasst allerdings mehr! Frühförderung soll in unterschiedlicher Weise beeinträchtigten Kindern dazu verhelfen, ein höchstmögliches Maß an Kompetenz und damit die Chance zu umfänglicher Bildung und selbständiger Lebensgestaltung zu erlangen. Insofern stellt sich die Situation der Frühförderung bei Kindern, die keine früh erkennbare geistige, Sinnes- oder Körperbehinderung aufweisen, sondern die aufgrund einer soziokulturell deprivierenden familialen Situation ihre Begabungspotentiale nicht ausschöpfen können, die aufgrund konstitutioneller Schwäche (z. B. Frühgeborene) oder aufgrund mangelnder Anregung in ihrer Entwicklung beeinträchtigt werden und so Gefahr laufen, eine verzögerte oder eine in Teilbereichen unzulängliche Entwicklung zu durchlaufen, und die dadurch von Behinderung im weitesten Sinne bedroht sind, anders dar.

Auch für die Eltern dieser Kinder ergibt sich in den frühen Lebensjahren ihres Kindes eine Situation, in der sie Beratung benötigen. Nicht so sehr, bezogen auf die Bewältigung der Situation angesichts eines behinderten Kindes, sondern bezogen auf die Erziehung ihrer Kinder, die immer auch Entwicklungsförderung bedeutet. Sie benötigen Anleitung und Begleitung, um ihrem Kind eine gesunde, d. h. möglichst störungsfreie und begabungsangemessene frühe Erziehung und Förderung zuteil werden zu lassen.

EXKURS BEHINDERUNG:

In diesem Zusammenhang sei hier auf die Problematik des Behinderungsbegriffs hingewiesen.

BACH schlägt eine **begriffliche Differenzierung** vor, da aus seiner Sicht der Begriff Behinderung „sich nicht als Oberbegriff für alle im Bereich der Sonderpädagogik zu berücksichtigenden Aufgaben" eigne (BACH 1976, 399; 1985, 8). Als Oberbegriff wählt er „Beeinträchtigung", die je nach Schweregrad differenziert wird in „Behinderung, Störung, Gefährdung".

Als **Behinderungen** sieht er individuelle Beeinträchtigungen schwerer, umfänglicher und langdauernder Art, vergleichbar mit dem „Impairment", der Schädigung in der WHO-Klassifikation (HENSLE / VERNOOIJ [7]2002, 13).

Störungen sind für ihn eher graduell, partiell und nicht dauerhaft, d. h. eliminierbar bzw. reduzierbar.

Gefährdungen stellen Beeinträchtigungen dar, die das Lernen erschweren. Sie können im somatischen, sozialen oder ökonomischen Bereich liegen. Bei rechtzeitigem Erkennen und Eingreifen können Gefährdungen überwunden und die daraus resultierenden Beeinträchtigungen ausgeglichen werden (vgl. BACH [2]1976, 9 f.; 1985, 7 ff.; 1976, 399; 1993, 121).

Gegenstand der Sonderpädagogik sind nicht nur Kinder und Jugendliche mit einer körperlichen bzw. organischen Schädigung oder Dysfunktion sondern auch Kinder und Jugendliche mit besonderem pädagogischen Förderbedarf ohne Impairment im medizinischen Sinne (vgl. auch Vernooij 1986; 1991; 1997; 2000).

Kinder mit Lern-, Verhaltens- und / oder Sprachstörungen werden im Rahmen der Sonderpädagogik betreut, sie sind jedoch nicht im engeren Sinne behindert. Sie haben jedoch Beeinträchtigungen in unterschiedlichen Bereichen, die ihnen auf der personalen und auf der sozialen Ebene Probleme und Benachteiligungen bringen (vgl. WHO-Klassifikation, Hensle / Vernooij [7]2002, 13).

Aufgabe der Sonderpädagogik ist es u. a., diesen Kindern die soziale Teilhabe zu ermöglichen; ihre soziale Benachteiligung auf eine Minimum zu reduzieren. Frühestmögliche Maßnahmen unter präventivem und kompensatorischem Aspekt gewährleisten das Gelingen dieser Aufgabe.

Als vorläufiges Fazit lässt sich festhalten:

Institutionalisierte Frühförderung hat vielfältige und komplexe Aufgaben zu erfüllen. Die Komplexität und Vielschichtigkeit des Tätigkeitsfeldes wird zusätzlich erhöht, durch die Heterogenität der Gruppe, mit der sie sich zu befassen hat. Dies gilt nicht nur für die Kinder, sondern auch für deren Eltern.

Bei den Kindern

– weist der größere Teil nachweisbare **Behinderungen** auf, im Sinne eines Impairments, d. h. im Sinne einer dauerhaften physischen Schädigung oder Dysfunktion, deren Folgen für die weitere Entwicklung reduziert werden müssen. Vorhandene oder mögliche Fähigkeiten der Kinder sollen gefördert oder angebahnt werden.

– Bei einem Teil der Kinder treten **Störungen** unterschiedlicher Art im Entwicklungsverlauf auf, die es zu beheben gilt.

– Kinder mit **Entwicklungsgefährdungen** bilden die am schwierigsten zu erfassende und zu erreichende Gruppe, sieht man von dem Teil der Kinder ab, deren Gefährdung somatisch bzw. medizinisch begründet ist (z. B. Frühgeborene, Kinder mit Dysfunktionen innerhalb von Organsystemen, mit Stoffwechselerkrankungen etc. – vgl. Hensle / Vernooij [7]2002, 59 ff.). Wesentlich gemeint sind hier Kinder aus soziokulturell benachteiligtem Milieu, deren gesunde Entwicklung, Erziehung und Förderung teilweise in hohem Maße gefährdet ist. Hier müssten kompensatorische Maßnahmen eingeleitet und langfristig durchgeführt werden.

KLEIN (2002, 6) beklagt zurecht, dass ein Recht auf Frühförderung „bis heute begrenzt [ist] auf behinderte oder von Behinderung bedrohte Kinder". Kinder mit der Gefährdung einer späteren Lernbehinderung oder Verhaltensstörung, so führt er aus, bleiben weitgehend unberücksichtigt, wiewohl in der Praxis versucht wird, „diese Kinder unter der Bezeichnung ‚entwicklungsverzögert' oder ‚entwicklungsgefährdet' und damit als ‚von Behinderung bedroht' Kinder in die Frühförderung einzubeziehen" (KLEIN 2002, 7). Die wesentliche Problematik liegt bei diesen Kindern jedoch, wie bereits in Kap. 2.2 ausgeführt, in der Früherkennung bzw. Früherfassung.

Nur am Rande sei hier angemerkt, dass für die Gruppe gefährdeter Kinder letztlich eine institutionalisierte und rechtlich abgesicherte Form der Früherziehung unter präventivem und kompensatorischem Aspekt fehlt, zumal dies eigentlich eine Aufgabe der Frühpädagogik in Kooperation mit der Sozialpädagogik wäre, wie es im Kinder- und Jugendhilfegesetz zumindest vorgesehen ist (§§ 22 – 24 – vgl. auch Kap. 4).

MERKSÄTZE:

- Aufgrund konstruktiver interdisziplinärer Diskussionen konnte das Konkurrenzverhältnis der beiden frühen Modelle überwunden und ein differenziertes interdisziplinäres Frühfördersystem etabliert werden.
- Der angestrebte, flächendeckende Auf- und Ausbau der Frühförderung ist noch nicht gänzlich abgeschlossen.
- Sozialpädiatrische Zentren sind heute in fast allen Bundesländern schwerpunktmäßig vorhanden (i. d. R. in größeren Städten), während Frühförderstellen möglichst flächendeckend eingerichtet wurden, um eine familiennahe Grundversorgung zu gewährleisten.
- Handlungsleitende Prinzipien der Frühförderung sind:
  - Ganzheitlichkeit
  - Familienorientierung
  - Interdisziplinarität
  - Vernetzung.
- Als Ziele der Frühförderung können
  - die umfängliche Entwicklungsförderung des Kindes,
  - die Beratung und Unterstützung der Eltern
    genannt werden.
- Bis heute ist die Frühförderung primär ausgerichtet auf Kinder mit manifester oder drohender Behinderung.
- Entwicklungsgefährdete Kinder aus sozio-kulturell benachteiligtem Milieu erhalten seltener die Chance früher Förderung, u. a. aufgrund der Schwierigkeit einer frühen Erkennung und Erfassung.

- Der Begriff Beeinträchtigung sollte (nach BACH) differenziert werden nach dem Schweregrad in / – Behinderung / – Störung / – Gefährdung.
- Durch die Heterogenität des Personenkreises wird die Komplexität und Vielschichtigkeit der Frühförderung zusätzlich verstärkt.

3.3.3 Aufgaben der Frühförderung

Als übergeordnete Aufgaben finden sich in der Literatur im wesentlichen drei:
1. Prävention
2. Rehabilitation
3. Integration

von behinderten oder von Behinderung bedrohten Kindern (vgl. KLEIN 1993; SOHNS 2000; THURMAIR / NAGGL 2000; PRETIS 2001).
– Der Begriff **Prävention** wurde bereits ausführlich geklärt (vgl. Kap. 2.2.3, 89).
– Der Begriff **Rehabilitation** wurde ursprünglich im medizinischen Bereich geprägt und als Maßnahmenbündel verstanden, mit dessen Hilfe Krankheitsfolgen behoben oder verhindert werden sollten. Ziel war die Wiederherstellung oder der Ersatz von notwendigen körperlichen und geistig-psychischen Funktionen zur Lebensbewältigung und zur Wiedereingliederung in den Arbeitsprozess. In den letzten 30 Jahren hat der Begriff eine Ausweitung erfahren, über die rein medizinische Wiederherstellung hinaus. Heute versteht man unter Rehabilitation alle medizinischen, psychologischen, pädagogischen und sozialen Maßnahmen, kranken, behinderten oder in anderer Weise beeinträchtigten Menschen eine größtmögliche Teilhabe am Leben in einer Gesellschaft zu ermöglichen.
– Der Begriff **Integration**
  ist in der deutschen Pädagogik deshalb sehr vielschichtig und damit notwendig wenig präzise, weil er bezogen auf unterschiedliche Sachverhalte, Prozesse und Zustände benutzt wird und dadurch fast den Beigeschmack eines Schlagwortes hat, welches zudem, nach heftigen, kontroversen Debatten in den 1980er Jahren, den Verdacht der unzulässigen ideologischen Befrachtung nicht zerstreuen konnte. Diese Debatten bezogen sich auf

- **Integration** als **Organisationsform**, als **Methode**, ein bestimmtes Ziel, nämlich
- **Integration** als **erstrebenswerte Situation** innerhalb einer Gesellschaft zu erreichen.
- **Integration als Prozess** ist die dritte Bedeutungsvariante des Begriffs.

Um die begriffliche Problematik der Uneindeutigkeit zusätzlich zu verdeutlichen mag folgende Aussage dienen:

Mit Hilfe der (pädagogischen) Organisationsform Integration soll der Prozess der Integration angestoßen, gefördert und aufrechterhalten werden dem Ziel der Integration.

Um diese Bedeutungsvielfalt durch genauere Umschreibungen zu entwirren, zunächst eine sehr allgemeine Übersetzung bzw. Definition des Begriffs Integration:

Integration meint die Herstellung einer Einheit, den Zusammenschluss bzw. die Bildung übergeordneter Ganzheiten (vgl. DTV-LEXIKON, 1999, Bd. 9, 169).

Etwas konkreter bezogen auf den sozialen Bereich könnte man sagen:

Integration meint die Verbindung einer Vielfalt von einzelnen Personen oder Gruppen zu einer gesellschaftlichen Einheit. Sie kennzeichnet einen Prozess, der ein selbständiges Nebeneinander zu einem kooperativen Miteinander, also zu einer übergeordneten Ganzheit zusammenschließt (vgl. auch DUDEN-FREMDWÖRTERBUCH, 447).

GUTBERLET definiert 1983 (167):

„Als Integration bezeichnen wir den Prozess, der darauf abzielt, zwei oder mehrere aufeinander angewiesene Bedürfnisse, Grundsätze, Sichtweisen in einem pädagogischen Handlungsfeld nach dem Modus der Annäherung in einer Interaktionsform zu einigen."

Pädagogisch und sozialpolitisch geht es also im weitesten Sinne um die Eingliederung beeinträchtigter Menschen in die Gesellschaft, um die Entstigmatisierung und die soziale Akzeptanz Behinderter in einer Gesellschaft von Nichtbehinderten (vgl. auch BONDERER 1980, 59 f.). In diesem Sinne ist Integration Weg und Ziel zugleich, oder anders gesagt:

Das gleichberechtigte Miteinander von beeinträchtigten und nicht-beeinträchtigten Menschen innerhalb einer Gesellschaft, in der jeder bei höchstmöglicher Akzeptanz seiner Person nicht nur gleiche Rechte und Pflichten hat sondern auch gleiche

Chancen und Möglichkeiten, ist ein fortwährender Prozess der Annäherung, der Verständigung und der Kooperation, bei dem der Grad an Verständnis und Achtung für bzw. voreinander – im positiven Fall – beständig steigt.

Dass sich die Frühförderung diesem übergeordneten Ziel verpflichtet fühlt, zeigt

– dass in Deutschland beeinträchtigte Menschen offenbar nicht in ausreichendem Maße integriert sind,
– dass eine frühe Förderung diesen Prozess unterstützen kann, und
– dass dieser Prozess nur in wechselseitigem Bemühen von behinderten und nicht-behinderten Menschen gelingen kann.

Die Aufgabe der Integration ist erst dann erfüllt, „wenn auch jene einbezogen sind, die am Rande stehen" (KASZTANTOWICZ ²1986, 73).

Integration als organisatorische Form bzw. als Methode meint im pädagogischen Feld die gemeinsame Erziehung und Bildung von behinderten und nichtbehinderten Kindern und Jugendlichen in Kindergarten und Schule. Davon wird in Kap. 3.4 und in Kap. 5 noch ausführlicher die Rede sein.

Prävention, Rehabilitation und Integration können als Leitprinzipien der Frühförderung (und der Gesamtheit sonderpädagogischer Arbeit) angesehen werden. Sie bilden Ziel und Aufgabe zugleich. Alle Maßnahmen in den Teilbereichen der Frühförderung sind diesen Leitprinzipien verpflichtet. Die Effektivität von Maßnahmen muss sich an ihnen messen lassen.

Die einzelnen konkreten Aufgaben und Teilbereiche der heutigen interdisziplinären Frühförderung sind vielfältig und gehen über die ursprünglichen Aufgaben „Früherfassung, Früherkennung, Frühbetreuung" (LÖWE 1976) bzw. Früherkennung, Früherfassung, Früherziehung (einschließlich Frühtherapie) und Frühberatung (HEESE 1978) hinaus. Letztlich bilden die genannten Teilbereiche jedoch in modifizierter Form die Aufgaben der Frühförderung im engeren Sinne.

WAGNER-STOLP (1999, 14 ff.) unterscheidet

– Früherkennung / Frühdiagnostik
– Frühbehandlung und Therapie
– Pädagogische Frühförderung,

wobei er die Beratung und Zusammenarbeit mit den Eltern in die Pädagogische Frühförderung integriert sieht. Er verweist sehr deutlich auf die unterschiedlichen Rechtsgrundlagen spezifischer Aufgaben sowie auf die Kompetenz- bzw. Berufsgruppenabhängigkeit der einzelnen Aufgaben. So verweist er die ersten beiden Teilbereiche primär in die medizinische Zuständigkeit, was, wie die bisherigen Ausführungen deutlich machen, nur bei einem, wenn auch großen Teil der Kinder, zutreffend ist.

Nach SOHNS ergeben sich für die interdisziplinäre Frühförderung sieben Aufgabenfelder:

1. Früherkennung und Früherfassung,
2. Frühdiagnostik,
3. Frühförderung (als vielfältiges interdisziplinäres Angebot),
4. Beratung und Begleitung der Eltern / Personensorgeberechtigten,
5. Interdisziplinärer fachlicher Austausch,
6. Gesellschaftspolitische Interessenvertretung der Familien mit ihren spezifischen Anliegen,
7. Spezifische Aufgabenfelder, z. B. im Zusammenhang mit Fachberatung in Kindergärten, mit ausländischen Familien, mit psycho-sozialen Auffälligkeiten etc. (vgl. SOHNS 2000, 54).

3.3.3.1 Früherkennung und Früherfassung

Voraussetzung für jegliche Art der Frühförderung ist die Früherkennung. Mit der Früherkennung geht jedoch nicht in jedem Fall eine Früherfassung einher, da beispielsweise medizinische Untersuchungen und Diagnosen der ärztlichen Schweigepflicht unterliegen und die Inanspruchnahme sowohl der Vorsorgeuntersuchungen als auch der sich daraus möglicherweise ergebenden Frühfördermaßnahmen, soweit es sich nicht um medizinisch verordnete handelt, freiwillig ist.

Als wesentliche Maßnahme zur Früherkennung von Behinderungen, Funktionsstörungen und / oder Krankheiten im Säuglings- und Kleinkindalter können die seit 1974 von den Krankenkassen oder über das BSHG finanzierten, insofern für die Familien kostenlosen Vorsorgeuntersuchungen angesehen werden. Die ursprünglich 7 Untersuchungen wurden mittlerweile auf 9 erhöht. Eine 10. Untersuchung zur Überprüfung der Gesamtentwicklung wird für das Schulalter empfohlen. Diese Vorsorgeuntersuchungen sollen in einer bestimmten zeitlichen Abfolge durchgeführt werden, wie nachfolgende Aufstellung zeigt.

Tab. 5: Zeitliche Abfolge der Vorsorgeuntersuchungen im (frühen) Kindesalter

U 1	Neugeborenenuntersuchung unmittelbar nach der Geburt
U 2	3. – 10. Lebenstag
U 3	4. – 6. Lebenswoche
U 4	3. – 4. Lebensmonat
U 5	6. – 7. Lebensmonat
U 6	10. – 12. Lebensmonat (1 Jahr)
U 7	21. – 24. Lebensmonat (2. Lebensjahr)
U 8	43. – 48. Lebensmonat (4. Lebensjahr)
U 9	60. – 64. Lebensmonat (5. Lebensjahr)
U 10	10. – 13. Lebensjahr

Wie aus der Tabelle zu ersehen ist, ist die zeitliche Dichte der Untersuchungen bis zum Ende des 1. Lebensjahres am höchsten (U 1 – U 6). Eine relativ große Lücke findet sich zwischen dem 2. und dem 4. Lebensjahr. Sicher wäre es **sinnvoll**, ab dem 2. Lebensjahr bis zum Schuleintritt **jährlich** eine Untersuchung durchzuführen, um erst später auftretende oder sichtbar werdende Beeinträchtigungen möglichst früh erfassen zu können.

Eine systematische Schulung von Haus- und Kinderärzten, insbesondere bezogen auf Störungen der Sinnesfunktionen (z. B. Hörschädigungen) sowie bezogen auf motorische Unregelmäßigkeiten in der Entwicklung eines Kindes kann den Erfolg dieser Vorsorgeuntersuchungen als Instrument der Früherkennung gewährleisten bzw. steigern.

Bei den Untersuchungen werden die Gesamtverfassung eines Kindes, spezifische Funktionen aller Organsysteme, sein allgemeiner Entwicklungsstand sowie Ernährungs- und Hygieneaspekte überprüft bzw. berücksichtigt.

Bereits bei der Früherkennung wird deutlich, dass die Gruppe der aufgrund ökonomischer und psycho-sozialer Risiken gefährdeten Kinder deutlich benachteiligt ist, da die Inanspruchnahme der Untersuchungen von der Bereitschaft und der Entschlossenheit der Eltern abhängt.

„Früherkennung behinderter und von Behinderung bedrohter Kinder ist ja bekanntlich die Voraussetzung, die Handlungsgrundlage jeder Frühförderung. Erkannt werden soll jeweils die besondere Förderungsbedürftigkeit eines Kindes, die sich als Schädigung, Funktionsmangel oder Entwicklungsverzögerung zeigt" (KLEIN 1993, 24; auch 2002, 56).

Die Beteiligung an den Vorsorgeuntersuchungen ist zwar, auch bei sozial randständigen bzw. schwachen Familien insgesamt gestiegen. Sie lag im Jahr 1989 bei 93 %, allerdings betrifft dies im Wesentlichen die Untersuchungen

U 1 – U 3, wobei U 1 und U 2 normalerweise noch in der Geburtsklinik durchgeführt werden. Mit zunehmendem Alter der Kinder reduzieren sich die Quoten der Inanspruchnahme, wie nachfolgende Tabelle zeigt:

Tab. 6: Inanspruchnahme der Vorsorgeuntersuchungen im Vorschulalter (Quelle: Sozialministerium Baden-Württemberg 1998, Stand 1996/ nach Klein 2002, 58)

Untersuchung	Teilnahme-quote	Anmerkungen
U 1 U 2	 99 % 97,7 %	möglicherweise 1 % Fehlquote aufgrund von Hausgeburten oder vorzeitiger Entlassung
U 3 U 4 U 5 U 6	96,9 % 96,5 % 95,8 % 95,4 %	Bis zum Ende des 1. Lebensjahres liegt die Inanspruchnahme relativ hoch. Nur 3 – 5 % der Säuglinge oder Kleinkinder können nicht untersucht werden.
U 7	93,8 %	Ab dem 2. Lebensjahr lässt die Beteiligung deutlich nach.
U 8 U 9	90,4 % 71,3 %	Ca. 10 % der 3 – 4jährigen Kinder werden nicht untersucht. 28 – 30 % der 5jährigen werden nicht untersucht.

Auch wenn konstatiert werden kann, dass die Vorsorgeuntersuchungen bis zum Ende des 1. Lebensjahres von einem sehr großen Teil der Eltern relativ regelmäßig wahrgenommen werden, kann daraus nicht geschlossen werden, dass bei festgestellter Störung oder vermuteter Gefährdung eine entsprechende Frühfördermaßnahme in Anspruch genommen, bzw. eine Frühförderstelle aufgesucht wird.

Häufig fallen Entwicklungsverzögerungen oder fehlende Reaktionen auf Sinnesreize den Eltern selbst oder Verwandten bzw. Freunden der Familie auf. Es ist jedoch nicht in jedem Falle davon auszugehen, dass dann ein Kinderarzt oder eine Frühförderstelle aufgesucht wird, sei es aufgrund einer Hemmschwelle bezogen auf öffentliche Institutionen, sei es, weil die Bestätigung eines Verdachtes gefürchtet wird, sei es aufgrund der sich selbst beruhigenden Überlegung, die Störung / Beeinträchtigung werde sich mit der Zeit schon „auswachsen", was manchmal sogar von Kinderärzten zu hören ist.

„Auch Unsicherheit und Unkenntnis darüber, was danach mit dem Kind geschehen soll und was eventuell an zusätzlichen Belastungen auf die Eltern zukommt", lässt Eltern zögern, weitere Schritte zu unternehmen (vgl. KLEIN 2002, 59). Fazit für KLEIN ist, dass „die Barrieren, die der Früherkennung von Kindern aus sozial schwachen Familien entgegenstehen" erheblich sind (a. a. O.).

Die Früherkennung und –erfassung von Kindern mit Entwicklungsbeeinträchtigungen aufgrund psychosozialer Risiken sind aus seiner Sicht bisher kaum gesichert. In der Regel kann die primärpräventive Funktion bei diesen Kindern nicht zum Tragen kommen

- weil die Entwicklungsbeeinträchtigungen häufig erst im unmittelbaren Vorschulalter im Zusammenhang mit der Schulfähigkeit festgestellt werden;
- weil ein Teil der Entwicklungsstörungen zu diesem Zeitpunkt bereits manifest geworden ist und keinesfalls – wenn überhaupt – in einem (vorschulischen) Jahr behoben bzw. ausgeglichen werden kann. (vgl. KLEIN 2002, 59 ff).

Bereits 1984 regt er daher eine Form der „aufspürenden Früherkennung" an (KLEIN 1984, 52 f.). Er fordert zudem eine stärkere Beachtung von psycho-sozialen Risiken bei den Vorsorgeuntersuchungen (2002, 16 f.), u. U. verbunden mit Formen der Fürsorge in Familien aus sozialen Brennpunkten, in Familien, die bereits Betreuung durch das Jugendamt erfahren, oder durch vermehrte mobile Dienste bei Kindern im Vorschulalter, z. B. im Kindergarten (vgl. KLEIN 1984, 53 f.; auch SOHNS 2000, 64).

„Soll Früherkennung und Frühförderung bei Kindern aus deprivierendem Milieu präventiv wirksam werden, dann muss sich Früherkennung vor allem auf die psycho-sozialen Risiken richten" (KLEIN 2002, 60).

Geeignete diagnostische Verfahren zur Ermittlung von Entwicklungsrisiken aufgrund sozio-kultureller Deprivation sind allerdings kaum vorhanden. Zwar könnte durch die Entwicklung solcher Untersuchungsinstrumente das Problem der Früherkennung entschärft werden. Die Schwierigkeit der geringen Bereitschaft von Eltern aus sozial schwachem Milieu, **freiwillige** Angebote für sich und ihre Kinder wahrzunehmen, d. h. die

Problematik der Erreichbarkeit von Kindern mit psychosozialen Risiken, wäre dadurch nicht gelöst.

KOCH verglich die Frühfördersysteme der Bundesrepublik Deutschland und der ehemaligen DDR. Auf der Basis einer umfänglichen Experten-Befragung (Wissenschaftler und mehrjährig in der Frühförderung Tätige) stellt sie als **ein** Ergebnis heraus, dass alle bereits vor der Wende in der Frühförderung Tätigen der Meinung waren, „dass die Teilbereiche Früherkennung und Früherfassung in der DDR effektiver funktioniert hätten, als sie es gegenwärtig tun. Vor allem für die Population der sozial schwachen Familien träfe dies zu" (KOCH 1999, 206). Insbesondere die **Meldepflicht** und die **Mütterberatungsstellen** (deren Besuch durch staatliche Finanzzuwendungen sichergestellt wurde – vgl. KOCH 1999, 61) wurden als effektiv für die Früherkennung angesehen. Deren Wiedereinführung wurde allgemein gewünscht (a. a. O. 193).

Mit Recht sieht KOCH – insbesondere bezogen auf Kinder mit psycho-sozialen Risiken – das Grundsatzproblem der Frühförderung in der Bundesrepublik im Festhalten am „Prinzip von Empfehlung und Angebot" (a. a. O., 212).

In einer Zeit, in der einschneidende Reformen in allen Bereichen der Politik, insbesondere auch in der Sozial- und Bildungspolitik, notwendig werden, mag die Frage erlaubt sein, ob eine **stärkere staatliche Kontrolle** bezogen auf die frühkindliche Entwicklung nicht **zum Wohle des Kindes** in diese Reformvorhaben aufgenommen werden müsste.

In jedem Falle wären
– eine verstärkte Öffentlichkeitsarbeit bezogen auf die Frühförderung und Früherziehung **aller** Kinder,
– eine Entbürokratisierung der institutionellen Frühförderung im Sinne von zusätzlichen „offenen Anlaufstellen" (SOHNS 2000, 64)

sinnvoll und notwendig.

Die Möglichkeit der Schaffung finanzieller Anreize für Eltern in den ersten vier Lebensjahren des Kindes (z. B. je Euro 20.- für die regelmäßige Wahrnehmung von Vorsorgeuntersuchungen – U2 – U8) wäre ein bedenkenswerter Ansatz für die Optimierung der Früherkennung.

3.3.3.2 Frühdiagnostik

In der Frühförderung geht es zunächst um eine „Feststellungsdiagnostik", die dann in eine „Verlaufsdiagnostik" überführt
werden muss. Frühförderung wird im Einzelfall begründet auf
der Basis einer Zusammenschau aller Ergebnisse interdisziplinärer Diagnostik.

Sowohl die medizinische als auch die psychologisch-pädago-
gische Diagnose sind wesentliche Bestandteile des Gesamtbildes im Zusammenhang mit Behinderungen, Störungen und Gefährdungen bei Kindern.

Im medizinischen Sinne heißt Diagnose (gr., Entscheidung)
die zweifelsfreie Zuordnung einer gesundheitlichen Störung
oder eines Symptoms zu einem Krankheitsbegriff i. w. S., bzw.
die Vermutung einer Störung (Verdachtsdiagnose) bezogen auf
ein bestimmtes Krankheitsbild (vgl. PSCHYREMBEL 257. Aufl.
1994, 322). Psychologisch bezeichnet Diagnose die Feststellung
und Klassifikation von Verhaltensmerkmalen und –störungen
auf Grund von beobachteten oder durch spezielle Untersu-
chungsmethoden (Anamnese, Exploration, Test, Verhaltensana-
lyse) erhobenen und auf ihre Ursachen hin untersuchten Symptomen (vgl. VERNOOIJ 1996, 124). Diagnostik bezeichnet psychologisch gesehen einen Prozess, der persönliche Merkmale und
Handlungen, psychische Sachverhalte, Zustände und Vorgänge
erkennen, beschreiben, interpretieren und beurteilen will, und
der zu Bewertungen und Vorhersagen (Prognosen) hinsichtlich
gegenwärtiger und zukünftiger Verhaltensformen und Entwicklungen führt.

Bei der Diagnose geht es also um die Feststellung und Einordnung (Klassifikation) von physischen und psychischen
Symptomen, Merkmalen und Prozessen (vgl. VERNOOIJ 1996,
124 f.). Vorwiegend geht es dabei um die Feststellung eines
momentanen Zustandes in unterschiedlichen Bereichen.

Für die Frühförderung ist die interdisziplinäre Diagnostik von
besonderer Bedeutung, da in der frühen Kindheit die physische
und die psychische Ebene eng miteinander verknüpft sind und
in beständiger Auseinandersetzung mit den Bedingungen des
sozialen Umfelds stehen. „Untersuchungen zum individuellen
Entwicklungsverlauf eines Kindes und Entwicklungsvergleiche
unterschiedlicher Populationen sowie transkulturelle Studien
von Entwicklungsverläufen zeigen, dass sich die kindliche Entwicklung offenbar in hohem Maße an umweltbedingte Anforderungen und Zwänge und an kulturell vorgegebene Erzie-

hungsstile zu adaptieren vermag" (MICHAELIS / NIEMANN 1996, 174 f.).

Zu den wesentlichen psychologischen Diagnoseverfahren in der frühen Kindheit gehören die im folgenden genannten:

Allgemeine Entwicklung
– Griffiths-Entwicklungsskalen (ab 1. Lebensjahr – BRANDT / STICKER ²2001),
– Münchener Funktionelle Entwicklungsdiagnostik (1. – 3. Lebensjahr – HELLBRÜGGE ⁴1994)
– Wiener Entwicklungstest (3. – 6. Lebensjahr – KASTNER-KOLLER / DEIMANN 1998)
– Bayley Scales of Infant Development (0 – 3 _ Jahre – ²1993)
– Kaufmann Assessment Battery for Children (K-ABC – 2 _ bis 12 _ Jahre / dt. MELCHERS / PREUß ³1994)
– Kombiniertes Diagnose- und Förderprogramm (nach STRAß-MEIER 1992 – 1. – 5. Lebensjahr)
– Beobachtungsbogen zur Erfassung von Entwicklungsrückständen und Verhaltensauffälligkeiten bei Kindergartenkindern – BEK (MAYR 1998)
– Diagnostische Einschätzskalen zur Beurteilung des Entwicklungsstandes und der Schulfähigkeit (BARTH 1998)

Kognitive Entwicklung
– Snijders-Omen non-verbaler Intelligenztest (2 _ – 7 Jahre – TELLEGEN / WINKEL / WIJUBERG-WILLIAMS 1996)
– Hannover-Wechsler-Intelligenztest (Hawiva) (4 – 6 _ Jahre – STRATMANN / RICKEN / SCHUCK / PREUß 1996)
– Raven-Matrizen-Test – Standard Progressiv Matrices – SPM (dt. KRATZMEIER 1988 – 4 – 11 Jahre)

Motorische Entwicklung
– Sensomotorisches Entwicklungsgitter (KIPHARD 1976)
– Lincoln-Oseretzky-Motor Development-Scale, Kurzform: LOS-KF 18 (dt. EGGERT 1976 – 5 – 13 Jahre)
– Diagnostisches Inventar motorischer Basiskompetenzen (EGGERT u. a. 1994 – 6. – 10. Lebensjahr)
– Motoriktest für 4 – 6jährige Kinder – MOT 4 – 6 (ZIMMER / VOLKAMER ²1987)
– Körperkoordinationstest für Kinder – KTK (KIPHARD / SCHILLING 1974 – 5 – 14 Jahre)
– Diagnostik mit Pfiffigunde (CARDENAS ⁷2000 – 5 – 8 Jahre)

Sensorische Entwicklung
- Development Test of Visual Perception, DTVP – 2 (HAMMILL / PEARSON / VORESS ²2000 – 4 – 10 Jahre)
- Diagnostisches Inventar auditiver Alltagshandlungen, DIAS (THOMAS / EGGERT 1992 – 3 – 7 Jahre)
- Southern California Sensory Integration Test – SCSIT (AYRES ³1991 – 4 – 10 Jahre)
- Tübinger Luria-Christensen neuropsychologische Untersuchungsreihe für Kinder – TÜKI (HAMSTER / LAUGNER / MAYER 1980 – 5 – 16 Jahre)
- Bielefelder Screening zur Früherkennung von Lese-Rechtschreibschwierigkeiten – BISC (MARX / SKOWRONEK 1999 – 5 / 6 Jahre / Vorschuljahr)

Sprachliche Entwicklung
- Heidelberger Sprachentwicklungstest (HSET) (GRIMM / SCHÖLER ²1991 – 4 – 6 _ Jahre)
- Psycholinguistischer Entwicklungstest – PET (ANGERMAIER ²1997 – 3 – 10 Jahre)
- Evozierte Sprachdiagnose grammatischer Fähigkeiten – ESGRAF (MOTSCH 1999 – ab 4 Jahre)
- Zollinger-Entwicklungsprofil zur Erfassung spracherwerbsauffälliger Kinder (ZOLLINGER 1999 – 1 – 3 Jahre / Entwicklungsalter 1 – 3)
- Screeningverfahren zur Erfassung von Sprachentwicklungs-verzögerungen (SEV) (HEINEMANN / HÖPFNER 1993 – 3,5 – 4 Jahre)

Psychosoziale Entwicklung
- Psychosoziales Entwicklungsgitter (KIPHARD 1976)
- Diagnostischer Elternfragebogen – DEF (DEHMELT / KUHNERT / ZINN 1981 – 4 – 12)

Nicht jedes Kind erwirbt die geprüften Fähigkeiten in der Reihenfolge, in der sie z. B. bei KIPHARD, in den Tests vorgesehen sind. Häufig lässt sich jedoch aus der Punktesumme der gelösten Aufgaben ein „ungefähres Spätestentwicklungsalter" des Kindes feststellen. Liegt dieses unterhalb des tatsächlichen Lebensalters des Kindes, so kann damit eine „auf krankhafte Störungen verdächtige Entwicklungsverlangsamung" signalisiert werden (vgl. KIPHARD 1976, 13).

(Sonder-) pädagogische bzw. psychologische Diagnostik zielt in Ergänzung zur medizinischen Diagnostik wesentlich da-

rauf ab, einen Überblick über den allgemeinen Entwicklungs-
stand zu Kindes zu erhalten in den Entwicklungsbereichen
– Motorik (Grob- und Feinmotorik)
– Wahrnehmung
– Denken (Kognition)
– Sprache
– sozio-emotionale Muster und Strukturen.

Für die Diagnostik ist ferner wichtig, Informationen über Motivation / Antriebsstruktur, Ausdauer, Konzentration, Spielverhalten, Kreativität, lebens- bzw. alltagspraktische Kompetenzen
des Kindes, sowie neben anamnestischen Daten, Informationen
zur Familiensituation (räumliche und ökonomische Situation),
zu intrafamilialen Beziehungsstrukturen und ggf. Beziehungs-
problemen zu erhalten. Letzteres kann nur sehr behutsam und
vorsichtig in Elterngesprächen ermittelt werden. Dass zur Erstellung dieses Gesamtbildes Medizin, Psychologie, Sonder-
und Sozialpädagogik kooperieren müssen, steht außer Frage,
denn nur auf der Basis dieser vielschichtigen Gesamtdiagnose
lässt sich ein individueller Frühförderplan unter Einbezug der
Eltern erstellen. Ist die Enddiagnose gravierender bezogen auf
die Beeinträchtigungen des Kindes, als die Eltern bis zu diesem
Zeitpunkt wussten, so ist bei der Mitteilung des Befundes eine
einfühlsame, zugewandt-sachliche Vorgehensweise sinnvoll.
Differenzierte Informationen verbunden mit individuellen För-
derkonzepten und organisatorischen Planungsvorschlägen sind
für die Eltern eher zu akzeptieren. Sie reduzieren zudem den
„Schock" bzw. die psychische Belastung einer mehr oder weniger unerwarteten Ergebnismitteilung.

„Frühzeitigkeit, Wahrheitlichkeit und Einfühlungsvermögen
(sind) für die Eltern ebenso wichtig, wie die Gewißheit, bei Bedarf kontinuierlich auf ein psychosoziales Unterstützungssys-
tem zurückgreifen zu können" (EULITZ / GEBHARDT 1996, 152).

Insbesondere bezogen auf Diagnosen im Zusammenhang
mit einer Behinderung des Kindes ist von Ärzten, Psychologen
und (Sonder-) Pädagogen in hohem Maße zwischenmenschliche Sensibilität gefordert.

„Die Endgültigkeit der Diagnose bewirkt zweierlei: einerseits
schockiert sie die Eltern und stürzt sie in Verzweiflung, ... Auf
der anderen Seite macht sie dem Zweifel ein Ende, entlastet
und stützt" (HINZE 1992, 152). Die Unterstützung und Begleitung der Eltern beim Verarbeitungsprozess ist dennoch von au-
ßerordentlicher Bedeutung, denn „bis diese tiefe Betroffenheit,

häufig verbunden mit einer abwehrenden Haltung, so weit ver-
arbeitet ist, dass fröhliche Seiten des Familienlebens wieder ihren Platz einnehmen können, dauert es oftmals sehr lange"
(SOHNS 2000, 75; vgl. auch VERNOOIJ 1998; HENSLE / VERNOOIJ
⁷2002, 286ff.)).

MERKSÄTZE:

- In der Frühförderung lassen sich übergeordnete Aufgaben und Aufgaben im engeren Sinne unterschieden.
  Als übergeordnete Aufgaben gelten:
  – die Prävention,
  – die Rehabilitation,
  – die Integration.
- Konkrete Aufgaben im engeren Sinne sind
  – Früherkennung / Früherfassung
  – Frühdiagnostik
  – Frühförderung (einschließlich Therapie)
  – Beratung
  – Interdisziplinäre und interinstitutionelle Kommunikation, Interaktion und Unterstützung.
- Als wesentliche Maßnahme der Früherkennung sind die Vorsorgeuntersuchungen (U1 – U9) von der Geburt bis zum Ende des 5. Lebensjahres anzusehen.
- Mit der Früherkennung ist die Früherfassung bzw. die Frühförderung nicht in jedem Fall sichergestellt, da die Inanspruchnahme der Hilfemaßnahmen freiwillig ist.
- Ebenso ist die Früherkennung entwicklungsgefährdeter Kinder aus sozial schwachem Milieu aufgrund der Freiwilligkeit der Wahrnehmung von Vorsorgeuntersuchungen außerordentlich schwierig, zumindest in den ersten drei Lebensjahren.
- Nach der U2 nimmt die Quote der Beteiligung an den kostenlosen Vorsorgeuntersuchungen kontinuierlich ab.
- KLEIN regt daher eine „aufspürende Früherkennung" sowie eine stärkere Beachtung psycho-sozialer Risiken bei den Vorsorgeuntersuchungen an.
- Diagnoseverfahren zur Ermittlung psycho-sozialer Entwicklungsrisiken sind bisher kaum vorhanden.
- Verstärkte Öffentlichkeitsarbeit, unbürokratische, offene Anlaufstellen sowie die Schaffung finanzieller Anreize bezogen auf die Vorsorgeuntersuchungen könnten zu einer Optimierung der Früherkennung beitragen.
- Frühdiagnostik ist zunächst Feststellungsdiagnostik, die dann in eine Verlaufs- bzw. Prozessdiagnostik übergehen muss.
- Die Feststellung und Einordnung von physischen und psychischen Symptomen, Merkmalen und Prozessen im Sinne eines momentanen Ich-Zustandes ist Aufgabe der Diagnostik.
- Hierzu werden, neben medizinischen Untersuchungsverfahren, vielfältige psychologische Diagnoseinstrumente (Tests, Beobachtungs-, Fragebögen) eingesetzt.

- Für die Erstellung einer Diagnose sind darüber hinaus eine ausführliche Anamnese sowie Informationen zum Alltagsverhalten von Kind und Eltern und zur Familiensituation sinnvoll und notwendig.
- Ist die Enddiagnose schwerwiegender als von den Eltern erwartet, muss die Mitteilung sehr behutsam erfolgen. Dabei sind differenzierte Sachinformationen bezogen auf die Beeinträchtigung, auf die Förderung sowie auf die zukünftige Entwicklung für die Eltern von großer Bedeutung.
- Die Kenntnis über Möglichkeiten kontinuierlicher subsidiärer Hilfe mildert die psychische Belastung – das Erschrecken – der Eltern.

3.3.3.3 Frühförderung / Frühtherapie

Einer der Pioniere im Hinblick auf die inhaltliche Konzeptentwicklung der Frühförderung, GERHARD HEESE, macht bereits 1978 deutlich

- dass Früherziehung (eigentlich eher: frühe Sondererziehung) das Kernstück der Frühförderung sei;
- dass diese planmäßig, d. h. nach einem Förderplan erfolgen müsse, bei dem „die vorliegende oder drohende Schädigung" zu berücksichtigen sei;
- dass nach den Prinzipien Prävention, Korrektion und Kompensation zu verfahren sei;
- dass – unabhängig davon, ob man von Früherziehung oder Frühtherapie spreche – bei der Frühförderung „anstelle der klassisch medizinischen Therapieformen" (medikamentös, operativ) im Wesentlichen die „eher pädagogischen, sich auf Lernprozesse stützenden Methoden" zur Anwendung kämen (HEESE 1978, 5 f.).

Obwohl hier die Rivalitätsdebatten zwischen Medizin und (Sonder-) Pädagogik unterschwellig deutlich werden, steht letztlich der „Lernprozess" für ihn im Vordergrund, unabhängig davon, durch welche Art von sonderpädagogisch-therapeutischer Intervention er zustande kommt, und zwar ein Lernprozess, bei dem präventive, korrektive und kompensatorische Möglichkeiten zu beachten sind.

EXKURS: Erziehung – Therapie

Nach einer Inflation von Therapieformen in nahezu allen humanwissenschaftlichen Bereichen in den 1970er Jahren, verlor auch der Therapiebegriff seine diskriminierende Schärfe. Er wurde benutzt als Oberbegriff „für außerordentlich unterschiedliche Methoden der Einflussnahme auf Teilbereiche der Persönlichkeit eines Menschen oder auf seine Gesamtpersönlichkeit" (vgl. VERNOOIJ 1987, 13).

Bereits der Mediziner STRÜMPELL spricht im Zusammenhang mit erziehungsschwieri-gen bzw. pathologischen Kindern von „pädagogischer Therapie" (1890).

In der Tat kann man Erziehung und (nicht-medizinische) Therapie als Einwirkungsfor-men betrachten die wesensgleich sind, die sich jedoch in ihrer Indikation ihrer Funktion sowie in der Wahl ihrer Methoden unterscheiden.

Erziehung als Prozess
Therapie als Prozess

- der planvollen Einwirkung
- auf die Entwicklung und das Lernen eines Menschen
- mit pädagogischen Mitteln
- **zum Zwecke der Entfaltung** aller menschlichen Möglichkeiten individueller und so-zialer Art (Erziehung),

- der planvollen Einwirkung
- auf Teil- bzw. Funktionsbereiche eines menschlichen Organismus oder / und auf die Persönlichkeit
- mit je fachspezifischen psychologisch-therapeutischen Mitteln
- **zum Zwecke der Korrektur oder Heilung** von Störungen, Dysfunktionen und fehl-gelaufenen Entwicklungsschritten (Therapie)

Ziel ist in beiden Fällen die selbständige, verantwortungsvolle Persönlichkeit, die indivi-duell und sozial ihr Leben zu gestalten weiß auf der Basis vielfältiger Kompetenzen.

Dabei setzt Therapie erst nach Auftreten von Störungen und Dysfunktionen ein, wäh-rend Erziehung als ein entwicklungsbegleitender, mehr oder weniger systematischer Prozess pädagogischer Einwirkung von Erwachsenen auf Kinder anzusehen ist, der in einen Selbsterziehungsprozess übergehen sollte.

Im Begriff der Frühförderung finden sich die Funktionen beider:
- die **unterstützende** Einwirkung auf allgemeine Entwick-lungsprozesse
 und
- die **korrigierende** Einwirkung auf fehlgelaufene Entwick-lungsprozesse, auf Störungen und Dysfunktionen

sowie zusätzlich
- die **verhütende** Einwirkung bei Gefährdung des Entwick-lungsprozesses,
- die **ausgleichende** Einwirkung bei vorhandenen Entwick-lungsdefiziten.

Es ist unschwer zu erkennen,
- dass insbesondere in der Frühförderung die Grenzen zwi-schen Erziehung und Therapie fließend sind;

- dass eine Vielzahl von medizinisch-therapeutischen und von pädagogisch-psychologischen Methoden und Konzepten notwendig ist;
- dass die interdisziplinäre Zusammenarbeit von Medizinern, Psychologen, (Sonder-) Pädagogen und Berufsgruppen mit spezifisch therapeutischen Kompetenzen (z. B. Logopäden, Krankengymnasten, Motopäden etc.) unabdingbar notwendig ist.

Diese Zusammenarbeit kann nur gelingen, „wenn jede Berufsgruppe in Anerkennung der Qualifikation und Handlungskompetenz der [jeweils] anderen, die eigenen Möglichkeiten und Grenzen erkennt und dementsprechend agiert", sowohl bezogen auf die Förderung des Kindes und die Unterstützung der Eltern, als auch bezogen auf die Arbeit im Expertenteam (vgl. VERNOOIJ 1987, 12).

Mit der Vielfalt an Angeboten im Frühfördersystem steht oder fällt dessen Effektivität (vgl. auch SPECK 1993, 131)!

Je nach drohender oder bereits manifester Beeinträchtigung sind die Inhalte der Frühförderung sehr verschieden. Der individuelle Förderplan für ein geistig behindertes Kind enthält andere Fördersequenzen als der eines Kindes mit Hörschädigung, oder eines Kindes mit Integrationsschwächen (vgl. Kap. 2.1.2.4). Die frühe Förderung eines sozio-kulturell benachteiligten und damit entwicklungsgefährdeten Kindes muss wiederum andere, individuell-spezifische Fördersequenzen enthalten.

Damit erfordert die Tätigkeit im Rahmen der Frühförderung in besonderem Maße eine **Einzelfallbetrachtung**, denn jedes Kind hat seine je spezifische Beeinträchtigungssituation, in einem je spezifischen, mehr oder weniger mitarbeitsbereiten und / oder – fähigen Umfeld.

3.3.3.4 Beratung und Begleitung der Eltern im Rahmen der Frühförderung

Wesentlich für die Beratung, Begleitung und Zusammenarbeit mit den Eltern ist eine Situation des Vertrauens, der verständnisvollen Sachlichkeit und der Klarheit bezogen auf die Diagnose und auf den individuellen Förderplan. In der Literatur zur Frühförderung finden sich unterschiedliche Ansätze für die Zusammenarbeit mit Eltern (SARIMSKI 1997; SPÖRRI-SCHÖNLE 1987;

MOTH 1991; STEINEBACH 1997; PETERANDER / GIARDINA 1996; SCHLACK 1997; THURMAIR / NAGGL 2000). Bevor ich darauf näher eingehe zunächst einige allgemeine Überlegungen zur Beratung und zur Beratungssituation.

„Im pädagogisch-psychologischen Feld stellt Beratung eine zwischenmenschliche Situation dar, in der die beratende Person einer ratsuchenden Person hilft, aktuelle, mehr oder weniger langfristige Probleme besser zu verstehen und zu bewältigen" (VERNOOIJ 1999, 455). Bei der Elternberatung in der Frühförderung geht es sowohl um langfristige (Behinderung), als auch um aktuelle, eher zeitlich befristete (Störung, Gefährdung) Probleme und Situationen. Zusätzlich können nicht nur im Zusammenhang mit der psychischen Belastung des Verarbeitungsprozesses (vgl. Hensle/Vernooij [7]2002, Kap. 12) für die Eltern **Krisen** bzw. krisenartige Situationen gegeben sein oder entstehen (schwierige ökonomische Situationen / psychische Störungen, z. B. depressive Verstimmung / Lebenskrisen, z. B. Trennungssituation etc.), die sowohl auf die weitere Entwicklung des Kindes einwirken, als auch die Situation in der Frühförderung beeinflussen.

Beratung in solchen zusätzlich erschwerten Situationen bedarf der besonderen Sensibilität des Beratenden; allerdings auch der kritischen Einschätzung der eigenen **Kompetenzgrenzen**. Die Grenzen von der Krisenberatung zur Therapie sind, je nach Ausprägungsgrad des krisenhaften Zustandes, fließend. „Ein nicht-therapeutischer Berater sollte bei langfristiger Problematik und verstärkter Symptomatik ggf. zu einer Therapie bei einem ausgewiesenen Therapeuten raten", bzw. einen solchen Kontakt vermitteln (VERNOOIJ 1999, 455).

EXKURS – KRISE

Als Krise bezeichnet man die – je individuelle – psychische Reaktion auf eine Situation, die dem Individuum nicht nur schwierig sondern in höchstem Maße bedrohlich und ausweglos erscheint. Ein Zustand also, in dem ein Individuum
– sich in einem temporär begrenzten emotionalen Ungleichgewicht befindet;
– sich in dramatischer Weise mit seinen psychischen Konflikten auseinandersetzt;
– sich einer Situation ausgesetzt sieht (oder glaubt), in der die vorhandenen (Konflikt-) Bewältigungsstrategien, d. h. die eigenen Kompetenzen nicht" auszureichen scheinen (vgl. VERNOOIJ 1990, 198; vgl. auch MINSEL / LOHMANN / BENTE 1980,78).

Von tiefgehender, langdauernder Trauer über schwere Angst- und Panikzustände bis hin zur Suizidgefährdung reicht die Palette der emotionalen Befindlichkeit in einer Krisensituation.

Nicht jede Belastungssituation stellt für die Betroffenen eine Krise dar – auch wenn der Begriff in der Jugendsprache fast inflationär und sinnreduziert gebraucht wird („Ich krieg' 'ne Krise!").
Eine Krise unterscheidet sich von allgemeinen Belastungssituationen
– durch Gefühle des Bedrohtseins,
– durch Gefühle von existentieller Überforderung,
– durch Gefühle von Hilflosigkeit und Ausweglosigkeit,
– urch Brüche in der sozial-emotionalen Kontinuität des eigenen Lebens, sowohl in Bezug auf sich selbst als auch in Bezug auf das soziale Umfeld und in Bezug auf die Zeit" (VERNOOIJ, 1999, 463).

Zweifellos ist bei der Beratung in einer Krisensituation rasche und wirkungsvolle Hilfe geboten, um Fehl- und Radikallösungen zu verhindern. „Deshalb stellt die Krisenberatung eine besondere Form der Beratung dar, die dem Berater in erhöhtem Maße Ruhe, Umsichtigkeit, klares Denken und zuversichtlich-sachliches Verständnis abverlangt. Die Gefühle des Betroffenen dürfen weder heruntergespielt noch verstärkt werden" (a. a. O.).
Eine Selbstüberschätzung des Beraters, d. h. die Fehleinschätzung eigener Kompetenzen und Möglichkeiten, kann für den Ratsuchenden in einer Krise nicht zu korrigierende Negativfolgen haben. Die Hinzuziehung eines kompetenten Psychologen oder Psychotherapeuten sollte in selbstkritischer und verantwortungsvoller Weise erwogen, und ggf. nicht zu lange hinausgeschoben werden.

In der Literatur zur Beratung finden sich unterschiedliche Ansätze, häufig basierend auf therapeutischen Grundkonzepten (Klientenzentrierte Gesprächstherapie, Transaktionsanalyse, kognitive Verhaltenstherapie etc.). Es würde hier zu weit führen, darauf einzugehen.

Einige Grundfähigkeiten des Beratenden für eine gute Beratung seien jedoch kurz genannt:
– **Offenheit** für die Probleme anderer;
– die Fähigkeit **sachlicher Betrachtung** von Einzelaspekten;
– eine **gute Beobachtungsgabe**, auch bezogen auf Diskrepanzen, Unechtheiten, zweckgerichtete Äußerungen und Verantwortungsflucht;
– eine **differenzierte Wahrnehmungsfähigkeit**, bei kontinuierlicher Kontrolle eigener, subjektiver Tendenzen (eigene Wertmaßstäbe, Vorurteile, Einstellungen);
– **emotionale Disziplin**, d. h. die Fähigkeit und Bereitschaft, eigene Gefühle und Stimmungen unter Kontrolle zu halten.

Aufmerksamkeitszuwendung, Bekräftigung und Ermutigung werden in einer Beratungssituation ausgedrückt durch

– Sprache,
– Körperhaltung und –bewegung (Gestik),
– Mimik.

Dabei werden gleichzeitig für den zu Beratenden
– der Grad des Verstehens,
– Zustimmung, Skepsis oder Missbilligung,
– die innere Beteiligung, das Interesse des Beraters,
– Akzeptanz oder Ablehnung durch den Berater

sichtbar.

Insofern spielen in der Beratungssituation neben verbalen auch nonverbale Äußerungen und Signale eine wesentliche Rolle bezogen auf den Erfolg der Beratung. Sie ist eine Form der Kommunikation, in der themenzentriert, mit gemeinsam festgesetzten Zielen, Informationen ausgetauscht werden, unter Beachtung auch nonverbaler und sprachbegleitender (Tonfall, Lautstärke, Sprechtempo) Signale (vgl. VERNOOIJ 2004, 9 ff.).
   Als ungünstige Kommunikationsmuster für die Beratungssituation können
– eine zu geringe Beteiligung,
– eine zu starke Beteiligung oder
– eine unsystematische, wechselhafte Beteiligung

des Beraters gelten (vgl. VERNOOIJ 1999, 457 f).

Für die **Inhalte** der **Beratung** in der **Frühförderung** finden sich, wie eingangs bereits gesagt, unterschiedliche Ansätze. Dabei werden von PETERANDER / GIARDINA (1996, 77 f.) vier Formen der Zusammenarbeit mit Eltern unterschieden:
– Fachgespräche mit Eltern im Sinne von Beratung (s. o.);
– Anleitung der Eltern bezogen auf die Förderung des Kindes im Sinne von gelenkter Förderung bzw. Förderassistenz;
– die Organisation von Elterngruppen im Sinne von integrativem Erfahrungsaustausch;
– das Anbieten von Vorträgen unterschiedlicher Art im Sinne von Zusatzinformationen (z. B. auch bezogen auf neue Hilfsmittel und Medien).

Hier wird bereits deutlich, dass die Beratung in der Frühförderung weit über das hinausgeht, was gemeinhin unter Beratung verstanden wird.

Im Zusammenhang mit der Anleitung der Eltern hinsichtlich der spezifischen Förderung des Kindes lassen sich unterschiedliche Modelle für die Elternarbeit nennen, die teilweise sehr kontrovers diskutiert wurden:
– das Laienmodell,
– das Kotherapeutenmodell,
– das Kooperationsmodell
   (vgl. SPECK 1989, 15 f.).

Bereits die Reihung verdeutlicht eine gravierende Veränderung der Rolle der Eltern im Laufe der Entwicklung der institutionalisierten Frühförderung: von der Betrachtung als Nicht-Experten über den Einsatz als Gehilfen hin zur Situation gleichberechtigter Partner.

Als **Laienmodell** wurde eine eher hierarchisch strukturierte Beratungssituation bezeichnet, bei der die Eltern in der Rolle der Laien Informationen und Handlungsvorschläge von Fachexperten bekommen, und bei der wenig Entscheidungs- und Handlungsspielraum für die Eltern gegeben ist.

Das **Kotherapeutenmodell** sieht eine Anleitung der Eltern (bzw. i. d. R. der Mütter) vor hinsichtlich bestimmter Fördermaßnahmen und therapeutischer Unterstützungen. Inwieweit Eltern als Kotherapeuten einbezogen werden, liegt in der Einschätzung und Entscheidung der Experten. Neben der Beibehaltung hierarchischer Strukturen ist das Kotherapeutenmodell zusätzlich problematisch aufgrund der Vermischung von Eltern- und Therapeutenrolle (z. B. im Zusammenhang mit schmerzhaften physiotherapeutischen Übungen). Die Stellung von Eltern / Müttern als therapeutische Gehilfen zwischen den anleitenden Experten und dem zu fördernden Kind kann zur zeitweiligen Einschränkung bzw. Veränderung des gewohnten elterlichen Verhaltens führen, was auch für das behinderte Kind problematisch ist. Außerdem geraten Eltern bei der Durchführung angeleiteter Fördermaßnahmen leicht unter Druck, da sie sich für den Erfolg der Maßnahmen indirekt verantwortlich fühlen (vgl. THURMAIR / NAGGL 2000, 192). Im Gegensatz zum Kooperationsmodell konzentriert sich die Anleitung im Kotherapeutenmodell wesentlich auf die Mütter. Andere Familienmitglieder bleiben weitgehend unbeachtet. WEIß (1993, 23) bezeichnet das Kotherapeutenmodell als „technokratisch – funktionalistischen Ansatz", bei dem das behinderte Kind als Objekt der Förderung betrachtet wurde. Sowohl das Laien- als auch das Kotherapeutenmodell werden in ihrer ursprünglichen Form nicht mehr praktiziert (vgl. WEIß 1993, 23 f.; THURMAIR / NAGGL 2000, 192).

Die familienorientierte Beratung und wenn nötig Anleitung ist im **Kooperationsmodell** oberstes Prinzip. Eltern sind i. d. R. „Experten" für die Entwicklung ihres Kindes, d. h. „die Kompetenz der Eltern ... ist keine geringere, sondern eine andere Kompetenz als die der Fachleute" (SCHLACK 1989, 17). Insofern steht die gleichberechtigte Zusammenarbeit von Eltern und Fachexperten, orientiert an den Entwicklungsbedürfnissen und -möglichkeiten des Kindes im Vordergrund. Es wird **mit** dem Kind und seinen Eltern gearbeitet, nicht **an** ihnen.

In diesem Sinne sind Unterstützung, Begleitung, Anleitung und Informationsvermittlung Teilbereiche eines umfänglichen Elternprogramms, welches verschiedene Schwerpunkte aufweist.

– Eine differenzierte Information zur Situation des Kindes, gegenwärtig und zukünftig, bezogen auf seine Entwicklung, seine Förderung, seine Möglichkeiten und Grenzen, sowie bezogen auf rechtliche und institutionelle Möglichkeiten und Chancen ist zu vermitteln.
– Die Erziehungs- und Interaktionskompetenz der Eltern soll verbessert oder gestärkt werden.
– Individuelle und familiale Struktur- und Beziehungsdynamiken sind zu beachten und ggf. beratend zu beeinflussen.
– Eine gemeinsame sich wechselseitig ergänzende Förderung des Kindes ist mit den Eltern anzustreben.
– Der Aufbau sozialer Netzwerke ist für die Familie anzubahnen und in gemeinsamer Anstrengung zu realisieren, d. h. es müssen Hilfen und gemeinsame Aktivitäten angeboten bzw. geplant und durchgeführt werden.
– Gegebenenfalls werden auch Hilfen notwendig bei der Alltagsorganisation, nicht nur im Zusammenhang mit dem beeinträchtigten Kind, sondern auf allen Ebenen der Lebensorganisation und Gestaltung (vgl. auch PETERANDER / GIARDINA 1996, 75 ff.).

STEINEBACH (1997, 15 ff.) geht stärker vom Begriff der Beratung aus und skizziert fünf Ebenen, wobei die beiden letzten die Grenze zur Therapie erreichen bzw. überschreiten.

– Unter **Elternberatung** versteht er alle im Zusammenhang mit dem beeinträchtigten Kind notwendigen Informationen, Anleitungen und Absprachen.
– Bei der **Erziehungsberatung** stehen für ihn Erziehungsvorstellungen und Erziehungsverhalten der Eltern im Vorder-

grund, insbesondere dann, wenn zusätzliche (sekundäre) Verhaltensprobleme beim Kind auftreten.

– **Entwicklungsberatung** umfasst für ihn sowohl die Information hinsichtlich regelhafter Entwicklungsnormen, als auch Gespräche hinsichtlich elterlicher Erwartungen bezogen auf die Entwicklungsmöglichkeiten und -grenzen ihres Kindes.

– Bei der **Familienberatung** wird u. U. die Grenze zur Psycho- bzw. Familientherapie erreicht. Hier geht es um die Verbesserung und Optimierung des Familiensystems, in dem unterschiedliche Erwartungen und Krisen (s. o.) gemeistert werden müssen.

– In Erweiterung der Familienberatung sieht er die **Familientherapie**, die aus meiner Sicht den Beratungsrahmen eindeutig sprengt und nur von entsprechend kompetenten Fachtherapeuten durchgeführt werden kann.

Die besondere Problematik von Beratung im Zusammenhang mit einem behinderten Kind wurde bereits mehrfach angesprochen (vgl. VERNOOIJ 1998). Zweifel, Hoffnungen, Leugnungen, Verzweiflung und zeitweilig auch Resignation kennzeichnen häufig die emotionale Situation von Eltern.

„Wir Fachleute müssen Respekt haben vor den Hoffnungen der Eltern, ihren Wahrnehmungen und Sinnzuschreibungen und auch vor manchem Wunderglauben, selbst wenn wir sie nicht immer nachvollziehen können. Dieser Respekt ist zwar noch kein Handlungskonzept, aber doch ein notwendiger Hintergrund der Frühförderung" (SCHLACK 1997, 19).

Erhöhte Sensibilität und behutsames Vorgehen, aber auch Wachsamkeit gegenüber einer Funktionalisierung durch die Eltern sind notwendig, um bei allem Wissen um die Problematik doch zu einer annähernd realistischen Sicht und zu einem konstruktiven Umgang mit den Entwicklungs- und Lebensperspektiven des Kindes und der Familie hinzuführen.

Hierbei könnte es sinnvoll sein, im Rahmen der Frühförderung die Bildung von Selbsthilfegruppen zu fördern um betroffenen Eltern die Möglichkeit zu bieten, ihre Sorgen, Nöte und Ängste untereinander auszutauschen und sich gegenseitig zu stützen.

Die Beratung und Begleitung in der Frühförderung sollte in jedem Fall im Sinne einer gleichberechtigten Zusammenarbeit erfolgen. Eltern dürfen weder entmündigt, noch zu Ko-Therapeuten degradiert werden bei der Förderung ihres Kindes. „Die

Eltern müssen autonom für ihr Kind bleiben. Wenn diese Autonomie in ihrer Eigenbedeutung Schaden nimmt, dann nimmt auch die Erziehung Schaden und damit auch die Entwicklung des Kindes" (SPECK 1993, 135).

MERKSÄTZE:

- Bei der Frühförderung / Frühtherapie steht der Lernprozess im weitesten Sinne im Vordergrund.
- Erziehung und (nichtmedizinische) Therapie sind wesensgleiche Einwirkungsformen, die mit unterschiedlichen Mitteln und Methoden auf die Entfaltung einer selbständigen, verantwortungsvollen Persönlichkeit abzielen.
- Erziehung unterstützt und fördert dabei Entwicklung allgemein, während Therapie i. d. R. dort ansetzt, wo „heilende", aktivierende oder korrigierende Einwirkungen notwendig werden.
- In der Frühförderung sind die Grenzen zwischen Erziehung und Therapie fließend.
- Voraussetzung für das Gelingen ist die konkurrenzfreie Zusammenarbeit unterschiedlicher Berufsgruppen, bei Anerkennung der Qualifikation und Handlungskompetenz des jeweils anderen.
- Die Vielfalt des Angebotes ist entscheidend für die Effektivität der Frühförderung.
- Je nach Art und Grad der Beeinträchtigung sind die Inhalte der Frühförderung verschieden:
  – Einzelfallbetrachtung
  – individuelle Förderpläne
- Beratung allgemein stellt eine soziale Situation dar, in der eine beratende Person einer Ratsuchenden dabei hilft, aktuelle mehr oder weniger langfristige Probleme besser zu verstehen und zu bewältigen.
- Häufig sind die Übergänge von Beratung und Therapie fließend.
- Dies gilt insbesondere für krisenhafte Situationen, die sich von anderen Belastungssituationen durch Gefühle des Bedrohtseins, der existentiellen Überforderung sowie subjektiv erlebter Ausweglosigkeit unterscheiden.
- Bei kritischer Einschätzung der eigenen Möglichkeiten und Grenzen sollte der Beratende ggf. die Krisenintervention einem fachkompetenten Therapeuten übergeben bzw. einen solchen vermitteln.
- Als Grundfähigkeiten des Beraters können gelten:
  – Offenheit,
  – Sachlichkeit,
  – Beobachtungsfähigkeit,
  – differenzierte Wahrnehmungsfähigkeit,
  – emotionale Disziplin.
- Bei der Beratung spielen verbale, nonverbale und sprachbegleitende Äußerungen und Signale eine bedeutsame Rolle.
- Beratung in der Frühförderung geht weit über allgemeine Beratung hinaus.
- Informationsvermittlung, Anleitung, Unterstützung und Begleitung der Eltern sind Teilbereiche eines komplexen Elternprogramms im Rahmen der Frühförderung.

- Hilfen bei der Alltagsbewältigung, bei der Bildung von Selbsthilfegruppen und sozialen Netzwerken ergänzen die Zusammenarbeit mit den Eltern.
- Erhöhte Sensibilität und Behutsamkeit im Umgang mit Eltern beeinträchtigter Kinder sind Voraussetzung für eine gleichberechtigte Zusammenarbeit, in der die Achtung und der Respekt vor den Eltern und ihren Vorstellungen und Ängsten oberste Priorität hat.
- Die Autonomie der Eltern bezogen auf ihr behindertes Kind und auf ihre Lebensgestaltung darf nicht beschädigt bzw. untergraben werden.

3.3.3.5 Interdisziplinäre und interinstitutionelle Kommunikation, Integration und Unterstützung

In diesem Kapitel werden die Aufgaben interdisziplinärer Zusammenarbeit und institutionelle Verknüpfung und Unterstützung (vgl. Kap. 3.3.3) zusammengefasst behandelt.

Die Notwendigkeit **interdisziplinärer Zusammenarbeit** wurde bereits mehrmals angesprochen. In der Frühförderung müssen nicht nur verschiedene Berufs- und Expertengruppen miteinander kooperieren, sondern auch unterschiedliche Institutionen, Dienste und Trägerorganisationen.

In der konkreten Arbeit ist insbesondere die gute und möglichst reibungslose Zusammenarbeit unterschiedlicher Experten (Mediziner, Psychologen, Sonderpädagogen, Therapeutische Fachkräfte etc.) von großer Bedeutung, z. B. für die Erstellung einer umfänglichen Diagnose (vgl. Kap. 3.3.3.2) oder für die Erstellung eines differenzierten Förderplans und für die Organisation der verschiedenen Fördersequenzen.

Die Komplexität der Aufgaben in der Frühförderung mag hinlänglich deutlich geworden sein in den voraufgegangenen Kapiteln. Sie bedingt eine Zusammenarbeit, bei der sich alle an der Frühförderung eines Kindes beteiligten Fachkräfte als ein Team verstehen, welches als Ganzes die vielschichtigen und notwendigen Fachkompetenzen repräsentiert und zur Verfügung stellen kann. 1996 hat sich v. ROSENSTIEL ausführlich mit der Teamsituation, die immer im „Spannungsfeld zwischen Autonomie, Kooperation und Führung" (380) steht, auseinandergesetzt.

Als Kennzeichen eines Teams führt er – in Anlehnung an die soziologische Gruppenforschung – folgende an:
- eine **bestimmte Anzahl** von Personen (mindestens 3 – maximal 15, je nach Organisationsstruktur und Effektivitätserwartung),

- die **in direkter Interaktion** steht,
- die über einen **längeren Zeitraum** miteinander umgeht,
- bei der eine gewisse Arbeitsteilung und damit eine **Rollendifferenzierung** besteht,
- die zumindest annähernd **gemeinsame Normen und Werte** haben,
- die im Laufe der Zeit ein **Wir-Gefühl** entwickelt haben (vgl. v. ROSENSTIEL 1996, 380 f.).

Betrachtet man diese Kennzeichen vor dem Hintergrund von Frühförderinstitutionen (SPZ / FFS), so ergibt sich folgendes Bild:

Tab. 7: Merkmale von Arbeitsgruppen / Teams

1. **Anzahl** von Personen	aus verschiedenen Berufsgruppen: Mediziner, Psychologen, Sonderpädagogen, Physio-, Logo-, Ergotherapeuten etc.
2. Direkte **Interaktion** der Beteiligten	heißt hier die unmittelbare Kommunikation bezogen auf ein bestimmtes Kind und seine Eltern, sowie bezogen auf Ziele und Aufgaben der Institution.
3. Längerer **Zeitraum** der Zusammenarbeit	ist in der Regel dadurch gegeben, dass in beiden Organisationsformen die je gleiche Expertengruppe, entweder als feste oder als freie Mitarbeiter, tätig ist. Dadurch entstehen positive oder auch negative emotionale Beziehungen zwischen den einzelnen Mitgliedern, die die Qualität der Kooperation beeinflussen .
4. Die **Rollendifferenzierung** im Team	ergibt sich einerseits aus den jeweiligen Fachkompetenzen, andererseits aufgrund struktureller Institutionsbedingungen. Unter sozialpsychologischem Aspekt ergeben sich zusätzlich soziale Rollen innerhalb der Gruppe (z. B. der Moderator, der Skeptiker, der Harmonisierer).
5. **Gemeinsame Normen** und **Werte**	sollten bezogen auf die Art der Tätigkeit (Frühförderung) vorhanden sein. **Individuelle** Werte, Einstellungen und Verhaltensnormen können übereinstimmen bzw. sich annähern, sie können aber auch zu immer wieder auftretenden Schwierigkeiten führen. Toleranz und verstehende Akzeptanz (z. B. persönlicher Eigenarten) sind hier besonders wichtig.
6. **Wir-Gefühl**	entwickelt sich in der Regel, wenn Menschen regelmäßig und längerfristig in direkter Interaktion mit gleichen Aufgaben befasst sind, was in der Frühförderung i. d. R. der Fall ist.

Das koordinierte Handeln in einem Team führt in der Frühförderung zu einer Bündelung unterschiedlicher Fachkompetenzen in organisierter, zielgerichteter Form, und damit zu einer Verbesserung der Möglichkeiten der Frühförderung in quantitativer und qualitativer Hinsicht.

Wie aus Tabelle 7 zu ersehen ist, gibt es in der interdisziplinären Zusammenarbeit durchaus unterschiedliche Störfaktoren, die zu unterschiedlichen Qualitäten der Zusammenarbeit führen können.

BERKEL nennt drei Qualitätsformen,
– interagierende
– kontraagierende Zusammenarbeit
– koagierende
(vgl. 1987, 73).

Betrachtet man diese etwas genauer und vor dem Hintergrund von Institutionen zur Frühförderung, so lässt sich sagen:

• Die **interagierende Kooperation** ist die wünschenswerteste Form. Hier wird die Erfüllung der Aufgabe durch ein „**Miteinander**", durch einen Prozess beständigen Austausches angestrebt, aus der Erkenntnis heraus, dass nur die gemeinsame, koordinierte Anstrengung bei der Situationsanalyse eines Kindes und seiner Familie, bei der Förderplanerstellung und bei der Durchführung der Förderungs- und Therapiesequenzen zu den gewünschten Effekten und Erfolgen führen kann.

• Die **kontraagierende Interaktionssituation** ist geprägt durch ein „**Gegeneinander**", welches zwar im Einzelfall zu positiven Ergebnissen führen kann (z. B. in strittigen Fragen), welches jedoch in der Regel innerhalb eines Frühförderteams eher kontraproduktiv wirkt, sowohl bezogen auf die Effektivität der Frühförderung als auch bezogen auf die Atmosphäre innerhalb der Institution. Ein häufig anzutreffendes Beispiel für kontraagierende Zusammenarbeit sind Kompetenz- und Machtstreitigkeiten innerhalb eines Teams, die letztlich sinnvolle Maßnahmen verhindern oder unnötige bzw. wenig qualitätvolle erzwingen.

• Die **koagierende Interaktionssituation** stellt ein mehr oder weniger friedliches „**Nebeneinander**" dar, bei dem fachlicher Austausch und Maßnahmenkoordination nicht oder nur auf das Notwendigste beschränkt stattfinden. Dies kann in der Gesamtbetrachtung durchaus zu gutem Erfolg führen. In einem so schwierigen und sensiblen Bereich, wie dem der Frühförderung ergeben sich jedoch dadurch u. U. Probleme bezogen auf ein differenziertes und allseitig abgestimmtes Vorgehen, da „die eine Hand nicht weiß, was die andere tut".

Es zeigt sich an diesen Ausführungen, dass die Zusammenstellung einer Gruppe von Experten keine Gewähr dafür ist, dass diese im Team, d. h. interagierend und koordinierend zusammenarbeiten. Die Bildung eines gut funktionierenden Teams verlangt von allen Beteiligten Disziplin und Sachlichkeit, mit Blick auf das gemeinsame Ziel.

„Der Wunsch nach Autonomie [im eigenen Kompetenzbereich, M. A. V.], das Zurückstellen eigener Ansprüche im Sinne der Kooperation und das Akzeptieren einer die Spezialisten koordinierenden Führung gehören zu einem guten Team" (V. ROSENSTIEL 1996, 385), welches sich auf der Basis persönlicher Anstrengung und Teambereitschaft der einzelnen Beteiligten innerhalb einer gewissen Zeit bilden kann – oder auch nicht.

Interdisziplinäre Zusammenarbeit ist für Behinderte von Behinderung bedrohte Kinder ohne Alternative; „sie scheitert oft aber an persönlichen Unvollkommenheiten" (RAHN 1993, 49).

Neben der unmittelbaren Arbeit mit dem Kind und seinen Eltern kommt der Frühförderung auch eine eher sozialpolitische Aufgabe zu, um die von den Betroffenen benötigten subsidiären Hilfen sicherzustellen und ggf. zu erweitern bzw. zu verbessern.

Nach SOHNS sind hier insbesondere drei Betätigungsfelder zu nennen:

- Eine möglichst „**breitenwirksame Öffentlichkeitsarbeit**" unter dem Aspekt der Aufklärung und Information verstärkt und erhält die gesellschaftliche Akzeptanz und Unterstützung früher Förderung von Kindern mit Beeinträchtigungen.

- Die Mitarbeit in „**fachlichen und politischen Gremien**", in denen über „inhaltliche und infrastrukturelle Maßnahmen und Finanzierungshilfen für Menschen mit Behinderungen beraten und entschieden" wird, sichert die Schaffung bzw. den Erhalt und die Verbesserung von Hilfen und unterstützenden Möglichkeiten in bedürfnis- und situationsgerechter Form.

- **Hilfestellung** bei der „**Integration der Kinder**" und ihrer Familien in das soziale Umfeld zu einem möglichst frühen Zeitpunkt trägt dazu bei, langfristig das Ziel der sozialen Integration beeinträchtigter Menschen (vgl. Kap. 3.3.3.2) in Deutschland zu erreichen
(vgl. SOHNS 2000, 101 ff.).

Frühförderung kann und sollte, aufgrund vielfältiger Fachkompetenz und Erfahrung, die Interessen von Menschen mit Beeinträchtigungen in weitestem Sinne, wirkungsvoll und nachdrücklich vertreten, insbesondere bezogen auf frühe präventive Maßnahmen.

Die institutionalisierte Frühförderung stellt rechtlich ein Angebot im Rahmen staatlicher Eingliederungshilfe dar (vgl. Kap. 3.3.3.6), d. h. Ziel dieser frühen Hilfen ist die Schaffung eines Höchstmaßes an Selbständigkeit bei der Lebensführung und –gestaltung innerhalb eines Sozialgefüges, welches wir Gesellschaft nennen. Insofern ist auch die Förderung vielfältiger Möglichkeiten der sozialen Teilhabe eine genuin pädagogische und politische Aufgabe der Frühförderung.

Dabei ist auch die in der Frühförderung am wenigsten erfasste Gruppe zu berücksichtigen, da sie im Gegensatz zu im eigentlichen Sinne behinderten Kindern kaum ins Blickfeld der Gesellschaft kommt, sieht man von den pädagogisch Tätigen einmal ab.

„Eine Lobby für Kinder, die in sozial randständigen Familien oft unter deprivierenden Verhältnissen auswachsen, gibt es nicht. Es ist daher notwendig, dass Vertreter der Sonderpädagogik und der Sozialpädagogik ... das Problem der sozialen Benachteiligung im Erziehungs- und Bildungsprozeß ... Parteien und Verbänden bewusst machen." Darüber hinaus ist aufzuzeigen, „welches Ausmaß soziale Benachteiligung für Kinder und Jugendliche angenommen hat, welche Wirkungen für die Verursachung von Behinderungen und für das Leben behinderter Menschen daraus resultieren und welche langfristigen Kosten durch unterlassene Prävention für den Staat entstehen" (KLEIN 1996, 147).

3.3.3.6 Rechtliche Grundlagen der Frühförderung

Wie bei allen subsidiären staatlichen Maßnahmen ist deren Leistungs- und Finanzierungsrahmen gesetzlich festgelegt. Für die institutionalisierte Frühförderung gestaltet sich die Bestimmung der Kostenträger komplizierter als bei anderen Hilfemaßnahmen.

Aufgrund der Beteiligung medizinischer und pädagogisch-psychologischer Berufsgruppen, lässt sich in einer ersten Unterscheidung folgende Aussage treffen:

Alle im **medizinischen** Bereich erfolgenden Maßnahmen (Früherkennung, Frühbehandlung und / oder –therapie fallen in die Zuständigkeit der gesetzlichen bzw. der privaten Krankenkassen und deren Analoga (z. B. Beihilfe im öffentlichen Dienst). Das fünfte Buch des Sozialgesetzbuches (SGB V) ist der gesetzlichen Krankenversicherung gewidmet (20. Dezember 1988 – BGBl. I S. 2477 mit Änderungen) und regelt deren Aufgaben und Leistungsbereich.

Vereinfacht gesagt heißt das: Alle ärztlich durchgeführten oder ärztlich verordneten und delegierten Maßnahmen werden von den Krankenversicherungen finanziell übernommen.

Die **sonderpädagogische** Frühförderung stellt eine Form der Eingliederungshilfe gemäß BSHG (Fassung vom 23. März 1994) dar. Unterabschnitt 7: „Eingliederungshilfe für Behinderte" befasst sich in den §§ 39/40 mit Hilfemaßnahmen:

§ 39 allgemein mit den Maßnahmen für behinderte Menschen, die „eine drohende Behinderung ... verhüten oder eine vorhandene Behinderung oder deren Folgen ... beseitigen oder ... mildern" und die dazu beitragen „den Behinderten in die Gesellschaft einzugliedern (§ 39 Abs. 3).

In § 40 werden die Maßnahmen konkretisiert und spezifiziert. In Abs. 1 werden 8 Maßnahmenbündel aufgelistet, von denen Punkt 1 und Punkt 2a die Frühförderung einschließen. Es heißt dort:

" (1) Maßnahmen der Eingliederungshilfe sind vor allem

1. ambulante oder stationäre Behandlung oder sonstige ärztliche oder ärztlich verordnete Maßnahmen zur Verhütung, Beseitigung oder Milderung der Behinderung" (vgl. BSHG, Stand 15. August 1998, In: BECK-TEXTE IM DTV, 18 f.)

und spezifisch bezogen auf nicht-medizinische Frühförderung heißt es:

„2a. heilpädagogische Maßnahmen für Kinder, die noch nicht im schulpflichtigen Alter sind" (a. a. O.).

In § 39 wird der Personenkreis der Behinderten näher umschrieben als „körperlich, geistig oder seelisch wesentlich behindert". In einem Nachsatz heißt es: „Personen mit einer anderen körperlichen, geistigen oder seelischen Behinderung kann sie [Eingliederungshilfe] gewährt werden" (a. a. O., 18). Dies heißt für sozial-benachteiligte, entwicklungsgestörte oder –gefährdete Kinder, dass sie aufgrund dieser **Kann-Bestimmung** auf eine medizinische Indikation (s. o. Punkt 1) angewiesen sind.

1990 / 91 erfolgte eine Erweiterung dieser Bestimmung bezogen auf **seelische Behinderung** im Kinder- und Jugendlichenhilfegesetz (vgl. Kap. 4). Damit fallen Hilfen für diese Kinder in den Zuständigkeitsbereich der Jugendhilfe.

In § 35a KJHG heißt es:

> " (1) Kinder und Jugendliche, die seelisch behindert oder von einer solchen Behinderung bedroht sind, haben Anspruch auf Eingliederungshilfe" (vgl. KJHG, Fassung vom 15. März 1996, in: Jugendrecht, Beck-Texte im dtv, 27).

Verwiesen wird im weiteren Verlauf des Textes auf die §§ 39 und 40 (BSHG). Bedeutsam für Kinder mit Störungen und Gefährdungen scheint nur § 35a Abs. 3, KJHG, in dem es heißt:

> "(3) Ist gleichzeitig Hilfe zur Erziehung zu leisten, so sollen Einrichtungen, Dienste und Personen in Anspruch genommen werden, die geeignet sind, sowohl Aufgaben der Eingliederungshilfe zu erfüllen als auch den erzieherischen Bedarf zu decken" (KJHG, § 35a, a. a. O.).

Hier ist die sonderpädagogische Frühförderung als Institution, die beiden Aufgaben gerecht werden kann, unmittelbar angesprochen, zumal „Kinder, die noch nicht im schulpflichtigen Alter sind" im weiteren Textverlauf explizit genannt werden.

In § 10 KJHG wird zusätzlich festgelegt, dass Maßnahmen der Frühförderung, je nach Landesrecht entweder in die Zuständigkeit nach dem BSHG oder in die Zuständigkeit nach dem KJHG fallen können. Dies führt gerade bei Säuglingen und Kleinkindern ohne medizinisch nachweisbare Krankheit oder Behinderung (ohne Impairment) zu Irritationen und Kontroversen zwischen den verschiedenen Kostenträgern, da die Diagnose einer „seelischen Behinderung" oder einer „drohenden seelischen Behinderung" schwer zu begründen ist. Für die betroffenen Eltern bleibt die Gewährung von Hilfen im Rahmen der Frühförderung jedoch kostenfrei, unabhängig davon, ob sie in der Zuständigkeit des BSHG gewährt oder in die Zuständigkeit des KJHG verlagert wird.

In der Bundesrepublik Deutschland gestaltet sich die Zuordnung der sonderpädagogischen Frühförderung bei konkreten

Regelungen unterschiedlich aufgrund der Kulturhoheit der Länder.

Einige Bundesländer haben die Zuständigkeit für jede Art der Frühförderung und für alle zu fördernden Kinder in der Zuständigkeit des BSHG belassen (z. B. Baden-Württemberg, Bayern, Niedersachsen). Andere, insbesondere neue Bundesländer haben die Zuständigkeit für „seelisch behinderte Kinder" im Bereich der Frühförderung in die Zuständigkeit des KJHG verlagert, was durchaus sinnvoll sein kann, wie in Kapitel 4 noch zu erläutern sein wird.

Unter sozialrechtlichem Aspekt vollzieht sich die Frühförderung also in einem triadischen Rahmen.

Zunächst gibt es einen

- **Anspruchsberechtigten** (das Kind und seine Eltern).
- Als **Dienstleistungsinstitutionen** sind die unterschiedlichen Formen von Frühfördereinrichtungen und –diensten beteiligt.
- Als **Kostenträger** kommen, je nach gesetzlicher Grundlage bzw. Zuständigkeit
  - die Krankenversicherung (SGB V)
  - das Sozialamt (BSHG)
  - das Jugendamt (KJHG)

infrage.

MERKSÄTZE:

- Interdisziplinäre Zusammenarbeit kann nur gelingen, wenn sich alle an der Frühförderung eines Kindes beteiligten Personen als Team verstehen.
- Kennzeichen eines Teams ist, dass
  - eine bestimmte Anzahl von Personen
  - in direkter Interaktion
  - über einen längeren Zeitraum
  - in Arbeitsteilung / Rollendifferenzierung
  - mit annährend gleichen Normen und Werten
  - bezogen auf ein gemeinsames Ziel zusammenarbeiten
- Sinnvoll wäre dabei die Entwicklung eines „Wir-Gefühls".
- Die Qualität der Zusammenarbeit entscheidet über deren Effektivität.
- Unterschieden werden können
  - interagierende
  - kontraagierende Zusammenarbeit
  - koagierende

- Teamarbeit verlangt von den Beteiligten u.a. Disziplin und Sachlichkeit bezogen auf das gemeinsame Ziel.
- Zu den sozialpolitischen Aufgaben der Frühförderung gehören:
  - eine breitenwirksame Öffentlichkeitsarbeit,
  - Mitarbeit in Fach- und Politgremien,
  - Integrationshilfe (Eltern und Kind) u.a. durch Netzwerkbildung
- Für die Gruppe der sozial-benachteiligten Kinder müssen die Möglichkeiten früher Erziehung und Förderung geschaffen bzw. verbessert werden.
- Die rechtlichen Grundlagen der Frühförderung sind im Sozialgesetzbuch II (SGB), im Bundessozialhilfegesetz (BSHG) und im Kinder- und Jugendlichenhilfegesetz (KJHG) festgelegt.
- Kostenträger für die Frühförderung sind dementsprechend, je nach gesetzlicher Grundlage
  - die Krankenversicherungen (SGB-V)
  - das Sozialamt (BSHG)
  - das Jugendamt (KJHG).

4. Jugendhilfe in Deutschland auf der Basis des Kinder- und Jugendhilfegesetzes

Das Kinder- und Jugendhilfegesetz (KJHG) stellt das achte Buch des Sozialgesetzbuches (SGB) dar. Es bildet seit dem 03.10.1991 – in den neuen Bundesländern bereits seit dem 03.10.1990 – in Deutschland die wesentliche gesetzliche Grundlage für die Jugendhilfe. Weitere rechtliche Quellen für das subsidiäre System Jugendhilfe sind u. a. :
– das Grundgesetz für die Bundesrepublik Deutschland (GG),
– das Bürgerliche Gesetzbuch (BGB),
– das Jugendgerichtsgesetz (JGG).

4.1 Das System Jugendhilfe

Der Begriff Jugendhilfe umschreibt ein weites Feld staatlich verantworteter, subsidiärer Fürsorge für Kinder, Jugendliche und deren Eltern (Personsorgeberechtigten) und Familien. Er umfasst alle staatlichen Bemühungen und Maßnahmen, die der Sicherung und Erfüllung des Rechts des jungen Menschen auf „Förderung seiner Entwicklung und auf Erziehung zu einer eigenverantwortlichen und gemeinschaftsfähigen Persönlichkeit dienen" (§ 1 Abs. 1 KJHG).

Aufgabe der Jugendhilfe ist es, „Konflikte und Probleme der jungen Generation in ihren gesellschaftlichen Zusammenhängen zu untersuchen, um von daher die Sozialisationsbedingungen für Kinder und Jugendliche verbessern zu helfen, individuelle Notlagen sowie Fehlentwicklungen zu beheben oder wenigstens zu mindern" (NAKAD 2001, 206).

Die Erfüllung dieser Aufgabe konkretisiert sich in vielfältigen unterschiedlichen Maßnahmen, deren wesentliche sind
– präventive Maßnahmen und Förderangebote,
– Beratungsleistungen,
– Betreuungshilfen unterschiedlicher Art und Dichte,
– Interventionen in akuten Krisensituationen,
– familienunterstützende, familienergänzende und familienersetzende Maßnahmen,

– rechtswirksame Anweisungen bzw. Untersagungen,
– Begleitung und Beratung in Jugendgerichtsprozessen.

Die partnerschaftliche Zusammenarbeit mit den Erziehungsberechtigten und anderen Erziehungsträgern ist dabei unerlässliche Voraussetzung.

Dabei stellt die Jugendhilfe einen Teilbereich der Sozialen Arbeit dar,

– die sich auf soziale Benachteiligungen und soziale Verelendung von Menschen einlässt,
– die nach den gesellschaftlichen und individuellen Bedingungen für solche Notlagen fragt, und nach Möglichkeiten zu deren Überwindung sucht,
– die konkrete individuelle Hilfen anbietet,
– die gleichzeitig politische Forderungen stellt,
– die verstärkt danach fragt, ob und wie wirtschaftliche und psycho-soziale Notlagen bei Menschen – im primärpräventiven Sinne – verhindert werden können (vgl. JORDAN / SENGLING 2001, 11).

Neben Angeboten, welche sich flexibel an den momentanen Bedürfnissen bestimmter Zielgruppen orientieren, und deren Annahme auf Freiwilligkeit beruht, umfasst die Jugendhilfe auch reglementierende und repressive Elemente, um die elterliche Entwicklungsförderung und Erziehung, auf die Kinder und Jugendliche ein Recht haben, zu überwachen und zu gewährleisten.

Der Begriff Jugendhilfe ist ein wenig irreführend, da Jugend im heutigen Sprachgebrauch wesentlich die Phase zwischen 14 und 18 Jahren umfasst, rechtlich gesehen (eventuell) bis 27 (vgl. VERNOOIJ 2001, 192 ff.).

Wie die eingangs bereits aufgeführten Maßnahmen zeigen, umfasst der Altersbereich in der Jugendhilfe ohne Einschränkung die Zeit zwischen Geburt- und Volljährigkeit, d. h. auch und im besonderen die frühe Kindheit. In § 7 KJHG wird die Zielgruppe näher beschrieben. Zu ihr gehört jeder „junge Mensch", der das 27. Lebensjahr noch nicht vollendet hat.

Praktisch umgesetzt wird die Jugendhilfe auf kommunaler Ebene, in den Städten, Gemeinden und Kreisen. Organe der öffentlichen Jugendhilfe sind die Stadt-, Kreis- und Landesjugendämter. Die Jugendhilfe kann bezogen auf die jeweiligen Träger unterschieden werden nach **öffentlicher Jugendhilfe** (Länder, Städte, Kommunen als Träger) und **freier Jugendhilfe** (Freie Wohlfahrtsverbände als Träger).

Organisatorische, personelle und finanzielle Fragen regeln die jeweiligen Bundesländer. Sie formulieren Ausführungsbestimmungen zum KJHG in Form von Erlassen und / oder Finanzierungsplänen; sie erstellen Förderrichtlinien im Jugendhilfe- und Sozialplan der Kommune, sowie Konzeptionen und Satzungen für die jeweiligen Jugendämter.

4.2 Das Kinder- und Jugend- hilfegesetz (KJHG)

Nach § 2 des KJHG umfasst Jugendhilfe „Leistungen und andere Aufgaben zugunsten junger Menschen und Familien". Aus dem Grundgesetz für die Bundesrepublik Deutschland wörtlich übernommen ist § 1 des KJHG: „Pflege und Erziehung der Kinder sind das natürliche Recht der Eltern und die zuvörderst ihnen obliegende Pflicht. Über ihre Betätigung wacht die staatliche Gemeinschaft" (Art. 6 Abs. 2 GG).

Das Recht auf Erziehung, die Elternverantwortung und die staatliche Überwachung dieses Rechtes werden damit zum leitenden Prinzip des KJHG und zur Grundlage für die Jugendhilfe.

Allgemein wird in § 1 KJHG deutlich gemacht

- dass jeder junge Mensch ein Recht auf Förderung seiner Entwicklung und auf Erziehung zu einer eigenverantwortlichen und gemeinschaftsfähigen Persönlichkeit hat (Abs. 1),

- dass die staatliche Gemeinschaft über die Betätigung der Eltern hinsichtlich der Pflege und Erziehung ihrer Kinder wacht (Abs. 2) und

- dass Jugendhilfe zur Verwirklichung des Rechts der Eltern auf Pflege und Erziehung ihrer Kinder beitragen soll (Abs. 3), indem sie
  - junge Menschen in ihrer individuellen und sozialen Entwicklung fördert und eventuelle Benachteiligungen vermeidet oder abbaut (Satz 1)
  - die Eltern in der Erziehung berät und unterstützt (Satz 2)
  - Kinder und Jugendliche vor Gefahren schützt (Satz 3)
  - dazu beiträgt, dass positive Lebensbedingungen und eine kinder- und familienfreundliche Umwelt die jungen Menschen umgeben (Satz 4).

4.2.1 Aspekte des familialen Wandels

Die gesellschaftliche Institution Familie, ursprünglich gedacht als „Kernfamilie" (Vater, Mutter, Kind(er)) gehört zu den universalen Grundstrukturen menschlicher Gesellschaften. Die von der Familie wahrzunehmenden Aufgaben haben gesellschaftlich eine außerordentlich wichtige Funktion. „Die von den öffentlichen Erziehungs- und Bildungsinstitutionen erzielten Erfolge [hängen] ganz wesentlich von den im Prozess der primären Sozialisation in der Familie erbrachten Vorleistungen ab" (KALLER 2001, 126).

Die Familie stellt eine weithin akzeptierte Lebensform dar, an die in der Regel hohe Erwartungen psycho-emotionaler Art geknüpft sind. Damit wird die Familie „in ihrer konkreten Lebensbewährung" auch in hohem Maße problemanfällig (vgl. KALLER 2001, 131).

In den letzten 30 Jahren hat sich die Struktur der Familie gewandelt, dahingehend, dass eine „Pluralisierung familialer Lebensformen" (NAVE-HERZ 1997, 36) stattgefunden hat, d. h. die Grundstruktur der Kernfamilie hat vielfältige Veränderungen erfahren, von der Ein-Eltern-Familie- über die Wochenendfamilie bis hin zur Patchwork-Familie finden sich unterschiedliche Formen, die nicht in jedem Fall den Erwartungen und Aufgaben gerecht werden können, und die u. U. für in ihr lebende Kinder Verunsicherungen, Benachteiligungen und Entwicklungshemmnisse mit sich bringen.

Die abnehmende Stabilität bisheriger Kernfamilienformen wird u. a. deutlich in der hohen Anzahl von Scheidungen. 1999 wurden in Deutschland 188.000 Ehen geschieden, 163.000 minderjährige Kinder waren davon mitbetroffen. Bei 37 % der Kinder handelte es sich um das einzige minderjährige Kind des geschiedenen Paares (STATISTISCHES BUNDESAMT 2000, 43). Nach dem Mikrozensus 1997 lebten in Deutschland von den insgesamt 15,6 Millionen Minderjährigen 2,6 Millionen bei alleinstehenden (ledigen, verheiratet getrennt lebenden, geschiedenen und verwitweten) Eltern. Dies entspricht einem Anteil von 17 % aller Minderjährigen (PEUKERT 1999, 159). Insgesamt kann davon ausgegangen werden, dass Ein-Eltern-Familien gegenüber Regelfamilien sozioökonomisch und sozial benachteiligt sind.

Zur sozialen Charakterisierung von Alleinerziehenden führt PEUKERT (vgl. 1999, 165 ff.) aus:

- Alleinerziehende Mütter sind häufiger erwerbstätig als verheiratete Mütter.
- Alleinerziehen ist i. d. R. mit einem deutlichen materiellen Abstieg und ökonomischer Deprivation verbunden.
- Alleinerziehende klagen über ihre soziale Lage als solche, über die gesellschaftliche Diskriminierung dieser Lebensform, über steuerliche und rechtliche Benachteiligungen und „Einmischungen" behördlicherseits zum Schutz des Kindes.
- Das soziale Netzwerk von Alleinerziehenden ist nach Auswertung des Mikrozensus gut, die Kontakte richten sich wesentlich auf Personen in ähnlicher Lebenslage.
- Partnerlosen Alleinerziehenden fehlt in der Regel eine Person, die an der Verantwortung mitträgt.
- Aufgabenüberlastung kommt bei Alleinerziehenden durch die Kombination von Arbeitswelt und Familienverantwortung häufiger vor als bei Zwei-Eltern-Familien. Die Folge ist eine Senkung des Anspruchs an den Haushalt und die Delegation von Aufgaben nach außen.
- Häufig ist emotionale Überlastung auch die Folge von mangelndem Freizeitausgleich und unbefriedigten Bedürfnissen nach Intimität und Sexualität.

Damit ist über die sozio-emotionale Qualität, bzw. die Qualität der Erziehungssituation ausdrücklich nichts ausgesagt. Es wäre unzulässig, aus der nachweislich gegebenen Situation sozialer Belastung und Benachteiligung für diese Form der Familie zu schließen, dass Kinder aus Ein-Eltern-Familien in jedem Fall zu den gefährdeten Kindern gehören. Dennoch ergeben sich für den alleinerziehenden Elternteil und für die Kinder andersgeartete Probleme, als in Zwei-Eltern-Familien. Hier wie dort werden diese Probleme allerdings mehr oder weniger förderlich für die Kinder gelöst. In besonderem Maße problematisch ist die Situation in Ein-Eltern-Familien, in denen ein behindertes Kind lebt. Hier ist die Entlastung des alleinerziehenden Elternteils durch unterstützende Maßnahmen von besonderer Bedeutung.

Ein weiterer wesentlicher Wandel der Familienformen ist in der fortschreitenden Entkoppelung von biologischer und sozialer Elternschaft zu sehen. Dabei sind drei Formen denkbar (vgl. PEUKERT 1999, 187 ff.):

- **Stieffamilien**, die zustande kommen
    - indem der verwitwete oder geschiedene sorgeberechtigte Elternteil einen Partner / eine Partnerin ohne eigene Kin-

der heiratet oder mit ihm / ihr eine nicht-eheliche Partnerschaft eingeht;
– indem die Mutter eines nichtehelichen Kindes einen anderen Partner, nicht den biologischen Kindesvater, heiratet;
– indem beide Partner Kinder aus früheren Ehen oder Verbindungen in die neue Lebensgemeinschaft einbringen;
– indem aufgrund mehrfacher Scheidung oder Todesfälle mit
anschließender Wiederheirat wiederholte Änderungen in
der Familienzusammensetzung erfolgen.

• **Adoptivfamilien.** Hier kann unterschieden werden zwischen
– Fremdadoption (es besteht kein biologisch-verwandt-
schaftliches Verhältnis zwischen Eltern und Kind / ern);
– Verwandtenadoption (mindestens ein adoptierender Elternteil ist mit einem biologischen Elternteil verwandt);
– Stiefadoption (der nicht biologisch verwandte Partner des
biologischen Elternteils adoptiert dessen Kind).

• **Inseminationsfamilien**
Bei heterologer Insemination, d. h. künstlicher Befruchtung
mit Hilfe von Spendersamen, ist lediglich die austragende
Frau die biologische Mutter eines Kindes. Umgekehrt kann
die künstliche Befruchtung einer fremden Eizelle mit dem Sa-
men des Ehemannes erfolgen. Die austragende Frau ist in
diesem Fall die soziale Mutter, der Ehemann hingegen ist der
biologische Vater des Kindes.

Diese wenigen Beispiele mögen deutlich machen,
– dass die ursprüngliche Familienstruktur sich in erheblichem
Maße verändert hat;
– dass veränderte Strukturen neue und zusätzliche Probleme
und Konfliktpotentiale enthalten;
– das die Situation für Kinder, eine störungsfreie, liebevoll und
konsequent begleitete Entwicklung in der Familie zu durchlaufen, unsicherer und schwieriger geworden ist.

Um die Entwicklungsaufgaben zu erfüllen, sind Kinder auf
Konstanz und Struktursicherheit angewiesen. Diese sind – aufgrund der Öffnung und Liberalisierung der Lebensformen, u. U.
verbunden mit Bezugspersonenwechsel – immer weniger ver-
lässlich durch die Familie gegeben. Dies führt dazu, dass Kinder immer häufiger auf Hilfemaßnahmen von außen (durch die

Jugendhilfe) angewiesen sind (vgl. MEYER 1996, 306), sollen Fehlentwicklungen verbunden mit Verhaltensauffälligkeiten verhindert bzw. korrigiert werden (zu Verhaltensstörungen vgl. HENSLE /VERNOOIJ ⁷2002, 230ff.; VERNOOIJ / WITTROCK 2004).

Bei Inanspruchnahme der Jugendhilfe steht der Minderjährige in einer Beziehungstriade mit seinen Erziehungsberechtigten und dem Staat (FREHSEE 2000, 116), was im Zusammenhang mit dem KJHG noch näher erläutert werden wird.

4.2.2 Geschichtliche Entwicklung des KJHG

Die heute gültigen gesetzlichen Regelungen für Jugendhilfe weisen eine 80jährige Geschichte auf, die hier nur kurz skizziert werden soll (umfängliche Ausführungen zur Geschichte siehe ELLINGER 2002; HASENCLEVER 1979).

Am 09.07.1922 wurde der erste Vorläufer des KJHG als „Reichsgesetz für Jugendwohlfahrt (RJWG)" verabschiedet, trat allerdings erst am 01.04.1924, aufgrund der damaligen wirtschaftlichen Rezession mit hoher Inflationsrate, in reduzierter Form in Kraft. Insbesondere finanziell aufwendige neue Aufgaben wurden zunächst zurückgestellt. Erst mit der Novellierung des Gesetzes nach dem 2. Weltkrieg, im August 1953, wurden diese Einschränkungen aufgehoben. Als Jugendwohlfahrtsgesetz (JWG) wurde es 1961 in geringfügig veränderter Form als Novelle des vollständigen RJWG's erneut verabschiedet.

Nach MÜNDER weist der nahezu unveränderte Wortlaut des JWG (im Vergleich zum RJWG) darauf hin, dass sich „die traditionelle, ursprüngliche Auffassung und Konzeption von Jugendhilfe, die sich mit den Schlagworten Sicherheit, Ordnung, autoritative Fürsorglichkeit benennen lässt" (MÜNDER 1996, 14) seit 1922 nicht verändert hatte. Viele Jahrzehnte lang wurde über eine Reform der Jugendhilfe in politischen Gremien, in Statusgruppen (z. B. Vormundschafts- und Jugendrichter) sowie in der Öffentlichkeit debattiert und gestritten. Nach mehreren Gesetzentwürfen wurde 1990 dem „Gesetz zur Neuordnung des Kinder- und Jugendhilfegesetzes – KJHG" zugestimmt.

Die Veränderungen gegenüber dem JWG sind im KJHG
– begrifflicher,
– inhaltlicher und
– intentionaler

Art.

Es würde zu weit führen, diese teilweise erheblichen Veränderungen genauer zu analysieren (vgl. hierzu MÜNDER 1996; JORDAN / SENGLING 2000). Deshalb sollen nur die für die Praxis bedeutsamen Veränderungen kurz genannt werden.

- Neben Aufgaben der Erziehungshilfe wird die Jugendsozialarbeit als eigenständiger Aufgabenbereich der Jugendämter festgeschrieben.

- Das Recht auf einen Kindergartenplatz (vgl. Kap. 2, S. ...) wird im KJHG fest verankert, mit der Auflage, dass – innerhalb einer Übergangszeit – die Kommunen Kindergartenplätze in ausreichendem Maße bereitzustellen haben.

- Ehemals repressiv eingreifende staatliche Maßnahmen der Jugendfürsorge wurden im KJHG zu „Leistungen der Jugendhilfe" mit Angebotscharakter, d. h. Wünsche und Vorstellungen der Betroffenen bestimmen die Art der Maßnahmen nun wesentlich mit.

- Negativbeschreibungen und Wertungen, z. B. durch den Begriff „Verwahrlosung" im JWG, entfallen, zugunsten einer insgesamt sozialpädagogischen Beschreibung.

- Das Eingriffsrecht des Staates in das elterliche Sorgerecht wird klarer geregelt und erschwert, d. h. die Kriterien für ein staatliches Eingreifen gegen elterlichen Wunsch werden relativ eindeutig festgelegt.

- Statt der Inobhutnahme eines Kindes / Jugendlichen als ordnungspolizeiliche Maßnahme, wird der sozialpädagogische Charakter in den Vordergrund gestellt, d. h. eine vorübergehende Fremdunterbringung (§ 42) ist ohne richterliche Anweisung (längstens 24 Stunden) nur möglich auf Wunsch des Minderjährigen selbst oder bei „Gefahr für Leib und Leben" des Minderjährigen. Sie muss in einer Weise erfolgen, bei der die Beratung, Hilfe und Unterstützung des Kindes / Jugendlichen gewährleistet ist.

- Zentrale Bedeutung bezogen auf nahezu alle nach dem KJHG möglichen Hilfemaßnahmen erhalten die örtlichen (regionalen) Jugendämter, im Gegensatz zur vorherigen Zuständigkeit des jeweiligen Landesjugendamtes.

Insgesamt kann man sagen: Das eher ordnungspolitisch und repressiv intendierte JWG wurde durch ein sozialpädagogisch-präventives KJHG abgelöst, welches
- gesellschaftlichen Veränderungen Rechnung trägt,
- wertende bzw. diskriminierende Formulierungen durch sozialpädagogisch beschreibende Begriffe ersetzt,
- insgesamt zu einer institutionellen Dezentralisierung führt und damit die flächendeckende und rasche Durchführung von Jugendhilfemaßnahmen ermöglicht bzw. verbessert.

Nach wie vor sind staatliche Eingriffe in die Familien- und Elternrechte ein Thema der fachlichen und öffentlichen Diskussion.

Die dramatische Zunahme von Kindern und Jugendlichen mit teilweise massiven psycho-emotionalen Entwicklungsstörungen und Verhaltensabweichungen, die u. a. vermehrt sichtbar werden nicht nur in Kindergarten und Schule sondern auch als Delinquenz und / oder Suchtverhalten bei immer jüngeren Kindern, dokumentiert die Notwendigkeit familienergänzender, familienunterstützender und ggf. familienersetzender Maßnahmen unter präventiven Aspekten allerdings eindrucksvoll.

4.2.3 Ziele und Aufgaben des Kinder- und Jugendhilfegesetzes (KJHG)

In den §§ 1 und 2 werden die Ziele und Aufgaben der Jugendhilfe klar umrissen. In § 1 Abs. 3 heißt es:

> „Jugendhilfe soll zur Verwirklichung des Rechts nach Abs. 1 [auf Entwicklungsförderung und Erziehung] insbesondere
>
> 1. junge Menschen in ihrer individuellen und sozialen Entwicklung fördern und dazu beitragen, Benachteiligungen zu vermeiden oder abzubauen,
> 2. Eltern und andere Erziehungsberechtigte bei der Erziehung beraten und unterstützen,
> 3. Kinder und Jugendliche vor Gefahren für ihr Wohl schützen,
> 4. dazu beitragen, positive Lebensbedingungen für junge Menschen und ihre Familien, sowie eine kinder- und familienfreundliche Umwelt zu erhalten oder zu schaffen."

Die Ziele sind sowohl sozialpädagogisch-beratender als auch sozialpolitischer Art. Sie umfassen Maßnahmen mit den Kindern / Jugendlichen selbst, mit deren Eltern bzw. mit der gan-

zen familiären Lebensgemeinschaft sowie Maßnahmen die in Zusammenarbeit mit anderen Institutionen, die sozio-emotionalen, sozio-kulturellen und sozio-ökonomischen Rahmenbedingungen der kindlichen Entwicklung betreffen. D. h. bezogen auf die vorangegangenen Kapitel:
– Maßnahmen früher kompensatorischer Erziehung,
– Maßnahmen der Frühförderung sowie
– Maßnahmen zur Unterstützung von Eltern bei der Erziehung und Förderung ihrer Kinder

gehören zu den Aufgaben der Jugendhilfe ebenso, wie präventive Maßnahmen im Schul- und Jugendalter von Kindern bei Einbezug ihrer Eltern bzw. Personsorgeberechtigten. Dabei ergeben sich z. B. bei kriminellen Delikten von Jugendlichen (ab 14 Jahren) Überschneidungen mit dem Jugendgerichtsgesetz (JGG). Die Aufgaben im einzelnen werden in § 2 genauer beschrieben:

§ 2 Aufgaben der Jugendhilfe. (1) Die Jugendhilfe umfaßt Leistungen und andere Aufgaben zugunsten junger Menschen und Familien.

(2) Leistungen der Jugendhilfe sind:
1. Angebote der Jugendarbeit, der Jugendsozialarbeit und des erziehenden Kinder- und Jugendschutzes (§§ 11 bis 14),
2. Angebote zur Förderung der Erziehung in der Familie (§§ 16 bis 21),
3. Angebote zur Förderung von Kindern in Tageseinrichtungen und in Tagespflege (§§ 22 bis 25),
4. Hilfe zur Erziehung und ergänzende Leistungen (§§ 27 bis 35, 36, 37, 39, 40),
5. Hilfe für seelisch behinderte Kinder und Jugendliche und ergänzende Leistungen (§§ 35 a bis 37, 39, 40),
6. Hilfe für Volljährige und Nachbetreuung (§ 41).

(3) Andere Aufgaben der Jugendhilfe sind
1. die Inobhutnahme von Kindern und Jugendlichen (§ 42),
2. die Herausnahme des Kindes oder des Jugendlichen ohne Zustimmung des Personensorgeberechtigten (§ 43),
3. die Erteilung, der Widerruf und die Zurücknahme der Pflegeerlaubnis (§ 44),
4. die Erteilung, der Widerruf und die Zurücknahme der Erlaubnis für den Betrieb einer Einrichtung sowie die Erteilung nachträglicher Auflagen und die damit verbundenen Aufgaben (§§ 45 bis 47, 48 a),
5. die Tätigkeitsuntersagung (§ 48, 48 a),
6. die Mitwirkung in Verfahren vor den Vormundschafts- und den Familiengerichten (§ 50),

7. die Beratung und Belehrung in Verfahren zur Annahme als Kind (§ 51),
8. die Mitwirkung in Verfahren nach dem Jugendgerichtsgesetz (§ 52),
9. die Beratung und Unterstützung von Pflegern und Vormündern (§ 53),
10. die Erteilung, der Widerruf und die Zurücknahme der Erlaubnis zur Übernahme von Vereinsvormundschaften (§ 54),
11. Amtspflege und Amtsvormundschaft, Beistandschaft und Gegenvormundschaft des Jugendamts (§ 55 bis 58),
12. Beurkundung und Beglaubigung (§ 59),
13. die Aufnahme von vollstreckbaren Urkunden (§ 60).
(SGB VIII / KJHG §§ 1, 2 – nach BECK-TEXTE, 1997, 16 f.)

Im folgenden sollen nun exemplarisch einige dieser Aufgaben näher beleuchtet werden.

4.2.4 Ausgewählte konkrete Aufgaben nach dem KJHG

Wie bereits dargelegt, kann bei den Aufgaben der Jugendhilfe nach dem KJHG unterschieden werden nach
– familienunterstützenden
– familienergänzenden
– familienersetzenden

Maßnahmen.

ELLINGER (2002) stellt diese Maßnahmen tabellarisch zusammen:

Abb. 8 Hilfeangebote nach Kapitel 2 und 3 KJHG (§§ 11 – 60 SGB VIII) (aus Ellinger 2002, 188 – 189)

Familienunterstützende Hilfeangebote			
Angebote der Jugendarbeit, Jugendsozialarbeit und zum Jugendschutz, Förderung der Jugendverbände §§ 11 – 14	Beratung und Unterstützung Alleinerziehender § 18	sozialpädagogische Familienhilfe §§ 31	Mitwirkung in Gerichtsverfahren nach dem JGG § 52
	Erziehungsberatung § 28	Eingliederungshilfe für seelisch Behinderte in ambulanter Form § 35a, Absatz 1,1	Beratung und Unterstützung bei Vaterschaftsfeststellung § 52a

Familienberatung, Familienbildung, Familienerholung, Partnerschaftsberatung §§ 16 und 17	Soziale Gruppenarbeit § 29 Erziehungsbeistand § 30		Leistungen zum Unterhalt des Kindes oder Jugendlichen, u. a. bei wichtigen persönlichen Anlässen und Urlaubs- und Ferienreisen § 39, Absatz 3	Regelungen zu Beurkundungen, Beglaubigungen und vollstreckbaren Urkunden §§ 59 und 60

Familienergänzende Hilfeangebote				
Gemeinsame Wohnformen für Alleinerziehende § 19	Unterstützung bei notwendiger Unterbringung zur Erfüllung der Schulpflicht § 21	Eingliederungshilfe für seelisch Behinderte in einer Tage-einrichtung oder anderer teil-stationärer Einrichtung § 35a, Absatz 1,2	Leistungen zum Unterhalt des Kindes oder Jugendlichen § 39 Absatz 1 u. 2	Mitwirkung in gerichtlichen Verfahren gemäß §§ 49 und 49a FGG § 50, Absatz 1
Betreuung und Versorgung des Kindes in Notfallsituationen § 20	Kindergärten, Horte, Tagespflege §§ 22 – 25 Erziehung in der Tagesgruppe § 32		Hilfe für junge Volljährige, Nachbetreuung § 41	Beratung und Belehrung in Adoptionsfragen

Familienersetzende Hilfeangebote				
Vollzeitpflege § 33	Eingliederungshilfe für seelisch Behinderte in einer Einrichtung über Tag und Nacht oder durch geeignete Pflegepersonen § 35a,	Schutz-Inobhutnahme § 42	Regelungen zur Pflege durch Dritte § 44	Regelungen zur Pflegschaft und Vormundschaft für Kinder und Jugendliche (Einzelpersonen, Vereine und Ämter) §§ 53 – 58
Heimerziehung, sonstige betreute Wohnform § 34	Leistungen zum Unterhalt des Kindes oder Jugendlichen § 39, Absatz 3	Herausnahme und Unterbringung zum Schutz ohne Zustimmung der Sorgeberechtigten § 43	Regelungen zur Betriebserlaubnis verschiedener Einrichtungen §§ 45 – 48	

Im folgenden werden ausgewählte Maßnahmen aus jeder Gruppe exemplarisch näher vorgestellt und erläutert. Mit Bezug auf das 1. Kapitel dieses Buches (Abs. 1.2, S. 3) in dem die Überschneidungen in den Tätigkeitsfeldern von Sonderpädagogik und sozialer Arbeit verdeutlicht werden, u. a. im Zusammenhang mit dem KJHG, kann hier bereits festgestellt werden, dass bei den drei Maßnahmenblöcken, insbesondere bezogen auf Kinder im schulpflichtigen Alter eine gute Kooperation der beiden Institutionen (Schule / Sonderschule – Jugendhilfe) unabdingbar notwendig ist. Kinder mit Entwicklungsproblemen, mit emotionalen Störungen und Verhaltensauffälligkeiten, mit schwerwiegenden Erziehungsdefiziten oder Erziehungstraumata (mangelnde Versorgung, Misshandlung, Missbrauch) sind häufig bereits früh auffällig im Kindergarten- und Schulbereich und erhalten dort u. U. besondere pädagogische Förderung oder werden spezifisch sonderpädagogischen Einrichtungen zugeführt, z. B. einer Schule für Erziehungshilfe.

Eine sinnvolle Koordinierung der Einzelmaßnahmen in Zusammenarbeit von Jugendhilfe, (Sonder-)Schule und Familie ist dabei unerlässlich, zur Erreichung der vorgenannten Ziele und damit zum Wohle des Kindes.

4.2.4.1 Familienunterstützende Maßnahmen

Aus der Fülle des Angebotes an familienunterstützenden Maßnahmen sollen hier die **§§ 30 und 31, Erziehungsbeistand / Sozialpädagogische Familienhilfe** herausgegriffen und genauer betrachtet werden.

> „**§ 30 Erziehungsbeistand, Betreuungshelfer.**
> Der Erziehungsbeistand und der Betreuungshelfer sollen das Kind oder den Jugendlichen bei der Bewältigung von Entwicklungsproblemen möglichst unter Einbeziehung des sozialen Umfelds unterstützen und unter Erhaltung des Lebensbezugs zur Familie seine Verselbständigung fördern.“

Der Erziehungsbeistand wird entweder durch die Personsorgeberechtigten beantragt, z. B. in Fällen, in denen Eltern mit ihrem Kind nicht mehr in sinnvoller Weise umgehen oder fertig werden können. Hierbei handelt es sich dann um eine auf Freiwilligkeit und Einvernehmlichkeit basierende Hilfemaßnahme. Im Gegensatz dazu kann Erziehungsbeistandschaft allerdings auch angeordnet werden und zwar in zweifacher Form:

– durch den Vormundschaftsrichter,
– durch den Jugendrichter.

In letzterem Falle bildet allerdings das Jugendgerichtsgesetz (JGG) die rechtliche Grundlage. Diese Anordnung gehört dort zu den „Erziehungsmaßregeln" und wird in § 12 JGG als mögliche Form der „Hilfe zur Erziehung" genannt. Es findet Anwendung im Zusammenhang mit kriminellen Delikten von Kindern und Jugendlichen. Nach MÜNDER (1996) wird in letzter Zeit von der Möglichkeit einer Anwendung durch den Jugendrichter (§ 9, Satz 2) relativ selten Gebrauch gemacht, da hier auch die Möglichkeit zur Verfügung steht, im Zusammenhang mit „Weisungen" (§ 10 JGG) dem Jugendlichen einen Betreuungshelfer zur Seite zu stellen (§ 10, Satz 5 JGG).

Der Erziehungsbeistand wird vom Jugendamt bestellt. Er hat die Aufgabe, die je spezifische Problemlage eines Minderjährigen unter Einbezug des sozialen Umfeldes zu analysieren und mit allen Beteiligten Lösungsmöglichkeiten zu erarbeiten.

In der Regel erwachsen die Probleme
– aus der Beziehung zwischen Eltern und Kind / Jugendlichen,
– innerhalb des schulischen Raumes oder
– im Zusammenhang mit anderen sozialen Bezügen des Kindes, z. B. dem Freundeskreis oder bestimmter Gruppenzugehörigkeit.

Um eine positive Lösung der jeweiligen Probleme zu erreichen, muss die Erziehungsbeistandschaft längerfristig angelegt und durchgeführt werden. In der Regel werden hauptamtliche Mitarbeiter des Jugendamtes (Sozialarbeiter / Sozialpädagogen) als Erziehungsbeistand bestellt.

Ein Problem ergibt sich dabei allerdings aufgrund der hohen Zahl zu betreuender Jugendlicher und Kinder, die **ein** Erziehungsbeistand zu bewältigen hat. Nach MÜNDER entfallen auf einen Erziehungsbeistand ca. 20 – 25 „Fälle" (1993, 253). Bei schwerwiegender Problematik, die eine intensive ambulante Betreuung mit häufiger Präsenz des Erziehungsbeistandes verlangt, kann die Zahl niedriger liegen. „Um eine effektive Arbeit leisten zu können, sollte eine Fallzahl von 20 nicht überschritten werden" (MÜNDER a. a. O.).

Neben hauptamtlich tätigen Erziehungsbeiständen können auch Personen bestellt werden, die ehrenamtlich für das Jugendamt arbeiten. Sie müssen allerdings vorher entsprechend geschult und im Verlauf der Betreuung regelmäßig beraten werden. Die dritte Gruppe der möglichen Erziehungsbeistände sind Fachkräfte der freien Wohlfahrtsverbände (z. B. Arbeiterwohlfahrt), die in enger Kooperation mit den zuständigen Jugendämtern Aufgaben nach dem KJHG wahrnehmen.

Die methodischen Möglichkeiten, Erziehungsbeistandschaft effektiv zu gestalten, ergeben sich aus den vielfältigen Formen der Sozialen Arbeit. Sie müssen jeweils spezifisch auf die zu betreuenden Kinder und Jugendlichen und deren Eltern zugeschnitten werden. Ganz wesentlich sind dabei regelmäßige Beratungsgespräche mit den Beteiligten, einzeln oder gemeinsam. Auch Einzel- oder Gruppenaktivitäten, Kinder- oder Familienfreizeiten, Freizeitaktivitäten mit dem Kind / Jugendlichen können je nach Situation einen hohen Stellenwert haben.

In engem Zusammenhang mit der Erziehungsbeistandschaft steht die Sozialpädagogische Familienhilfe (§ 31).

> "**§ 31 Sozialpädagogische Familienhilfe.**
> Sozialpädagogische Familienhilfe soll durch intensive Betreuung und Begleitung, Familien in ihren Erziehungsaufgaben, bei der Bewältigung von Alltagsproblemen, der Lösung von Konflikten und Krisen sowie im Kontakt mit Ämtern und Institutionen unterstützen und Hilfe zur Selbsthilfe geben. Sie ist in der Regel auf längere Dauer angelegt und erfordert die Mitarbeit der Familie."

Hier steht allerdings nicht nur das Kind / der Jugendliche im Mittelpunkt, sondern die ganze Familie, die eine subsidiäre Unterstützung erfährt mit dem Ziel der „Hilfe zur Selbsthilfe" (vgl. Kap. 1, Abs. 1.1). Ziel ist es, den betroffenen Familien durch Betreuung, Begleitung und Beratung neue Möglichkeiten zur Alltagsbewältigung und Problemlösung zu eröffnen und diese gemeinsam mit ihnen so zu realisieren, dass die Familie eine selbständige Alltagsbewältigung wiedererlangen kann.

Neben erzieherischen und sozialen (Beziehungs-) Aspekten werden in der Sozialpädagogischen Familienhilfe auch gesundheitliche, ökonomische und Probleme sozialer Integration aufgegriffen und einbezogen.

Auch diese Maßnahme ist in der Regel eine längerfristig zu gewährende, um das prozesshafte Geschehen von einer nicht zu bewältigenden Notlage zur selbständigen Lebensführung und –gestaltung unterstützend begleiten zu können (1,5 – 2 Jahre).

Durchgeführt wird die Maßnahme von Familienhelfer(innen), die dem Jugendamt unterstehen, entweder als feste oder als freie Mitarbeiter.

Im Gegensatz zur Erziehungsbeistandschaft kann die Sozial-pädagogische Familienhilfe nur effektiv sein, wenn die betreu-ende Person intensiv innerhalb der Familie präsent ist und auf verschiedenen Ebenen mit den Beteiligten zusammenarbeitet.

Bei beiden Maßnahmen (§§ 30 / 31) ist **eine** wesentliche Vo-raussetzung das Vertrauensverhältnis von Betreuendem und Betreuten. Eng damit verbunden ist die Vertraulichkeit der ge-meinsam zu bearbeitenden Probleme. D. h. Erziehungsbeistand und Familienhilfe unterliegen der Schweigepflicht und den all-gemeinen Datenschutzvorschriften. Die positiven Auswirkun-gen dieser Hilfemaßnahmen stehen außer Zweifel (ELGER / CHRISTMANN 1986; KARSTEN / OTTO 1987; ELGER 1990). Dennoch gibt es gerade zur Sozialpädagogischen Familienhilfe auch kri-tische Überlegungen:

– Durch die häufige Anwesenheit eines Familienhelfers wird der familiäre Intimbereich für einen Außenstehenden geöff-net. Dies bedeutet möglicherweise auch Kontrolle und Be-wertung bzw. die Familie könnte es so empfinden.
– Der Aspekt der Freiwilligkeit ist bei der Sozialpädagogischen Familienhilfe selten gegeben. In der Regel erfolgt die Maß-nahme aufgrund äußeren Drucks (z. B. drohende Fremdplat-zierung des Kindes), so dass zu Beginn nicht von einer Ak-zeptanz der Maßnahme durch die Familie auszugehen ist.
– Durch die intensive Mitarbeit in der Familie gerät der Famil-ienhelfer u. U. in das emotionale Spannungsfeld der Familie, was zu ambivalenten, positiven / negativen Gefühlen oder Parteilichkeit gegenüber einzelnen Familienmitgliedern füh-ren kann. Supervidierende Kontrollen und Korrekturen sind daher für den Familienhelfer unerlässlich.
– Die Gefahr, dass ein Familienhelfer in der Betreuungsfamilie funktionalisiert wird

• zum Schiedsrichter
• zum hilfreichen Experten

ist nicht gering. Dabei könnte das Gegenteil des angestrebten Zieles erreicht werden, nämlich nicht die Stärkung der familia-len Selbständigkeit sondern deren Schwächung mit Hilfe von Verantwortungsverschiebung(vgl. hierzu auch MÜNDER 1996; PETERS 1990).

Die Sozialpädagogische Familienhilfe stellt eine Form der praktischen Lebenshilfe dar. Es liegt in der Natur der Sache, dass die Grenzen zu Formen von Familientherapie fließend sind. **Familientherapie** kann durch sozialpädagogisch qualifizierte Familienhelfer **nicht** durchgeführt werden. In Fällen, in denen die Problematik wesentlich in den Familienbeziehungen begründet liegt, sollte eine professionelle Familientherapie vermittelt werden.

Eine Therapiezentrierung in der Sozialpädagogischen Familienhilfe kann zudem „zu einer Verkürzung der Problemsicht (Ausblendung materieller und struktureller Deprivation) und zu einer Vernachlässigung lebenspraktischer Beratung und Unterstützung führen" (MÜNDER 1996, 259).

4.2.4.2 Familienergänzende Maßnahmen

Mit Blick auf Kapitel 2 und 3 soll für diesen Maßnahmenbereich der **§ 23 KJHG Tagespflege** genauer betrachtet werden.

"**§ 23 Tagespflege.** (1) Zur Förderung der Entwicklung des Kindes, insbesondere in den ersten Lebensjahren, kann auch eine Person vermittelt werden, die das Kind für einen Teil des Tages oder ganztags entweder im eigenen oder im Haushalt des Personensorgeberechtigten betreut (Tagespflegeperson).

(2) Die Tagespflegeperson und der Personensorgeberechtigte sollen zum Wohl des Kindes zusammenarbeiten. Sie haben Anspruch auf Beratung in allen Fragen der Tagespflege.

(3) Wird eine geeignete Tagespflegeperson vermittelt und ist die Förderung des Kindes in Tagespflege für sein Wohl geeignet und erforderlich, so sollen dieser Person die entstehenden Aufwendungen einschließlich der Kosten der Erziehung ersetzt werden. Die entstehenden Aufwendungen einschließlich der Kosten der Erziehung sollen auch ersetzt werden, wenn das Jugendamt die Geeignetheit und Erforderlichkeit der Tagespflege für das Wohl des Kindes und die Eignung einer von den Personensorgeberechtigten nachgewiesenen Pflegeperson feststellt.

(4) Zusammenschlüsse von Tagespflegepersonen sollen beraten und unterstützt werden."

Funktion der Tagespflege ist die erzieherische Hilfe für ein Kind einerseits, die Entwicklungsförderung eines Kindes andererseits.

Entwickelt wurde diese Möglichkeit der Tagesbetreuung wesentlich aus zwei Gründen:
– Insbesondere für Kinder in den ersten Lebensjahren ist das Angebot intensiver Erziehung und Förderung in Tagesstätten und ähnlichen Institutionen zu gering.
– Je nach Situation kann die intensive Betreuung durch einzelne Bezugspersonen (Tagespflegeperson / Tagesmutter) für

ein Kind und seine Entwicklungsförderung günstiger sein, als Formen der Gruppenbetreuung.

Tagespflege wird in der Regel in den ersten drei Lebensjahren gewährt, da mit Beginn des 4. Lebensjahres Kinder einen Platz in Ganztagskindergärten oder Tagesstätten erhalten, die aufgrund „ihrer generellen Bildungsfunktion und für die Entwicklung des Sozialverhaltens die angemessene Förderung" darstellen (vgl. MÜNDER 1996, 210). Allerdings kann die Tagespflege auch nach dem 3. Lebensjahr oder ergänzend zum Kindergarten oder Hort gewährt werden.

Neben der Vermittlung von Tagespflegepersonen durch das Jugendamt sind auch private Vermittlungen möglich, wenn die Erforderlichkeit einer Pflegeerlaubnis gegeben ist.

Die Betreuung kann stundenweise oder ganztägig erfolgen. Eine Betreuung während der Nacht ist ausgeschlossen.

Die Betreuung eines Kindes im elterlichen Haushalt wird deshalb möglich, weil § 23 nicht grundsätzlich ein erzieherisches Versagen der Eltern unterstellt, sondern Situationen, in denen die Betreuung von Kindern nicht sichergestellt ist (z. B. Krankheit der Mutter, behinderte Kleinkinder, Mehrlingsgeburten, Ein-Eltern-Familien ohne Betreuungsmöglichkeit).

Dass die gute Zusammenarbeit von Eltern und Pflegeperson unerlässlich ist, bedarf keiner weiteren Erläuterung. Beide haben gemäß Absatz 2 einen Rechtsanspruch auf qualifizierte Beratung. Die Jugendämter bzw. die freien Träger haben zu gewährleisten, dass eine aufgabenspezifische Fachberatung zur Verfügung steht.

Da es sich bei der Tagespflege nicht um eine allgemeine „Hilfe zur Erziehung" (§ 27 KJHG) handelt, damit nicht automatisch ein individuelles erzieherisches Defizit vorausgesetzt wird, richten sich die Feststellung der Eignung der Pflegeperson sowie die Ermittlung der Erforderlichkeit einer Tagespflege für das Kindeswohl wesentlich auf die Entwicklungsförderung aus.

Für jeden Einzelfall ist zu prüfen, ob eine Pflegeperson bezogen auf die besondere Situation und auf die Bedürfnisse des Kindes eine entwicklungsförderliche Betreuung angemessen leisten kann. Dass die Auswahl von Pflegepersonen nicht immer mit der nötigen Sorgfalt erfolgt wurde gerade jüngst an einem Beispiel in Saarbrücken deutlich.

Die Erforderlichkeit einer Tagespflege ist nach MÜNDER bereits dann gegeben, „wenn durch die Tagespflege die allgemeine Entwicklung und die Sozialisationsbedingungen positiver für das Kind gestaltet werden" (1996, 213).

Die Möglichkeit der Tagespflege nach § 23 KJHG als eine Maßnahme zur Entwicklungsförderung von Kindern und Familien in schwierigen Situationen ohne vorausgegangenes oder aktuelles erzieherisches Versagen der Personsorgeberechtigten, ist aus meiner Sicht in der Öffentlichkeit zu wenig bekannt. Gerade Familien mit behinderten Kindern, Ein-Eltern-Familien oder Familien, in denen ein Elternteil längerfristig erkrankt, können diese Maßnahme in Anspruch nehmen und so die Erziehung und Entwicklung ihrer Kleinkinder sichern und schwierige Situationen für die Familie meistern.

4.2.4.3 Familienersetzende Maßnahmen

Für diesen Maßnahmenbereich sind die §§ 42 und 43 von großer Bedeutung. Sie stellen allerdings auch einschneidende Maßnahmen dar, die deshalb genauer betrachtet werden sollen.

Zunächst der Gesetzestext des § 42:

"**§ 42 Inobhutnahme von Kindern und Jugendlichen.** (1) Inobhutnahme eines Kindes oder eines Jugendlichen ist die vorläufige Unterbringung des Kindes oder Jugendlichen bei
1. einer geeigneten Person oder
2. in einer Einrichtung oder
3. in einer sonstigen betreuten Wohnform.
Während der Inobhutnahme sind der notwendige Unterhalt des Kindes oder des Jugendlichen und die Krankenhilfe sicherzustellen. Mit der Inobhutnahme ist dem Kind oder dem Jugendlichen unverzüglich Gelegenheit zu geben, eine Person seines Vertrauens zu benachrichtigen. Während der Inobhutnahme übt das Jugendamt das Recht der Beaufsichtigung, Erziehung und Aufenthaltsbestimmung aus; der mutmaßliche Wille der Personensorgeberechtigten oder des Erziehungsberechtigten ist dabei angemessen zu berücksichtigen. Es hat für das Wohl des Kindes oder des Jugendlichen zu sorgen, das Kind oder den Jugendlichen in seiner gegenwärtigen Lage zu beraten und Möglichkeiten der Hilfe und Unterstützung aufzuzeigen.

(2) Das Jugendamt ist verpflichtet, ein Kind oder einen Jugendlichen in seine Obhut zu nehmen, wenn das Kind oder der Jugendliche um Obhut bittet. Das Jugendamt hat den Personensorge- oder Erziehungsberechtigten unverzüglich von der Inobhutnahme zu unterrichten. Widerspricht der Personensorge- oder Erziehungsberechtigte der Inobhutnahme, so hat das Jugendamt unverzüglich
1. das Kind oder den Jugendlichen dem Personensorge- oder Erziehungsberechtigten zu übergeben oder
2. eine Entscheidung des Vormundschaftsgerichts über die erforderlichen Maßnahmen zum Wohle des Kindes oder des Jugendlichen herbeizuführen.
Ist der Personensorge- oder Erziehungsberechtigte nicht erreichbar, so gilt Satz 3 Nr. 2 entsprechend.

(3) Das Jugendamt ist verpflichtet, ein Kind oder einen Jugendlichen in seine Obhut zu nehmen, wenn eine dringende Gefahr für das Wohl des Kindes oder des Jugendlichen die Inobhutnahme erfordert. Freiheitsentziehende Maßnahmen sind dabei nur zulässig, wenn und soweit sie erforderlich sind, um eine Gefahr für Leib oder Leben des Kindes oder des Jugendlichen oder eine Gefahr für Leib oder Leben Dritter abzuwenden. Die Freiheitsentziehung ist ohne gerichtliche Entscheidung spätestens mit Ablauf des Tages nach ihrem Beginn zu beenden. Absatz 2 Satz 2 bis 4 gilt entsprechend.

Die Inobhutnahme stellt eine vorübergehende Unterbringung von Kindern und Jugendlichen durch das Jugendamt dar, um der akuten Gefährdung von deren Wohl (oder Leben) wirksam zu begegnen und das Wohl des Minderjährigen (zumindest kurzfristig) sicherzustellen, wenn andere sozialpädagogische Hilfen nicht ausreichen. Der sozialpädagogische Charakter einer Inobhutnahme wird allerdings betont. Während der Dauer der Inobhutnahme hat das Jugendamt sicherzustellen, dass der / die Minderjährige fachkompetente Beratung und Unterstützung erhält und ggf. bereits Möglichkeiten für eine langfristige Problemlösung erörtert werden können.

Unter sozialpädagogischem Aspekt stellt die Inobhutnahme eine Maßnahme der aktuellen Krisenintervention dar, die – wie auch die bisher vorgestellten Maßnahmen – das Wohl des Kindes sicherstellen und eine Verschärfung der Notlage oder Krise verhindern soll (Präventivaspekt).

Die Möglichkeiten der Krisenintervention sind – bezogen auf die Unterschiedlichkeit der individuellen Situationen und Notlagen – relativ variationsreich, auch bereits im Vorfeld der Inobhutnahme. Vom Kindersorgetelefon über Kinder- und Jugendnotdienste, Jugendschutzstellen und Bereitschaftspflegestellen bis zu spezifisch individueller Krisenberatung reicht die Angebotspalette.

Unterschieden wird im Zusammenhang mit § 42 KJHG zwischen

– der Inobhutnahme auf **eigenen Wunsch** (Selbstmelder),
– der Inobhutnahme infolge **Zuführung** (in der Regel durch die Polizei).

Mögliche Gründe für eine Inobhutnahme können sein:
– allgemeine oder spezifische Vernachlässigungen,
– Misshandlungen,
– sexueller Missbrauch,
– Suizidgefährdung,

– Trebegängigkeit (Ausreißer),
– familiäre Krisen,
– Kinderprostitution,
– Sucht- bzw. Drogengefährdung oder –abhängigkeit
– Zugehörigkeit zu kriminellen Gruppen bzw. Umgang mit das Wohl des Kindes gefährdenden Personen.

In diesem Zusammenhang ist die Situation von Mädchen häufig besonders brisant (z. B. bei sexuellem Missbrauch). Eine Reaktion darauf ist die Einrichtung von Mädchenhäusern oder Zufluchtstätten für Mädchen, die jedoch nicht in jedem Fall rechtlich (das betrifft auch die Finanzierung) abgesichert sind.

Bezogen auf das Umfeld des Kindes wird im Gesetz festgelegt, dass unabhängig vom Anlass der Inobhutnahme (selbstgemeldet, aufgegriffen, weggelaufen etc.) baldmöglichst die Benachrichtigung einer Person erfolgen muss, die das Vertrauen des Kindes / Jugendlichen genießt. Der Begriff „Vertrauensperson" ist bewusst relativ unspezifisch gewählt, da diese Person u. U. Vermittlungsaufgaben übernehmen soll, z. B. zwischen Kind und Personensorgeberechtigten. Häufig kommen die Vertrauenspersonen aus dem weiteren Umfeld der Minderjährigen (Freunde, Nachbarn, Lehrer etc., manchmal auch ältere Geschwister oder entferntere Verwandte). Wesentlich bei der Auswahl ist das besondere Vertrauensverhältnis zwischen dem Kind / Jugendlichen und der benachrichtigten Person.

Die Information der Personensorge- oder Erziehungsberechtigten erfolgt bei freiwillig in Obhut genommenen Minderjährigen nach einer Klärung des Problems und situationsspezifischer Beratung. In Fällen, in denen das Kind einer Benachrichtigung der Erziehungsberechtigten nicht zustimmt, muss zunächst versucht werden, mit Hilfe sozialpädagogischer Interventionen diese Zustimmung zu erlangen. Sinn der Information der Eltern ist vorrangig, gemeinsam zu versuchen, „eine von allen Beteiligten getragene Zukunftsperspektive zu entwickeln" (MÜNDER 1996, 325). Bei diesem Prozess kann der Vertrauensperson eine wichtige Rolle zukommen. Längerfristige Möglichkeiten könnten z. B. sein:

– ein freiwilliger, von den Erziehungsberechtigten akzeptierter längerer Verbleib in der Einrichtung;
– die Ermöglichung eines in anderer Form betreuten Wohnens für das Kind (außerhalb der Familie);
– die Einleitung von familienunterstützenden Maßnahmen (s. §§ 30, 31).

Wichtig wäre es noch, anzumerken, dass das Jugendamt für die Zeit der Inobhutnahme **kein Erziehungsrecht** bezogen auf das Kind hat, sondern nur eine sozialpädagogische Beratung und Unterstützung für einen sehr begrenzten Zeitraum zur Verfügung stellen kann.

Auch sind das Aufenthaltsbestimmungs- und das Aufsichtsrecht, welches in der Regel bei den Personensorgeberechtigten liegt, zu beachten. Ist die Inobhutnahme nicht freiwillig, dann gilt sie als „freiheitsentziehende" Maßnahme, für die in jedem Fall eine gerichtliche Entscheidung notwendig ist (Vormundschaftsgericht).

Voraussetzung für eine solche Entscheidung ist „die Gefahr für Leib und Leben des Kindes" oder „für Leib und Leben Dritter." Die Gefährdung von Sachgegenständen, Eigentum Dritter etc. reicht für einen Gerichtsbeschluss nicht aus. Kann eine gerichtliche Entscheidung nicht erwirkt werden, muss – unabhängig vom Anlass der Inobhutnahme – diese nach 24 Stunden beendet werden. Nur bei Gefahr im Verzug ist eine längerfristige freiheitsentziehende Unterbringung ohne richterliche Entscheidung möglich. Allerdings müssen in einem solchen Fall schwerwiegende Gefahren für das Kind oder für Dritte gegeben sein (deutliche Suizidgefährdung, Androhung von Straftaten von erheblicher Schwere etc.).

§ 43 stellt die **einschneidendste** und **repressivste Maßnahme** dar, bei der zum Wohle des Kindes das Elternrecht in den Hintergrund tritt.

"**§ 43 Herausnahme des Kindes oder des Jugendlichen ohne Zustimmung der Personensorgeberechtigten.** (1) Hält sich ein Kind oder Jugendlicher mit Zustimmung der Personensorgeberechtigten bei einer anderen Person oder in einer Einrichtung auf und werden Tatsachen bekannt, die die Annahme rechtfertigen, daß die Voraussetzungen des

§ 1666 des Bürgerlichen Gesetzbuchs vorliegen, so ist das Jugendamt bei Gefahr im Verzug befugt, das Kind oder den Jugendlichen von dort zu entfernen und bei einer geeigneten Person, in einer Einrichtung oder in einer sonstigen betreuten Wohnform vorläufig unterzubringen. Das Jugendamt hat den Personensorgeberechtigten unverzüglich von den getroffenen Maßnahmen zu unterrichten. Stimmt der Personensorgeberechtigte nicht zu, so hat das Jugendamt unverzüglich eine Entscheidung des Vormundschaftsgerichts herbeizuführen.

(2) § 42 Abs. 1 Satz 2 bis 5 gilt entsprechend."

Grundsätzlich hat das Jugendamt kein Recht, Kinder und Jugendliche gegen den Willen der Personensorgeberechtigten an einen anderen Aufenthaltsort zu bringen. D. h. wenn sich ein Kind im Heim oder in einer Pflegefamilie befindet, **mit** Zustimmung der Eltern, so kann es von dort nur entfernt und anderweitig untergebracht werden, wenn gravierende Gründe vorliegen.

Nach MÜNDER müssen kumulativ folgende Voraussetzungen gegeben sein:

1. Der Minderjährige hält sich mit Zustimmung der Personensorgeberechtigten bei einer anderen Person oder in einer Einrichtung auf.

2. Es werden Tatsachen (nicht Vermutungen oder Gerüchte) bekannt, aus denen zwingend gefolgert werden kann, dass dort eine Gefährdung des Kindeswohls gegeben ist. „Wegen des Herausreißens aus einem bestehenden Sozialisationsfeld und den damit möglicherweise zusammenhängenden Folgen für das Kindeswohl hat das Jugendamt die Voraussetzungen für ein sofortiges Einschreiten besonders sorgfältig zu prüfen" (MÜNDER 1996, 330).

3. Zusätzlich muss Gefahr im Verzug sein, d. h. es muss eine akute, unmittelbare Gefährdung gegeben sein, bei der befürchtet werden muss, dass bei Verzögerung der Herausnahme (z. B. durch Abwarten bis zur gerichtlichen Anordnung) ein erheblicher, kaum reversibler Schaden für das Kind entstünde (z. B. schwere Kindesmisshandlung, lebensbedrohliche Vernachlässigung). Insbesondere bei Eilmaßnahmen am Wochenende oder in der Nacht erhält dieses Kriterium besondere Relevanz. Die Herausnahme eines Kindes aus seinem sozialen Umfeld durch das Jugendamt, ohne gerichtlichen Entscheid, muss „die absolute Ausnahme bleiben" (vgl. MÜNDER a. a. O.) und darf nur durchgeführt werden, wenn auch der kurzfristige Verbleib schwerwiegende Folgen für das Wohl des Kindes hätte.
„Der Begriff der unmittelbaren Gefahr ist objektiv zu würdigen und muss gerichtlich voll überprüfbar sein" (MÜNDER 1996, 330 f.). Subjektive Einschätzungen des Jugendamtes rechtfertigen eine solche Maßnahme nicht!

Für die „anderweitige" Unterbringung – in der Regel eine vorläufige – gelten die Bestimmungen nach § 42, Abs. 1 (Pflegefamilie / -person, Heim, andere betreute Wohnform). Die Personsorgeberechtigten sind unverzüglich über die Maßnahme zu unterrichten. Ebenso ist dem Minderjährigen die Möglichkeit zu geben, eine Person seines Vertrauens zu benachrichtigen und hinzuzuziehen (vgl. § 42). Von den Personensorgeberechtigten vorgeschlagene Lösungen – soweit es sich nicht um den Verbleib am Gefährdungsort handelt – haben Vorrang vor denen des Jugendamtes. Über die endgültige Unterbringung entscheiden die Personensorgeberechtigten oder – bei Nicht-Einigung – das Vormundschaftsgericht.

Es liegt in der Natur einer Maßnahme gemäß § 43, dass bei ihrer Durchführung häufig Zwang ausgeübt werden muss, z. B. das Aufbrechen einer Wohnung oder das Unterdrücken der Gegenwehr einer Person, u. U. durch körperliche Gewalt. Hierzu muss das Jugendamt gegebenenfalls Beamte des Polizeivollzugsdienstes hinzuziehen, da das Jugendamt selbst diese Befugnisse nicht hat (vgl. MÜNDER 1996, 332).

Vor der Herausnahme ist die Anhörung des Kindes / Jugendlichen sowie der betreuenden Personen (Pflegefamilie, Heimleitung etc.) sinnvoll, es sei denn, der Zweck des Eingreifens, eine weitere oder stärkere Gefährdung des Kindes zu verhindern, würde durch eine vorherige Anhörung vereitelt. Zu einer Anhörung der Beteiligten ist das ggf. eingeschaltete Vormundschaftsgericht in jedem Fall verpflichtet (z. B. bei der Entscheidung über eine endgültige Lösung). Für die Kosten einer vorläufigen anderweitigen Unterbringung des Kindes können die Eltern herangezogen werden.

4.3 Die Jugendhilfe als Interessenvertretung von Kindern und Jugendlichen

Die im KJHG festgelegten Aufgaben der Jugendhilfe beziehen sich auf die Situation junger Menschen hinsichtlich ihrer Entwicklung, Erziehung und Förderung.

Dabei stehen der Abbau sozialer Ungleichheit, die Sicherung der allgemeinen Förderung junger Menschen und der Ausgleich besonderer Benachteiligung durch individuelle Angebote und Leistungen im Vordergrund (vgl. MÜNDER 1996, 81; NAKAD 2001, 206; ELLINGER 2002, 182 f.). Die Jugendhilfe als Institution der Interessenvertretung von Kindern und Jugendlichen gehört zu den subsidiären Hilfemaßnahmen eines Sozialstaates. Sie ist der gesellschaftlichen Gerechtigkeit und Chancengleichheit, sowie der individuellen Autonomie und Emanzipation verpflichtet.

Das KJHG umfasst vielfältige Maßnahmen subsidiärer Erziehungshilfe, die durch die zuständigen Jugendämter sowie der freien Träger der Jugendhilfe wahrgenommen werden.

Für alle Maßnahmen gelten bestimmte Handlungsprinzipien, die eine zeitgemäße Jugendhilfepraxis kennzeichnen (sollten):

- primäre und sekundäre **Prävention** bezogen auf stabile, entwicklungsfördernde Sozialisationsbedingungen für Kinder und Jugendliche;
- Orientierung an den je individuellen Lebenslagen der einzelnen Adressaten (Familien, Kinder, Jugendliche) im Sinne einer **Lebensweltorientierung**;
- **Dezentralisierung** und **Regionalisierung** als unabdingbar notwendige Handlungsgrundlage (Stadtteil- und Nachbarschaftsarbeit, soziale Vernetzung);
- **Alltagsorientierung** im Sinne eines konkret auf die Lebenssituation bezogenen Jugendhilfearbeit, die sowohl individuelle als auch systembezogene Hilfen vor dem Hintergrund der komplexen Alltagserfahrungen der Betroffenen anbietet;
- **Orientierung** auf **soziale Integration** in die eigene Lebenswelt, unabhängig von deren Bewertung durch die sozialpädagogisch Tätigen;
- **Existenzsicherung** und **Alltagsbewältigung** als Handlungsziele bzw. als Teilziele einer selbstbestimmten Lebensführung für die Betroffenen;
- **Partizipation** (Mitgestaltung) der Adressaten an den angebotenen Maßnahmen, die auf **Freiwilligkeit** angewiesen ist;
- **Einmischung** der Jugendhilfe, auch in Bereiche anderer Institutionen (Schule, berufliche Bildung, Wohnen, Stadtentwicklungsplanung), um das Wohl von Kindern und Jugendlichen sicherzustellen (vgl. auch MÜNDER 1996, 84 f.).

Die Qualität der sozialpädagogischen Arbeit nach dem KJHG muss sich an diesen Prinzipien messen lassen, die im Zusammenhang mit gesellschaftlichen Veränderungsprozessen immer wieder überprüft und ggf. modifiziert werden müssen.

Trotz aller Mängel und trotz unterschiedlichster, teilweise berechtigter Kritik an der Jugendhilfe bleibt festzuhalten, dass mit dem KJHG eine gesetzliche Grundlage geschaffen wurde, die für benachteiligte, gefährdete und fehlentwickelte Kinder – in nicht wenigen Fällen für innerhalb ihres Sozialgefüges geschädigte Kinder – eine Chance bietet, durch subsidiäre Hilfe dennoch eine Entwicklung zu „einer eigenverantwortlichen und gemeinschaftsfähigen Persönlichkeit" (§ 1 Abs. 1 KJHG) durchlaufen zu können.

MERKSÄTZE:

- Das KJHG bildet die gesetzliche Grundlage für das System Jugendhilfe.
- Unter dem Begriff Jugendhilfe sind vielfältige staatlich verantwortete subsidiäre Hilfemaßnahmen für Kinder und Jugendliche, deren Eltern und Familien subsumiert.
- Wesentliche Zielgruppe sind Kinder und Jugendliche (junge Erwachsene) bis zur Vollendung des 27. Lebensjahres.
- Ziel der Jugendhilfearbeit ist die Sicherstellung des Rechtes auf Entwicklungsförderung und Erziehung „zu einer eigenverantwortlichen und gemeinschaftsfähigen Persönlichkeit" (§1 Abs.1 KJHG).
- Bezogen auf die Träger kann unterschieden werden nach
  - öffentlicher Jugendhilfe (Kommunen, Städte, Länder),
  - freier Jugendhilfe (private Träger, z.B. freie Wohlfahrtsverbände).
- Im KJHG (1991) wurden gesellschaftliche und familiale Veränderungen berücksichtigt und wertende / diskriminierende Formulierungen vermieden.
- Vorläufer war das Jugendwohlfahrtsgesetz (JWG), dessen erste Fassung 1922 entstand.
- Im Zusammenhang mit der frühen Entwicklung gehören
  - Maßnahmen kompensatorischer Erziehung
  - Maßnahmen der Frühförderung
  - Maßnahmen der Elternunterstützung
zu den Aufgaben der Jugendhilfe.
- Nach dem KJHG können
  - familienunterstützende
  - familienergänzende
  - familienersetzende
- Aufgaben unterschieden werden
- Sonderpädagogik und Soziale Arbeit, Bildungsinstitutionen (Kindergarten, Frühförderung, Schule) und Jugendhilfe müssen bei den Einzelmaßnahmen gut kooperieren.
- Sehr einschneidende Maßnahmen sind die „Inobhutnahme von Kindern und Jugendlichen" (§42) bzw. die „Herausnahme des Kindes oder des Jugendlichen ohne Zustimmung der Personensorgeberechtigten" (§43).
- Die Jugendhilfe ist als Interessenvertretung von Kindern und Jugendlichen zu verstehen.
- Trotz vielfältiger Mängel und teilweise berechtigter Kritik schafft das KJHG die gesetzliche Grundlage für ein System subsidiärer Hilfen für benachteiligte gefährdete und fehlentwickelte Kinder und Jugendliche.

5. Schulische Bildung für beeinträchtigte Kinder

5.1 Allgemeine Überlegungen

In den letzten 30 Jahren lassen sich in der Sonderpädagogik, national und international, Veränderungen erkennen, die sowohl die sonderpädagogische Theoriebildung als auch die sonderpädagogische Praxis, und hier insbesondere die (sonder-)schulische Praxis verändert haben.

Ob es sich dabei um einen „Paradigmenwechsel" handelt (vgl. EBERWEIN 1995, MOSER 1997, HILLENBRAND 1999), oder um eine „kontinuierliche Weiterentwicklung" (VERNOOIJ 1999; 2000) sonderpädagogischer Theoriebildung und damit verbunden sonderpädagogischer Erziehungs- und Bildungspraxis, wird im Folgenden erörtert werden müssen.

HISTORISCHER EXKURS:

„Geschichte ist, richtig verstanden, Gegenwart; sie lehrt uns, die Gegenwart richtig zu verstehen, lehrt uns, der Aufgaben gewahr zu werden, richtig in die Zukunft zu planen" (ASPERGER 1961, 52).

In diesem Sinne, um die gegenwärtigen Strömungen und Tendenzen im Umgang mit behinderten Menschen besser verstehen zu können, ein kurzer Blick in die Geschichte.

- In der Antike, d. h. in Ägypten, Sparta, Athen und Rom wurden behinderte, missgestaltete und schwächliche Säuglinge nach unterschiedlichen Selektionsprozeduren getötet, ausgesetzt oder als potentielle Sklaven verkauft (vgl. KIRMSSE 1911; 1922 / VERNOOIJ 1995; 1998).

- Das Mittelalter war gekennzeichnet, im günstigsten Falle, durch pädagogische Nichtbefassung.

- Während der Zeit der Aufklärung, im 18. Jahrhundert, entstanden erste Einrichtungen zur Pflege und Verwahrung behinderter Kinder, zunächst vornehmlich für Taubstumme (1770 / 1778 / 1779 Paris / Leipzig / Wien) und für Blinde (1784 / 1791 Paris / Wien / vgl. HENSLE / VERNOOIJ [7]2003, 3 f.).

- Im 19. Jahrhundert weitete sich das pädagogische Interesse an Kindern mit Störungen und Behinderungen aus. Es entstanden auf religiös-sozialer Basis Einrichtungen
  - für Geistigbehinderte, 1816 Salzburg
  - für Körperbehinderte, 1816 Würzburg
  - für Lernschwache, seit 1830 Nachhilfeklassen, 1864 Nachhilfeschule / Hilfsschulen (1881 / Braunschweig)
  - für Sprachbehinderte (Stotterer), um 1880 Berlin
  - für Verwahrloste – Besserungshäuser und Rettungshäuser (z. B. 1833 Hamburg).

- Während der Zeit des Nationalsozialismus wurde die kontinuierliche Entwicklung bezogen auf vermehrte Beachtung, Hilfe und Förderung behinderter Kinder jäh unterbrochen. Behinderte wurden zu Objekten der Rassenhygiene. Erziehungs- bzw. Besserungsanstalten, Arbeitsdienst, Sterilisation und im schlimmsten Fall Euthanasie gehörten zu den „pädagogischen" und „medizinischen" Methoden des Umgangs (vgl. VERNOOIJ 1999).

- Nach dem 2. Weltkrieg (1939 – 1945) wurde, ausgehend von praktischen Erfordernissen und zusätzlich motiviert durch die – nicht nur für die Sonderpädagogik – schockierenden und beschämenden Geschehnisse während der Zeit des Nationalsozialismus, die Sonderpädagogik im Sinne einer Sonder-**Schul**-Pädagogik wieder auf- und ausgebaut. So entstand ein außerordentlich differenziertes Sonderschulwesen in der BRD. Der Ausbau geschah mit Idealismus und Enthusiasmus aber auch mit einer gewissen wissenschaftlichen Naivität, praxisorientiert und wenig theoriegeleitet (vgl. VERNOOIJ 1999; 2000).

- Nach dem Auf- und Ausbau der letzten Sonderschularten
  - für Geistigbehinderte zwischen 1960 bis 1965
  - für Erziehungshilfe ab 1961
  trat ein relativer Stillstand ein, der Anfang 1980 seinen Zenit erreichte.

- Etwa ab 1982 kam wieder Bewegung in die Sonder-Schul-Pädagogik durch die Einrichtung integrativer Grundschulklassen (z. B. in Berlin: Uckermarkschule, Flämingschule). Die einsetzende kontroverse Diskussion zur gemeinsamen Unterrichtung von nichtbehinderten und behinderten Kindern durchlief viele Phasen. Zahlreiche Modellversuche, in den verschiedenen westlichen Bundesländern zeitlich uneinheitlich (vgl. auch Kap. 2.5), führten unabhängig vom theoretischen Standort sonderpädagogischer Experten zu mehr oder weniger intensiver wissenschaftlicher und öffentlicher Reflexion der Bildungsmöglichkeiten behinderter Kinder.

Betrachtet man die heutige Schulsituation in Deutschland, so finden wir einerseits ein sehr ausdifferenziertes Sonderschulsystem, andererseits vielfältige Erfahrungen mit der integrativen Beschulung von behinderten Kindern, wobei die Modellprojektphase in den meisten Bundesländern abgeschlossen ist und bundesweit unterschiedliche Formen und Möglichkeiten der gemeinsamen Unterrichtung von behinderten und nichtbehinderten Kindern bestehen. Allerdings sind die teilweise kontroversen Diskussionen hinsichtlich des besten schulischen Förderortes für behinderte Kinder nicht verstummt und es herrscht in Theorie und Praxis Unsicherheit darüber, wie eine zukünftige Sonderpädagogik auszusehen habe.

Auf der internationalen Ebene bilden die WHO-Klassifikationen von 1980 und 1998 ein Beispiel für die Weiterentwicklung

bzw. für eine veränderte Sichtweise (vgl. HENSLE / VERNOOIJ
⁷2002, 12 f.). Statt individuumzentrierter, defizitorientierter Begriffe werden in der Fassung von 1998 systemorientierte Begriffe verwendet, welche Behinderung „in sozialem und institutio-
nellem Kontext sehen unter Herausstellung der positiven Möglichkeiten" (vgl. a. a. O.).

Bereits 1994 war von der Unesco in ihrer Erklärung von Salamanca die Integration aller behinderten Kinder in die jeweiligen Bildungs- und Gesellschafssysteme als vorrangiges Ziel herausgestellt worden.

Bezogen auf die Diskussion in Deutschland erstaunt es nicht,
dass der Begriff „Paradigmenwechsel" immer wieder in Überlegungen Verwendung findet (EBERWEIN 1995; HOVORKA / SIGOT
2000; JANTZEN 1995; HILLENBRAND 1999; VERNOOIJ 2000). Es
scheint, als kennzeichne der Begriff in der Alltagssprache Situationen, in denen sich etwas ändern sollte bzw. geändert hat; Situationen, in denen nach Unzufriedenheit, Unsicherheit oder
Krisenhaftigkeit ein Wandel erhofft bzw. erwartet wird, oder
bereits eingetreten ist.

Bezogen auf die Sonderpädagogik heißt das konkret, dass
sich eine Richtungs-, Standort- oder Einstellungsveränderung
vollziehen sollte bzw. vollzogen hat, die sich in der Praxis der
schulischen Bildung behinderter Kinder besonders deutlich ab-
bildet.

Die bisher selbstverständliche Sonderbeschulung behinderter
Kinder bedarf inzwischen einer dezidierten Begründung, d. h.
sie hat ihre „Zwangsläufigkeit" (Behinderung 1 Sonderschlule)
verloren. Dies wird sowohl in den KMK-Empfehlungen von
1994 als auch in der Entscheidung des Bundesverfassungsge-
richtes von 1997 deutlich, von denen im Folgenden noch die
Rede sein wird.

Der Standort der Sonderpädagogik und ihr Verhältnis zur Re-
gelpädagogik müssen in diesem Zusammenhang neu bestimmt
werden. Im Zuge dieser Neubestimmung stehen das Sonder-
schul- **und** das Regelschulsystem auf dem Prüfstand, verstärkt
durch die Ergebnisse der Pisa-Studie 2000.

EBERWEIN spricht von einem „integrativen Paradigma" (1995,
467 f.), wobei bezweifelt werden muss, ob es ein solches überhaupt gibt. Er stellt es in Gegensatz zu einem „sonderpädagogischen Paradigma", welches es in der von ihm beschriebenen
Form nie gegeben hat (zu Paradigmata in der Sonderpädagogik
vgl. HENSLE / VERNOOIJ ⁷2002, 18 ff.). CLOERKES stellt in diesem
Zusammenhang die Frage: „Integratives Paradigma: kopernika-

nische Wende oder Krise der Sonderpädagogik?" (^{2}2001, 190 ff.).

Betrachtet man diese nationale Diskussion, so kommt man nicht umhin, festzustellen, dass die Begrifflichkeit im Zusammenhang mit Paradigmata weder theoretisch fundiert und geklärt, noch wirklich reflektiert ist.

Bezogen auf den Begriff **„Paradimenwechsel"** muss man konstatieren, dass er in der Sonderpädagogik „eine **Worthülse** [ist], die auf verschiedenen Ebenen, mit unterschiedlicher Intention und mit diffusem Inhalt ohne wissenschaftstheoretische Fundierung Verwendung findet" (VERNOOIJ 2000, 250).

Um die **Veränderungen**, die es in den letzten 30 Jahren zweifelsohne gegeben hat, **zu umschreiben, ist er nicht vonnöten**. Vielmehr lässt sich der Prozess sonderpädagogischer Theoriebildung und damit verbunden der Prozess sonderpädagogischer Erziehungs- und Bildungspraxis „als eine kontinuierliche Entwicklung" (a. a. O.) beschreiben, bei der Veränderungen, Standort- und Einstellungswechsel feststellbar sind, die in historischem Zusammenhang betrachtet

– von sozialer Diskriminierung zu sozialer Akzeptanz,
– von objektbezogener Defizitsicht zu subjektbezogener Fähigkeitssicht,
– von vertikalen caritativ-hierarchischen Umgangsstrukturen zu horizontalen Strukturen gleichberechtigter Interaktion

fortschreiten.

Im schulischen Bereich setzt sich langsam eine gleichberechtigte Begabungsorientierung durch (vgl. HENSLE / VERNOOIJ ^{7}2002, 25), bei der verschiedene Förderorte für behinderte Kinder zur Verfügung stehen, um ihrem besonderen pädagogischen Förderbedarf angemessen gerecht zu werden. Dabei geht die Tendenz von der separierten Sonderbeschulung hin zur integrierten schulischen Bildung, d. h. hin zur gemeinsamen Unterrichtung behinderter und nichtbehinderter Kinder in der Regelschule.

Entwicklungen vollziehen sich immer mit Schwierigkeiten, mit Ambivalenzen und konstituierenden Turbulenzen. Entwicklungen bringen die sich entwickelnden Organismen und Systeme zeitweilig unter Stress. Tatsächliche, langdauernde Krisen entstehen jedoch i. d. R. nur im Zusammenhang mit Fehlentwicklungen.

Insofern kann ALBRECHT / HINZ / MOSER (2000, 8) zugestimmt werden, wenn sie sagen:

„Eine – wenn auch vielbeschworene – Krise der Disziplin [Sonderpädagogik] jedoch ist nicht festzustellen und auch der seit geraumer Zeit fast schon inflationär gebrauchte Begriff des Paradigmas bzw. des Paradigmenwechsels deutet eher daraufhin, dass es sich gegenwärtig mehr um oberflächliche Umgehensweisen mit dem Dilemma handelt, als um Versuche zu seiner Überwindung."

MERKSÄTZE:

- In den letzten 30 Jahren haben sich Richtungs-, Standort- und Einstellungsveränderungen in der Sonderpädagogik vollzogen.
- Diese Veränderungen sind national und international sichtbar bzw. nachweisbar, sowohl in der Theoriebildung als auch in der Praxis.
- Diese Veränderungen stellen keinen Paradigmenwechsel dar sondern sind Kennzeichen einer kontinuierlichen Weiterentwicklung vor dem Hintergrund einer mehr als 200jährigen Geschichte.
- Diese aktuelle Entwicklung geht in Richtung
  - sozialer Akzeptanz behinderter Menschen anstelle von sozialer Diskriminierung;
  - individueller, subjektbezogener Fähigkeitsbetrachtung anstelle von objektbezogener Defizitorientierung;
  - horizontaler Strukturen gleichberechtigter Interaktion anstelle von vertikalen caritativ-hierarchischen Umgangsstrukturen.
- Für den schulischen Bereich gewinnt die gleichberechtigte Begabungsorientierung an Bedeutung, d. h. die gemeinsame Unterrichtung von behinderten und nichtbehinderten Kindern in der Regelschule wird neben der Sonderbeschulung verstärkt realisiert.

5.2 Die Empfehlungen der Kultusministerkonferenz zur sonderpädagogischen Förderung (1994)

Auch die Empfehlungen der Kultusministerkonferenz zur „Sonderpädagogischen Förderung in den Ländern in der Bundesrepublik Deutschland" (Beschluss vom 5. / 6. Mai 1994) sind Ausdruck veränderter Sichtweisen. Sie bestehen aus einem allgemeinen Teil sowie aus Empfehlungen zu den verschiedenen Behinderungsarten, die im Anschluss an den allgemeinen Teil (1994) in den Jahren 1996 – 2000 in unsystematischer Folge herausgegeben wurden.

5.2.1 Allgemeine Grundlegung

Zunächst soll der allgemeine Teil kommentierend betrachtet werden. Hier zeigt sich deutlich, dass die Erziehungs- und Bildungslandschaft für Kinder mit Beeinträchtigungen und Behinderungen vielfältiger geworden ist.

„Die wachsende Vielfalt der Organisationsformen und der Vorgehensweisen in der pädagogischen Förderung, die Erfahrung mit gemeinsamem Unterricht behinderter und nichtbehinderter Kinder, erziehungswissenschaftliche Denkanstöße und schulpolitische Schwerpunktsetzungen in den einzelnen Ländern lassen heute vielfältige Übereinstimmungen erkennen; sie sind Zeichen für eine eher personenbezogene, individualisierende und nicht mehr vorrangig institutionsbezogene Sichtweise sonderpädagogischer Förderung" (DRAVE / RUMPLER / WACHTEL 2000, 26 f.).

Aus der Sonder-**Schul**-Pädagogik der letzten 35 Jahre, der Jahre nach 1945, ist offenbar eine Sonderpädagogik geworden, die zumindest teilweise in der Lage ist, den je spezifischen Bedürfnissen behinderter Kinder in flexibler, (schul-) pädagogischer Weise Rechnung zu tragen.

Ausdrücklich verweisen die Empfehlungen auf die „Subsidiarität" sonderpädagogischer Aufgaben (vgl. Kap. 1).

Im Zusammenhang damit wird verdeutlicht, dass sich „eine sonderpädagogisch ausgerichtete Erziehung und Unterrichtsgestaltung nicht prinzipiell von allgemein pädagogischer Arbeit" unterscheidet (KMK-EMPFEHLUNGEN 1994, in: DRAVE / RUMPLER / WACHTEL 2000, 31).

Folgerichtig wird herausgestellt, dass die Bildung behinderter Kinder und Jugendlicher in verstärktem Maße „Aufgabe für grundsätzlich **alle** Schulen" sei. Die Weiterentwicklung der allgemeinen Schulen im Zusammenhang mit der **gemeinsamen** Erziehung und Bildung behinderter und nicht behinderter Kinder ist dabei notwendige Voraussetzung.

Als zu beachtende Kriterien werden hervorgehoben:
- die erforderliche Qualität und Quantität der Fördermaßnahmen müssen gesichert sein;
- die Flexibilität des Förderangebotes muss gewährleistet sein, und zwar „in einem System gestufter und miteinander verbundener Hilfen";
- unabhängig von Ort und Form der Förderung sollen Kinder mit besonderem pädagogischem Förderbedarf „möglichst gleiche Bildungschancen" erhalten;

– alle an der Förderung beteiligten Personen und Institutionen
sollen zusammenarbeiten (ähnlich wie bei Jugendhilfemaßnahmen 1 KJHG).

Damit ist auch die Standortbestimmung der Sonderpädagogik
angesprochen. Wenn die Förderung behinderter junger Menschen „als gemeinsame Aufgabe für grundsätzlich alle Schulen"
anzusehen ist (vgl. a. a. O.), dann kann die Sonderpädagogik
nur als „eine notwendige Ergänzung und Schwerpunktsetzung
der allgemeinen Pädagogik" verstanden werden. Das heißt allerdings nicht, dass erreichte Bildungsstandards aufgegeben
werden sollen, wie oben genannte Kriterien zeigen. Vielmehr
geht es darum, „ausgehend vom heute erreichten Standard in
der Behindertenförderung die Weiterentwicklung der schulischen Förderung aller Behinderten und von Behinderung bedrohten Kinder abzusichern" und die Bemühungen um gemeinsame Erziehung und Bildung behinderter und nichtbehinderter Kinder und Jugendlicher zu unterstützen (KMK-EMPFEH-
LUNGEN von 1994, in: DRAVE / RUMPLER / WACHTEL 2000, 27).

Als **mögliche Förderorte** für behinderte Kinder werden von
der KMK sechs genannt:
– Präventive Maßnahmen durch Frühförderung und Früherzie-
hung einerseits, frühe sonderpädagogische Fördermaßnah-
men in der Regelschule andererseits;
– Förderung in gemeinsamer Unterrichtung (Integrations-, in-
tegrative Klasse);
– Förderung in kooperativen Formen;
– Förderung in sonderpädagogischen Förderzentren;
– Förderung in der Sonderschule;
– Förderung im berufsbildenden Bereich (Übergang in die Ar-
beitswelt).

Diese aufgeführten Möglichkeiten beziehen sich auf vor- und
nachschulische Förderung (Frühförderung / Berufsbildung), sowie auf schulische Bildung. Die in diesem Zusammenhang genannten vier Möglichkeiten repräsentieren genau genommen
unterschiedliche Grade separierter und integrierter Bildung bzw.
Unterrichtung von behinderten und nichtbehinderten Kindern.
    Dabei orientiert sich jede wie auch immer geartete sonderpä-
dagogische Förderung
– zum einen am Recht der „behinderten und von Behinderung
bedrohten Kinder und Jugendlichen auf eine ihren persönli-

chen Möglichkeiten entsprechende schulische Bildung und Erziehung" (vgl. KMK-EMPFEHLUNGEN 1994, a. a. O.);
– zum anderen an der individuellen und sozialen Situation der Kinder und Jugendlichen, wobei die „persönlichkeits- und entwicklungsorientierte Vorbereitung auf zukünftige Lebenssituationen" ein wesentliches Ziel der sonderpädagogischen Förderung darstellt (vgl. a. a. O., 28).

Eingeschlossen in die sonderpädagogische Förderung sind „begleitende spezifische Hilfen", um je spezifische Beeinträchtigungen und Hemmnisse reduzieren bzw. weitestgehend überwinden zu können.

5.2.1.1 Sonderpädagogische Förderung

In den KMK-Empfehlungen von 1994 werden neben einer Bestandsaufnahme der Entwicklungen in der sonderpädagogischen Theorie und insbesondere in der Praxis die bisherigen Fachtermini vor dem Hintergrund der bereits skizzierten Weiterentwicklungen korrigiert.

Das heißt: mit der Einführung des Begriffs „sonderpädagogische Förderung" ist dem Umstand Rechnung getragen, dass die Erziehung und Bildung von Kindern spezifisch erforderliche Maßnahmen miteinschließt. Diese besondere pädagogische Förderung muss nicht mehr zwangsläufig an eine Behinderung oder an eine Schädigung (Impairment) geknüpft werden. Überall dort, wo im Einzelfall ein Kind oder ein Jugendlicher Erschwernisse im Erziehungs- und Bildungsprozess hat, kann dies je spezifisch – nicht pauschal als Behinderung – sondern differenziert als besonderer pädagogischer Förderbedarf diagnostiziert werden.

Der Begriff der Förderung ist nicht unumstritten, da er in allen Verlautbarungen relativ unscharf bleibt (vgl. KANTER 2000, 52). Erstmals 1973 vom Deutschen Bildungsrat benutzt, wurde er in den Empfehlungen der KMK (1994) durch den Zusatz „sonderpädagogische" Förderung, zumindest auf die Professionalität der Hilfen bezogen, präzisiert (vgl. Abs. 1.4.1.1).

Positiv betrachtet,
– kann der Begriff Förderung allgemein akzeptiert werden,
– impliziert er Fortschritt, Weiterentwicklung,
– ist er nicht pauschal defizitorientiert,
– legt er ein institutionenübergreifendes pädagogisches Handeln nahe
(vgl. SPECK 1995, 176 f.).

Kritisch gesehen
– impliziert der Begriff Förderung ein von außen ansetzendes Maßnahmenbündel,
– bei dem die Gefahr einseitiger bzw. nicht-ganzheitlicher Intervention besteht,
– die dem kindlichen Subjekt und damit den kindlichen Eigenanteilen, Wünschen und Bedürfnissen nur teilweise gerecht wird.

Diese Bedenken ergeben sich allerdings bei allen pädagogischen Einwirkungen, unabhängig von ihrer jeweiligen Benennung. Dennoch kommt SPECK (1995, a. a. O.) zu dem Schluss:
„Sonderpädagogische oder besondere pädagogische Förderung eignet sich als Begriff zur Kennzeichnung des Spezifischen der sonderpädagogisch professionellen Tätigkeit" (1995, 178).

5.2.1.2 Der sonderpädagogische Förderbedarf

Zwangsläufig ergibt sich damit in der schulischen Praxis die Notwendigkeit der Feststellung eines Förderbedarfs. In den Empfehlungen heißt es:
„Sonderpädagogischer Förderbedarf ist bei Kindern und Jugendlichen anzunehmen, die in ihren Bildungs-, Entwicklungs- und Lernmöglichkeiten so beeinträchtigt sind, dass sie im Unterricht der allgemeinen Schule ohne sonderpädagogische Unterstützung nicht hinreichend gefördert werden können" (KMK-EMPFEHLUNGEN, a. a. O., 28 f.).
Diese Definition stellt eine Erweiterung der Definition von „Sonderschulbedürftigkeit" dar, erweitert um den Passus „sonderpädagogische Unterstützung" in der allgemeinen Schule. Die Zwangsläufigkeit einer Sonderbeschulung ist damit aufgehoben.
Dennoch bleibt die Definition sehr allgemein und damit unscharf. Die Gefahr, dass bei einem Teil der Kinder, z. B. Kinder mit Lernbehinderungen, schulleistungsschwache Kinder, der besondere pädagogische Förderbedarf nicht mehr wahrgenommen wird, hebt STOELLGER (2000, 5 f.) sehr deutlich hervor. „Das Diffuse am Begriff des sonderpädagogischen Förderbedarfs verschleiert die Sicht auf die wahre Problemlage". Er befürchtet, dass gerade Kinder mit einer „erheblich reduzierten Lernbasis", Kinder aus wenig förderlichem sozialen Milieu, nicht mehr

als Kinder mit besonderem pädagogischen Förderbedarf wahrgenommen werden. „Ihr Anspruch auf spezielle pädagogische Hilfe, die ja auch ein Stückweit Nachteilsausgleich ist, ... , droht unterzugehen" (STOELLGER 2000, 7). Insofern ist es wichtig, den Begriff „sonderpädagogischer Förderbedarf" zu präzisieren.

Allerdings erscheint es im Hinblick auf eine breite, institutionenübergreifende Anwendung sinnvoll, zunächst von „besonderem pädagogischen Förderbedarf" statt von „sonderpädagogischem Förderbedarf" zu sprechen.

Bei differenzierter Betrachtung ist dieser aus meiner Sicht dann gegeben,
– wenn physische oder emotionale Beeinträchtigungen eines Kindes seine Entwicklung und sein Lernen erschweren;
– wenn Begabungen, Fähigkeiten und Interessen eines Kindes als außerhalb des altersgemäßen Durchschnitts liegend eingestuft werden können, und dadurch Probleme im schulischen Lernen, in der Motivation und / oder in der geistigen Entfaltung entstehen;
– wenn sozio-kulturelle, sozio-emotionale und / oder sozio-ökonomische Gegebenheiten im Lebensumfeld des Kindes seine Entwicklung und sein Lernen beeinträchtigen.

Hinzukommen müsste als 4. Punkt
– wenn die biographischen Fakten oder die familiale Situation eines Kindes Benachteiligungen impliziert, die seine Entwicklung ungünstig beeinflussen können (z. B. Kinder ausländischer Familien; weltanschauliche Aspekte, beispielsweise bezogen auf die Geschlechterdifferenzierung 1 Benachteiligung von Mädchen)
(VERNOOIJ 2002, 370 / 2004, 104).

Erst wenn dem je spezifischen pädagogischen Förderbedarf in Regeleinrichtungen nicht hinreichend entsprochen werden kann, z.B. aufgrund der Schwere der Beeinträchtigung, sollte von „sonderpädagogischem Förderbedarf" gesprochen werden (vgl. auch Kap. 5.2.2.9)

In den KMK-EMPFEHLUNGEN (1994, a. a. O., 29) wird im Zusammenhang mit der Feststellung des sonderpädagogischen Förderbedarfs u. a. erläutert,
– dass er „nicht allein von schulfachbezogenen Anforderungen her" bestimmt werden kann;
– dass sowohl das familiale als auch das schulische Umfeld beachtet werden müssen;

– dass elementare Entwicklungsbereiche, wie „Motorik, Wahrnehmung, Kognition, Motivation, sprachliche Kommunikation, Interaktion, Emotionalität und Kreativität" in die Diagnose einbezogen werden müssen.

Die Feststellung des besonderen pädagogischen Förderbedarfs im Sinne einer „Kind-Umfeld-Analyse" kann je individuelle Ausformungen bzw. Schwerpunkte bezogen auf die Förderung deutlich machen, die von der KMK, letztlich entlang der bisher bekannten Behinderungsarten, mit anderer Begrifflichkeit, nämlich „Förderschwerpunkt" genannt werden (vgl. 5.2.2).

Am Ende dieses Feststellungsprozesses sollten
– die Erkenntnisse und Daten „interdisziplinär gewichtet und abgestimmt" werden,
– die Stellungnahme der Erziehungsberechtigten hinzugezogen
– und so eine allgemeine Empfehlung einschließlich einer Förderplanung gegeben werden (vgl. KMK-Empfehlungen, a. a. O., 30).

Bezogen auf die vorgenannten möglichen Förderorte bildet diese Empfehlung die Grundlage für eine Förderortentscheidung. Dabei sind, ausgehend von Art und Umfang des Förderbedarfs, die möglichen Alternativen zu überprüfen unter dem Aspekt verfügbarer personeller, räumlicher und ggf. technisch-appartiver Ressourcen.
    „Vor diesem Hintergrund ist dann derjenige Lernort zu wählen, der auf bestmögliche Weise den Förderbedürfnissen des Kindes bzw. Jugendlichen, seiner Selbstfindung und Persönlichkeitsentwicklung gerecht werden und auf die gesellschaftliche Eingliederung sowie auf berufliche Anforderungen vorbereiten kann" (KMK-Empfehlungen, a. a. O., 31).
    Hinsichtlich der schulischen Förderorte werden Bedingungen für die einzelnen schulischen Alternativen genannt, die gewährleisten sollen, dass dem je individuellen Förderbedarf entsprochen wird.

• Als wesentlich für den **gemeinsamen Unterricht** werden
    – die Notwendigkeit sonderpädagogisch qualifizierter Lehrkräfte,
    – individualisierte Förderplanung,
    – Teamarbeit der beteiligten Lehr- und Fachkräfte sowie
    – die Möglichkeit zieldifferenzierter Unterrichtung
hervorgehoben.

- Die Unterrichtung in einer **Sonderschule** sollte dann geschehen, wenn dem besonderen pädagogischen Förderbedarf in einer allgemeinen Schule nicht ausreichend entsprochen werden kann.

- **Schulkooperative Formen**, in denen eine Sonderschule und eine allgemeine Schule pädagogisch eng zusammenarbeiten, teilweise, d. h. in einigen Fächern, bei Exkursionen, Festen etc., gemeinsamen Unterricht bzw. gemeinsame Aktivitäten durchführen, „erschließen allen Beteiligten Möglichkeiten zur wechselseitigen Annäherung" (KMK-EMPFEHLUNGEN 1994, a. a. O., 36). Eine höhere Durchlässigkeit der Bildungsgänge verschiedener Schulen und damit die Möglichkeit des Wechsels von einzelnen Schülern / Schülerinnen in diesem Zusammenhang wäre zu begrüßen.

- Die Vielfalt des Angebotes in **Sonderpädagogischen Förderzentren** wird von der KMK hervorgehoben. Als „regionale oder überregionale Einrichtungen" können sie i. d. R. mehreren Förderschwerpunkten gerecht werden. Je nach Art des Förderzentrums (vgl. Abs. 5.3) sind präventive, integrative und kooperative Möglichkeiten wohnortnah und fachlich qualifiziert gegeben.

Die vorschulischen Fördermöglichkeiten, denen die KMK „eine herausragende Bedeutung" beimisst, wurden bereits ausführlich erörtert (Kap. 2 und 3). Der besonderen Förderung im Zusammenhang mit beruflicher Vorbereitung, Ausbildung und Eingliederung wird das folgende Kapitel 6 gewidmet sein.

5.2.1.3 Würdigung der KMK-Empfehlungen von 1994

Nach KANTER (2000, 53) haben sich die 1994er Empfehlungen „... bei aller berechtigter Kritik im Einzelnen – zunehmend als ein wichtiges Reformpapier für die Weiterentwicklung sonderpädagogischer Förderung erwiesen". Dies ist weniger im Sinne konkreter Handlungsanweisungen zu verstehen. Eher bilden die Empfehlungen eine allgemeine „reflektierte Bestandsaufnahme" sonderpädagogischer (Weiter-) Entwicklungen, aus denen sich für die Praxis, insbesondere für die schulische, Folgerungen und Anregungen ergeben und ableiten lassen. „Gerade wegen ihres relativ hohen Grades an Unbestimmtheit" fordern die Empfehlungen „zur kritischen Verarbeitung der Analysen und Vorschläge", sowie zu „eigenständigen Entscheidungen" heraus (vgl. KANTER, a. a. O.).

Betrachtet man vor dem Hintergrund der Ausführungen in Abs. 5.1 die Veränderungen zu den KMK-Empfehlungen von 1972, so spiegeln sie augenfällig die Entwicklung zu einem „gleichberechtigt begabungsorientierten Paradigma" bei dem Behinderung als besonderer pädagogischer Förderbedarf zu einer Erziehungs- und Bildungskategorie wird (vgl. HENSLE / VERNOOIJ [7]2002, 25).

Folgen dieser Entwicklung sind:
– die Zentrierung auf individuelle Problemlagen, nicht objektbezogen defizitär sondern subjektbezogen fähigkeitsprofiliert;
– die Pluralisierung der Förderorte, und damit die mehr oder weniger ausgeprägte Möglichkeit der Wahl für die betroffenen Kinder und ihre Eltern;
– die zunehmende Akzeptanz von integrierten schulischen Möglichkeiten und damit die Erhöhung von Chancengleichheit und sozialer Akzeptanz.

Der Automatismus: Behinderung = Sonderbeschulung greift nicht mehr ohne weiteres, da dem „sonderpädagogischen Förderbedarf" u. U. auch in anderer schulischer und unterrichtlicher Form entsprochen werden kann.

Begabungsgerechte Förderung heißt aus meiner Sicht Förderung der je individuellen Fähigkeiten und Möglichkeiten von Kindern vor dem Hintergrund ihrer spezifischen persönlichen und sozialen Gegebenheiten und Bedingungen.

Vor dem Hintergrund der KMK-Empfehlungen von 1994 sind die Möglichkeiten für beeinträchtigte Kinder vielfältiger und damit individueller geworden.

Auch wenn die KMK-Empfehlungen als Ganzes durchaus Anlass zur Kritik bieten (vgl. z. B. BLEIDICK / RATH / SCHUCK 1995) bleibt doch festzuhalten,
– dass die einstimmige Verabschiedung eines Empfehlungspapiers durch 16 verschiedene, im Bildungswesen relativ unabhängige Landesregierungen „eine kaum zu bewältigende Aufgabe" darstellt (vgl. KANTER 2000, 47);
– dass solche Empfehlungen den Charakter von Leitlinien haben, und als solche zwangsläufig hinsichtlich konkreter Vorschläge relativ unbestimmte, weit gefasste Formulierungen enthalten müssen;

– dass mit den vorliegenden Empfehlungen, die als Konsenspapier der Kultusminister der 16 Bundesländer anzusehen sind, die Erstellung einiger klarer und offenbar von allen Ländern grundsätzlich akzeptierter Reformvorgaben gelungen ist (vgl. KANTER 2000, 47).

MERKSÄTZE:

- 1994 wurden die „Empfehlungen der Kultusministerkonferenz zur sonderpädagogischen Förderung in den Ländern der Bundesrepublik Deutschland" veröffentlicht.
- In ihnen spiegeln sich eine veränderten Sichtweisen wider.
- Als wesentliche neue Aspekte können herausgestellt werden:
  – die Pluralisierung der Förderorte für behinderte Kinder;
  – nicht die Behinderung sondern der „sonderpädagogische Förderbedarf" ist bestimmend für den schulischen Förderort;
  – sonderpädagogische Unterstützung kann auch in der Regelschule durch Sonderpädagogen erfolgen.
- Kritisch betrachtet könnte man sagen:
Der Begriff „Sonderschulbedürftigkeit" wurde durch den Begriff „sonderpädagogischer Förderbedarf" ersetzt, lediglich mit der Option, dass diesem Förderbedarf evtl. auch in der Regelschule entsprochen werden **könnte**.
- Anstelle der je spezifischen Behinderung / Beeinträchtigung wird von unterschiedlichen Förderschwerpunkten gesprochen.
- Als schulische Förderorte sind möglich:
  – Integrations- bzw. integrative Klassen in der Regelschule,
  – kooperative Formen (Sonder- und Regelschule kooperieren miteinander), Sonderpädagogische Förderzentren,
  – Sonderschulen.
- Die Feststellung des sonderpädagogischen Förderbedarfs soll umfänglich und je spezifisch im Sinne einer Kind-Umfeld-Analyse erfolgen.
- Die fähigkeitsprofilierte, individuelle Problemlage eines Kindes ist von entscheidender Bedeutung.
- Bei der Wahl des Förderortes ist sicherzustellen, dass dem je individuellen Förderbedarf entsprochen werden kann.
- Dies gilt insbesondere bezogen auf die personellen, organisatorischen, räumlichen und sächlichen Gegebenheiten in der Regelschule.
- Die Empfehlungen haben den Charakter von Leitlinien, denen die Kultusminister der 16 Bundesländer geschlossen zustimmten.
- Zusätzlich zu den allgemeinen Empfehlungen von 1994 wurden zwischen 1996 – 2000 Ergänzungsempfehlungen zu den verschiedenen Förderschwerpunkten, die im wesentlichen den Behinderungsarten entsprechen, herausgegeben.

5.2.2 Sonderpädagogische Förderschwerpunkte

Ab 1996 erschienen in Ergänzung zu den allgemeinen Empfehlungen je spezifische zu den verschiedenen Förderschwerpunkten, insgesamt neun:

- Empfehlungen zum Förderschwerpunkt **Hören** (1996)
- Empfehlungen zum Förderschwerpunkt **Sehen** (1998)
- Empfehlungen zum Förderschwerpunkt **körperliche** und **motorische Entwicklung** (1998)
- Empfehlungen zum Förderschwerpunkt **Sprache** (1998)
- Empfehlungen zum Förderschwerpunkt **geistige Entwicklung** (1998)
- Empfehlungen zum Förderschwerpunkt **Lernen** (1999)
- Empfehlungen zum Förderschwerpunkt **emotionale** und **soziale Entwicklung** (2000)
- Empfehlungen zu Erziehung und Unterrichtung von **Kindern und Jugendlichen mit autistischem Verhalten** (2000)
- Empfehlungen zum Förderschwerpunkt **Unterricht kranker Schülerinnen und Schüler** (1998)

Diese Empfehlungen sind in Anlehnung an den allgemeinen Teil in acht Kapitel unterteilt. Diese Gliederung war allen Kommissionsgruppen vorgegeben:

1. Ziele und Aufgaben

2. Sonderpädagogischer Förderbedarf

3. Feststellung des Sonderpädagogischen Förderbedarfs

4. Erziehung und Unterricht

5. Formen und Orte sonderpädagogischer Förderung

6. Zusammenarbeit

7. Einsatz und Qualifikation des Personals

8. Schlussbestimmung

Bei DRAVE / RUMPLER / WACHTEL (2000) finden sich im Anschluss an die einzelnen Texte jeweils zwei kommentierende Beiträge. Der erste von Ministeriumsvertretern, die an der Erstellung des Textes beteiligt waren, der zweite von einem behinderungsspezifischen Fachvertreter der wissenschaftlichen Disziplin.

Mit den wesentlichen Gedanken der Empfehlungen sollen im Folgenden die einzelnen Förderschwerpunkte kritisch vorgestellt werden.

5.2.2.1 Förderschwerpunkt Hören (1996)

Ausgangspunkt sind Überlegungen zur Schädigung als solcher und ihrer möglichen Folgen für die Entwicklung und das Lernen des Kindes.

„Eine Hörschädigung oder Beeinträchtigung der auditiven Wahrnehmung bei Kindern und Jugendlichen ist verbunden mit sprachlichen und psycho-sozialen Folge- und Begleiterscheinungen. So sind die Wahrnehmung und die Verfügbarkeit von Sprache sowie das Sprechen und die Kommunikation ebenso betroffen wie die Wahrnehmung und das Verstehen der sozialen und sächlichen Umwelt", (KMK-EMPFEHLUNGEN 1996, a. a. O., 56). Als in besonderem Maße entwicklungsgefährdet werden die Bereiche der geistigen, der Sprach- und der Sozialentwicklung herausgestellt, was wiederum Auswirkungen auf das Lern- und Leistungsverhalten haben kann.

Eine wesentliche Aufgabe ist das frühzeitige Erkennen der Schädigung und ihrer „Entwicklungsdynamik". Damit verbunden ist die Einschätzung „der Bedeutung der Schädigung für den Bildungs- und Lebensweg des Kindes" (a. a. O., 57).

Die hohe Bedeutung der Frühförderung wird von der KMK explizit herausgestellt. Insbesondere die Förderung der kommunikativen Fähigkeiten wird als „grundlegende Aufgabe der frühen vorschulischen Erziehung" gesehen (vgl. a. a. O., 68).

Ziel der sonderpädagogischen Förderung, vorschulisch und schulisch, ist die sinnerfüllte Lebensgestaltung, sowohl im sozialen Umgang mit Hörenden als auch mit anderen Hörgeschädigten (vgl. auch HENSLE / VERNOOIJ [7]2002, 84ff.).

Unabhängig vom je individuellen besonderen pädagogischen Förderbedarf lässt sich allgemein aus der Sicht der KMK-Empfehlungen sagen:

• Erziehung und Unterricht müssen, unter Einbezug notwendiger technischer Hilfen, auf die Hörschädigung der Kinder abgestimmt sein.

- Persönlichkeitsbildung, Erziehung zur Selbständigkeit sowie Sozialerziehung bilden wesentliche Förderschwerpunkte.
- Schädigungsspezifische Förderschwerpunkte liegen insbesondere in den Bereichen
  - Hörerziehung
  - Laut-, Sprach- und Artikulationsförderung
  - Schriftsprachliche Förderung
  - Anbahnung und Förderung gebärdensprachlicher Kommunikation
  - Sinnesschulung (z. B. visuell, taktil)

Aufgrund großer Unterschiede hinsichtlich der Art und des Grades der Schädigung bilden Kinder mit dem Förderschwerpunkt Hören keine homogene Gruppe. Um den Förderort mit den bestmöglichen Förderbedingungen je spezifisch zu ermitteln, empfiehlt die KMK eine „breitangelegte, interdisziplinäre Verlaufsdiagnostik" (a. a. O., 58).

Als Förderorte für Kinder mit Hörschädigungen werden genannt:
- die Regelschulen
- Schulen für Gehörlose
- Schulen für Schwerhörige
- Förderzentren mit dem Förderschwerpunkt Hören

Dabei kommt der Zusammenarbeit mit den Eltern, unabhängig vom Förderort, eine herausragende Bedeutung zu.

Würdigung der Empfehlungen zum Förderschwerpunkt Hören:

In den Empfehlungen wird deutlich gemacht, dass, unabhängig von der kontroversen Diskussion hinsichtlich der Vermittlung von **Laut- und / oder Gebärdensprache** (vgl. auch HENSLE / VERNOOIJ [7]2002, 103f.) die schulische Förderung **beide** Formen der Kommunikation dort zu vermitteln hat, wo die Lautsprache nicht als primäres Kommunikationsmittel ermöglicht werden kann.

SCHAAR (2000, 76) weist in seiner Argumentation auf die von der KMK genannte Zielsetzung hin, nach der die Lebensgestaltung „sowohl in der sozialen Begegnung mit Hörenden als auch mit Hörgeschädigten" ermöglicht werden soll (KMK-EMPFEHLUNGEN, a. a. O., 57).

Dies bedingt, dass hörgeschädigte Menschen über beide Kommunikationsmittel verfügen müssen.

Integration ist nur möglich, wenn die Beteiligten sich des gleichen Kommunikationsmediums bedienen. Dies bedeutet u. U. für schwer hörgeschädigte Menschen, dass sie sich in „zwei Lebenswelten" bewegen müssen (vgl. SCHAAR, a. a. O.), da die alleinige Beherrschung der Gebärdensprache ihnen die Welt der Hörenden weitgehend verschließt. Befürworter der Lautsprache als Kommunikationsmedium bezeichnen die Gebärdensprache daher auch als „integrationshemmend".

Zusammenfassend formuliert SCHAAR (2000, 77)

„Jede Schule für Hörgeschädigte ist gefordert, eine Antwort auf die Aufgabe aller sonderpädagogischen Förderung zu geben: – Selbstentfaltung in sozialer Eingliederung – mit Hörenden durch die Lautsprache und mit Hörgeschädigten durch die Gebärdensprache."

GÜNTHER (2000, 89) sieht „das Kommunikations- und Sprachproblem als Kern des Förderschwerpunktes Hören". Auch er plädiert für die Pluralisierung der Anbahnung von Kommunikationsmöglichkeiten, wobei aus seiner Sicht die „audiometrisch gehörlosen" und die „resthörigen Kinder" die Gruppen bilden, an denen sich die kontroverse Diskussion immer wieder entzündet.

Die Empfehlungen der KMK scheinen hier eine Entwicklung voranzutreiben, die jenseits von ideologiebefrachteten Argumenten, einerseits die fähigkeitsangemessene, andererseits die sozialintegrative Förderung im Blick hat.

Dem besonderen pädagogischen Förderbedarf hörgeschädigter Kinder gerecht zu werden heißt, „die Gesamtheit des Förderarsenals ... anzubieten" und „orientiert an den je individuellen Fähigkeiten und Notwendigkeiten" dieses differenziert einzusetzen (vgl. GÜNTHER 2000, 91).

5.2.2.2 Förderschwerpunkt Sehen (1998)

In den Empfehlungen wird zunächst auf die große Heterogenität der Gruppe von Kindern mit Sehschädigungen hingewiesen. In dieser Gruppe werden Kinder erfasst, deren Schädigungen sich von einer Herabsetzung des Sehvermögens in verschiedenen Graden bis hin zum Ausfall des Sehvermögens bei Vollblindheit erstrecken können (vgl. auch HENSLE / VERNOOIJ [7]2002, 107ff.).

Im Zusammenhang mit Sehschädigungen können Beeinträchtigungen in anderen Bereichen eintreten, z. B.
– in der körperlichen und motorischen,

– in der geistigen   sowie
– in der emotionalen und sozialen

Entwicklung, was Auswirkungen auf das Lern- und Leistungsverhalten allgemein haben kann.

Häufig finden sich bei Kindern mit Sehschädigungen teilweise schwere Mehrfachbehinderungen, so dass bei der Förderung
mehrere Förderschwerpunkte zu berücksichtigen sind. Insofern
ist die Feststellung des besonderen pädagogischen Förderbedarfs ein individuell spezifischer Vorgang, der i. d. R. neben einem augenärztlichen Gutachten das funktionale Sehen in unterschiedlichen Lebens- und Lernsituationen ermitteln muss.
Dabei geht es darum, festzustellen, wie das Kind seine verblie-
bene Sehfähigkeit in Alltagssituationen nutzt, welche Erschwernisse, nicht nur visuell, für das Kind entstehen, wie die nichtvi-
suellen Sinne genutzt werden können, z.B. als Kompensations-
möglichkeit. Auch die Frage nach notwendigen Hilfsmitteln
und deren Gebrauch muss in die Datensammlung einfließen

Da aufgrund der Sehschädigung die Situationserfassung in
sozialen Situationen mehr oder weniger erschwert ist, z. B.
werden Gestik und Mimik des Gegenüber nur eingeschränkt
oder gar nicht wahrgenommen, ist die Förderung der Einschätzung von Kommunikations- und Alltagssituationen ein wesentlicher Schwerpunkt. In den Empfehlungen heißt es dazu: „Eine
auf Sehschädigung bezogene besondere Erziehung besteht aus
Hilfen zur Lebensbewältigung, zur psychischen Entwicklung
und zur sozialen Kompetenz" (KMK-EMPFEHLUNGEN 1998, a. a.
O., 188). Diese für alle Beeinträchtigungen gleichermaßen geltende allgemeine Aussage wird ähnlich allgemein näher erläutert, wobei die Förderung von „Sicherheit und Vertrauen anderen und sich selbst gegenüber" ein wesentlicher Bestandteil der
Erziehung bei Sehschädigung sein muss, ebenso wie die Förderung lebenspraktischer Fertigkeiten und die Verbesserung der
Orientierung und Mobilität, d. h. der selbständigen Bewegung
und Fortbewegung in bekannten und nach Möglichkeit auch in
nicht-bekannten Räumen.

Für den Unterricht sind didaktisch-methodische Entscheidungen und Modifizierungen notwendig, um den erschwerten Le-
bens- und Lernbedingungen Rechnung zu tragen und dem je
spezifischen Förderbedarf gerecht zu werden. Damit sehgeschädigte Schülerinnen und Schüler am Unterricht erfolgreich
teilnehmen können, sind Grundvoraussetzungen in Bezug auf
Klassenraumgestaltung, Lehr- und Lernmittel, Medien und Un-

terrichtsorganisation zu gewährleisten" (a. a. O. 189). Häufig wird eine völlige Umgestaltung oder eine Ergänzung der Lehr- und Lernmittel notwendig, z. B. eine elektronische Braillezeile am PC, oder Bücher und Materialien in Brailleschrift. Auch optische und elektronische Sehhilfen (z. B. Lupen, Bildschirmlesegeräte, Vergrößerungssoftware) gehören zur Ausstattung im Rahmen besonderer pädagogischer Förderung.

Neben der Schule für Blinde, der Schule für Sehbehinderte und dem Förderzentrum werden unterschiedliche Formen integrativer Erziehung und Bildung als Förderorte genannt.

Wie im Förderschwerpunkt Hören werden frühe, vorschulische Maßnahmen unter dem Aspekt der Prävention in ihrer Bedeutung herausgestellt.

Würdigung der Empfehlungen zum Förderschwerpunkt Sehen:

Aufgrund des hohen Allgemeinheitsgrades des gesamten Textes lassen sich nur wenige spezifische Aspekte im Zusammenhang mit Sehschädigungen herauslösen. Eine Diskussion neuerer pädagogischer Trends, wie es von der KMK gewünscht war, findet sich kaum. Insofern beinhalten die beiden anschließenden Kommentare (PLUHAR; WALTHES) einerseits eine quasi Rechtfertigung des Empfehlungstextes (PLUHAR 2000, 199 – 205), andererseits einen quasi zweiten Empfehlungstext aus wissenschaftlicher Perspektive (WALTHES 2000, 207 – 219).

Eine deutliche Schwerpunktsetzung im Empfehlungstext der KMK geschieht hinsichtlich der gemeinsamen Unterrichtung von sehgeschädigten und nichtbehinderten Kindern in der Regelschule. WALTHES (a. a. O., 217) hingegen widmet dem gemeinsamen Unterricht nur wenige Zeilen. An anderer Stelle führt sie aus: „Sonderpädagogischer Förderbedarf entsteht dort, wo zwischen den individuellen Voraussetzungen und Bedingungen und den Ansprüchen und Möglichkeiten der allgemeinen Schule lang andauernde, umfassende und erhebliche Diskrepanzen bestehen" (a. a. O., 212).

Dabei ist nicht ganz klar, ob dem so entstehenden „sonderpädagogischen Förderbedarf" an der jeweiligen Regelschule überhaupt entsprochen werden kann, selbst bei Unterstützung durch eine sonderpädagogische Fachkraft.

In Ergänzung zu den Empfehlungen der KMK erscheinen mir die Ausführungen von WALTHES zur Feststellung des besonderen pädagogischen Förderbedarfs (a. a. O., 214 ff.) bedeutsam.

Sie geht von einer lernprozessbegleitenden Diagnostik aus, bei der drei Schwerpunkte hervorgehoben werden, um das Wahrnehmungs-, Lern- und Umgangsverhalten des Kindes verstehen zu können:

- Analyse des funktionalen Sehens,

- vorhandene Strategien der Umweltaneignung,

- soziale und kommunikative Kompetenzen.

Zum ersten Schwerpunkt wird differenziert ausgeführt,
- dass die Zusammenarbeit mit Ärzten, Orthoptisten und Optikern unerlässlich ist;
- dass die Ermittlung von Sehverhalten und Sehvermögen in Alltagssituationen nicht standardisiert sondern nur je spezifisch ermittelt werden kann (evtl. mit unterschiedlichen Beobachtungs- und Beschreibungsverfahren);
- dass alle „lernrelevanten Umwelten" des Kindes einbezogen werden müssen;
- dass bestimmte Funktionen im Zusammenhang mit dem Sehvermögen besonderer Beachtung bedürfen.

Insgesamt plädiert die Autorin für ein aus ihrer Sicht notwendiges „multiprofessionelles Team" an Schulen und Förderzentren. Dies dürfte nicht in jedem Fall zu realisieren sein. Insofern schließt die Abhandlung mit der Feststellung: „In jedem Fall ist es jedoch die Aufgabe sonderpädagogischer Förderung, die für das Kind notwendige interdisziplinäre Fachlichkeit herzustellen und diese zu koordinieren" (a. a. O., 218).

Für den Förderschwerpunkt Sehen kann ich allen Interessierten nur empfehlen, den KMK-Empfehlungstext **und** die Abhandlung von WALTHES im Zusammenhang mit den Empfehlungen (in: DRAVE / RUMPLER / WACHTEL 2000) zu lesen, um einen differenzierten und fachlich korrekten Einblick in den Förderschwerpunkt zu erhalten.

5.2.2.3 Förderschwerpunkt körperliche und motorische Entwicklung (1998)

Im Zusammenhang mit körperlichen und motorischen Beeinträchtigungen wird in den KMK-Empfehlungen u. a. explizit darauf hingewiesen, dass die sonderpädagogische Förderung

„auch zu einer verantwortlichen Gestaltung des erschwerten Lebens und zur Wahrnehmung von Rechten und Pflichten in der Gesellschaft" befähigen soll (KMK-Empfehlungen 1998, a. a. O., 98). Damit ist von Beginn an auch die gesellschaftliche Dimension im Sinne von Partizipation (vgl. WHO 1998 in Hensle / Vernooij ⁷2002, 13) angesprochen.

In einer allgemeinen Kennzeichnung wird verdeutlicht, dass es bei „in Art und Grad unterschiedlich beeinträchtigten Bewegungsmöglichkeiten ... zu veränderten Ausgangslagen in anderen Bereichen kommen [kann], die bis zur vollständigen Pflegebedürftigkeit führen können" (KMK-Empfehlungen 1998, a. a. O., 98). Sehr differenziert wird sowohl auf die vielfältigen Entwicklungsbeeinträchtigungen im Zusammenhang mit körperlicher und motorischer Beeinträchtigung, als auch auf zahlreiche mögliche Folgen und Begleiterscheinungen bezogen auf Lernen und Verhalten verwiesen.

Diesem teilweise sehr komplexen Beeinträchtigungsgefüge ist bei der Förderung umfänglich Rechnung zu tragen.

Bei Kindern mit körperlichen Beeinträchtigungen ist im Zusammenhang mit weiteren Beeinträchtigungen häufig der Tatbestand einer schweren Mehrfachbehinderung gegeben (vgl. auch Hensle / Vernooij ⁷2002, 40f. / 172ff.). In diesen Fällen sind an eine individuelle Förderung in besonderem Maße hohe Anforderungen gestellt, auch bezogen auch eine „intensive pädagogische Begleitung" (vgl. KMK-Empfehlungen 1998, a. a. O., 101 f.).

Sowohl die Ermittlung des besonderen pädagogischen Förderbedarfs als auch die Erziehung und Bildung von Kindern mit körperlicher Beeinträchtigung kann auf die Hinzuziehung anderer Fachdisziplinen nicht verzichten (Medizin, Physio- & Ergotherapie, Logopädie etc.). Im Text wird von „interdisziplinärer Erweiterung" gesprochen, bei der das Unterrichts- und Förderkonzept jedoch einheitlich, d. h. in intensiver Absprache durch die unterschiedlich qualifizierten Fachkräfte, gestaltet sein soll.

Bei der Ermittlung des besonderen pädagogischen Förderbedarfs eines Kindes sollten Informationen aller an der Förderung des Kindes bisher beteiligten Fachkräfte einbezogen werden.

Bei der Förderortentscheidung – Sonder- oder Regelschule – bedarf die Situation von Kindern „mit fortschreitenden Erkrankungen und mit begrenzter Lebensdauer" besonderer Aufmerksamkeit (vgl. a. a. O., 100, 104). Diese Kinder und ihre Eltern benötigen besondere pädagogische Begleitung und mitmenschliche Zuwendung in sehr sensibler Form.

Durchgängig finden sich im Text Hinweise auf die Notwendigkeit gesellschaftlicher Teilhabe. Neben einer allgemeinen und je spezifischen Förderung sollen Kinder mit körperlichen Beeinträchtigungen „ermutigt und angeleitet werden, eigene Bedürfnisse zu formulieren, Ansprüche zu vertreten und sich für die Wahrung bzw. die Verbesserung der eigenen Situation einzusetzen" (a. a. O., 105). Der schulischen Erziehung und Bildung kommt dabei besonderes Gewicht zu.

Auch für Kinder mit körperlichen und motorischen Beeinträchtigungen wird die Bedeutung möglichst früh einsetzender Förderung herausgestellt.

Bei der schulischen Förderung sind insbesondere die personellen, baulich-räumlichen sowie die sächlichen Gegebenheiten zu beachten.

Für die bei integrativer Beschulung in der Regelschule tätigen Sonderpädagogen (z. B. im Rahmen Mobiler Sonderpädagogischer Dienste) wird die Fähigkeit und die Bereitschaft zur Zusammenarbeit mit Lehrern, Eltern, anderen pädagogischen und sozialen Diensten und Institutionen als wesentliche Aufgabe herausgestellt.

Neben der Berücksichtigung der spezifischen Förderbedürfnisse eines beeinträchtigten Kindes obliegt ihnen auch die Förderung der Kontakte zu nicht beeinträchtigten Kindern und damit die Förderung pädagogischer und sozialer Integration.

Eine leichte Präferenz der Förderung in Sonderschulen, insbesondere für schwerer beeinträchtigte Kinder ist im Text nicht zu übersehen, wobei dort zweifelsohne „die konzeptionellen, personellen, baulich-räumlichen und sächlichen Voraussetzungen für eine körperbehindertenpädagogisch qualifizierte ganzheitliche Lernförderung" in der Regel in hervorragendem Maße gegeben ist, was in Regelschulen nur eingeschränkt gewährleistet werden kann.

Würdigung der KMK-Empfehlungen zum Förderschwerpunkt körperliche und motorische Entwicklung:

Nach RUDNICK und SCHULZ (2000) finden sich in den Empfehlungen wesentliche Veränderungen, die einerseits Förderangebote für Kinder mit schweren Mehrfachbehinderungen und / oder mit einer begrenzten Lebenserwartung betreffen. Andererseits rücken bezogen auf die allgemeine Förderung von Kindern mit körperlichen Beeinträchtigungen Aspekte der möglichst selbständigen Lebensführung verbunden mit der Befähigung zu umfänglicher gesellschaftlicher Partizipation stärker in den Vordergrund.

„Die Kinder und Jugendlichen sollen zu Akteuren ihrer Entwicklung werden." Als Ziel der Förderung wird also – so die Empfehlungen – „ein sinnerfülltes und weitgehend selbstverantwortliches Leben angestrebt" (RUDNICK / SCHULZ 2000, 121).

Die Aufgabe der gesellschaftlichen Integration wird – unabhängig vom gewählten Förderort – als eine vordringliche angesehen. Das heißt, Kontakte und gemeinsame Aktivitäten mit nichtbehinderten Kindern sind auch für Schüler anzustreben, die in Sonderschulen unterrichtet werden. Auch die Möglichkeit für Kinder mit körperlichen Beeinträchtigungen, eine Schule für Körperbehinderte für eine begrenzte Zeit, im Sinne einer Durchgangsschule zu besuchen, um dann wieder in die Regelschule zu wechseln, gehört zu den Neuerungen im Empfehlungstext, da diese Form schulischer Förderung bisher kaum praktiziert wird.

STADLER (2000, 130) verweist darauf, dass die Empfehlungen „grundsätzlich eine Orientierung an den Erziehungs- und Bildungszielen der allgemeinen Schule" vorsehen. Auch wenn dies aufgrund der Schwere der Beeinträchtigung häufig nicht möglich ist, „ist ein eigenständiger Bildungsauftrag zu erfüllen, der sich aus der Lebenswirklichkeit und den Lebensperspektiven der Kinder und Jugendlichen mit körperlichen und motorischen Beeinträchtigungen ergibt" (a. a. O., 130 f.).

Bei der Feststellung des sonderpädagogischen Förderbedarfs wird im Empfehlungstext auf die Heterogenität der Gruppe verwiesen und damit die Notwendigkeit je spezifischen diagnostischen Vorgehen unterstrichen.

Dies ist unter dem Aspekt der Pluralisierung der Förderorte für Kinder mit körperlichen Beeinträchtigungen besonders bedeutsam. Diese Pluralisierung ist für alle körperlich beeinträchtigten Kinder zu beachten, unabhängig vom Schweregrad der Beeinträchtigung, wobei die bisher häufig fehlenden personellen, baulichen und sächlichen Voraussetzungen für eine Förderung in der Regelschule zumindest in Einzelfällen geschaffen werden könnten und sollten. Dies ist in den Empfehlungen intendiert.

Für STADLER liegt mit den Empfehlungen „eine gute Grundlage für die schulpraktische Arbeit" vor. Die momentan rege Fachdiskussion im Rahmen der Körperbehindertenpädagogik „wird sich verstärkt mit dem angemessenen schulischen Förderort zwischen Separation und Integration zu beschäftigen haben" (2000, 137).

5.2.2.4 Förderschwerpunkt Sprache (1998)

Die Bedeutung der Sprache und der Befähigung zu sprachlichem Handeln wird zunächst herausgestellt.

Insbesondere bezogen auf die Entwicklung des Menschen hat das Erlernen und der Gebrauch von Sprache einen herausragenden Stellenwert. Sprachliches Handeln ist in allen Lebens- und Lernsituationen gefordert.

Als Funktionen von Sprache werden u. a. genannt:
– Kulturtradierung
– Sinn- und Identitätsbildung
– Soziale Einbindung (mit Hilfe von Kommunikation).

Unter „sprachlichem Handeln" wird im Empfehlungstext
– der Spracherwerb
– der sinnhafte Sprachgebrauch
– die Sprachtätigkeit

verstanden (vgl. KMK-EMPFEHLUNGEN 1998, a. a. O., 224).

Sprache und Sprachfähigkeit stehen in vielfältiger Wechselwirkung mit den verschiedenen Entwicklungs- und Persönlichkeitsbereichen des Menschen. Sehr deutlich werden diese Wechselwirkungen herausgestellt und das komplexe Bedingungsgefüge im Zusammenhang mit Beeinträchtigungen des sprachlichen Handelns verdeutlicht.

Aus der Sicht der KMK-Empfehlungen ist sonderpädagogischer Förderbedarf im Förderschwerpunkt Sprache dann gegeben, wenn Kinder „in ihren Bildungs-, Lern- und Entwicklungsmöglichkeiten hinsichtlich des Spracherwerbs, des sinnhaften Sprachgebrauchs und der Sprechfähigkeit so beeinträchtigt sind, dass sie im Unterricht der allgemeinen Schule ohne sonderpädagogische Unterstützung nicht hinreichend gefördert werden können" (a. a. O., 227).

Kinder, „die aufgrund ihrer Entwicklungs- und Lernbedingungen Sprache in Laut und Schrift als Mittel der Erkenntnis, der Darstellung, des Ausdrucks und der Kommunikation nicht erwartungsgemäß und altersüblich gebrauchen können" sind häufig, als Folge dieser Beeinträchtigung, „in ihrer Persönlichkeits- und Sozialentwicklung und in ihrem Schulerfolg gefährdet" (KMK-EMPFEHLUNGEN 1998, a. a. O., 225). Die Entstehungsbedingungen für Einschränkungen in der sprachlichen Handlungsfähigkeit bilden ein komplexes Gefüge aus sozio-kulturellen, sozio-emotionalen und psycho-sozialen Faktoren bezogen auf den Sozialisations- und Lernhintergrund (vgl. Kap.2; auch HENSLE / VERNOOIJ [7]2002, 206ff.).

Nur vor diesem Hintergrund und unter Berücksichtigung der je individuellen Bedingungen in ihren Verflechtungen und in ihrer Entwicklungsdynamik kann der besondere pädagogische Förderbedarf des einzelnen Kindes ermittelt werden.

Die Notwendigkeit früher, vorschulischer Förderung ist in diesem Förderschwerpunkt in besonderem Maße gegeben, da „schulisches Lernen … vor allem sprachlich vermitteltes Lernen" ist, Sprache also „ein zentrales Medium" schulischen Lernens darstellt (vgl. auch VERNOOIJ 2004, 9ff.).

Aufgrund der Komplexität, der Bedingungs- und Vernetzungsvielfalt sprachlichen Handelns und damit auch der je unterschiedlichen Beeinträchtigungen in diesem Bereich ist bezogen auf den besonderen pädagogischen Förderbedarf förderschwerpunktübergreifendes Denken und kooperatives pädagogisches Handeln in vielen Fällen unverzichtbar.

Neben der Feststellung der je individuellen Beeinträchtigungen vor dem Hintergrund der jeweiligen kindlichen Lebenssituation sind u. U. auch medizinische und psychologisch-therapeutische sowie Informationen von beteiligten sozialen Diensten und bisherigen Förderinstitutionen einzuholen.

Erziehung und Unterricht im Förderschwerpunkt Sprache ist – ausgehend von den Bildungszielen der Regelschule – wesentlich auf die Verbesserung und Erweiterung der sprachlichen Kompetenz ausgerichtet. Dabei darf der Zusammenhang von sprachlicher Kompetenz mit Kompetenzen in anderen Bereichen nicht aus dem Blick geraten, d. h. individuellen Förderpläne sind unter dem Aspekt schwerpunktsetzender Ganzheitlichkeit zu erstellen. Eine den Entwicklungsverlauf überprüfende Begleitdiagnostik erscheint dabei angezeigt.

Bei Vorhandensein der notwendigen personellen und sächlichen Ressourcen kann die Unterrichtung in der Regelschule nicht nur für Kinder mit Beeinträchtigungen im sprachlichen Handeln ein Gewinn sein. „Ein das sprachliche Lernen fördernder gemeinsamer Unterricht ist für alle Schülerinnen und Schüler von Bildungswert" (KMK-EMPFEHLUNGEN 1998, a. a. O., 236).

Die Sonderschule als Förderort ist als Durchgangsschule konzipiert, d. h. die Rückführung in die Regelschule sollte erfolgen, sobald das Kind, aufgrund der verbesserten Sprachkompetenz, am dortigen Unterricht erfolgreich teilnehmen kann.

Dass eine Sonderbeschulung möglichst frühzeitig erfolgen sollte, steht außer Zweifel. In einigen Bundesländern wird diesem Umstand dadurch Rechnung getragen, dass die Schule für Sprachbehinderte (Sprachheilschule) noch nur für den Primarbereich (Klasse 1 – 4) besteht.

Die Förderung in einem Förderzentrum setzt voraus, dass sonderpädagogische Lehrkräfte für den Förderschwerpunkt Sprache vorhanden sind. Bei Mehrfachbeeinträchtigungen ist die Kooperation von Sonderpädagogen unterschiedlicher fachlicher Kompetenz unverzichtbar, um dem je individuellen Förderbedarf gerecht zu werden.

Würdigung der KMK-Empfehlungen im Förderschwerpunkt Sprache:

Im Empfehlungstext wird versucht, die aktuellen Strömungen, sowohl in der sprachheilpädagogischen Theoriebildung als auch in der Förderortdiskussion, zu erfassen und für die zukünftige Förderung von Kindern mit Beeinträchtigungen im sprachlichen Handeln konzeptionell umzusetzen.

Vor dem Hintergrund der „gegenwärtigen Dynamik" sonderpädagogischer Förderung, wurden theoretische und praktische Veränderungen „als Faktum von Wirklichkeit betrachtet und zugleich auch als Chance und Gewinn für das Erwirken neuer Förderqualitäten aufgefasst und genützt" (SCHAAR 2000, 242).

Für WELLING (2000, 251) stellt der Empfehlungstext „eine kopernikanische Wende im Kleinen" dar. Auch wenn diese Formulierung implizit eine Einschränkung enthält, können in diesem Zusammenhang folgende Punkte herausgestellt werden:

- Sprache wird nicht mehr isoliert sondern als „sprachliches Handeln" mit sozialem Handeln und Lernen im Zusammenhang betrachtet. „Die Trias sprachliches Handeln, soziales Handeln und Lernen gehört unstrittig zum lebenswichtigen Tun des Menschen" (a. a. O., 245).

- Die Vernetzung der sprachlichen Entwicklung mit anderen Entwicklungsbereichen wird nicht nur theoretisch herausgestellt, sondern auch im Zusammenhang mit der sonderpädagogischen Förderung umfänglich berücksichtigt.

- Die nicht nur in der Begrifflichkeit deutlich werdende handlungstheoretische Orientierung geschieht vor dem Hintergrund lebensweltlicher und alltagspraktischer Bedeutsamkeit von Sprache.

- Eine Unterstützung der Förderung in Regelschulen und damit eine verstärkte Hinwendung zum gemeinsamen Unterricht für Kinder im Förderschwerpunkt Sprache wird im Empfehlungstext sehr deutlich. Die Pluralisierung der Förderorte wird bezogen auf die Ermittlung des besonderen pädagogischen Förderbedarfs in den Vordergrund gerückt. „Mit seinem sonderpädagogischen Förderbedarf wird ein Kind ... in Beziehung zu mehreren möglichen Förderorten angeschaut, nicht mehr zuerst oder allein auf den Unterricht der Schule für Sprachbehinderte hin" (SCHAAR 2000, 243).

- Für die sich daraus ergebende Diagnostik werden detaillierte Hinweise und Erläuterungen gegeben, stimmig mit dem Komplexitäts- und dem Handlungsaspekt.

- Schule als Ort der Entwicklung vielfältiger, förderschwerpunktübergreifender Förderkonzepte ist sicher noch eine Vision. Im Zusammenhang mit den Entwicklungen im Bereich der Sonderpädagogik in den letzten 20 Jahren scheint diese Vision allerdings ein angemessenes Ziel schulpraktischer Veränderung zu sein, nicht nur bezogen auf den Förderschwerpunkt Sprache.

Die im Empfehlungstext formulierte Maxime: „Die Kompetenzen und pädagogischen Angebote aller innerhalb einer Schule arbeitenden Lehrkräfte sind zu einem auf die Förderbedürfnisse der Schülerinnen und Schüler zugeschnittenen schuleigenen Förderkonzept zusammenzuführen" (KMK-EMPFEHLUNGEN 1998, 239), könnte zur Grundlage für Schulen, Sonderschulen, Förderzentren werden, um Kindern mit besonderem pädagogischen Förderbedarf die bestmögliche Förderung zukommen zu lassen. Denn: „In der Mannigfaltigkeit der Qualifikationen liegt die Chance der individuellen und differenzierten Förderung" (SCHAAR 2000, 248).

5.2.2.5 Förderschwerpunkt geistige Entwicklung (1998)

Sehr allgemein wird in den Empfehlungen zu Beginn festgestellt, dass die sonderpädagogische Förderung von Kindern und Jugendlichen „mit Beeinträchtigungen im Bereich der geistigen Entwicklung ... als Bestandteil der umfassenden Eingliederungsmaßnahmen das Recht auf Bildung" für diese Personengruppe verwirklicht (KMK-EMPFEHLUNGEN 1998, a. a. O., 266). Diese Feststellung ist insofern von Bedeutung, als die Geistigbehindertenpädagogik eine der jüngsten Teilbereiche der Sonderpädagogik im Zusammenhang mit Schule darstellt, und für Kinder mit geistiger Behinderung erst ab 1960 (in den Bundesländern der BRD nicht zeitgleich) ein gesetzlich verankertes **Schulrecht** besteht (vgl. HENSLE / VERNOOIJ [7]2002, 3).

Die Erziehung und Bildung umfasst alle Entwicklungsbereiche unter besonderer Berücksichtigung der praktischen Lebensbewältigung (vgl. KMK-EMPFEHLUNGEN 1998, a. a. O., 266).

Die Gruppe der Kinder mit geistiger Beeinträchtigung ist außerordentlich heterogen, nicht nur bezogen auf den Grad der Behinderung sondern auch bezogen auf das Erscheinungsbild sowie auf die Entstehungsursachen und -faktoren (vgl. auch HENSLE / VERNOOIJ [7]2002, 131ff.).

Zur näheren Umschreibung des Personenkreises heißt es in den KMK-Empfehlungen:

„Sie benötigen besondere Hilfen bei der Entwicklung von Wahrnehmung, Sprache, Denken und Handeln sowie Unterstützung zur selbständigen Lebensführung und bei der Findung und Entfaltung der Persönlichkeit. Vielfach wird die Lern- und Lebenssituation dieser Kinder ... durch körperliche, psychische und soziale Beeinträchtigungen zusätzlich erschwert" (KMK-EMPFEHLUNGEN 1998, a. a. O., 266).

Damit wird deutlich, dass im Zusammenhang mit geistiger Beeinträchtigung häufig weitere Beeinträchtigungen im Sinne von teilweise schwerer Mehrfachbehinderung zu finden sind.

Der besondere Schwerpunkt im Empfehlungstext liegt auf der Befähigung zur weitestgehend selbständigen Lebensbewältigung, insbesondere im Bereich des alltäglichen Lebens.

Je heterogener Beeinträchtigungsgruppen sind, umso zwingender ist es für die Förderung, vom Einzelfall auszugehen. Insofern weisen auch die Empfehlungen darauf hin, dass die Förderung „an der individuellen Ausgangslage des einzelnen Kindes ... anknüpfen und den persönlichen Entwicklungsgegebenheiten entsprechen" muss (a. a. O., 267).

Aufgrund der Tatsache, dass der für Kinder mit geistiger Beeinträchtigung bestehende besondere pädagogische Förderbedarf multifaktoriell bedingt sein kann („physiologisch, organisch, psychisch, erzieherisch, familiär-sozial oder durch das Zusammenspiel dieser Faktoren", a. a. O., 268), sind i. d. R. unterschiedliche Maßnahmen, Berufsgruppen und Institutionen an der Förderung beteiligt. Insofern ist die Ermittlung des besonderen pädagogischen Förderbedarfs nur in interdisziplinärer Zusammenarbeit umfassend möglich.

Kinder und Jugendliche mit geistiger Beeinträchtigung sind altersmäßig häufig erst später als andere Kinder „schulreif". Die Regelungen bezogen auf ihren Bildungsweg bei Volljährigkeit, d.h. über das durchschnittliche Schulpflichtalter hinaus, sind in den einzelnen Bundesländern unterschiedlich.

Als wesentliche Bereiche einer allgemeinen schulischen Förderung werden im Empfehlungstext genannt:
– die Motorik und Bewegungsfähigkeit
– die Wahrnehmung und Orientierung
– das Sprachhandeln unter besonderer Beachtung von Kommunikationsmöglichkeiten
– die Denkfähigkeit
– das Sozialverhalten.

Da die Begrifflichkeit im Text nicht ganz einheitlich ist, seien hier noch einmal die Kompetenzbereiche genannt, die bei der sonderpädagogischen Förderung im Vordergrund stehen:

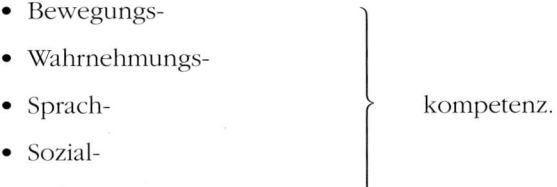

- Bewegungs-
- Wahrnehmungs-
- Sprach-   } kompetenz.
- Sozial-
- Reflexions-

Für die schulische Förderung im gemeinsamen Unterricht in der Regelschule ist das Vorhandensein notwendiger personeller, räumlicher und sächlicher Ressourcen von besonderer Bedeutung. Positiv hervorgehoben werden die vielfältigen Lernmöglichkeiten und –anregungen, u. a. als Beobachtungs- oder Modelllernen, welche Kinder mit geistiger Behinderung im Umgang mit nichtbehinderten Kindern haben.

Als Grundlage bzw. Orientierungshilfe bezogen auf individuelle Lernanforderung können die Lehrpläne der Schule für Geistigbehinderte, neben den Lehrplänen der Regelschule gelten. Dies setzt allerdings die Möglichkeit eines zieldifferenten Unterrichts (vgl. Abs. 5.3.2) voraus. Die Formen der Leistungsbewertung sind unterschiedlich, da in den Bundesländern unterschiedliche Regelungen bestehen.

Neben dem Prinzip der **Handlungsorientierung** erhält das Prinzip der **Binnendifferenzierung** große Bedeutung (vgl.

VERNOOIJ 2002, 375 ff.). Differenzierende Maßnahmen sind notwendig bezogen auf Inhalt, Schweregrad, Medien, Sozialform und Methoden.

„Lerngegenstände sind so aufzubereiten, dass an ihnen unterschiedliche Lernaufgaben erfüllt ... und die Ergebnisse zu einem sinnvollen Ganzen zusammengeführt werden können" (vgl. KMK-EMPFEHLUNGEN 1998, a. a. O., 277).

Die Bereitschaft der Zusammenarbeit der verschiedenen Lehrkräfte untereinander sowie mit den Eltern und mit außerschulischen Institutionen wird besonders hervorgehoben.

Die Förderung an einer Sonderschule ist für Kinder sinnvoll, deren qualifizierte Förderung an einer Regelschule nicht ausreichend gewährleistet werden kann, oder deren Eltern diesen Förderort für ihr Kinder wünschen (vgl. a. a. O., 278).

In den Sonderpädagogischen Förderzentren kann, aufgrund der Angebotsvielfalt, eine Förderung erfolgen, die fachgerecht und wohnortnah, präventive, stationäre und kooperative Aspekte bzw. Formen berücksichtigt.

Würdigung der KMK-Empfehlungen im Förderschwerpunkt geistige Entwicklung:

Auf den ersten Blick scheinen die Empfehlungen von 1998 inhaltlich wenig neue Perspektiven für die sonderpädagogische Förderung von Kindern mit geistiger Behinderung im Bereich Schule zu bieten. Betrachtet man sie jedoch vor dem Hintergrund der Geschichte der Geistigbehinderten(schul)pädagogik und im Vergleich mit den Empfehlungen von 1979, so werden drei Aspekte deutlich:

- Das Trauma der „Schulbildungsunfähigkeit", langfristig rückführbar auf die Zeit des Nationalsozialismus, kürzerfristig untermauert durch die Gesetzeslage zwischen 1945 und ca. 1960 in der BRD, möglicherweise zusätzlich verstärkt durch die Erhaltung der Nicht-Schulpflicht in der ehemaligen DDR bis zur Wiedervereinigung 1989, hat die Geistigbehindertenpädagogik über viele Jahre geprägt (vgl. HENSLE / VERNOOIJ [7]2002, 134 f.). Obwohl es noch nicht vollends überwunden scheint, ist doch seit den Empfehlungen von 1979 eine andere Akzentsetzung möglich geworden, die in den Empfehlungen von 1998 relativ konsequent verfolgt wird. Stand 1979 die theoretische und praktische Fundierung der Schulbildungsfähigkeit von geistig behinderten Kindern sowie die

Strukturierung und Gestaltung ihrer sonderschulpädagogischen Förderung im Vordergrund, stellen die Empfehlungen 1998 die selbständige Lebensführung und die Möglichkeit der gemeinsamen Unterrichtung in der Regelschule heraus.

• Schulrecht und Schulpflicht für Kinder mit geistiger Behinderung steht heute in Deutschland außer Frage. Beides ist in den Gesetzen der einzelnen Bundesländer verankert.

Bei einer allgemeinen Pluralisierung der Förderorte für Kinder mit besonderem pädagogischen Förderbedarf ist es konsequent, die verschiedenen Möglichkeiten auch für den Förderschwerpunkt geistige Entwicklung zu diskutieren. Im Empfehlungstext wird die gemeinsame Unterrichtung relativ breit erörtert, insbesondere unter den Aspekten
– schulische Ausstattung,
– Zusammenarbeit unterschiedlich qualifizierter Lehrer und Förderpersonen
– Heterogenität und Lernzieldifferenzierung.

Aus Sicht der an den Empfehlungen beteiligten Experten erscheint die im gemeinsamen Unterricht „herausgebildete Form der pädagogischen Arbeit immer mehr als Kernstück weiterer sich entwickelnder Formen der Zusammenführung" von beeinträchtigten und nicht beeinträchtigten Kindern im schulischen Feld (vgl. BURBAT 2000, 287).

Insofern befindet sich die Geistigbehindertenpädagogik – folgt man dem Empfehlungstext – konsequent auf dem Weg zur schulischen Integration. Von der Schulbildungsunfähigkeit über ausschließliche Sonderschulbildung zum Regelschulbesuch – eine in besonderer Weise rasante Entwicklung, die in sich stimmig ist.

• Die konsequente Verfolgung des Bildungsziels „selbständige Lebensbewältigung" unter teilweise erheblich erschwerten Bedingungen, macht die nicht nur nationale Veränderung in der Sichtweise von Behinderung deutlich (vgl. HENSLE / VERNOOIJ [7]2002, 12ff.).
Jenseits caritativer Versorgung und Bevormundung geistig behinderter Menschen wird deren
– Individualität
– Selbständigkeit
– selbstbestimmte Lebensgestaltung unübersehbar in den Vordergrund gestellt.

Der geistig behinderte Mensch als zu förderndes, zu betreuendes, zu pflegendes **Objekt** wird zum mehr oder weniger selbstbestimmten **Subjekt**, welches als gleichberechtigter Partner bei allen Bildungs- und Förderprozessen gehört werden muss, ohne dass ihm betreuende und pflegerische Hilfen versagt werden. Das Spektrum seiner positiven Möglichkeiten wird zur Basis des zwischenmenschlichen Umgangs, im Gegensatz zur Defizitorientierung früherer Jahre.

DREHER / HEINEN / MÜNCH (2000, 291 f.) kritisieren allerdings, dass die Empfehlungen in diesem Punkt nicht konsequent genug sind, da sie die sonderpädagogische Förderung in den Mittelpunkte ihrer Betrachtung stellen. Bei aller diskutierten Vielfalt und Offenheit wird, aus ihrer Sicht, u. a. durch die Nichteinbeziehung der Rolle des Allgemeinpädagogen „letztendlich die Unklarheit darüber [bleiben], wie 'geistige Entwicklung', deren 'Beeinträchtigung' und damit 'geistige Behinderung' gesehen bzw. verstanden werden sollen". Festgemacht wird ihre Skepsis an der „unreflektierten Übernahme und Ausschließlichkeit des Begriffs Förderung". Sie stellen heraus,
– dass die Begriffe Unterricht, Erziehung, Bildung in den Empfehlungen nachrangig sind,
– dass der Begriff Förderung durch Unschärfe und ungenaue inhaltliche Bestimmung gekennzeichnet ist,
– dass der Begriff Förderung wesentlich im Zusammenhang mit Entwicklungsverzögerungen, Entwicklungsstörungen, Behinderungen bebraucht wird (Verweis auf SPECK 1987, FRÖHLICH 1991, THEUNISSEN 1992, FORNEFELD 1995),
– dass der Begriff sonderpädagogischer Förderbedarf lediglich den segregierenden Begriff der Sonderschulbedürftigkeit ersetzt, ohne die Bedeutung des bestehenden Sonderschulsystems zu schmälern, da „äußere Bedingungen" an der Regelschule die Förderortentscheidung beeinflussen.

Die Kritik ist bis zu einem gewissen Grad berechtigt. Allerdings unterliegen auch die Autoren einer sonderpädagogischen Verengung in der Sichtweise des Begriffs Förderung.

Alle Kinder, behinderte und nicht behinderte bedürfen einer begabungsgerechten Förderung ihrer Entwicklung und ihres Lernens. Durch die unzulässige Homogenisierung von Schülergruppen ist über viele Jahre die Illusion entstanden, es gebe, von der Begabung her, gleichartige Kinder. Die Aussonderung von Kindern mit Beeinträchtigungen entstand zum einen aus dem Bestreben, diese Homogenität zu realisieren oder zu erhalten, zum anderen aus der Erkenntnis, dass ein Teil der schulpflichtigen Kinder in bestimmten Bereichen zusätzlicher, besonderer Maßnahmen bedarf, die in der Regelschule ohne Unterstützung von qualifizierten Sonderpädagogen nicht geleistet werden kann.

Es steht außer Frage, dass Kinder mit Beeinträchtigungen, auch Kinder im Förderschwerpunkt geistige Entwicklung, zusätzlicher pädagogischer Maßnahmen bedürfen, um Lernziele zu erreichen, die für eine selbstbestimmte Lebensführung unverzichtbar sind. Dass diese Maßnahmen von Regelschullehrern nicht leistbar sind, in einem Schulsystem, welches leistungsorientiert ist und von möglichst großer Homogenität ausgeht, steht außer Zweifel. Der in den Empfehlungen zum Förderschwerpunkt geistige Entwicklung focussierte Weg ist nicht – aufgrund des Begriffs Förderung – falsch. Er trifft lediglich auf ein Schulsystem, in dem Heterogenität und Leistungsdifferenzierung verbunden mit Zieldifferenzierung nicht vorgesehen sind!

Für eine begabungsgerechte Förderung aller Kinder ist die Regelschule noch nicht geeignet. Es ist an uns, Regel- und Sonderpädagogen, eine realitätsgerechte, Heterogenität zulassende Reform der allgemeinen Schule zu initiieren, um Sonderschulen, nicht Sonderpädagogen (!) überflüssig zu machen.

5.2.2.6 Förderschwerpunkt Lernen (1999)

Bereits bei der Skizzierung der Ausgangslage finden sich zwei Aussagen, die von bisherigen öffentlich-administrativen Äußerungen abweichen:

1. „Sonderpädagogische Förderung unterstützt und begleitet die Schülerinnen und Schüler durch möglichst früh einsetzende Hilfen."

2. „Sonderpädagogische Förderung im Bereich des Förderschwerpunktes Lernen orientiert sich grundsätzlich an Bildungs- und Erziehungszielen der allgemeinen Schule" (vgl. KMK-EMPFEHLUNGEN 1999, in: DRAVE / RUMPLER / WACHTEL 2000, 300).

Dazu ist folgendes anzumerken:

ad 1 – Die Probleme bei der frühen, im wesentlichen vorschulischen Erziehung von soziokulturell benachteiligten Kindern wurden bereits ausführlich in Kapitel 2 und 3 erörtert (vgl. Abs. 2.2 f. und 3.3.3.1). Dabei konnte verdeutlicht werden, dass gerade die Gruppe von Kindern aus sozialschwachem und wenig entwicklungsförderlichem Milieu selten früh erfasst und gefördert werden können. Hinzu kommt das Problem unzulänglicher Förderkonzepte im Kindergarten, welches weder die Sozial- noch die Bildungspolitiker in den letzten 30 Jahren wirklich interessiert hat. Dies Wird in einem Artikel des Magazins „Stern" ebenfalls deutlich hervorgehoben. Nach der Geburt „kümmert sich der Staat sechs Jahre lang überhaupt nicht um die Bildung des Nachwuchses". In „teuren" Kindergärten werden die Kinder „vor allem betreut, also aufbewahrt. ... von systematischer Förderung keine Rede" (WÜLLENWEBER /LUX / WACHE, Stern Nr. 30, 2003, 34 f.). Da im Empfehlungstext von „Schülerinnen und Schüler" gesprochen wird bleibt die Forderung nach „möglichst früh einsetzenden Hilfen" allerdings eine Aktualfloskel, was durch die außerordentlich nichtssagenden Äußerungen bezogen auf „vorbeugende Maßnahmen" (KMK-EMPFEHLUNGEN 1999, a. a. O., 309) bestätigt wird.

ad. 2 — Die sonderpädagogische Förderung lernschwacher bzw. lernbehinderter Kinder orientierte sich bisher wesentlich an den Lehrplänen der Förderschule (Schule für Lernbehinderte), **nicht** an denen der Regelschule. Allerdings wird im Empfehlungstext von „Bildungs- und Erziehungszielen" gesprochen, was sich natürlich auch lediglich auf die sehr allgemeinen Aufgaben von Schule überhaupt beziehen könnte, und damit Präambel-Charakter hätte. Als Präambel bezeichnet man eine i. d. R. wortgewaltig und edel formulierte Vorrede, deren Inhalt mangels konkreter Aussagen für die praktische Umsetzung eher leichtgewichtig ist. Sollte allerdings der Lehrplan der allgemeinen Schule gemeint sein, stellt sich die Frage, ob mit dieser Forderung die langsame Abschaffung der Förderschulen abgeleitet werden soll. Dies wäre eine Form von Radikal-Integration, die weder pädagogisch sinnvoll, noch bildungspolitisch vertretbar wäre.

Auf beide Aussagen werde ich bei der Würdigung noch einmal zurückkommen.

Der Personenkreis im Förderschwerpunkt Lernen wird im Empfehlungstext folgendermaßen umschrieben: „Sonderpädagogischer Förderbedarf ist bei Kindern ... gegeben, die in ihrer Lern- und Leistungsentwicklung so erheblichen Beeinträchtigungen unterliegen, dass sie auch mit zusätzlichen Lernhilfen der allgemeinen Schulen nicht ihren Möglichkeiten entsprechend gefördert werden können" (vgl. a. a. O., 302).

Bemerkenswert ist hier, dass es nicht heißt, sie können **in** der Regelschule nicht gefördert werden. Lediglich die dort möglichen Lernhilfen werden als nicht ausreichend eingestuft, was eine Ergänzung durch sonderpädagogische Maßnahmen erfordert.

Herausgestellt wird, dass gravierende Beeinträchtigungen insbesondere im schulischen Lernen häufig mit Beeinträchtigungen im motorischen, sensorischen, kognitiven, sprachlichen und im sozio-emotionalen Bereich einhergehen, was darauf hindeutet, dass wesentliche Entwicklungsbereiche mit betroffen sind (vgl. a. a. O., 301). Wesentliche Konsequenz daraus wäre eine **frühestmögliche, vorschulische** Entwicklungsförderung, die im Text jedoch nicht diskutiert bzw. herausgestellt wird.

Für die Ermittlung des sonderpädagogischen Förderbedarfs wird eine „an förder- und entwicklungsdiagnostischen Kriterien" orientierte Vorgehensweise empfohlen, bei der das nähere und weitere soziale, sowie das schulische Umfeld zu berücksichtigen sind (vgl. a. a. O., 303 f.). „Art und Umfang des Förderbedarfs [sind] durch hierfür qualifizierte Sonderschullehrkräfte zu beurteilen" (a. a. O., 303).

Unabhängig vom gewählten Lernort wird die **Einheit** von **Erziehung** und **Unterricht** vor dem Hintergrund der je individuellen Lernausgangslage als Voraussetzung für eine bestmögliche Förderung gesehen, insbesondere auch bezogen auf die Persönlichkeitsentwicklung. Als übergeordnetes Ziel im Förderschwerpunkt Lernen wird die Entwicklung der Kinder und Jugendlichen „zu handlungsfähigen, selbständigen und eigenverantwortlichen Persönlichkeiten" genannt, wobei die „gesellschaftliche Eingliederung" und die Vorbereitung „auf Berufs- und Arbeitsanforderungen" einen besonderen Stellenwert erhalten (vgl. a. a. O., 306 / 305).

Zur Methodik bei Lernbeeinträchtigten werden
– Handlungsorientierung,
– fächerübergreifender Unterricht,
– Binnendifferenzierung / Individualisierung,

- Wissensfestigung durch Übung,
- Strukturierung und Veranschaulichung der Inhalte,
- vielgestaltiger Medieneinsatz / Sinnesschulung,
- Wechsel der Unterrichtsformen bzw. Wechsel von Anspannung und Entspannung
- Bewegungsimpulse bzw. –möglichkeiten (z. B. im Zusammenhang mit rhythmisch-musikalischem und mit Sportunterricht).

Ein sorgfältiger Vergleich mit frühen und klassischen Konzepten für den Unterricht bei lernschwachen Schülern (STÖTZNER 1864, FUCHS 1899, KLAUER 1966, BLEIDICK 1968, BACH 1971), würde ergeben, dass diese methodischen Hinweise im wesentlichen den dort zu findenden unterrichtlichen / methodischen Prinzipien entsprechen.

Bezogen auf den Unterricht in der Regelschule werden folgende Aussagen im Empfehlungstext gemacht:

• Im gemeinsamen Unterricht können die Kinder im sozialen Bereich voneinander lernen und Anregungen im Leistungsbereich erhalten.

• Schüler mit Lernbeeinträchtigungen werden nicht in allen Fächern nach den Lernzielen der Regelschule unterrichtet => zieldifferentes Lernen.

• Differenziertes unterrichtliches Vorgehen ist „in besonderem Maße erforderlich“.

• Das Klassen- / Schulklima muss geprägt sein von Akzeptanz, Toleranz, Rücksichtnahme und gegenseitiger Unterstützung.

• Die Lebenswelt der Kinder mit Lernbeeinträchtigungen muss im Unterricht Berücksichtigung finden.

• Spezifische Aufgaben von sonderpädagogischen Lehrkräften sind
  – die Begleitdiagnostik,
  – die Entwicklung von Förderprogrammen für unterschiedliche Entwicklungsbereiche sowie bezogen auf Arbeits- und Lernstrategien,
  – die unterrichtliche Beratung von Regelschullehrern (vgl. a. a. O., 309 f.).

Die Sonderschule als Förderort, dann zu wählen, wenn dem sonderpädagogischen Förderbedarf in der Regelschule nicht angemessen entsprochen werden kann, wird als Schulform dargestellt, deren Aufgabe es ist, lernbeeinträchtigten Kindern „die Teilhabe am gesellschaftlichen Leben zu ermöglichen und ihre Integration mit Blick auf ein selbstbestimmtes Leben zu fördern" (a. a. O., 310).

Mittels individueller Förderpläne – im Rahmen der Lehrpläne der Förderschule / Schule für Lernbehinderte (die Bezeichnung der Schulform ist in den Bundesländern unterschiedlich) – sollen die Schüler möglichst so zu einem Schulabschluss geführt werden, dass ihnen die Möglichkeit des Erwerbs eines Hauptschulabschlusses nicht verwehrt ist.

Ein Wechsel in die Regelschule sollte während der gesamten Sonderschulzeit angestrebt und bei Realisierung begleitet werden. Der Berufsvorbereitung der Jugendlichen kommt besondere Bedeutung zu.

Als besonders günstig für eine angemessene und ganzheitliche Förderung wird die Sonderschule in Ganztagsform angesehen (vgl. a. a. O., 311).

Die Zusammenarbeit von Sonderpädagogen im Förderschwerpunkt Lernen, Kollegen im Förderschwerpunkt Sprache und im Förderschwerpunkt soziale und emotionale Entwicklung (vgl. Abs. 5.2.2.7) wird als unerlässlich hervorgehoben, was einmal mehr deutlich macht, dass Kinder mit Lernbeeinträchtigungen häufig auch Beeinträchtigungen im sprachlichen und im Bereich des Sozialverhaltens haben.

Auf die große Heterogenität des Personenkreises wird nicht explizit hingewiesen.

Abschließend zum Empfehlungstext soll ein Zitat im Zusammenhang mit „besonderen Regelungen für den Schulbesuch" die Gesamttendenz der Empfehlungen verdeutlichen:

„Für Schülerinnen und Schüler mit Beeinträchtigungen im Bereich des Lernens ist eine differenzierende und in besonderem Maße individualisierende Förderung notwendig, die auf die jeweiligen Lernvoraussetzungen und Lerngegebenheiten eingeht. Die Unterrichtsführung bedarf eines schulischen Gestaltungsrahmens, der entsprechende pädagogische Freiräume ermöglicht" (a. a. O., 313).

Ob in der Regelschule heutiger Prägung, insbesondere in der Grundschule, die dafür notwendigen personellen, sächlichen und organisatorischen Möglichkeiten gegeben sind, mag – angesichts des Leistungsdrucks gerade in der Primarstufe – begründet bezweifelt werden.

Würdigung der Empfehlungen im Förderschwerpunkt Lernen:

Aus der Sicht der Autoren der Empfehlungen haben sich im Vergleich zu den Empfehlungen von 1977 „wesentliche Änderungen" ergeben (vgl. SCHLICHTING / SCHULZ 2000, 317). Diese Aussage ist nicht falsch, allerdings nur im Hinblick darauf, dass es sich 1977 um „Empfehlungen für den Unterricht an der Schule für Lernbehinderte (Sonderschule)" handelte. Bei den vorliegenden Empfehlungen zur „sonderpädagogischen Förderung" ist die Pluralisierung der Förderorte intendiert und **musste** insofern Berücksichtigung finden.

Daraus ergeben sich zwangsläufig Veränderungen
– bezogen auf die Feststellung des besonderen pädagogischen Förderbedarfs,
– bezogen auf die Ziele und Aufgaben der Unterrichtung lernbeeinträchtigter Kinder, je nach Förderort,
– bezogen auf die symptom- bzw. defizitorientierte Beschreibung des Personenkreises.

Letztere ist in der sonderpädagogischen Theorie seit Jahren einer eher fähigkeitsorientierten Umschreibung gewichen, was allerdings in der heutigen Situation vermehrt die Gefahr in sich birgt, dass Kinder ohne nachweisliches, d. h. medizinisch feststellbares Impairment (vgl. WHO-KLASSIFIKATION 1980 / 1998, HENSLE / VERNOOIJ [7]2002) durch das Raster des sonderpädagogischen Förderbedarfs fallen. Kinder, die kein sichtbares Defizit haben bzw. deren Defizite man aus ideologischen Gründen nicht mehr benennt, stellen eine Gruppe dar, deren besonderer pädagogischer Förderbedarf allerdings nur schwer überzeugend zu begründen ist. Zu dieser Gruppe gehören Kinder mit mehr oder weniger ausgeprägten Beeinträchtigungen im Lernen, in der Sprache und / oder im Verhalten; nach der bisherigen Terminologie Kinder mit Lernstörungen, mit Sprachstörungen, mit Verhaltensstörungen ohne eindeutig feststellbare Ursache. Auf die kritischen Äußerungen STOELLGERS (2000) wurde bereits im Zusammenhang mit dem Allgemeinen Teil der Empfehlungen hingewiesen. Die Gefahr, dass „die Notwendigkeit spezifischer sonderpädagogischer Förderung nicht mehr gesehen wird" (STOELLGER 2000, 5 f.; KANTER 2000, 53) ist gerade bei Kindern mit Lernbeeinträchtigungen besonders groß. Von der eindeutigen, justitiablen Festellung dieses sonderpädagogischen Förderbedarfs hängt aber, z. B. beim gemeinsamen Unterricht, die Genehmigung besonderer personeller und sächlicher Ressourcen in der Regelschule ab, die für die angemessene Förderung der Kinder unerlässlich ist.

Die Tendenz des Empfehlungstextes weist zwar in Richtung gemeinsamer Unterricht in der Regelschule. Die deutlich herausgestellten besonderen pädagogischen Rahmenbedingungen und Maßnahmen im Sinne sonderpädagogischen Vorgehens verweisen jedoch letztlich implizit darauf, dass dem sonderpädagogischen Förderbedarf der Kinder im Förderschwerpunkt Lernen in der Regelschule nur mit einem erheblichen Mehraufwand, personell, unterrichtsplanerisch, organisatorisch und sächlich entsprochen werden kann.

Das Problem dieser Empfehlungen liegt weniger in den engagierten und sachgerechten Äußerungen zur Erziehung und Bildung lernbeeinträchtigter Kinder als vielmehr in der Ausblendung der vorschulischen Förderung.

„Möglichst früh einsetzende Hilfen", wie es zu Beginn des Textes heißt, beziehen sich offensichtlich auf den schulischen Bereich, das heißt frühestens ab der Zurückstellung vom Schulbesuch, also ab dem 6. und 7. Lebensjahr. Dies mag zum einen daran liegen, dass der Elementarbereich in vielen Bundesländern nicht dem Kultus- sondern dem Sozialministerium zugeordnet ist. Zum anderen wird die Gefährdung von Kindern im Vorschulbereich aus Gründen der Vermeidung frühzeitiger Etikettierung und mit Verweis auf die eigenständige Institution der Frühförderung unter schulischen Gesichtspunkten weitgehend sowohl von Politikern als auch von (Sonder-) Pädagogen ignoriert.

Eine wirkliche Neuerung wäre es gewesen, wenn die KMK-Empfehlungen, basierend auf dem Begriff des sonderpädagogischen Förderbedarfs den Vorschulbereich explizit einbezogen hätte. Gerade unter dem Dach des sonderpädagogischen Förderbedarfs – es heißt sehr bewusst **nicht** sonder**schul**pädagogischer Förderbedarf – wären Vorschläge für eine tatsächlich frühzeitige besondere Förderung angemessen und sinnvoll bei von „Lernbehinderung" bedrohten Kindern.

Die Empfehlung bundesweiter vorschulischer Einrichtungen für gefährdete Kinder ohne Impairment, aber mit besonderem Förderbedarf,
– um deren Entwicklung zu fördern,
– um Sozialisationsdefizite auszugleichen,
– um Erschwernisse in bestimmten Bereichen zu reduzieren bzw. abzubauen,

wäre ein Schritt in Richtung Chancengleichheit und Integration, der einem Teil der Kinder schwierige schulische und soziale Situationen bereits im Vorfeld von Schule ersparen würde.

Zu diesem Schritt konnte sich die KMK offenbar nicht entschließen. Eine vertane Chance für die betroffenen Kinder und für das Bildungssystem in Deutschland!

SCHMETZ (2000) setzt sich in seinem kommentierenden Beitrag vielleicht auch deshalb weniger mit den Empfehlungen als mit einem Verständnis von Lernen auseinander, welches „von aktiv-eigenständigen Aneignungsprozessen ausgeht", und das Kind unter systemtheoretischen Aspekten (MATURANA / VARELA 1987; LUHMANN 1977 / 1985; GRIPP-HAGELSTANGE 1995; KÖSEL 1995; FEDERL 2001; V. GLASERSFELD 1987) als „autonomes strukturdeterminiertes Wesen" sieht, welches in Interaktion mit seinem Umfeld Gestalter seiner Entwicklung und seines Lebens ist.

Relativ autonome Entwicklungs- und Aneignungsprozesse beginnen allerdings weit vor dem Schulalter, wie bereits in Kapitel 2 vielfach herausgestellt wurde. Ebenso wurde auf das frühzeitige komplexe Zusammenspiel zwischen genetischen Faktoren und sozio-kulturellen bzw. psychosozialen Faktoren des Entwicklungsumfeldes hingewiesen.

Auch wenn die KMK-Empfehlungen im Förderschwerpunkt Lernen
– neueren wissenschaftlichen Erkenntnissen im Hinblick auf Lernen und Lehren teilweise Rechnung tragen,
– defizitorientierte Beschreibungen weitgehend zu vermeiden suchen und
– die Förderung von lernbeeinträchtigten Kindern in der Regelschule unter Beachtung des sonderpädagogischen Förderbedarfs bei einem Teil der Kinder als sinnvoll erachten,

bleibt als gravierender Mangel die Ignorierung der Bedeutung vorschulischer, kompensatorischer Erziehung und Bildung bestehen. Dieser Mangel kennzeichnet die Pädagogik bei Lernbeeinträchtigungen seit ihrer Konstituierung. Es scheint, als blieben die zweifelsohne positiven neueren Entwicklungen dennoch in einer Sonder-Schul-Pädagogik verhaftet, mit der Konsequenz, dass wertvolle Erziehungs- und Bildungsmöglichkeiten in den ersten 6 Lebensjahren für die Gruppe sozial-benachteiligter Kinder nicht genutzt und damit deren bildungsmäßige Chancengleichheit Utopie bleiben wird.

5.2.2.7 Förderschwerpunktpunkt emotionale und soziale Entwicklung (2000)

Ausgangspunkt sind gestörte Entwicklungsprozesse,
– die in Beeinträchtigungen im emotionalen Erleben und im sozialen Handeln ihren Ausdruck finden,
– und die aufgrund vielfältiger komplexer Wechselwirkungen „zwischen Gesellschaft und Individuum, sozialem Umfeld und Persönlichkeitsentwicklung" zustande kommen (vgl. KMK-Empfehlungen 2000, a. a. O., 345).

Beeinträchtigungen im Erleben und Handeln „sind nicht auf unveränderliche Eigenschaften der Persönlichkeit zurückzuführen, sondern als Folge einer inneren Erlebens- und Erfahrungswelt anzusehen, die sich in Interaktionsprozessen im persönlichen, familiären, schulischen und gesellschaftlichen Umfeld" herausbilden (a. a. O.). Ausführlich, wenn auch sehr allgemein, werden Einflussfaktoren persönlicher, familiärer, schulischer und gesellschaftlicher Art erörtert und deren Auswirkungen auf die kindliche Entwicklung beleuchtet (vgl. auch Hensle / Vernooij [7]2002, 230ff.). Dabei reicht das Spektrum angesprochener Störungsbilder von Hemmungen und Ängsten über Regelverletzungen und Aggressionen bis hin zu Drogenabhängigkeit und Jugenddelinquenz (vgl. a. a. O., 345 ff.). Die Notwendigkeit der Zusammenarbeit mit anderen außerschulischen Institutionen (Jugendamt – vgl. Kap. 4 – , Psychiatrie, Forensik) ergibt sich dabei in Einzelfällen zwangsläufig, was im Empfehlungstext mehrfach betont wird.

Für die Ermittlung des besonderen pädagogischen Förderbedarfs sind neben Daten bezogen auf den schulischen Leistungsbereich Informationen
– zum Selbstbild / Selbstkonzept,
– zur Selbststeuerungsfähigkeit,
– zur Erlebens- und Wahrnehmungsstruktur,
– zum Sozialverhalten,
– zur emotionalen Ausdrucksfähigkeit sowie
– zum Sozialisationshintergrund

des Kindes je individuell und in interdisziplinärer Zusammenarbeit zu erheben.

„Darüber hinaus ist zu prüfen, ob die Lernvoraussetzungen durch eine begleitende medizinische oder psychotherapeutische Behandlung, durch ein verändertes schulisches Umfeld oder durch Maßnahmen der Jugendhilfe verbessert werden können" (a. a. O., 351).

Im Gegensatz zu anderen Förderschwerpunkten ergibt sich im Förderschwerpunkt emotionale und soziale Entwicklung vielfach eine Situation, in der eine angemessene schulische Förderung des Kindes in der Schule – unabhängig von ihrer Form (Regel- / Sonderschule) – nicht ohne zusätzliche Hilfe durch außerschulische Institutionen geleistet werden kann.

Als wesentliche Aufgabe für Erziehung und Unterricht sieht die KMK neben schulischer Wissensvermittlung die psychische Stabilisierung der Kinder, die „Festigung positiver Einstellungen und Werthaltungen", die Anbahnung sozialer Handlungskompetenz sowie die Reduzierung von Ängsten. Wesentliches Ziel dabei ist die Stärkung der Beziehungsfähigkeit und damit eine bestmögliche soziale, schulische und berufliche Eingliederung (vgl. a. a. O., 352 f. / 344).

In der pädagogischen Arbeit mit Kindern im Förderschwerpunkt emotionale und soziale Entwicklung sind die Lehrkräfte in besonderem Maße gefordert (vgl. a. a. O., 365). Eine tragfähige Lehrer-Schüler-Beziehung bildet die Grundvoraussetzung für pädagogisch-effektives Handeln.

„Authentisches Verhalten, Klarheit und Konsequenz bei Interventionen, Flexibilität bei der Unterrichtsplanung und –durchführung, Berechenbarkeit und Verlässlichkeit des Lehrerverhaltens sind für die Schüler ... wichtige Hilfen, sich auf die Lernprozesse und die Beziehung ... einzulassen" (a. a. O., 353). Formen der Differenzierung und der Individualisierung sind bei der Unterrichtsgestaltung unerlässlich.

Ähnlich wie bei Kindern mit Lernbeeinträchtigungen ist das Erfassen von Entwicklungsstörungen zum frühestmöglichen Zeitpunkt von großer Bedeutung. Konzeptionelle Überlegungen für den Elementarbereich finden sich allerdings auch in diesem Empfehlungstext nicht.

Die Ausführungen zur Regelschule als Förderort für Schüler mit Beeinträchtigungen im emotionalen und sozialen Bereich verbleiben relativ allgemein. Als Voraussetzung wird ein „flexibles System der Schul- und Unterrichtsorganisation" in der Regelschule herausgestellt, welches „in einem entsprechenden Schulkonzept verdeutlicht sein" sollte (vgl. a. a. O., 358). Als Ergänzung zur sonderpädagogischen Betreuung und Förderung werden „Sozialpädagogische Hilfen" oder „Schulsozialarbeit" durch andere Maßnahmenträger (z. B. die Jugendhilfe – vgl. Kap. 4) empfohlen.

Die Schulen oder in einigen Bundesländern, Klassen für Erziehungshilfe stellen Sondereinrichtungen dar, die als Durchgangsinstitutionen konzipiert sind und nach den Richtlinien und Lehrplänen der Regelschule unterrichten. Nach Möglichkeit sollte, wenn eine Sonderbeschulung notwendig erscheint, diese im Primarbereich erfolgen, mit dem Ziel einer frühestmöglichen Rückführung in die Grundschule. Bei sonderpädagogischer Förderung in der Sekundarstufe I einer Sonderschule kann dort der (qualifizierte) Hauptschulabschluss erworben werden.

Empfohlen werden als Sondereinrichtungen kleine Einheiten, in denen „Erziehungspersonen jede Schülerin und jeden Schüler kennen" (a. a. O., 359).

Da für Kinder mit Beeinträchtigungen im emotionalen und sozialen Erleben und Handeln
– ein besonders strukturierter Tagesablauf
– mehr Raum, aufgrund von Nähe-Problemen und / oder erhöhtem Bewegungsdrang,
– eine nachmittägliche Betreuung mit Aktivitäts- und Freizeitangeboten

pädagogisch sinnvoll erscheint, sind die Möglichkeiten einer Sondereinrichtung, dem besonderen Förderbedarf der Kinder gerecht zu werden vielfältiger, zumal ein Teil der Schulen für Erziehungshilfe als Ganztagsschule konzipiert ist. Bei Heimschulen bzw. Schulen mit angegliederter Tagesstätte ist die Zusammenarbeit der in beiden Institutionen Tätigen eine notwendige Voraussetzung für das Gelingen (sonder-) pädagogischer Förderung.

Förderzentren bieten als Förderorte den Vorteil, dass insbesondere im Primarbereich mehreren Förderschwerpunkten (z. B. Sprache, Lernen, emotionale und soziale Entwicklung) entsprochen werden kann, da sonderpädagogische Lehrkräfte der verschiedenen Fachrichtungen dort verfügbar sind.

Entwicklungsstörungen im Bereich des emotionalen und sozialen Erlebens und Handelns wirken sich immer auch auf andere Bereiche (z. B. Lern- / Leistungsbereich) aus. Eine möglichst ganzheitliche Förderung ist – bei entsprechender Kooperations- und Koordinationsbereitschaft der Beteiligten – in einem Förderzentrum eher realisierbar.

Würdigung der KMK-Empfehlungen zum Förderschwerpunkt emotionale und soziale Entwicklung:

ASMUSSEN / HEIDENREICH (2000) stellen in ihrer Kommentierung zum Empfehlungstext zunächst einige Schwierigkeiten heraus,

die bei der Texterstellung vermehrt Diskussionen und Entscheidungen notwendig machten:
- die **Begrifflichkeit**, d. h. die Benennung des Förderschwerpunktes
- die Umschreibung des Personenkreises zwischen **Konkretisierung** und Vermeidung von **Defizitorientierung**
- das Vorhandensein unterschiedlicher Vorstellungen in der Kommission
- einerseits die Tendenz zur Zusammenfassung der Förderschwerpunkte Sprache, Lernen, emotionale und soziale Entwicklung zu einer „gemeinsamen Untergruppe", andererseits die Aufgabe zur Erstellung konkreter Empfehlungen für einen in sich bereits sehr heterogenen Personenkreis.

Letzteres ist sicher ein wesentlicher Grund, dass Begrifflichkeit und Umschreiben im Rahmen einer Pädagogik bei Verhaltensstörungen Probleme sind, die es seit Bestehen der Disziplin (ca. 1920 – 1950: Erziehungsschwierigenpädagogik; ab ca. 1950: Verhaltensgestörtenpädagogik) gibt. Pädagogik im Zusammenhang mit Beeinträchtigungen ist immer weitgehend Einzelfallpädagogik. Dies gilt für Kinder mit psycho-emotionalen und sozialen Beeinträchtigungen in besonderem Maße.

Insofern ist es nur zu begrüßen, dass die Zusammenfassung von drei Förderschwerpunkten verworfen wurde zugunsten von Einzelempfehlungen. Der Grad an Allgemeinheit bezogen auf die Beschreibung von Phänomenen steigt proportional zur Ausweitung der Phänomenbündelung. Ein Förderschwerpunkt, der Beeinträchtigungen in der Sprache, im Lernen und im Verhalten und Erleben gleichzeitig erfassen wollte, würde keinem der je spezifischen Störungsbilder gerecht werden. Außerdem würde ein solches Schwerpunktbündel suggerieren
- dass die Kinder in diesem Förderschwerpunkt Beeinträchtigungen in allen Bereichen hätten,
- dass Sprach- / Sprechstörungen, Lernstörungen oder –schwächen und Verhaltensauffälligkeiten gleichen oder ähnlichen Ursprungs seien und sich gegenseitig bedingen.

Beides ist im konkreten Einzelfall nur singulär gegeben; wiewohl wechselseitige Prozesse zwischen den Entwicklungsbereichen nicht zu leugnen sind. In der Regel ist jedoch eine Primärbeeinträchtigung festzustellen, die in unterschiedliche weitere Entwicklungsbereiche hinwirkt, dort jedoch nicht unbedingt Störungen mit Symptomcharakter hervorruft (vgl. auch 5.2.2.10).

Was die Bezeichnung des Förderschwerpunktes emotionale und soziale Entwicklung anbetrifft, so ist sie zumindest unglücklich gewählt, insbesondere bezogen auf den schulischen Bereich.

Im vorschulischen Bereich, auf den die Empfehlungen nur kurz eingehen, wäre sie insofern angemessen, als Fehlentwicklungen dort bereits beginnen und sichtbar werden. Bei angemessener (sonder-) pädagogischer Hilfe und Förderung, könnten diese Entwicklungsverläufe frühzeitig verhindert oder korrigiert werden, so dass bei Schuleintritt das Ausmaß auffälligen Verhaltens – denn darin werden Störungen in der psycho-emotionalen und sozialen Entwicklung sichtbar – so weit reduziert sein könnte, dass zumindest ein Teil der Kinder keinen sonderpädagogischen Förderbedarf aufweist. Ein möglicherweise noch vorhandener besonderer pädagogischer Förderbedarf könnte in der Grundschule durchaus ohne sonderpädagogische Hilfen abgedeckt werden.

Im Schulbereich haben sich Fehlentwicklungen häufig bereits so verfestigt, dass sonder- und / oder sozialpädagogische Hilfen unerlässlich, psychotherapeutische Maßnahmen angezeigt sein können.

Unglücklich gewählt ist die Bezeichnung für den schulischen Bereich

– weil zum einen der Eindruck entsteht, diese Kinder seien bezogen auf ihr Lern- / Leistungsverhalten von anderen nicht zu unterscheiden, d. h. sie hätten in diesem Bereich keinen besonderen Förderbedarf;

– weil zum anderen sowohl bezogen auf die medizinische als auch bezogen auf die psychologische Terminologie zwei Bereiche – Emotionen und Sozialverhalten – so miteinander verbunden werden, dass ein diffuses, missverständliches Bild entsteht.

In der Medizin, z. B. in der „Internationalen Klassifikation psychischer Störungen" der WHO (ICD-10), wird differentialdiagnostisch relativ klar unterschieden zwischen

– Störungen im emotionalen Erleben

und

– Störungen des Sozialverhaltens

(vgl. z. B. ICD-10, F 91 / F 93).

Zwar gibt es eine Rubrik „kombinierte Störungen des Sozialverhaltens und der Emotionen", die allerdings bezogen auf den

Personenkreis der Empfehlungen nur in einigen Fällen als zutreffend gelten kann. Im ICD 10 ist diese Störungsgruppe (F 92) folgendermaßen umschrieben:

Charakteristisch ist „die Kombination von andauerndem aggressiven, dissozialen oder aufsässigen Verhalten mit offensichtlichen und deutlichen Symptomen von Depression, Angst oder sonstigen emotionalen Störungen" (ICD-10, ²1993, F92, 303).

In der Psychologie kennzeichnen Emotion und Verhalten zwei verschiedene psychische Ebenen bzw. Kategorien, wobei das Verhalten als der Emotion nachgeordnet verstanden wird. In der Regel – außer bei Affekthandlungen – schalten sich schnell ablaufende, nicht unbedingt bewusste kognitive Prozesse zwischen das emotionale Erleben und das Handeln (vgl. ULICH 1988, 127 ff. / VERNOOIJ 2003).

Gerade im Bereich der Pädagogik bei Verhaltensstörungen, die mit Medizin und Psychologie unauflöslich verquickt ist, wäre es sinnvoll auch in ministeriellen Empfehlungen, die Fachwissenschaften und deren Terminologie nicht völlig außer Acht zu lassen.

Bei der Personengruppe um die es hier geht, liegt die schulische Problematik schwerpunktmäßig auf dem beobachtbaren Verhalten. Es handelt sich um Kinder, deren Verhalten „... von den formellen Normen einer Gesellschaft und / oder von den informellen Normen innerhalb einer Gruppe nicht nur einmalig und in schwerwiegendem Ausmaß abweicht" (HENSLE / VERNOOIJ ⁷2002, 232). Dass die KMK einerseits den Prozess der Entwicklung verdeutlichen, andererseits das Phänomen breiter und nicht defizitorientiert fassen wollte, ist verstehbar und anerkennenswert. Die gewählte Förderschwerpunkt-Bezeichnung wird diesen Volitionen jedoch nicht gerecht. Sie trägt im Gegenteil zur Verwirrung und u. U. zur Medizinisierung des Personenkreises bei (vgl. VERNOOIJ 1990, 87 f.).

Die Tendenz, eine gemeinsame Unterrichtung in der Regelschule anzustreben, ist im Empfehlungstext nicht sehr ausgeprägt. Dies ist, bezogen auf den Personenkreis, sehr positiv zu würdigen. Die deutlichen Hinweise auf den Durchgangscharakter sonderpädagogischer Institutionen im Zusammenhang mit Kindern im Förderschwerpunkt emotionale und soziale Entwicklung, bei gleichzeitiger Herausstellung der personellen, organisatorischen und sächlichen Möglichkeiten dieser Institutionen erscheint bezogen auf den je individuellen Förderbedarf dieser Kinder angemessen. Weder für Regelschüler, noch für

Schüler mit psychosozialen Störungen wäre die gemeinsame Unterrichtung „um jeden Preis" ein Gewinn.

Die Pluralisierung der Förderorte bzw. die Flexibilisierung von Organisationsformen wird im Empfehlungstext allerdings deutlich herausgestellt. Die Möglichkeiten, für Kinder im Förderschwerpunkt emotionale und soziale Entwicklung den je individuell bestmöglichen Förderort zu finden, sind vielfältiger geworden.

Für SPIESS (2000) stellen die Empfehlungen die „gemeinsame ‚Erzählung' einer Gruppe von Fachpersonen" dar, „die eine kollektive Vorstellung davon entworfen haben, wie die sonderpädagogische Förderung im Schwerpunkt emotionale und soziale Entwicklung künftig gestaltet sein sollte" (374). Daraus leitet er begründet ab, dass die im wesentlichen nicht wissenschaftlichen Aussagen, für einen bestimmten Adressatenkreis erstellt (Kultusministerien, Schulen, Verbände, Ausbildungsstätten), die Pluralität unterschiedlicher theoretischer Ansätze widerspiegeln, allerdings in einer eklektizistischen Vermischung. Dem kann insofern zugestimmt werden, als in den Formulierungen tiefenpsychologische, behavioristische und systemische Aspekte anklingen, ohne die theoretische Grundlage näher zu beleuchten (vgl. WITTROCK / VERNOOIJ 2004). Die im Zusammenhang mit dem allgemeinen Teil zitierte Aussage KANTERS (2000, 53), dass vom „Anwender" eigenständige Entscheidungen gefordert sind, gilt hier in besonderem Maße, da (sonder-) pädagogisches Handeln auf der Basis eines Theoriegemisches nicht effektiv / effizient sein kann (vgl. WITTROCK / VERNOOIJ 2004, 3 f.).

Jeder pädagogisch / sonderpädagogisch Tätige wird sich, wie bisher, auch angesichts der vorliegenden Empfehlungen für **eine theoretische Ausgangsbasis** seines Handelns zu entscheiden haben. Positiv zu sehen ist, dass der Empfehlungstext diese Entscheidung nicht nur zulässt, sondern sie geradezu herausfordert.

Für Kinder, deren besonderer Förderbedarf mehrere Förderschwerpunkte betrifft, wie für Kinder mit Hyperaktivität und / oder Aufmerksamkeitsstörungen sieht SPIESS (2000, 376 f.) einen Ergänzungsbedarf hinsichtlich der Förderortentscheidungen. Auch verweist er kritisch insbesondere auf die Hinterfragung monokausaler Verursachungstheorien z.B. medizinischer Art, sowie auf den fehlenden Einbezug der Kinder und Jugendlichen bei einer Entscheidung über Förderschwerpunkt und Förderort.

Zu kurz kommt in den Empfehlungen die Zusammenarbeit mit den Eltern. Insbesondere unter systemischen Aspekten (vgl. Vernooij / Winkler 2004; Palmovski 2000; Hensle / Vernooij ⁷2002, 262 ff.) ist eine effiziente pädagogische Arbeit bei Kindern im Förderschwerpunkt emotionale und soziale Entwicklung nur möglich, wenn die psycho-emotionalen und sozialen Entwicklungsbedingungen angemessen berücksichtigt und zumindest ansatzweise in Veränderungsprozesse einbezogen werden. Lehrer und **Sonderschullehrer sind keine (Familien-) Therapeuten** (vgl. Vernooij / Wittrock 2004). Die **Zusammenarbeit** mit den Eltern gehört allerdings zu den genuinen **Aufgaben aller** Lehrkräfte. Bei Kindern mit psychosozialen Problemen erhält sie besonderes Gewicht!

5.2.2.8 Förderschwerpunkt Erziehung und Unterricht von Kindern und Jugendlichen mit autistischem Verhalten (2000)

Kinder mit autistischem Verhalten oder auch mit autistischen Zügen im Verhalten stellten bisher eine Gruppe dar, deren sonderpädagogische Einordnung nicht eindeutig war. Je nach Erscheinungsbild und theoretischer Orientierung konnten sie sowohl der Verhaltensgestörtenpädagogik (Asperger 1943) als auch der Geistigbehindertenpädagogik (Kanner 1943) zugeordnet werden. Dies mag für die KMK ein Grund gewesen sein, Kinder mit dem sehr schillernden, heterogenen und schwierigen Störungsbild „Autismus" in einer eigenen Schwerpunktgruppe zu berücksichtigen.

Schwägerl (2000, 399) wertet die Empfehlungen als Ausdruck vermehrter Beachtung von Kindern mit autistischem Verhalten bezogen auf ihre Erziehung und Bildung.

EXKURS: Autismus

Bevor ich auf den Empfehlungstext eingehe, zunächst kurz einige Sachinformationen zum Störungsbild Autismus (vgl. auch Hensle / Vernooij ⁷2002, 163 ff.). Die Erscheinungsformen sind außerordentlich variationsreich; hinsichtlich der intellektuellen Leistungsfähigkeit ergibt sich eine Spannbreite von der geistigen Behinderung bis hin zu weit überdurchschnittlichen Spezialbegabungen. Hinsichtlich der Verursachung (Ätiologie) kann unterschieden werden zwischen
– körperlich begründbaren (somatogenen)

- psychisch bedingten (psychogenen)
- ätiologisch ungeklärten

Formen des frühkindlichen Autismus (vgl. HARTMANN 1992, 58).

Allen gemeinsam als Hauptmerkmale sind
- Selbstbezogenheit / Insich-gekehrt-sein;
- Störungen bzw. Veränderungen in der Wahrnehmungsstruktur und –verarbeitung;
- Veränderungsängste / Zwänge;
- schwere Kontaktstörungen (einschließlich kommunikativer Eigenwelt – z. B. für niemanden verständliche Sprachschöpfungen).

Unter „autistischem Verhalten" wird fachwissenschaftlich ein Verhalten verstanden, welches zeitweilig, nicht durchgängig dem Verhalten autistischer Kinder ähnelt. Hier spricht man auch von „autistischen Zügen".

Ausgangspunkt im Empfehlungstext sind „Einschränkungen und Störungen in der Einheit von Wahrnehmung und Motorik sowie in der Kommunikation", die aus der Sicht der KMK Auswirkungen auf die Persönlichkeitsentwicklung und auf die Beziehungsfähigkeit haben (vgl. KMK-EMPFEHLUNGEN 2000, a. a. O., 384 f.). Damit wird sehr einseitig und aus wissenschaftlicher Sicht sehr allgemein ein Störungsbild umrissen, welches trotz aller zusätzlichen Beschreibungen im weiteren Textverlauf so diffus bleibt, dass es für den Laien kaum einsichtig ist, warum diese so unscharf beschriebene Gruppe nicht einem der übrigen Förderschwerpunkte zugeordnet werden könnte (z. B. geistige oder körperliche und motorische Entwicklung).

Die deutliche Ausrichtung auf Beeinträchtigungen in der Wahrnehmung und in der Motorik führt, trotz vielfältiger zusätzlich aufgeführter Symptome zu einem außerordentlich verwirrenden Bild, welches den tatsächlichen Gegebenheiten hinsichtlich des Störungsbildes und hinsichtlich der Lebenssituation autistischer Kinder und deren Eltern nicht einmal ansatzweise gerecht wird.

Die KMK unterscheidet im Zusammenhang mit der Förderung autistischer Kinder zwischen
- besonderem pädagogischen Förderbedarf und
- sonderpädagogischem Förderbedarf,

ähnlich wie im Förderschwerpunkt Unterricht für Kranke (vgl. 5.2.2.9). Während dort allerdings sehr klar auf die nicht notwendigerweise sonderpädagogische Förderung hingewiesen wird, bleibt die Notwendigkeit einer Unterscheidung in diesem Empfehlungstext unverständlich bzw. kaum nachvollziehbar, da nicht hinreichend begründet. Bezeichnenderweise wird im nachfolgenden Text durchgängig nur noch von „sonderpädagogischem Förderbedarf" gesprochen.

Die Feststellung dieses Förderbedarfs wird als diagnostisch schwierig eingestuft, zum einen aufgrund der vielfältigen Ausprägungsformen autistischen Verhaltens, zum anderen aufgrund der unklaren Ätiologie sowie der Beteiligung anderer Fachdisziplinen (Medizin, Psychotherapie). Auch führt die Komplexität des Störungsbildes, bei dem unterschiedlichste Entwicklungs- und Förderbereiche einbezogen werden müssen, zu einem mehrschichtigen Diagnostikprozess, bei dem neben der fachärztlichen Diagnose intensive Verhaltensbeobachtungen sowie die Befragung von Eltern, Lehrern, Erziehern und anderen Fachkräften die wesentliche Grundlage des Gutachtens bilden. Testpsychologische Untersuchungen, die im Empfehlungstext gar nicht erwähnt werden, sind in den meisten Fällen nicht oder nur schwer durchführbar.

Eine eigene Schulart gibt es für Kinder mit autistischem Verhalten nicht. Ihre Erziehung, Bildung und sonderpädagogische Förderung kann theoretisch an einer Regel- oder an einer geeigneten Sonderschule (Schule für Geistigbehinderte; Schule für Erziehungshilfe) erfolgen.

Als Ziel von Erziehung und Unterricht wird im Empfehlungstext formuliert:

„Die Lernsituationen und Hilfen sollen dazu beitragen, dass die Kinder und Jugendlichen mit autistischem Verhalten sich selbst in Bezug zu ihrer Umwelt erleben, von stereotypen Verhaltensweisen zur sachgerechten und zweckbezogenen Eigentätigkeit gelangen und realistische Beziehungen zur Umwelt entwickeln" (a. a. O., 390).

Feste Bezugspersonen, klare überschaubare Strukturen sowie individualisierte, auf die spezifischen Interessen des Kindes bezogene inhaltliche Angebote sind bei der Förderung unerlässlich. Vielfach sind besondere räumliche Ausstattungen sinnvoll und notwendig um dem Kind einerseits Sicherheit am vertrauten Lernort zu geben, andererseits Rückzugsmöglichkeiten bereitzustellen.

Die Bedeutung früher Hilfen für Kinder mit autistischem Verhalten wird hervorgehoben und diskutiert. Sie sollten im Rahmen der interdisziplinären Frühförderung (vgl. Kap. 3) erfolgen.

Als Förderorte werden weder der gemeinsame Unterricht in der Regelschule, noch Sonderschulen klar präferiert. Verdeutlicht wird jedoch, dass Sonderschulen i. d. R. „über die konzeptionellen, personellen, baulich-räumlichen und sächlichen Voraussetzungen für eine ganzheitliche Lern- und Entwicklungsförderung" verfügen (vgl. a. a. O., 394 ff.). Eine „Bündelung unterschiedlicher Kompetenzen und eine wechselseitige Verknüpfung der Förderangebote und –hilfen" wird als notwendig erachtet. Ebenso die Zusammenarbeit mit außerschulischen Institutionen (z. B. medizinische und soziale Dienste, Selbsthilfegruppen und Therapiezentren).

Würdigung der Empfehlungen zu Erziehung und Unterricht von Kindern und Jugendlichen mit autistischem Verhalten:

Sieht man von der eingangs bereits dargelegten Kritik an der Darstellungsweise des Störungsbildes „Autismus" ab, kann mit SCHWÄGERL (2000, 400) konstatiert werden, dass die Empfehlungen „pädagogisch relevante Gegebenheiten" für die Personengruppe im Blick haben und versuchen, diese zu beschreiben.

Die Begründung für eine Unterscheidung von besonderem pädagogischen und sonderpädagogischem Förderbedarf greift nicht bzw. unterstreicht eher das Vorhandensein eines sonderpädagogischen Förderbedarfs. Mit der Unterscheidung soll deutlich werden „dass es eines differenzierten und umfassenden Wissens von Förderung bedarf, um über Erscheinungen hinaus Hinweise zu geben, die Art und Grad des Syndroms und den damit verbundenen notwendigen Förderbedarf erfassen" (SCHWÄGERL 2000, 401). Diese Aussage, die letztlich für alle Förderschwerpunkte gilt, verweist eher auf eine **sonderpädagogische** Kompetenz.

Die Aussage, dass mit den Empfehlungen „eine Reihe pädagogischer Wertvorstellungen und Orientierungen" durchgesetzt werden soll, klingt eher verbandspolitisch denn administrativ, wobei nicht explizit ersichtlich wird, welche „Wertvorstellungen und Orientierungen" gemeint sind. Interpretiert man den Text mit aller Vorsicht, so könnten zwei Aspekte herausgestellt werden:

– Trotz einseitiger und teilweise unzulänglicher Umschreibungen lässt der Empfehlungstext keinen Zweifel daran, dass das komplexe Störungsbild „Autistisches Verhalten" (sonder-) pädagogisch vielfältige Probleme aufwirft.

- Bei genauer Lektüre könnte man den Eindruck gewinnen, dass die KMK eigentlich für die Einrichtung eigener schulischer Institutionen für Kinder und Jugendliche mit autistischem Verhalten plädieren möchte.

Dies stünde allerdings der allgemeinen Tendenz in Richtung gemeinsame Erziehung und Bildung von beeinträchtigten und nicht beeinträchtigten Kindern in der Regelschule diametral entgegen.

Für ROEDLER, der aus fachwissenschaftlicher Sicht die Empfehlungen kommentiert, stellen sie „eine mehr oder weniger additive Zusammenstellung der jeweiligen Aspekte der Problematik dar", die er „prinzipiell" für begrüßenswert hält (2000, 405). Im weiteren Verlauf seiner Ausführungen kritisiert er allerdings
- die vereinfachende, technologisch-funktionalistische Sicht;
- die fachwissenschaftlich unzulängliche Betrachtung eines außerordentlich komplexen, variationsreichen Syndroms;
- begriffliche Unschärfe der Bezeichnung „autistisches Verhalten", die –fachwissenschaftlich gesehen – nur Personen meint, die „in bestimmten Situationen zeitweise zu einer autistischen Selbststabilisierung greifen". In den Fällen, in denen die spezifische Symptomatik „den gesamten Weltzugang eines Menschen bestimmt" wird fachwissenschaftlich von Autismus gesprochen (vgl. a. a. O., 408 / vgl. Exkurs S. 245 f.).

Die Ausführungen ROEDLERS ergänzen einerseits die Empfehlungen bezogen auf das Störungsbild Autismus. Andererseits unterstreichen sie die Komplexität des Syndroms und damit verbunden die Notwendigkeit hoher spezifischer Kompetenz bei den pädagogisch Tätigen. „Um diese Kompetenz im gesamten Schulsystem zu erweitern, sind entsprechende Angebote in der Aus-, Fort- und Weiterbildung aller Lehrämter zu gewährleisten" (a. a. O., 409).

Diese Forderung macht implizit auch deutlich, dass weder in der pädagogischen (was verständlich ist), noch in der sonderpädagogischen Praxis personelle Ressourcen in ausreichendem Maße vorhanden sind, um dem besonderen pädagogischen Förderbedarf autistischer Kinder gerecht zu werden. Ob die vorliegenden KMK-Empfehlungen dazu geeignet sind, diesen Mangel zu beheben, mag allerdings bezweifelt werden.

5.2.2.9 Förderschwerpunkt Unterricht kranker Schülerinnen und Schüler (1998)

Kinder und Jugendliche, die aufgrund langfristiger, zyklischer oder chronischer Erkrankungen häufig oder regelmäßig für längere Zeit in einer Klinik (Sanatorium etc.) stationär behandelt werden müssen und deshalb über längere Zeit die Schule nicht besuchen können, haben ein Recht auf Krankenunterricht (zu „langfristig Kranken" siehe auch HENSLE / VERNOOIJ [7]2002, 59ff.).

Da mindestens für die Dauer der stationären Behandlung bei diesen Kindern ein besonderer pädagogischer Förderbedarf besteht, hat sich die KMK im Rahmen der Ergänzungsempfehlungen auch mit dieser Gruppe von Kindern befasst. Sie unterscheidet diesen besonderen pädagogischen Förderbedarf allerdings von einem sonderpädagogischen Förderbedarf, unter dem Aspekt, dass letzterer nicht bei allen Kindern, welche Krankenunterricht außerhalb der Regelschule erhalten, gegeben ist (vgl. KMK-EMPFEHLUNGEN, a. a. O., 145 f.).

Unterricht ist für längerfristig kranke Kinder aus mehreren Gründen wichtig. U. a. kann er zur psychischen Stabilisierung der Kinder beitragen, da er die Erfahrung ermöglicht, dass auch mit einer Krankheit erfolgreich gelernt werden kann. Aus der Sicht der KMK „ist Unterricht eine wichtige Voraussetzung für die Teilnahme am Leben der Gemeinschaft" (KMK-EMPFEHLUNGEN 1998, a. a. O., 144).

Je nach Art und Schwere der Erkrankung und des Krankheitsverlaufs können zusätzliche Beeinträchtigungen z. B. kognitiver, psychischer, sozialer oder affektiver Art entstehen bzw. sich entwickeln. Unter anderem werden von der KMK (a. a. O.) genannt:

– Konzentrations- und Antriebsprobleme
– Selbstwert- und Motivationsprobleme
– Emotional- und Sozialveränderungen bzw. Probleme in diesen Bereichen.

Kinder, deren Lebenserwartung begrenzt ist, bedürfen besonderer, sensibler Betreuung und Unterstützung, was im Empfehlungstext kaum Beachtung findet.

Im Zusammenhang mit dem Förderbedarf wird im Empfehlungstext ausgeführt, dass Kinder, „die lang andauernd und wiederkehrend erkrankt sind, mit der Erkrankung leben lernen müssen und im Unterricht ohne **sonderpädagogische** Hilfen nicht hinreichend gefördert werden können", vermutlich einen sonderpädagogischen Förderbedarf aufweisen (KMK-EMPFEH-LUNGEN 1998, a. a. O., 145).

Besonderer pädagogischer Förderbedarf hingegen ist bei allen Kindern anzunehmen, die „langandauernd oder wiederkehrend erkrankt sind" (a. a. O., 145).

Die Ermittlung des Förderbedarfs wird lediglich mit drei Zeilen erwähnt.

Als „Förderorte" sind je nach individueller Situation und örtlichen Gegebenheiten drei Formen denkbar
– der Krankenhausunterricht, was in der Regel heißt: (Einzel-) Unterricht am Krankenbett oder in kleinen Gruppen in Klinikräumen;
– der Unterricht in der Schule für Kranke, die häufig (in relativer Nähe) einer Klinik angegliedert ist;
– der Hausunterricht bei langfristiger Erkrankung ohne stationäre Behandlung.

Zwischen diesen Formen kann je nach Bedarf und Situation gewechselt werden, z. B. kann der Krankenhausunterricht als Hausunterricht fortgesetzt werden.

Der Unterricht für kranke Schüler ist in den Bundesländern unterschiedlich geregelt. Eine gute Zusammenarbeit von Schulaufsichtsbehörde und Krankenhausträgern ist unerlässlich, um eine qualifizierte und kontinuierliche schulische Förderung zu gewährleisten.

Für den Unterricht bei kranken Kindern werden Lehrkräfte aus allen Schulformen herangezogen, wobei sichergestellt sein muss, dass diese Lehrkräfte willens und in der Lage sind, der besonderen Situation der Kinder sowohl mitmenschlich als auch didaktisch-methodisch gerecht zu werden.

Bei längerfristiger Abwesenheit in der Regelschule ergeben sich u. U. Probleme hinsichtlich der Leistungsbewertung und der Schulabschlüsse. Je nach den schulrechtlichen Regelungen in den einzelnen Bundesländern und bezogen auf die Dauer und Intensität der Teilnahme am Krankenunterricht erhalten die Kinder einen den Leistungsstand bewertenden Unterrichtsnachweis oder ein Zeugnis, jeweils zu den festgelegten Terminen für die Zeugnisausgabe in den Regelschulen.

Da in der Schule für Kranke nach den Lehrplänen verschiedener Schulformen unterrichtet werden kann, werden Zeugnisse und Schulabschlüsse für die Schulart ausgestellt, nach deren Rahmenplan ein Kind unterrichtet wurde.

Diese Regelungen gelten gleichermaßen für Krankenhaus- und Hausunterricht, wobei der Zeugniserteilung eine Überprüfung durch die Schulleitung der zuständigen Schule vorausgeht.

Die Lehrkraft, die das kranke Kind unterrichtet hat, ist an dieser Überprüfung beteiligt. Entspricht der Leistungsstand dem Jahrgangsniveau der entsprechenden Regelschule, wird ein (Abschluss-) Zeugnis erteilt. Die Überprüfung, veranlasst durch die zuständige Schulaufsichtsbehörde, erfolgt unter Beachtung der schulrechtlichen Bestimmungen des jeweiligen Bundeslandes.

Wie bereits deutlich geworden, handelt es sich bei den am Krankenunterricht beteiligten Lehrkräften nicht oder nur selten um Sonderschullehrer. Insofern äußert sich die KMK im Empfehlungstext zur Qualifikation von Lehrern aller Schulformen für die Durchführung von Krankenunterricht. Regelmäßige Fort- und Weiterbildungsveranstaltungen werden als erforderlich erachtet, um u. a. Informationen
– zur Diagnostik,
– zu Krankheitsbildern und ihre Aus- und Nebenwirkungen,
– zu Beratung und Teamarbeit,
– zu spezifischen Methoden und Medien,
– zu organisatorischen und anderen Rahmenbedingungen des Krankenunterrichtes (Krankenhausorganisation, Situationen des Hausunterrichtes etc.)
zu erhalten.

Die unterrichtliche Arbeit mit kranken Kindern setzt eine sozial sensible und methodisch flexible Persönlichkeit voraus, die fähig und bereit ist, mit den Beteiligten (Eltern, vorherige Schule, Ärzte, Pflege- und Therapiepersonal) zusammenzuarbeiten.

Würdigung der Empfehlungen zum Förderschwerpunkt Unterricht kranker Schülerinnen und Schüler:

Bereits im KMK-Gutachten von 1960 wurde der Unterricht für kranke Kinder festgeschrieben. Zunächst wurde der Krankenunterricht dem Sonderschulwesen zugeordnet (KMK-BESCHLUSS 1968, vgl. auch HEIDE 2000, 154), unter Hinzuziehung von Lehrkräften aller Schulformen. In den Empfehlungen der Bildungskommission des Deutschen Bildungsrates von 1973 wurde diese Zuordnung bestätigt. Unter Beachtung dieser historischen Gegebenheiten stellen die Empfehlungen von 1998 den vorläufigen Endpunkt einer Entwicklung dar, die von Krankenunterricht als „Organisationsform für die Förderung behinderter Kinder außerhalb allgemeiner Schulen" (HEIDE, a. a. O.), die dem Sonderschulwesen zugeordnet war bzw. als spezieller Sonderschultyp gesehen wurde zu einer eigenständigen Beschulungsform unter erschwerten Bedingungen, außerhalb der Regelschule, jedoch **nicht** innerhalb des Sonderschulwesens führte. Aufgrund der Entwicklungen in der Sonderpädagogik während der letzten 25 Jahre, die zu einer Entflechtung von individueller Lebenssituation und Institutionsgebundenheit führte, d. h. zu einer Entflechtung von Behinderung und „zuständigem" Sonderschultyp, wurde auch der Krankenunterricht weniger institutionenbezogen sondern personen- und siutationsbezogen im je individuellen Fall gesehen.

Begriffliche Veränderungen in der Sonderpädagogik

- statt Sonderschulbedürftigkeit => sonderpädagogischer Förderbedarf

- statt Sonderschultypen => sonderpädagogische Förderschwerpunkte

- statt Institutionenfixierung => Förderortpluralisierung

führen bezogen auf den Unterricht bei kranken Kindern zwangsläufig zur Eigenständigkeit dieser schulischen Organisation.

Im Zusammenhang damit wird im Empfehlungstext zwischen

– besonderem pädagogischen Förderbedarf
 und
– sonderpädagogischem Förderbedarf

unterschieden (vgl. KMK-EMPFEHLUNGEN, a. a. O., 145 f.).

HEIDE (2000, 156 f.) führt hierzu aus:
„Da es Schülerinnen und Schüler mit unterschiedlichen Begabungen in verschiedenen Bildungsgängen gibt, die für eine bestimmte Zeit oder an regelmäßig wiederkehrenden Tagen krank sind, wurde grundsätzlichen zwischen einem 'Besonderen Förderbedarf' und 'Sonderpädagogischem Förderbedarf' unterschieden".

Schulpflichtige Kinder mit besonderem (pädagogischen) Förderbedarf benötigen im Unterricht spezifische pädagogische Hilfen, die jedoch im Rahmen regelschulpädagogischer Förderung beachtet und gegeben werden können.

Erst wenn eine angemessene Förderung des Kindes **ohne** sonderpädagogische Hilfen nicht gewährleistet ist, sollte der sonderpädagogische Förderbedarf festgestellt und sonderpädagogische Betreuung in das Gesamtkonzept einbezogen werden (vgl. Heide 2000, 157).

Damit befindet sich der Unterricht für Kranke im Rahmen des allgemeinen Schulwesens, nicht mehr im Rahmen des Sonderschulwesens.

Völlig verfehlt ist es jedoch, diesen Zuordnungs- bzw. Statuswechsel mit Qualitätskriterien in Verbindung zu bringen, wie Rampach (2003, 22) es tut, indem er einen Abschnitt seiner Abhandlung zur Schule für Kranke mit „Vom Sonderschulstatus zur Qualitätsorientierung" überschreibt.

Er unterstellt damit der Sonderschule i.w.S. fehlende Qualitätsorientierung, was er im Zusammenhang mit Diagnostik und Schulprogrammen zu explizieren sucht. Abgesehen davon, dass Sonderschulen gute Arbeit für beeinträchtigte Kinder leisten, ist die Qualität von Unterricht und Fördermaßnahmen stark abhängig vom Professionalisierungsgrad sowie vom individuellen Persönlichkeitsniveau (vgl. Vernooij 1997, 57 / 1998, 185) der in der Schule Tätigen. Dies gilt für alle Schulformen gleichermaßen ! Insofern hat der Sonderschulstatus keinesfalls einer Qualitätsorientierung im Wege gestanden ! Er hat lediglich eine fragwürdige bzw. wenig reflektierte Einstellung bezogen auf langfristig kranke Kinder dokumentiert (vgl. hierzu Hensle / Vernooij [7]2002, 14 / 59), die durch die KMK-Empfehlung (1998) korrigiert worden ist.

Für die schulrechtlichen Regelungen in den verschiedenen Bundesländern haben die Empfehlungen u. U. Konsequenzen hinsichtlich der Position der Schulen für Kranke innerhalb des Bildungssystems.

Als erstes Bundesland hat Bayern auf der Grundlage der KMK-Empfehlungen 1999 eine „Verordnung über die Errichtung und den Betrieb sowie Schulordnung der Schulen für Kranke in Bayern" herausgegeben, in der es u. a. heißt, dass der Stoff **aller** Schulformen, „der Grund- und Hauptschulen und der Berufsschulen, ... im Einzelfall auch den der Schulen für Behinderte, aber auch den der Realschulen und des Gymnasiums" vermittelt werden kann, da die Schule für Kranke zuständig ist „für alle Kinder und Jugendlichen im schulpflichtigen Alter, die sich im Krankenhaus befinden" (zit. nach Heide 2000, 161).

Schmitt (2000, 166) kommentiert die KMK-Empfehlungen inhaltlich ambivalent. Einerseits stellt er heraus, dass „das verhängnisvolle (Selbst-) Verständnis der Schule für Kranke als einer gehobenen Nachhilfeorganisation" sukzessive aufgegeben wurde. Andererseits sieht er sie jedoch weiterhin verankert in der Sonderpädagogik: „Krankenpädagogik wurde in das allgemeine Sonderpädagogische Paradigma [was immer das sei] integriert" (vgl. Kap. 5.1).

Am Ende seines Beitrags wiederum führt er aus:" Von Krankheit und Krankenhausaufenthalt sind Schüler jeden Alters und aller Schularten betroffen. Damit ist Krankenpädagogik als Verpflichtung und Aufgabe der gesamten Schulpädagogik ausgewiesen" (a. a. O., 175).

Dies legen die Empfehlungen in der Tat nahe. Eine Zusammenarbeit von Regel- und Sonderpädagogik ist in vielen Fällen sicher sinnvoll und notwendig. Die Schule für Kranke weiterhin als sonderpädagogische Institution zu betrachten, ist meines Erachtens nicht im Sinne der Empfehlungen.

MERKSÄTZE:

- Die Ergänzungsempfehlungen umfassen neun Förderschwerpunkte

  - Hören
  - Sehen
  - körperliche und motorische Entwicklung
  - Sprache
  - geistige Entwicklung
  - Lernen
  - emotionale und soziale Entwicklung
  - Unterricht kranker Schülerinnen und Schüler

sowie Empfehlungen zu

  - Erziehung und Unterricht von Kindern und Jugendlichen mit autistischem Verhalten

- Für den Förderschwerpunkt **Hören** wird die Notwendigkeit der Kommunikationsbefähigung mittels Laut- **und** Gebärdensprache fokussiert.
- Die sehr allgemein gehaltenen Empfehlungen zum Förderschwerpunkt **Sehen** präferieren die gemeinsame Unterrichtung von sehgeschädigten und nichtbehinderten Kindern.
- Für den Förderschwerpunkt **körperliche und motorische Entwicklung** wird das Ziel der gesellschaftlichen Integration und Teilhabe als vordringlich herausgestellt.
- In den Empfehlungen zum Förderschwerpunkt **Sprache** bildet die
- Vernetzung von Sprache, Sozialverhalten und Lernen eine wesentliche
- Grundlage für die (besondere) Förderung.
- Für den Förderschwerpunkt **geistige Entwicklung** sind insbesondere zwei Aspekte von Bedeutung:

- – die konsequente Verfolgung der bildungspolitischen Ziele einer gemeinsamen Unterrichtung von Kindern mit geistiger Beeinträchtigung mit nichtbehinderten Kindern in der Regelschule;
- – die konsequente Fokussierung des Bildungsziels „selbständige Lebensbewältigung unter erschwerten Bedingungen".
- In den Empfehlungen zum Förderschwerpunkt **Lernen** wird
  - – zum einen die gemeinsame Unterrichtung in der Regelschule präferiert,
  - – zum anderen werden aber die besonderen pädagogischen Maßnahmen und Rahmenbedingungen in einer Weise hervorgehoben, dass der Eindruck entsteht, dem sonderpädagogischen Förderbedarf könne in der Regelschule kaum entsprochen werden.
- Eine wirkliche Neuerung vor dem Hintergrund der wenig förderlichen Sozialisationsbedingungen eines Großteils der Kinder im Förderschwerpunkt Lernen **wäre es gewesen**, den vorschulischen Bereich stärker herauszustellen unter dem Aspekt von Entwicklungsförderung und kompensatorischer Erziehung und Bildung.
  - – Aus Sicht der Verfasserin sollte der Vorschulbereich bundesweit zum Bildungs-, nicht zum Sozialsystem gehören, um eine wirklich frühzeitige Erziehung, Bildung und Förderung sozial benachteiligter Kinder unter primärpräventivem Aspekt zu gewährleisten.
  - – Die Überlegungen zum Vorschulbereich gelten gleichermaßen für Kinder im Förderschwerpunkt emotionale und soziale Entwicklung, sowie für einen Teil der Kinder im Förderschwerpunkt Sprache.
- Schwerpunkte in den Empfehlungen zum Förderschwerpunkt **emotionale und soziale Entwicklung** sind
  - – Hinweise auf den Durchgangscharakter von Sonderinstitutionen (Schulen / Klassen), die zumindest vorübergehend durchaus als sinnvoll erachtet werden;
  - – die Betonung einer tragfähigen Lehrer-Schüler-Beziehung als Basis sonderpädagogischer Förderung.
  - – Die Begrifflichkeit ist insbesondere auf den schulischen Bereich unglücklich gewählt und wissenschaftlich fragwürdig.
  - – Letzteres gilt ebenso für die Vermischung unterschiedlicher theoretischer Sichtweisen zu einem Konglomerat, welches für die praktische Arbeit weder sinnvoll noch effizient sein kann.
- Im Förderschwerpunkt Erziehung und Unterricht bei **autistischem Verhalten** fällt einerseits die einseitige und wissenschaftlich teilweise unzulängliche Umschreibung des komplexen Störungsbildes auf, andererseits werden aber die mit Autismus verbundenen Probleme in der pädagogischen Praxis relativ gut verdeutlicht.
- Die Empfehlungen zum Förderschwerpunkt **Unterricht kranker Kinder** sind so abgefasst,
  - – dass die Eigenständigkeit der schulischen Institution „Krankenunterricht" deutlich wird;
  - – dass die Unterscheidung von besonderem pädagogischen Förderbedarf und sonderpädagogischem Förderbedarf den Regelschulcharakter unterstreicht;
  - – dass sich – aufgrund der besonderen (Krankheits-) Situation der Kinder – die Frage des Förderortes bzw. der Fördermöglichkeit in anderer Weise stellt als bei Kindern mit Behinderungen.

5.3 Rechtliche Grundlagen im Zusammenhang mit der Erziehung und Bildung von Kindern mit Beeinträchtigungen und / oder Behinderungen

Dass sich auf der theoretischen Ebene Weiterentwicklungen vollzogen haben, die mit teilweise gravierenden Einstellungs- und Handlungsveränderungen verbunden sind, zeigt sich auch im Bereich der gesetzlichen Grundlagen.

5.3.1 Die Ergänzung des Art. 3 Abs. 3 GG und seine Auswirkungen

Am 15. November 1994 wurde Art. 3 Abs. 3 des Grundgesetzes der Bundesrepublik Deutschland um einen 2. Satz erweitert. Er lautet:

„Niemand darf wegen seiner Behinderung benachteiligt werden" (Art. 3 Abs. 3 Satz 2 GG).

Auf der Basis dieses Satzes traf der 1. Senat des Bundesverfassungsgerichts am 8. Oktober 1997 sicherlich unter Berücksichtigung der KMK-Empfehlungen von 1994 eine Grundsatzentscheidung, die Auswirkungen hat
– zum einen auf die Beschulung behinderter Kinder,
– zum anderen auf die Feststellung des besonderen pädagogischen Förderbedarfs dieser Kinder, d. h. indirekt auf das sonderpädagogisch-psychologische Gutachten als Grundlage der Förderortentscheidung.

Die Klage wurde eingereicht von den Eltern eines körperbehinderten Mädchens in Niedersachsen, welches nach erfolgreich durchlaufener Grundschulzeit (integrative Beschulung) in die Klasse 5 einer integrierten Gesamtschule wechselte. Kurz nach dem Schulwechsel wurde – zur Feststellung des besonderen pädagogischen Förderbedarfs – ein Gutachten für die Schülerin erstellt, dessen Empfehlungen für die weitere Förderung eine Überweisung in die (Sonder-) Schule für Körperbehinderte war. Begründet wurde die Empfehlung damit, dass dem festgestellten sonderpädagogischen Förderbedarf in der Gesamtschule organisatorisch und personell nicht entsprochen werden könne. Die Klage der Eltern ging – nach Durchlaufen mehrerer juristischer Instanzen (Verwaltungs- und Oberverwaltungsgericht) – an das Bundesverfassungsgericht (BVerfG), welches die Klage zunächst an das Oberverwaltungsgericht zurück verwies mit der Begründung, die Ablehnung sei mit Art. 3 Abs. 3 Satz 2 GG nicht vereinbar, da das Benachteiligungsverbot in der Begründung nicht ausreichend berücksichtigt sei. Zu beachten ist hier, dass das Niedersächsische Schulgesetz grundsätzlich einen vorrangigen Anspruch auf Regelschulbesuch für Schüler mit besonderem pädagogischen Förderbedarf vorsieht.

Abweichungen von diesem Grundsatz sind nur möglich
– wenn dem individuellen besonderen Förderbedarf an der Regelschule nicht entsprochen werden kann;
– oder wenn organisatorische, personelle und sächliche Gegebenheiten der Unterrichtung eines behinderten Kindes in der Regelschule entgegenstehen.

Ein Vorliegen dieses „Ausnahmefalles" sei durch das OLG nicht hinreichend begründet, so das BVerfG 1996. Es kam zu einer **vorläufigen** Aufhebung der Entscheidung über den endgültigen Förderort der körperbehinderten Schülerin, die nach einem Rückzug der Sonderschulüberweisung durch die zuständige Bezirksregierung eine Hauptschule besuchte. „Vorläufig" hieß in diesem Falle: bis zu einer allgemeinen, bundesweit geltenden Regelung des Problems.

Diese Vorgeschichte ist insofern von Bedeutung, als im Bundesverfassungsgerichtsbeschluss vom 8. Oktober 1997 zwar die integrative Beschulung behinderter Kinder präferiert, in der **Sonderbeschulung** jedoch **nicht per se eine Benachteiligung** behinderter Kinder gesehen wird. Die niedersächsische Einschränkung, dass dem Wunsch von Eltern und Kind nach integrativer Unterrichtung nur entsprochen werden kann, wenn es „die organisatorischen, personellen und sächlichen Gegebenheit erlauben", ist in die Urteilsbegründung eingegangen. Sie stellt quasi eine **„Machbarkeitsklausel"** dar, die dem **Wünschbaren** das **Realisierbare** gegenüberstellt. Ob sich aus dem Urteil ableiten lässt, dass die Kultusbehörden der Länder die Rahmenbedingungen für das Wünschbare auf der Basis des Art. 3 Abs. 3 Satz 2 GG schaffen **müssen**, wird diskutiert, insbesondere bei Befürwortern flächendeckender integrativer Beschulung.

5.3.2 Der Beschluss des Bundesverfassungsgerichts vom 8. Oktober 1997

Eine allgemeine bundesweit geltende Regelung wurde durch den Beschluss des Bundesverfassungsgerichts vom 08. Oktober 1997 grundgelegt. Als wesentliche und grundsätzliche Aussage kann die folgende gelten: „Die Überweisung eines behinderten Schülers an eine Sonderschule gegen seinen und seiner Eltern Willen stellt nicht schon für sich eine verbotene Benachteiligung im Sinne des Art. 3 Abs. 3 Satz 2 GG dar."

Diese Aussage ist den Ausführungen als „Leitsatz" vorangestellt, der nachfolgend etwas eingeschränkt wird: „Eine solche Benachteiligung ist jedoch gegeben, wenn die Überweisung erfolgt, obwohl eine Unterrichtung an der allgemeinen Schule mit sonderpädagogischer Förderung möglich ist, der dafür benötigte personelle und sächliche Aufwand mit vorhandenen Personal- und Sachmittel bestritten werden kann und auch organisatorische Schwierigkeiten und schutzwürdige Belange Dritter der integrativen Beschulung nicht entgegenstehen. Ausschlaggebend hierfür ist das Ergebnis einer **Gesamtbetrachtung im Einzelfall**. Dabei sind die jeweiligen Vor- und Nachteile einer integrierenden oder separierenden schulischen Bildung weder allein aus der Sicht der behinderten Schüler und ihrer Eltern, noch ausschließlich aus der Sicht der Schulverwaltung zu beurteilen."

Den Vorstellungen und Wünsche der Eltern und Schüler muss von der Schulbehörde umfänglich und weitestgehend Rechnung getragen werde, insbesondere mit Blick auf das Grundgesetz,

– Art. 6 Abs. 2 Satz 1 („Pflege und Erziehung der Kinder sind das natürliche Recht der Eltern und die zuvörderst ihnen obliegende Pflicht") und

– Art. 2 Abs. 1 („Jeder hat das Recht auf freie Entfaltung seiner Persönlichkeit, soweit es nicht die Rechte anderer verletzt und nicht gegen die verfassungsmäßige Ordnung und das Sittengesetz verstößt").

Gleichzeitig ist festzustellen, dass die integrative Beschulung von den Verfassungsrichtern als „überwiegend positiv und als verstärkt realisierungswürdige Alternative" zur Erziehung und Unterrichtung in Sonder- und Förderschulen angesehen wird.

Gleichzeitig wird allerdings verdeutlicht, dass wie auch der Leitsatz sagt, bestehende **Sonderschulen** damit **nicht** dem Verdikt der Rechts- bzw. Verfassungswidrigkeit ausgeliefert sind.

Vielmehr wird bei der Begründung des Urteils betont,

- „dass der Staat grundsätzlich gehalten (ist), für behinderte Kinder und Jugendliche schulische Einrichtungen bereitzuhalten, die auch ihnen eine sachgerechte schulische Erziehung, Bildung und Ausbildung ermöglichen";

- dass sich zwar „nach dem gegenwärtigen pädagogischen Erkenntnisstand ... ein genereller Ausschluss der Möglichkeiten einer gemeinsamen Erziehung und Unterrichtung von behinderten Schülern mit nichtbehinderten Schülern verfassungsrechtlich nicht rechtfertigen" lasse;

- dass dabei aber die gegebenen Möglichkeiten organisatorischer, personeller und sächlicher Art berücksichtigt werden müssen, denn: ein Staat kann „seine Aufgabe, ein begabungsgerechtes Schulsystem bereitzuhalten, von vornherein nur im Rahmen seiner finanziellen und organisatorischen Möglichkeiten erfüllen und der Gesetzgeber muss auch andere Gemeinschaftsbelange berücksichtigen und sich die Möglichkeit erhalten ..., die nur begrenzt verfügbaren öffentlichen Mittel für solche anderen Belange einzusetzen, wenn er dies für erforderlich hält";

- dass allerdings in einem solchen Fall „die verbleibenden Möglichkeiten einer integrativen Erziehung und Unterrichtung den Belangen behinderter Kinder und Jugendlicher ausreichend Rechnung tragen" müssen.

Das Bundesverfassungsgericht hat sich offenbar intensiv mit den Problemen schulischer Erziehung und Bildung behinderter Kinder auseinander gesetzt und sich umfänglich sachkundig gemacht, auch bezogen auf die KMK-Empfehlungen von 1994. **Gleichberechtigt** neben der **Förderung in Sonderschulen** steht für die Verfassungsrichter die Möglichkeit zielgleicher oder zieldifferenter **integrativer Beschulung** in der Regelschule, letztere mit leichter Präferenz (vgl. Vernooij 2002).

EXKURS: Lernzielgleiches vs. lernzieldifferentes Lernen

Im Zusammenhang mit der gemeinsamen Erziehung von beeinträchtigten und nicht beeinträchtigten Kindern sowie im Zuge zunehmender Individualisierungsforderungen im Rahmen der schulischen Bildung musste auch über die Zielsetzung von Unterricht neu nachgedacht werden. Ausgehend von einer weitgehenden Homogenität der Schüler einer Jahrgangsstufe war bis in die 1980er Jahre das Unterrichtsziel für alle Schüler einer Klasse gleich gesetzt, festgelegt in den Richtlinien und Lehrplänen der jeweiligen Schulform, und dort für die verschiedenen Jahrgangsstufen.

Eine Zielbeschreibung des Unterrichts sollte möglichst konkret, „operationalisiert" erfolgen. Sie beinhaltet Kenntnisse, Tätigkeiten und / oder Leistungen, die Schüler am Ende eines Unterrichtsprozesses haben bzw. erbringen sollen. „Eine Zielbeschreibung bezeichnet ein beabsichtigtes Ergebnis von Unterricht – es beschreibt nicht den Ablauf des Unterrichts"

(MAGER [2]1977, 5). Unterschieden werden muss zwischen angestrebten Lehrzielen und tatsächlich erreichten Lernzielen, da diese zumindest teilweise voneinander abweichen können (vgl. BÖHM [15]2000, 547).

Befinden sich in einer Klasse Kinder mit und Kinder ohne Beeinträchtigungen / Behinderungen, ist die – ohnehin illusionäre – Homogenität nicht mehr gegeben. Dem entsprechend kann nicht mehr von einer gleichen Zielsetzung ausgegangen werden, zumal u. U. unterschiedliche Lehrpläne für die Unterrichtsplanung zugrunde gelegt werden müssen (z. B. wenn ein Kind mit geistiger Behinderung oder ein stark lernbehindertes Kind in der Regelschulklasse integrativ beschult wird).

Mit Hilfe innerer Differenzierung sollen und können alle Kinder in deutlich heterogenen Gruppen begabungsgerecht gefördert werden, was eine individuelle, d. h. differente Zielbeschreibung für die Schüler zur Folge hat.

- Zielgleiches Lernen heißt, dass alle Schüler einer Klasse das gleiche Unterrichtsziel, in etwa der gleichen Zeit, auf der Basis des gleichen Lehrplans, erreichen sollen.

- Zieldifferentes Lernen heißt, dass die Schüler einer Klasse individuell festgelegte Ziele u. U. auf der Basis unterschiedlicher Lehrpläne, und unter Berücksichtigung ihrer je spezifischen Fähigkeiten und Möglichkeiten erreichen sollen.

Dass die Unterrichtsplanung bei zieldifferentem Lernen schwieriger ist, als eine Unterrichtsplanung bei zielgleichem Lernen, ist unschwer zu erkennen.

Einer begabungsgerechten Förderung aller Kinder in der Regelschule stand das zieldifferente Lernen in einzelnen Bundesländern lange Zeit entgegen. In Bayern, als einem der letzten Bundesländer, trat zum 01. August 2003 ein Erziehungs- und Unterrichtsgesetz in Kraft, welches auch zieldifferentes Lernen in der Regelschule möglich macht.

Aus dem Grundgesetz lässt sich zwar kein konkreter Leistungsanspruch für Einzelpersonen ableiten. Die Grundgesetzänderung von 1994 schafft aber, schulrechtlich gesehen, eine „gesteigerte Begründungspflicht" für die Schulbehörden, wenn es um Schullaufbahnentscheidungen behinderter Schüler geht.

Für jeden Einzelfall ist unter Berücksichtigung aller für den schulischen Erfolg wesentlichen Gegebenheiten und Aspekte eine dezidiert begründete Stellungnahme anzufertigen, wobei die einzelnen Begründungselemente juristisch überprüfbar, d. h. justitiabel sein müssen.

Dazu heißt es in der Entscheidung:

„Das Benachteiligungsverbot zu Gunsten Behinderter verlangt in verfahrensmäßiger Hinsicht, dass Entscheidungen, die sich im Zusammenhang mit einer Behinderung ergeben und eine Benachteiligung des Behinderten darstellen können, substantiiert begründet werden, also bei einem an einer integrativen Beschulung interessierten behinderten Kind oder Jugendlichen erkennen lassen, auf welchen Erwägungen der Schulbehörde dessen Überweisung an die Sonderschule im Einzelnen beruht. Dabei sind die Gesichtspunkte darzulegen, deren Beachtung Art. 3 Abs. 3 Satz 2 GG verlangt. Anzugeben sind danach je nach Lage des Falles Art und Schwere der Behinderung und die Gründe, die die Behörde gegebenenfalls zu der Einschätzung gelangen lassen, dass Erziehung und Unterrichtung des Behinderten am besten in einer Sonderschule gewährleistet erscheinen."

Wie bereits in den KMK-Empfehlungen (1994) verdeutlicht, kann auch nach der Entscheidung des BVerfG's (1997) die Festlegung des Förderorts für ein behindertes Kind nicht mehr allein aus der Art und der Schwere der Behinderung begründet werden. Vielmehr sind einerseits der je individuelle Förderbedarf des Kindes, andererseits die Möglichkeiten und Grenzen schulischer Förderung an unterschiedlichen Förderorten zu beachten und in Beziehung zu setzen unter dem Aspekt der höchstmöglichen Passung, d. h. der optimalen Förderung des Kindes.

Bei der Entscheidung sind die Vorstellungen der Eltern und des behinderten Kindes zu berücksichtigen.

„Die Vorstellungen der Eltern und der Kinder und Jugendlichen darüber, wie deren schulische Erziehung und Unterrichtung gestaltet und an welcher Schule sie begonnen oder fortgesetzt werden solle, haben allerdings im Hinblick auf die grundrechtlichen Gewährleistungen des Art. 6 Abs. 2 Satz 1 und des Art. 2 Abs. 1 GG verfassungsrechtlich großes Gewicht."

Eine Entscheidung gegen den erklärten Eltern- und Kindeswillen, so das BVerfG, „setzt eine ausreichende Begründung der Entscheidung zu Gunsten einer Sonder- oder Förderschulunterrichtung" sowie „ein Eingehen auf entgegengesetzte Erziehungswünsche des Behinderten und seiner Erziehungsberechtigten voraus. Sie sind in Beziehung zu setzen zu den Erwägungen der Schulbehörde und mit deren Vorstellung in einer Weise abzuwägen, die die staatliche Maßnahme nachvollziehbar und damit auch gerichtlich überprüfbar macht".

Das heißt, es bedarf hier einer besonders sorgfältigen, fundierten und fachlich substantiierten Begründung, in der deutlich wird, welche nachprüfbaren Gegebenheiten einer Entsprechung des Elternwillens entgegenstehen und welche Gründe verhindern, dass beispielsweise organisatorische, personelle und / oder sächliche Gegebenheiten verändert werden könnten.

Die in den KMK-Empfehlungen bereits angestrebte Weiterentwicklung der allgemeinen Schulen im Zusammenhang mit der Erziehung und Bildung behinderter Kinder wird durch den Beschluss des BVerfG's gestützt und juristisch untermauert.

5.3.3 Folgerungen für die Feststellung des besonderen pädagogischen Förderbedarfs

Hinsichtlich der Feststellung des besonderen pädagogischen Förderbedarfs und der daraus zu folgernden Förderortempfehlung besteht nach dem Beschluss des BVerfG's von 1997 eine gesteigerte Pflicht, intersubjektiv nachvollziehbare, d. h. justitiable Kriterien zur Begründung vorzulegen. Das nachfolgende Schaubild zeigt, welche Begründungselemente für die Empfehlung eines je individuell angemessenen Förderortes von Bedeutung sind:

Für das sonderpädagogisch-psychologische Gutachten sind mosaikartig Fakten zusammenzutragen, gemäß der in den KMK-Empfehlungen gegebenen, und vom BVerfG gestützten Regeln, und bezogen auf die vorgenannte (Abs. 5.2.1.2) differenzierte Definition von „besonderem pädagogischen Förderbedarf". In der Gesamtschau sollen diese Fakten ein klares und möglichst objektives Bild der Lebens- und Lernsituationen des jeweiligen Kindes vermitteln.

Das subjektive Interpretieren von Daten ist dabei ebensowenig hilfreich, wie nicht auf die Daten bezogene Schlussfolgerungen und Empfehlungen. Justitiabel sind beide Vorgehensweisen ohnehin nicht!

Abb. 9: Schematische Darstellung einer begründeten Förderortentscheidung (Vernooij 2002, 6)

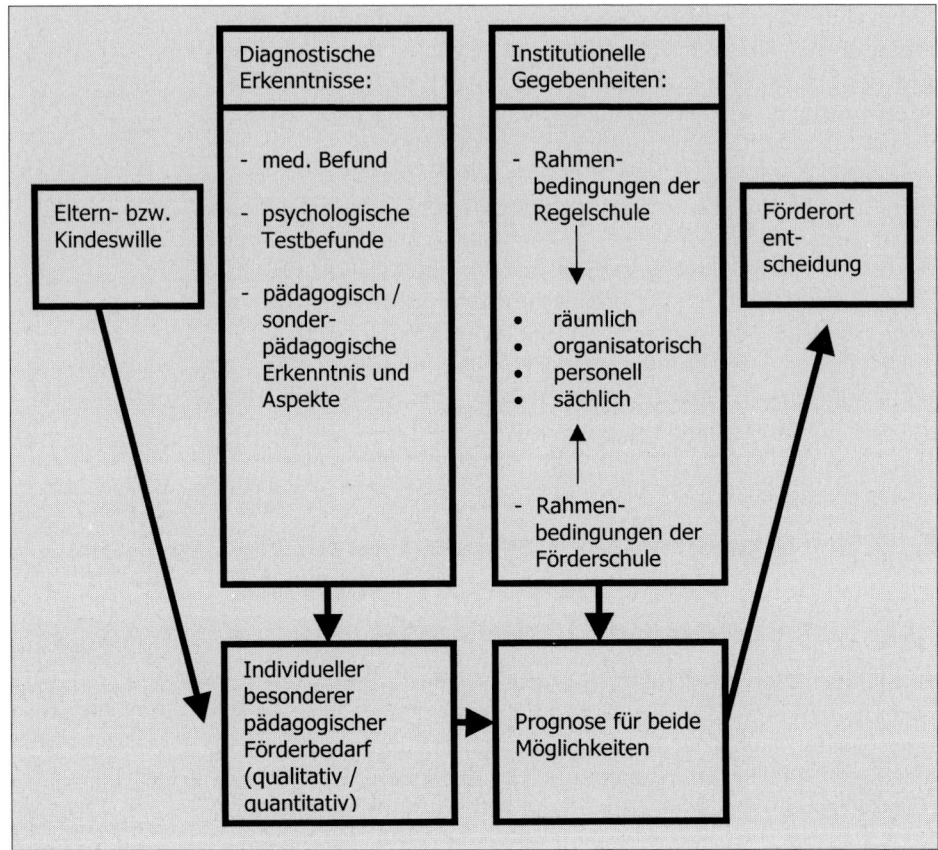

Bei allen nicht-standardisierten Methoden und Verfahren empfiehlt sich eine höchstmögliche Systematisierung um größtmögliche Objektivität zu erreichen. Ich will dies an einem einfachen Beispiel erläutern: Ein Kind, welches als verhaltensauffällig wahrgenommen wurde, soll überprüft werden. Die Lehrerin berichtet u. a., dass es **immer** seine Arbeitsblätter zerreiße. Bedenkt man, wie schnell wir bereit sind, wenn etwas häufiger geschieht, die generalisierende Form „immer" zu gebrauchen, wird deutlich, dass die Aussage der Lehrerin so nicht verwertbar ist. Mit sehr wenig Aufwand ließe sich aber, z. B. über zwei Wochen, eine genauere Analyse erstellen, in der Art einer protokollmäßig angelegten Wochenbeobachtung. Solche Protokolle zeigen – interpretationsfrei – Verhaltensweisen in Lernsituationen. Zudem sind die Protokoll- / Beobachtungs-Bögen bei entsprechender Elementarisierung des zu beobachtenden Vorganges leicht selbst zu erstellen. Auch komplexere Vorgänge und Verhaltensweisen können auf diese Weise protokollarisch erfasst werden.

Nicht nur im Zusammenhang mit dem Beschluss des Bundesverfassungsgerichts ist die beständige Kontrolle der Sachlichkeit und Objektivität von Angaben zur Lern- und Leistungssituation wichtig. Intersubjektive Überprüfbarkeit sollte immer Grundsatz sein bei der Feststellung des besonderen pädagogischen Förderbedarfs eines Kindes, bei der Erfassung seiner besonderen Lernsituation, von der die Entscheidung über seine schulische Laufbahn abhängt. Insofern wäre es wünschenswert, wenn der Beschluss des Bundesverfassungsgerichts von 1997 nicht nur in Problemfällen, sondern bei **allen** Überprüfungen eine größere Klarheit und Transparenz **der** Fakten zu Folge hätte, die einer Förderortentscheidung zu Grunde gelegt werden.

MERKSÄTZE:

- Einstellungs- und Handlungsveränderungen im Zusammenhang mit der Erziehung und Bildung behinderter Kinder zeigen sich auch im Bereich der gesetzlichen Grundlagen.
- Hervorzuheben sind hier:
  - die Ergänzung des Art. 3 Abs. 3 GG durch einen Satz 2:
  - „Niemand darf wegen seiner Behinderung benachteiligt werden" (1994)
  - die Entscheidung des BVerfG's zum Benachteiligungsverbot (1997), die wesentlich den schulischen Förderort betrifft.
- Folgerungen aus der Entscheidung des BVerfG's sind:
  - Integrative Beschulung und Sonderbeschulung stehen als Alternativen gleichberechtigt nebeneinander.
  - Sonderbeschulung als solche stellt keine Benachteiligung dar im Sinne des Art. 3 Abs. 3 Satz 2 GG. Alternative Förderorte sind jedoch im Einzelfall zu überprüfen vor dem Hintergrund des sonderpädagogischen Förderbedarfs.
- Die Empfehlung im sonderpädagogischen Gutachten zur Feststellung des sonderpädagogischen Förderbedarfs
  - ist sorgfältig und intersubjektiv nachvollziehbar (d. h. justitiabel) zu begründen;
  - muss Aussagen zu möglichen anderen Förderorten enthalten.
- Zur Förderortentscheidung sind die Vorstellungen und Meinungen der Eltern und des Kindes zu berücksichtigen.
- Für den Unterricht ist zwischen zielgleichem und zieldifferentem Lernen zu unterscheiden.

5.4 Integrative Erziehung und Bildung behinderter Kinder in der Bundesrepublik Deutschland

5.4.1 Historischer Rückblick

Mit der schulischen Integrationsbewegung, wie sie sich seit Beginn der 1980er Jahre darstellt, waren anfänglich keine spezifischen Konzepte verbunden, da es weder in der Sonderpädagogik noch in der allgemeinen Pädagogik verbindliche Grundsätze gab, die eine theoretische Fundierung gemeinsamer Unterrichtung von behinderten und nichtbehinderten Kindern hätte leisten können (vgl. EBERWEIN 1984; FRAGNER 1983; PREUSS-LAUSITZ 1989; MUTH 1988 / ⁴1997; PRENGEL 1988 / ⁴1997; LERSCH / VERNOOIJ 1992). Aufbauend auf den Erfahrungen im Elementarbereich (vgl. Abs. 2.4) gingen die Impulse für eine gemeinsame Erziehung und Bildung in der Schule wesentlich von Eltern und einem kleinen Kreis engagierter Sonderpädagogen aus (vgl. z. B. FEUSER 1984; SANDER 1985; WOCKEN 1987). In der Allgemeinen Schulpädagogik und in der Grundschulpädagogik wurden die Innovationen zunächst ignoriert.

1992 fand erstmals im Rahmen des Kongresses der Deutschen Gesellschaft für Erziehungswissenschaft ein gemeinsames Symposium von Schul- und Sonderpädagogen statt, welches aus der Sicht der Veranstalter „ein wichtiger Schritt zur längst überfälligen Überwindung einer jahrzehntelangen erfolgreichen wechselseitigen Verdrängung" sein sollte (LERSCH / VERNOOIJ 1992, 5). Obwohl inzwischen zahlreiche Veröffentlichungen zu wissenschaftlich begleiteten Modellversuchen zur gemeinsamen Unterrichtung behinderter und nichtbehinderter Kinder vorlagen, wurde in Befragungen von Lehramtsstudierenden in Giessen und Koblenz (Grundschule / Sonderschule) im Wintersemester 1991 / 92 deutlich, dass
– bezogen auf Integration der Wissensstand nicht sehr hoch war;
– große Skepsis – wesentlich aufgrund individueller Ängste und Überforderungsgefühle – bestanden;
– eine insgesamt abwehrende Haltung, bei grundsätzlicher Akzeptanz des Anliegens (besondere Förderung ohne Aussonderung), durchgängig sichtbar wurde (vgl. LERSCH / VERNOOIJ 1992, 11 ff.).

„Einer Minderheit der Befürworter stand die Mehrheit der Einschränkenden „Wenn" und „Aber" gegenüber, und man konnte sich des Eindrucks nicht erwehren, dass ein „schlagendes" Argument zur Abwehr des Integrationsgedankens wohl bei nicht wenigen für heftige Erleichterung gesorgt hätte" (Lersch / Vernooij 1992, 16, vgl. auch 11 ff.).

5.4.2 Integration und Inklusion

Heute, mehr als 10 Jahre später sind nicht nur die Kenntnisse größer sondern eine Realisierung des gemeinsamen Unterrichts ist in fast allen Bundesländern **möglich**. Abwehr und Ängste scheinen jedoch nicht völlig überwunden, obwohl administrative Vorgaben die Möglichkeit gemeinsamer Unterrichtung in der Regelschule als sinnvolle Alternative zur Sonderschulbildung ansehen; und obwohl sich die Ausbildungscurricula sowohl in der Grundschul- als auch in der Sonderpädagogik inhaltlich stärker auf den Unterricht in heterogenen Gruppen bzw. auf die gemeinsame Unterrichtung von behinderten und nichtbehinderten Kindern beziehen.

Sander (2002, 146 f.) beleuchtet kritisch, auf der Basis begrifflicher Unterschiede in der nationalen und in der internationalen Diktion die Situation der sonderpädagogischen Förderung in der Bundesrepublik Deutschland. Der international gebräuchliche Begriff „inclusion" ist seiner Meinung nach nicht identisch mit dem deutschen Fachbegriff „Integration".

Als (sonder-) pädagogischer Fachterminus meint Integration „das gemeinsame Lernen und Leben nichtbehinderter und behinderter Kinder und Jugendlicher in Regelschulklassen, erforderlichenfalls mit fachlicher Unterstützung" (Sander 2002, 146), wobei „fachlich" hier wohl sonderpädagogisch heißen soll (vgl. auch Abs. 2.4).

Mit Bezug auf Bintinger / Wilhelm (2001) und Hinz (2000) kann Inklusion als „eine verbesserte, weiterentwickelte, von Fehlformen bereinigte Integration" gesehen werden (Sander 2002, 147), die als neue Entwicklung in der Integrationspraxis und in der Sonderpädagogik allgemein verstanden werden kann.

„Inklusion" setzt einen insgesamt veränderten Unterricht voraus. Die KMK-Empfehlungen (1994) weisen zumindest implizit auf die Veränderung der Regelschule hin (Drave / Rumpler / Wachtel 2000, 26 f.). Ob und wann diese Veränderung realisiert werden wird, bleibt zumindest in Zeiten leerer öffentlicher Kassen fraglich, denn Inklusion ist nicht kostenneutral in der Regelschule zu realisieren!

Für SANDER (a. a. O.) ist eine gemeinsame Unterrichtung von behinderten und nichtbehinderten Kinder, bei der „die zusätzliche Unterstützung streng auf das behinderte Kind fokussiert wird, während der Unterricht sich insgesamt nicht ändert", eine bloße „Addition von sonderpädagogischen Hilfen" in einer nichtreformierten Regelschule (vgl. SANDER 2002, 146 f.). Erst eine „optimierte Integration", d. h.

– ein gemeinsamer Unterricht in ganzheitlich verbesserter und veränderter Form,
– der die Bedürfnisse **aller** Schüler im Blick hat,

verdient die Bezeichnung „Inklusion" (vgl. SANDER a. a. O.).

Anhand historischer Phasen schulischer Bildung von behinderten Kindern lässt sich der aktuelle Stand integrativer schulischer Praxis verdeutlichen.

Basierend auf BÜRLI (1997) und BINTINGER / WILHELM (2001) können fünf Phasen progressiver Entwicklung einer (gemeinsamen) Erziehung und Bildung genannt werden:

1. **Exklusion**, d. h. behinderte Kinder sind vom Schulbesuch ausgeschlossen, gelten als schulbildungsunfähig.

2. **Separation / Segregation**, d. h. behinderte Kinder besuchen spezifische, von der Regelschule getrennte Bildungseinrichtungen (vgl. auch VERNOOIJ [2]1984).

3. **Integration**, d. h. behinderte Kinder besuchen die Regelschule und erhalten dort sonderpädagogische Hilfen.

4. **Inklusion**, d. h. **alle** behinderten Kinder besuchen die Regelschule, in der besonderen pädagogischen **und** sonderpädagogischen Bedürfnissen Rechnung getragen wird.

5. **„Vielfalt in Gemeinsamkeit"** (PREUSS-LAUSITZ 1992) wird zum Normalfall, d. h. heterogene Gruppen sind in der schulischen Bildung zur Selbstverständlichkeit geworden.

Mit letzterem werden Begriffe wie Integration oder Inklusion überflüssig (vgl. auch SANDER 2002, 147).

Der aktuelle Stand der gemeinsamen Erziehung und Bildung in der BRD ist wohl Phase 3, d. h. dort, wo gemeinsamer Unterricht stattfindet, handelt es sich um „eine Addition von sonderpädagogischen Hilfen" in einer weitgehend unveränderten Regelschule.

Dabei ist die Problematik des zieldifferenten Unterrichtes – MARKOWETZ spricht von „zieldifferenter Integration" (²2001, 176) – sicher mit ein Grund, der – neben Reformunwilligkeit des Regelschulsystems – Inklusion (d. h. Phase 4 ! Von Phase 5 sind wir noch sehr weit entfernt.) be- bzw. verhindert.

Ein Unterricht, an dem Kinder teilnehmen, die aufgrund ihrer Beeinträchtigungen

– nach einem eigenen Lehrplan lernen (z. B. Lehrplan der Schule für geistig Behinderte),
– besonderer pädagogischer, sozialer, therapeutischer Hilfen bedürfen,
– ein hohes Maß an binnendifferenzierter Unterrichtsplanung erfordern,

kann nur im **Mehrexpertenteam**, d. h. in Zusammenarbeit von Regel- und Sonderpädagogen, u. U. mit Sozialarbeitern und Therapeuten erfolgen. Obwohl in den Grundschulen der meisten Bundesländer zieldifferentes Lernen grundsätzlich akzeptiert ist, ergeben sich doch personelle, organisatorische und sächliche Probleme, da die Grundschule in ihrer momentanen Form auf eine so weit reichende Heterogenität ihrer Schülerschaft nicht eingerichtet, und der Großteil der Lehrer darauf nicht vorbereitet ist.

Zieldifferentes Lernen / zieldifferente Integration in der Sekundarstufe I ist in vielen Bundesländern nicht möglich (vgl. MARKOWETZ ²2001, 177).

Auf mehr oder weniger spekulative Kostenberechnungen für den gemeinsamen Unterricht von behinderten und nichtbehinderten Kindern (vgl. PREUSS-LAUSITZ 1998, 2000; MARKOWETZ ²2001, 207) möchte ich hier nicht näher eingehen, zumal eine begabungsgerechte Förderung von Kindern und Jugendlichen nicht unter Kostengesichtspunkten diskutiert werden sollte, auch wenn dies in der Regel geschieht!

5.4.3 Integration in der Bundesrepublik Deutschland in Zahlen und Fakten

Aufgrund der Probleme
– hinsichtlich der Begrifflichkeit,
– hinsichtlich der statistischen Erhebungsverfahren, sowie
– hinsichtlich der Unterschiedlichkeit der Bildungssysteme

in den verschiedenen Mitgliedsstaaten der Europäischen Union und auch international, wird hier auf einen Vergleich im Hinblick auf integrative Beschulung international verzichtet (eine Vergleichtabelle findet sich in CLOERKES ²2001, 199).

Um wirklich aussagekräftige Daten zu erhalten, wäre es notwendig,

– die Alternativen zur gemeinsamen Unterrichtung in den einzelnen Nationen zu kennen,
– die historische Entwicklung der Erziehung und Bildung behinderter Kinder je spezifisch nachzuvollziehen,
– die theoretischen Grundlagen sonderpädagogischer / special educational Praxis nachzuvollziehen.

Da dies auch in OECD-Studien (z. B. 1995) nicht erfolgt, erscheint es mir sinnvoller, lediglich den **nationalen Stand** der integrativen Beschulung zu erfassen.

Nach SANDER (2002, 147 f.) werden in der Bundesrepublik Deutschland nach wie vor 88 % der behinderten Kinder in Sonderschulen unterrichtet, 11,6 % besuchen eine Regelschule mit entsprechender sonderpädagogischer Unterstützung, wobei ein kaum zu beziffernder Anteil dieser Kinder nicht in ausreichender, förderbedarfgemäßer Form sonderpädagogische Hilfe erhält (vgl. STOELLGER 2000).

In CLOERKES (²2001) findet sich eine passable Auflistung der Integrationsquoten in den einzelnen Bundesländern, wobei die Zahlen mit den Angaben des Bundesministeriums für Arbeit und Sozialordnung (1998) nicht übereinstimmen. Nach den dortigen Angaben werden lediglich etwa 4 % aller behinderten Kinder und Jugendlichen, „die ohne Integrationsangebote eine Sonderschule besuchen müssten" (BFAS 1998, 44) in Regelschulen unterrichtet.

Konstatieren lässt sich also, dass die Anzahl der behinderten Kinder, die gemeinsam mit nichtbehinderten in der Regelschule unterrichtet werden zwischen 4 und knapp 12 % schwankt. Dies entspricht in etwa der Schwankungsbreite in den verschiedenen Bundesländern, die aufgrund ihrer Kulturhoheit in unterschiedlichem Tempo und Ausmaß die gemeinsame Unterrichtung gefördert bzw. ermöglicht haben.

Im Gegensatz zu anderen Nationen hat Deutschland ein außerordentlich gut ausgebautes und differenziertes Sonderschulsystem (vgl. HENSLE / VERNOOIJ ⁷2002, 2 f.), welches als gleichberechtigte Alternative zur gemeinsamen Unterrichtung in der Regelschule besteht (vgl. Abs. 5.3). Eine Bildungsreform in

Richtung Inklusion wird dadurch sicher erschwert, da die Möglichkeiten der Bildung und Förderung behinderter Kinder in diesen Schulen zweifelsohne begabungsgerecht und vielfältig sind (vgl. Abs. 5.2.2 / Förderschwerpunkte).

Da sowohl die gesetzlichen Grundlagen als auch die Möglichkeiten in der Praxis in den einzelnen Bundesländern erheblich differieren, soll die nachfolgende Tabelle (inhaltlich in Anlehnung an Markowetz) zumindest einen vergleichenden Überblick über den quantitativen Stand der Integration in der Bundesrepublik Deutschland vermitteln.

Tab. 8: Integration in den Bundesländern der Bundesrepublik Deutschland

Bundesland	Integrationsklassen	Anzahl der behinderten Schüler / Klassen
Baden-Württemberg	• Schulversuche von 1992 – 1996 / 97; • seit 1997 keine Integrationsklassen => Außenklassen von Sonderschulen und Regelschulen => Intensivkooperation	• 2000 / 2001 – 116 Außenklassen, zu 95 % von Schulen für Geistigbehinderte • Beteiligung: 657 Schüler
Bayern	• Novellierung des Bayerischen Erziehungs- und Unterrichtsgesetzes – 01.08.2003 => Möglichkeit zieldifferenter Integration • bisher Sondergenehmigung für Kinder mit Down-Syndrom	• ca. 12 Kinder
Berlin	• zieldifferente Integration möglich, Klasse 1 – 6 regelhaft • 1996 / 97 ca. 80 Integrationsklassen, Sek. I, vorwiegend Gesamtschulen	• ca. 200 Schüler
Brandenburg	• seit 1992 gesetzlich und praktisch eingeführt • sechsjährige Grundschule => ca. 70 % integrative Klassen	• 15 % der behinderten Schüler • 1996 / 97 – 482 Schüler in Gesamtschulen
Bremen	• flächendeckende Integration in Klasse 1 + 2, d. h. • seit 1987 / 88 keine Aussonderung in Klasse 1 + 2 • Regionale Förderzentren für L / V / Sp.	

	• Kooperation von Schulen für Geistigbehinderte mit Regelschülern • keine Integrationsklassen mangels Ressourcen	
Hamburg	• Praxis der Nicht-Aussonderung in der Grundschule • Integrative Regelklassen 1 – 4	• ca. 20 % der behinderten Schüler, insbesondere Schüler mit L, V, Sp
Hessen	• zieldifferente Integration in der Grundschule • 1997 / 98 Integrations-klassen in der Sek. I	• ca. 14 % der behinderten Schüler • 367 Schüler
Mecklenburg-Vorpommern	• zieldifferente Integration möglich seit 1993 • 1996 / 97 – 245 Integra-tions-klassen • teilweise Einzelintegration	• 423 Schüler
Niedersachsen	• Integration abhängig vom Förderaufwand • 1997 / 98 ca. 210 Integrations-klassen im Grundschulbereich	• 576 Schüler
Nordrhein-Westfalen	• Integrative Beschulung möglich • 1995 / 96 ca. 3000 Schüler in Grundschulen, Hauptschulen und Gesamtschulen • angestrebte Möglichkeit für Sek. I und II => sonderpädagogische Förderklassen	• ca. 3,5 % der behinderten Schüler • ca. 2500 Schüler, Grundschule • ca. 500 Schüler, Gesamtschule oder Hauptschule
Rheinland-Pfalz	• seit 1983 Modellversuche • 1996 / 97 – 13 Integrations-klassen in der Grundschule	• ca. 39 Schüler
Saarland	• rechtliche Grundlagen seit 1985 • 1996 / 97 Integration an vielen Regelschulen	• ca. 600 behinderte Schüler 15 %
Sachsen	• zieldifferente Integration – Ausnahme • 1999 Integrations-verordnung	
Sachsen-Anhalt	• Schulversuche zu zieldifferenter Integration • zwei Integrationsklassen (1997 / 98), Gesamtschule • Möglichkeit an Grundschulen	• ca. 3,4 % der behinderten Schüler

Schleswig-Holstein	• Sonderschulen als integrations-orientierte Förderzentren • seit 1996 / 97 zieldifferente Integration in Klassen 1 – 10	• ca. 3.340 behinderte Schüler
Thüringen	• Einzelintegration bei geringem Zusatzaufwand	

Die Tabelle macht zum einen die Unterschiedlichkeit des Standes zieldifferenten Lernens in den Bundesländern deutlich. Zum anderen zeigen die teilweise ungenauen Angaben, dass eine bundesweite exakte Datenerhebung im Zusammenhang mit zieldifferenter Integration nicht existiert.

Für alle Bundesländer gilt 2003, dass seit einigen Jahren eine Stagnation, teilweise ein Rückschritt hinsichtlich integrativer Organisationsformen zu verzeichnen ist, aufgrund finanzieller Engpässe. Dies gilt auch für diejenigen Bundesländer, die in den 1980er Jahren die gemeinsame Unterrichtung behinderter und nichtbehinderter Kinder rechtlich und praktisch vorangetrieben haben, wie z. B. das Saarland, Berlin und Hamburg.

5.4.4 Abschließende Überlegungen

Insgesamt ist die Bilanz recht ernüchternd. Selbst wenn man die Angabe SANDERS (2002) mit 11,6 % zugrundelegt, ist dies etwas mehr als 1/10 der behinderten Kinder, die integrativ beschult werden. Dabei ist allerdings zu bedenken, dass zielgleiche Integration in allen Bundesländern relativ problemlos möglich ist, d. h. behinderte Kinder, die intellektuell in der Lage sind, das Klassenziel der Regelschule zu erreichen, haben kaum Probleme – es sei denn architektonische bei Körperbehinderung – eine Regelschule zu besuchen.

Bei genauer Betrachtung reduzieren sich die Probleme zieldifferenter Integration auf die Gruppe der intellektuell beeinträchtigten Kinder, die Lehr- und Lernziele der Regelschule nicht, oder nicht in dem vorgegebenen Zeitraum erreichen können (geistige Behinderung / Lernbehinderung – Förderschwerpunkte Geistige Entwicklung / Lernen).

Für diese Kinder sind bei der Unterrichtsplanung differenzierende Überlegungen hinsichtlich

• der Ziele
• der Inhalte
• der Methoden

- der Medien und Materialien
- des Tempos
- der Arbeitsformen

notwendig, die von einem Regelschullehrer in der Regel nicht geleistet werden können.

Der **Tandemunterricht**, d. h. die Zusammenarbeit eines Regel- und eines Sonderpädagogen ist hier unumgänglich, will man dem besonderen pädagogischen Förderbedarf der Kinder individuell gerecht werden.

Kostenneutral ist dies **nicht zu gewährleisten**. Ganz sicher reichen die wenigen verfügbaren Stunden eines Ambulanzlehrers oder eines Lehrers im Mobilen sonderpädagogischen Dienst dazu nicht aus.

HANNA RENATA LAURIEN ist als Kultursenatorin von Berlin sehr gescholten worden wegen ihres Ausspruchs, es könne nicht angehen, dass zukünftig in jeder Schulklasse ein (geistig-) behindertes Kind als „Sozialmaskottchen" sitze (Interview 1997). Wenn in integrativen Klassen nicht gewährleistet werden kann – aufgrund fehlender Ressourcen – dass auch geistigbehinderte Kinder eine je individuelle Erziehung und Bildung in der Regelschule erfahren, dann erhalten sie nicht nur den Status eines „Sozialmaskottchens", sondern sie gehen der Möglichkeit verlustig, bis an die Grenzen ihrer intellektuellen Leistungsmöglichkeit gefordert und gefördert zu werden.

Sozialpathetische Überlegungen, garniert mit anthropologisch-humanitären Argumenten werden dem sonderpädagogischen Förderbedarf dieser Kinder sicher nicht gerecht. Es mag für die Eltern sehr entlastend sein, ihre Kinder in der Regelschule zu wissen. Ob diese Beschulung dem Ziel der praktischen Lebensbewältigung und der Entfaltung der Persönlichkeit im je individuellen Fall dient, (KMK-EMPFEHLUNGEN 1998, 266), mag begründet bezweifelt werden.

MERKSÄTZE:

- Impulse und Aktivitäten bezogen auf die gemeinsame schulische Bildung von behinderten und nichtbehinderten Kindern gingen in den 1980er Jahren von Eltern und engagierten Sonderpädagogen aus.
Ausgangserfahrungen resultierten aus der gemeinsamen Erziehung im Elementarbereich
- Von der Allgemeinen Schulpädagogik und der Grundschulpädagogik wurden die Innovationen mehr als 10 Jahre weitgehend ignoriert

- Nicht nur bei Regelpädagogen bestanden zunächst – teilweise bis heute – Ängste, Unsicherheiten und Vorbehalte, bei grundsätzlicher Akzeptanz des Anliegens einer gemeinsamen Erziehung und Bildung.
- Die Begriffe „Integration" und „Inklusion" sind nicht synonym verwendbar.
- Inklusion bezeichnet einen insgesamt veränderten / reformierten Unterricht, der den Bedürfnissen **aller** Kinder gerecht wird und nicht lediglich erweitert ist durch „additive sonderpädagogische Hilfen".
- Vor dem Hintergrund von fünf möglichen Phasen gemeinsamer Bildung (Exklusion, Separation, Integration, Inklusion, Vielfalt in Gemeinsamkeit) ist der aktuelle Stand in Deutschland in Phase 3 anzusiedeln.
- Zieldifferente Integration kann nur in Zusammenarbeit von Regel- und Sonderpädagogen unter Einbezug weiterer Experten begabungs- und bedürfnisgerecht realisiert werden.
- Gemeinsame Bildung ist in den meisten Bundesländern nur im Grundschulbereich möglich.
- Die Schwankungsbreite hinsichtlich der Anzahl integrativ beschulter behinderter Kinder ist im Bundesländervergleich sehr groß, da aufgrund der Kulturhoheit der Länder die Entwicklungen zeitlich und quantitativ unterschiedlich waren und sind.
- Statistische Untersuchungen zur gemeinsamen Bildung bundesweit existieren nicht. Die Anzahlen schwanken zwischen 4 und 12 % der behinderten Kinder.
- Aufgrund finanzieller Probleme werden seit einigen Jahren in den meisten Bundesländern integrative zieldifferente Möglichkeiten in der Praxis nicht weiter ausgebaut, teilweise sogar reduziert bzw. zurückgenommen.
- Für zielgleiche Integration bestehen in Deutschland keine Vorbehalte und Probleme.
- Ein bloßes Nebeneinander von behinderten und nichtbehinderten Kindern in der Regelschule wird weder den Begabungen und Bedürfnissen der einzelnen Schüler noch dem Integrationsgedanken gerecht.

5.5 Entwicklungen in der Sonderpädagogik auf einen Blick

Betrachtet man die Sonderpädagogik theoretisch und praktisch bezogen auf ihre Entwicklung in den letzten 25 Jahren, so lässt sich konstatieren, dass sich in beiden Feldern vieles verändert hat.

Sowohl in der sonderpädagogischen Theorie als auch in der sonderpädagogischen Praxis hat sich eine kontinuierliche Entwicklung vollzogen, die mit den Entwicklungen im internationalen Feld weitgehend konform geht.

Die Veränderungen im Zuge dieser Entwicklung lassen sich auf verschiedenen Ebenen feststellen, was nachfolgende Tabelle verdeutlicht:

Tab. 9 Veränderungen auf verschiedenen Ebenen (vgl. Vernooij 1999, 248; 2000)

Theoretische Ebene	– Fähigkeits- statt Defizitorientierung – Soziale Teilhabe statt Benachteiligung – Besonderer pädagogischer Förderbedarf statt je spezifische Schädigung / Behinderung / Beeinträchtigung – Maximale Selbstbestimmung
Juristische Ebene	– Erweiterung des Art. 3 Abs. 3 des GG's um Satz 2 (15.11.1994) – Grundsatzentscheidung des BverfG's (08.10.1997) – Novellierung von Schul- und Unterrichtsgesetzen in verschiedenen Bundesländern
Praktische Ebene	– Förderzentren / strukturelle Veränderung der Förderschule – Integrative Beschulungsformen – Kooperative Beschulungsformen – Mobile sonderpädagogische Dienste / Hilfen – Präventive schulische Maßnahmen (SVE, Diagnose- und Förderklassen, etc.)
Administrative Ebene	– Flexibilisierung des Bildungssystems – Begabungsgerechte Förderung für **alle** Kinder – Annäherung von Regel- und Sonderschule, bessere Verzahnung oder zumindest Kooperation – Größeres Mitspracherecht der Betroffenen (Eltern und Kinder)

Insbesondere auf der praktischen Ebene sind manche Entwicklungen noch in den Anfängen (in den einzelnen Bundesländern unterschiedlich). Es steht jedoch außer Frage, dass prozessuale Weiterentwicklungen auch in der sonderpädagogischen Praxis begonnen haben und fortgeführt werden sollten, unabhängig von finanziellen Ressourcen.

Kinder, auch unterschiedlich behinderte Kinder, sichern den Fortbestand eines Staates, „der durch die Verschiedenheit der Einzelnen geprägt und getragen wird". Faust-Siehl (1996) bezeichnet diese Verschiedenheit als „Reichtum". Sich auf Homogenität auszurichten, ist sicher im pädagogischen Umgang leichter, wenn man diejenigen, die dabei Schaden nehmen, unberücksichtigt lässt. Besser wäre es, unabhängig von finanziellen Ressourcen, Heterogenität zuzulassen und „diesen Reichtum ins Bewusstsein zu heben, zu pflegen und in gemeinsame Projekte einzubinden" (vgl. VERNOOIJ 2002, 379; FAUST-SIEHL et al. 1996, 30).

Betrachtet man zusammenfassend noch einmal die Situation der schulischen Erziehung und Bildung beeinträchtigter Kinder in Deutschland, so gilt für alle Bundesländer

– dass integrative Beschulung in der Regelschule und Sonder-beschulung gleichberechtigt nebeneinander stehen;
– dass die Gesamtzahl der integrativ beschulten Kinder mit Be-einträchtigungen/Behinderungen relativ niedrig ist;
– dass die Gefahr nicht begabungsgerechter Erziehung und Bil-dung in der Regelschule relativ groß ist, insbesondere für Kinder ohne Impairment, d.h. für Kinder mit Lern- und/oder Verhaltensauffälligkeiten.

Dennoch sollte die bisherige Entwicklung in Richtung gemein-same Erziehung und Bildung von nicht-behinderten und behin-derten Kindern weiterentwickelt und vorangetrieben werden, allerdings **nicht** als **Sparprogramm** im Zusammenhang mit der schwierigen Finanzsituation der Länder. Bildung allgemein eignet sich nicht als Sparbereich für finanzknappe Bundeslän-der. Kinder und Jugendliche und deren Erziehung und Bildung sind ein wesentlicher Bestandteil des Kapitals einer Gesell-schaft. Investitionen in diesem Bereich sichern den Fortbestand eines Staates. Nach der jüngsten OECD-Studie (2004) liegt Deutschland unterhalb des EU-Durchschnitts, bezogen auf Bil-dungsinvestitionen. Eine notwendige Schulreform, insbesonde-re bezogen auf die Grund- und Hauptschule (ehemals Volks-schule) ist nicht zum Nulltarif zu realisieren.

Bildung, Erziehung, Förderung von Kindern mit und ohne Beeinträchtigung ist Aufgabe eines Staates, ebenso wie Fürsor-ge für Kinder und Jugendliche in besonderen Lebenslagen.

Es bleibt zu hoffen, dass eine grundlegende Bildungsreform, vorschulisch, schulisch und nachschulisch nicht an Sparpro-grammen scheitert, und dass in absehbarer Zeit **alle** Kinder, ob mit oder ohne Beeinträchtigung, ob schwach- oder hochbe-gabt, eine begabungsangemessene Bildung, möglichst ohne Aussonderung erhalten können, bei optimaler personeller und materieller Ausstattung der (Regel-)Schulen.

6. Maßnahmen zur Berufsfindung und Berufsvorbereitung beeinträchtigter Jugendlicher in der Schule

6.1 Zur Situation von Jugendlichen vor dem Berufseintritt

„Nicht für die Schule sondern für das Leben lernen wir."

Dieser Spruch, der als Leitspruch in vielen Schulen zu finden war und ist – meistens in der Eingangshalle – bildet die Grundlage für Aussagen, die in den Präambeln von Richtlinien und Lehrplänen für die verschiedenen Schulformen zu finden sind.

„Ziel ist es, den Schülerinnen und Schülern jene Kenntnisse, Fertigkeiten und Fähigkeiten zu vermitteln, die sie brauchen, um den Anforderungen der Gegenwart und Zukunft gewachsen zu sein" (LEHRPLAN FÜR DIE BAYERISCHE HAUPTSCHULE, Ministervorwort 1997).

Förderschulen / Schulen für Lernbehinderte / Schulen zur Lernförderung[1] sollen eine grundlegende allgemeine Bildung vermitteln. „Sie bereiten vor auf eine selbstverantwortete Lebensführung in Familie und Beruf und auf die Wahrnehmung staatsbürgerlicher Pflichten und Rechte. Sie führen hin zur Berufswahlentscheidung" (LEHRPLAN FÜR DIE SCHULE ZUR INDIVIDUELLEN LERNFÖRDERUNG[1], Abs. 1.1., Bayern – Stand Mai 2003).

Um in Gegenwart und Zukunft für das Leben gerüstet zu sein, welches aus den drei großen Bereichen

- Familie/soziale Kontakte
- Freizeit
- Beruf

---

[1] Im Freistaat Bayern hieß die Förderschule für Lernbehinderte bis zum 01.08.2003 „Schule zur individuellen Lernförderung", ab diesem Zeitpunkt „Schule zur Lernförderung".

besteht, bedarf es vielfältiger Fähigkeiten, Fertigkeiten und Kenntnisse, mit deren Hilfe eine erfolgreiche und befriedigende Lebensgestaltung ermöglicht wird (vgl. Kap. 1). Jugendliche mit Beeinträchtigungen in unterschiedlichen Bereichen sind in einer besonders schwierigen Situation hinsichtlich ihrer Lebens- und Berufsgestaltung. Sie haben in der augenblicklichen wirtschaftlichen Situation nur eingeschränkte Chancen, eine Berufsausbildung zu absolvieren und dann in den Arbeitsprozess eingegliedert zu werden. Aufgrund der erhöhten theoretischen Anforderungen auf dem Arbeitsmarkt, verbunden mit ökonomischen Strukturveränderungen und Verknappung der Ausbildungsplätze sind Jugendliche mit niedrigem Bildungsniveau – Hauptschule, Sonderschule – in einer fast ausweglosen Situation. Schüler am unteren Ende der Bildungshierarchie, insbesondere Schüler ohne qualifizierten Hauptschulabschluss, und dazu zählen z. B. Absolventen von Förderschulen und Schulen für Erziehungshilfe in großer Zahl, haben kaum Chancen auf einen beruflichen Einstieg. Für Berufsausbildungen, bei denen in den 1980er Jahren ein guter Hauptschulabschluss als Voraussetzung ausreichend war (z. B. Frisörin, Kfz-Mechaniker, Arzthelferin, Elektriker etc.), werden heute aufgrund der Bewerberlage eher Jugendliche mit Realschulabschluss oder sogar mit Abitur eingestellt, wobei über die Niveauveränderung in den einzelnen Schulformen hier nicht diskutiert werden soll.

Betrachtet man statistische Daten, so zeigt sich, dass junge Menschen, ältere Arbeitnehmer, Frauen, Ausländer und (Schwer-) Behinderte die sogenannten „Problemgruppen" bezogen auf den Arbeitsmarkt darstellen (vgl. DATENREPORT 2002, 103).

Im September 2001 waren ca. 3 % der unter 20jährigen, ca. 9,5 % der 20 – 24jährigen arbeitslos (vgl. a.a.O., 104, Abb. 8).

Eine Aufschlüsselung nach Ausbildungsstatus zeigt folgende Zahlen (Stand: September 2001):

Der erschreckend hohe Prozentsatz von 53,1 % der Arbeitslosen , die über eine Ausbildung betrieblicher Art verfügen (Lehre, Anlehre etc.), macht deutlich, dass eine mehr oder weniger gute, abgeschlossene Berufsausbildung in der heutigen Zeit keine Garantie für einen sicheren Arbeitsplatz darstellt.

Die Tabelle zeigt aber auch, dass die Chancen auf dem Arbeitsmarkt günstiger sind bei höherer Qualifikation.

Auch verringert sich das Risiko des Arbeitsplatzverlustes bei höherer beruflicher Qualifikation erheblich (vgl. DATENREPORT 2002, 107).

Tab. 10: Anteile an der Gesamtarbeitslosenzahl nach Ausbildungsstatus (vgl. Datenreport 2002, 107)

Ausbildungsstatus	% – Anteile an Gesamt- arbeitslosenzahl
• ohne abgeschlossene Berufsausbildung	37 %
• mit abgeschlossener Berufsausbildung	63 %
– betriebliche Ausbildung	53,1 %
– Berufsfach- / Fachschule	5,0 %
– Fachhochschule	1,4 %
– Universität / Hochschule	3,4 %

Für die Gruppe von Jugendlichen, die in diesem Kapitel im Wesentlichen gemeint ist, nämlich Abgänger von Haupt- und von Sonderschulen, zeigt Tab. 10 ein fast unlösbares Dilemma:
– **ohne Berufsausbildung** ist das Risiko der Arbeitslosigkeit sehr hoch,
– **mit** einer **betrieblichen Ausbildung** wird dieses Risiko jedoch kaum geringer.

Allerdings muss bei den Zahlen beachtet werden, dass die Bezugsgröße die Gesamtzahl der Arbeitslosen ist. Würde als Bezugsgröße die Gesamtzahl aller Personen ohne, oder die aller Personen mit betrieblicher Ausbildung zugrundegelegt, so würde sich zeigen, dass ein Großteil der Personen mit betrieblicher Ausbildung erwerbstätig ist; nach den Zahlen im Datenreport 2002 ergibt sich dabei folgendes Bild:

Tab. 11: Erwerbstätige in Deutschland, berufliche Stellung nach Ausbildungsabschluss (vgl. Datenreport 2002, 95)

Stellung Erwerbs- tätiger im Beruf	Ausbildung	
	Anlehre / Lehre	Fach- / Fachhoch schul- / Hochschul- ausbildung
Selbständige	39,9 %	43,8 %
Beamte	33,0 %	55,9 %
Angestellte	54,0 %	28,9 %
Arbeiter	61,2 %	4,6 %

Insgesamt sind von allen Erwerbstätigen in Deutschland 53,6 % Personen, die einen Anlern- oder Lehrberuf abgeschlossen haben. Die auf den ersten Blick deprimierende Situation bezogen auf Arbeitslosigkeit wird beim Blick auf die Zahlen zur Erwerbstätigkeit insofern relativiert, als eine resignierende Haltung vor einer Berufsausbildung trotz schlechter Chancen nicht angemessen wäre. Die Möglichkeiten einer Erwerbstätigkeit bei abgeschlossener Berufsausbildung liegen nach obigen Zahlen mindestens bei 50 %.

EXKURS: Europavergleich

Für den Vergleich mit der Situation in den Ländern der EU mag eine Zeitungsmeldung in „Die Welt" (10. August 2004, Wirtschaft, S. 11) hier genügen.

Fast jeder fünfte junge EU-Bürger ist erwerbslos

Wiesbaden – Junge Menschen sind in der EU häufiger von Arbeitslosigkeit betroffen als andere Altersgruppen. Im Frühjahr 2003 waren durchschnittlich 18 Prozent der 15- bis 24-jährigen Einwohner der 25 EU-Länder erwerbslos, wie das Statistische Bundesamt mitteilte. Bei den EU-Bürgern über 24 Jahren hingegen waren nur 7,8 Prozent ohne Beschäftigung. Mit einer Arbeitslosenquote von elf Prozent bei den jungen Leuten war Deutschland besser als der EU-Durchschnitt und lag auf Platz sechs. Die geringste Erwerbslosenquote unter jungen Leuten hatte Österreich mit 6,1 Prozent, gefolgt von den Niederlanden mit 6,6 Prozent, Irland (acht Prozent), Zypern (8,9 Prozent) sowie Dänemark mit 9,8 Prozent. Besonders dramatisch ist die Arbeitslosenrate junger Menschen in Süd- und Osteuropa: In Polen hatten im Erhebungszeitraum 41,4 Prozent der 15- bis 24-Jährigen keine Arbeit, also fast die Hälfte; in der Slowakei waren 32,9 Prozent erwerbslos, in Litauen 26,9 Prozent, in Italien 26,8 Prozent und in Griechenland 25,1 Prozent. *AP*

Sie macht zum einen deutlich, dass die Situation für junge Menschen zwischen 15 und 24 Jahren europaweit dramatisch ist. Zum anderen steht im europäischen Vergleich Deutschland an 6. Stelle und ist damit besser als der prozentuale EU-Durchschnitt, bezogen auf die Erwerbssituation junger Menschen.

Leider finden sich im Datenreport keine Zahlenangaben die nach Haupt- und / oder Sonderschulabschluss differenzieren.

Jugendliche ohne Hauptschulabschluss, unabhängig von der besuchten allgemeinbildenden Schulform, befinden sich offensichtlich in einer annährend gleichen Situation vor dem Ende der Regelschulzeit.

Die schulische Unterstützung bei der Berufsfindung und Berufsvorbereitung erhält gerade bei diesen Jugendlichen besonderes Gewicht.

Dabei ist die Verbesserung und Stärkung der Motivation und der Zuversicht angesichts der in den Medien einseitig negativ interpretierten Daten eine wichtige Aufgabe, um frühzeitiger Resignation entgegenzuwirken.

Obwohl verschiedene pädagogische Konzepte eine weitgehend ganzheitliche Erziehung, Bildung und Förderung von Kindern und Jugendlichen nahe legen, erscheint es doch sinnvoll, bereichsbezogene Bildung und Förderung, insbesondere bezogen auf das berufliche Feld in den Unterricht einzubeziehen.

6.2 Sonderpädagogische Förderung im Vorfeld des Übergangs in berufliche Tätigkeit aus der Sicht der KMK-Empfehlungen

In den KMK-Empfehlungen kommt dieser Förderbereich generell zu kurz.

Im allgemeinen Teil (1994) wird sehr lapidar darauf hingewiesen, dass „jungen Menschen mit sonderpädagogischem Förderbedarf Wege zu einer qualifizierten Berufsbildung in einem anerkannten Ausbildungsberuf oder, wo dies nicht durchführbar erschient, in einem für Behinderte vorgesehenen Ausbildungsberuf" zu eröffnen sind unter dem Aspekt einer „dauerhaften Eingliederung in die Arbeitswelt" (vgl. KMK-EMPFEHLUNGEN 1994, in DRAVE, RUMPLER, WACHTEL 2000, 36).

Schwer nachvollziehbar ist allerdings, dass „Aufgaben sonderpädagogischer Förderung", wie

– die Schaffung von Voraussetzungen für erfolgreiches berufliches Lernen,
– Berufswahl – und Berufsvorbereitung
lediglich für den Berufsbildenden Bereich genannt werden (vgl. KMK-EMPFEHLUNGEN, a.a.O., 36 f.).

Die Aufgabe der Befähigung zu und der Vorbereitung auf berufliches Lernen und Arbeiten stellt sich nicht erst nach Beendigung der allgemeinen Schule, also in Berufsschulen oder in besonderen schulischen Maßnahmen zur Berufsfindung und -vorbereitung (BVJ / BGJ / Förderlehrgänge – vgl. HENSLE / VERNOOIJ [7]2002, 202 f.). Sie ist vielmehr ein immanent durchgängiges Prinzip allgemeiner Bildung, im Sinne einer Lebenszurüstung, bei der, wie bereits ausgeführt (vgl. 6.1), der berufliche Bereich ein für das Erwachsenenalter wesentlicher Teilbereich ist. Daraus folgt, dass die von der KMK genannten Aufgaben genuin auch Aufgaben der Regel- und der Sonderschulen sind. Alle Institutionen allgemeiner Bildung verfolgen u. a. das Ziel, Jugendliche auf das Erwachsenenalter und damit auch auf berufliche Tätigkeiten vorzubereiten. Dass diese Aufgabe bei einem Teil der Jugendlichen mit Abschluss der Regelbildung nicht, oder nicht vollständig erfüllt ist, steht außer Frage, insbesondere bei Jugendlichen mit Beeinträchtigungen.

Darauf wird auch in einigen Ergänzungsempfehlungen explizit hingewiesen.

Maßnahmen im berufsbildenden Bereich dienen der Fortsetzung der Berufsvorbereitung, sowie der Erweiterung und Ergänzung bereits angebahnter Fähigkeiten und Fertigkeiten in der allgemeinbildenden Schule, und zwar mit einer eindeutigen berufsvorbereitenden Schwerpunktsetzung.

Ebenfalls sehr vage bleiben in den KMK – Empfehlungen die Aussagen zur Qualifikation der Lehrkräfte.

Für Lehrkräfte in berufsbildenden Schulen wird eine zusätzliche sonderpädagogische Aus- oder Fortbildung empfohlen, wobei nicht näher bezeichnete „bestimmte sonderpädagogische Aufgaben" von Sonderschullehrern wahrzunehmen seien (vgl. KMK-EMPFEHLUNGEN, a.a.O., 37).

Aus meiner Sicht wäre eine etwas gründlichere Befassung mit dem pädagogisch und politisch brisanten Thema beruflicher Vorbereitung und Eingliederung beeinträchtigter Jugendlicher gerade in der heutigen Situation zwingend notwendig gewesen.

6.3 Berufsvorbereitung im Spiegel der Ergänzungs-empfehlungen

In den Ergänzungsempfehlungen wird, im Gegensatz zum allgemeinen Teil, das allgemeinbildende schulische Feld stark in die Überlegungen einbezogen. Für alle Förderschwerpunkte wird die Notwendigkeit berufsvorbereitender Maßnahmen in der Sekundarstufe I (Klasse 7 – 9) betont.

In tabellarischer Form sollen die verschiedenen Aspekte, Überlegungen und Vorschläge kurz dargestellt werden.

Nicht alle Aspekte werden in den einzelnen Förderschwerpunkten angesprochen. Durchgängig finden sich jedoch
– die Notwendigkeit allgemeiner Berufsorientierung und –vorbereitung,
– die Durchführung von Betriebserkundungen und Praktika,
– die Notwendigkeit der Zusammenarbeit verschiedener schulischer und berufsrelevanter Institutionen

für die berufsbezogene Förderung in den allgemeinbildenden Schulen. Wobei diese Forderungen natürlich nicht neu und teilweise bereits in der Praxis umgesetzt sind, allerdings nicht in effizienter Form.

Auch wenn es in einigen Ergänzungsempfehlungen nicht explizit genannt wird, sind die Fortführung der Berufsvorbereitung in berufsbildenden Einrichtungen und spezifische Maßnahmen immer dann notwendig und möglich, wenn bei Schulabschluss die berufliche Reife noch nicht gegeben ist, oder wenn ein Ausbildungsplatz nicht gefunden werden konnte.

Auf die Notwendigkeit, neue Qualifizierungsformen zu entwickeln und zu erproben, wird explizit in den Empfehlungen
– zum Förderschwerpunkt Geistige Entwicklung
– zum Förderschwerpunkt Erziehung und Unterricht von Kindern und Jugendlichen mit autistischem Verhalten
hingewiesen.

Für beide Gruppen ist die Eingliederung in den allgemeinen Arbeitsmarkt in besonderem Maße schwierig, sieht man von der Möglichkeit der Beschäftigung in einer Werkstatt für Behinderte (WfB) einmal ab.

Im Förderschwerpunkt Sehen wird zusätzlich die Vermittlung von psychologischen und soziologischen Aspekten von Sehbe-

Tab. 12: Aspekte der schulischen und nachschulischen Berufsvorbereitung in den Ergänzungsempfehlungen (vgl. DRAVE / RUMPLER / WACHTEL 2000, 71/72; 113-115; 193-195;238; 279/280; 312/313; 362/363; 395/396)

NACHSCHULISCHE BERUFSVORBEREITUNG	FÖRDERSCHWERPUNKTE							
Wesentliche Einzelaspekte	Hören	Sehen	Körperl. und motorische Entwicklung	Sprache	Geistige Entwicklung	Lernen	Emotionale und soziale Entwicklung	Autistisches Verhalten
• Weiterführende, ergänzende, praxisorientierte Förderung (Berufsschule, BVJ, BBW etc.)		■	■		■	■	■	■
• Besondere Ausbildung / Schulung von Lehrern im berufsbildenden Bereich						■	■	
• Möglichkeit der WfB (z.B. bei schwerer oder Mehrfachbehinderung)	■		■		■			■

SCHULISCHE BERUFSVORBEREITUNG

FÖRDERSCHWERPUNKTE

Wesentliche Einzelaspekte	Hören	Sehen	Körperl. und motorische Entwicklung	Sprache	Geistige Entwicklung	Lernen	Emotionale und soziale Entwicklung	Autistisches Verhalten
1. Ziele								
• Anbahnung berufsbezogener Fähigkeiten und Fertigkeiten	■		■				■	
• Allgemeine Berufsvorbereitung und Berufsorientierung	■	■	■	■	■	■	■	■
• (zusätzliche) Erweiterung auf Lebensvorbereitung, auch Leben ohne Berufstätigkeit	■	■	■		■		■	■
2. Methoden / Maßnahmen								
• Betriebserkundungen, Betriebspraktika	■	■	■	■	■	■	■	■
• Berufs- / arbeitsplatzbezogene Projekte		■	■		■	■		■
• Fächerübergreifender Unterricht		■				■		
• Berufsberatung		■				■		

SCHULISCHE BERUFSVORBEREITUNG

FÖRDERSCHWERPUNKTE

	Hören	Sehen	Körperl. und motorische Entwicklung	Sprache	Geistige Entwicklung	Lernen	Emotionale und soziale Entwicklung	Autistisches Verhalten
Wesentliche Einzelaspekte								
• Institutionenzusammenarbeit (Schule, Eltern, Arbeitsamt, Sozialdienste, Berufsschulen etc.)	■	■	■	■	■	■	■	■
3. Schwerpunktspezifika								
• berufsbezogene Sprach- und Kommunikationsförderung	■		■	■			■	
• Umgang mit spezifischen Hilfen (prothetisch / technisch / elektronisch)		■	■		■			
• Unterstützung und Förderung der Persönlichkeitskompetenz / des Sozialverhaltens					■		■	■
• Intensive individuelle Förderung und Beratung				■	■		■	■

hinderung sowie von Informationen zur rechtlichen Situation (Arbeits- und Sozialhilferecht) vor Eintritt in die Arbeitswelt empfohlen.

6.4 Schulische Möglichkeiten der Berufsvorbereitung

Wie in Tabelle 12 unter Punkt 2 – „Methoden / Maßnahmen" – deutlich wird, gestaltet sich der berufsvorbereitende Unterricht vielschichtig und komplex. Dass ein einzelnes Fach wie z.B. Arbeitslehre den Aufgaben nicht gerecht werden kann, steht nach ca. 30 Jahren außer Frage.

Dennoch ist das Fach Arbeitslehre in Regel- und in Sonderschulen prototypisch für die schulischen Bemühungen zur besseren Berufsorientierung und –vorbereitung von Jugendlichen. Insofern soll es hier kurz skizziert werden.

6.4.1 Das Fach Arbeitslehre

In den „Empfehlungen zum Aufbau der Hauptschule" (1964) diskutierte der Ausschuss für das Erziehungs- und Bildungswesen erstmals die wesentlichen Gesichtspunkte für einen Unterricht, der Jugendliche auf die Berufswahl und auf den Eintritt in das Erwerbsleben vorbereiten sollte.

Ob Arbeitslehre eher als Einzelfach oder als durchgängiges Unterrichtsprinzip in der Sekundarstufe I anzusehen ist, wurde bei diesen ersten Erörterungen kontrovers diskutiert.

Kritische Überlegungen, dass es nicht Aufgabe der Schule sein könne, Jugendliche für die Interessen der Industrie „fit zu machen" (vgl. NEISE 1992, 35), sind bis heute zu hören, verblassen jedoch angesichts der gesamtwirtschaftlichen Lage zusehends. Nachdem Arbeitslehre sich in fast allen Bundesländern in den 1970er Jahren für Haupt- und für Sonderschulen zu einem eigenen Unterrichtsfach entwickelt hat, lassen sich folgende Inhalte herausstellen:

• Die Vermittlung elementarer Kenntnisse und Einsichten bezogen auf die Arbeits- und Berufswelt;

• Informationen und Diskussionen
  – über aktuelle Arbeitsmarktentwicklungen,
  – über Veränderungen beruflicher Strukturen und Ausbildungsgänge,

– über neue Berufsfelder und damit verbundene Berufsbilder,

unter dem Aspekt, berufliche Vorstellungen und Wünsche realitätsgerecht zu bilden oder zu korrigieren und individuelle Realisationsmöglichkeiten zu finden;

- Anbahnung oder Festigung wesentlicher, für den Berufsbereich bedeutsamer Persönlichkeits- und Sozialkompetenzen;
- Förderung der Bereitschaft zu erhöhter Flexibilität und Mobilität bezogen auf Berufswünsche und Erwerbstätigkeit, wobei die Einsicht in deren Notwendigkeit sich aus der Diskussion zur aktuellen Arbeitsmarktsituation zwangsläufig ergeben könnte (vgl. auch HENSLE / VERNOOIJ [7]2002, 199).

Auf der Basis von Betriebserkundungen und Kurzpraktika werden sechs Inhaltsbereiche, deren Grenzen fließend sind, mit den Schülern bearbeitet bzw. unterrichtlich behandelt:

1. **Berufsfeldprofile und deren spezifische Bedingungen**
   (z.B. Industriebetriebe, Handwerksbetriebe, Dienstleistungsbetriebe)
   Aus unterschiedlichen Berufsfeldern werden Informationen zusammengetragen, ausgewertet und bezogen auf Voraussetzungen, Neigungen und Möglichkeiten je individuell schülerbezogen betrachtet.

2. **Kriterien für die Berufswahlentscheidung und deren Überprüfung**
   Ausgehend von zahlreichen beruflichen Feldern und Tätigkeiten umfasst dieser Bereich
   – die Darstellung und Begründung des Berufswunsches;
   – die kritische Sichtung der theoretischen und praktischen Anforderungen einerseits;
   – die realistische Erstellung eines eigenen Leistungsprofils bezogen auf den Berufswunsch andererseits;
   – die Vorbereitung auf mögliche Vorstellungsgespräche oder auf notwendige betriebliche Einstellungstests.

3. **Der Übergang von der Schule in die Arbeitswelt (1. Schwelle)**
   Hier stehen einerseits die für die für die Arbeitswelt notwendigen Fähigkeiten bezogen auf das Sozial- und Arbeitsverhalten, andererseits Persönlichkeitsvariablen wie (Selbst-) Vertrauen, Zuversicht, Motivation, Einstellungen, Werthaltungen im Vordergrund.

Die Anbahnung, Förderung und Stärkung dieser extrafunktionalen Kompetenzen (vgl. Abs. 6.6) sowie das Training bestimmter Verhaltenssequenzen in Rollenspielen und Ernstsituationen (z.B. bei Betriebserkundungen) ist hier ein wesentliches Ziel.

4. **Der Zusammenhang von Erwerbstätigkeit und Existenzsicherung sowie**

5. **die Erhaltung und Sicherung der sozialen Stellung**
   stellen Inhaltsbereiche dar, die sowohl institutionelle und arbeitsrechtliche Grundlagen, als auch den Zusammenhang von persönlicher Leistung und Einkommen bzw. sozialer Stellung thematisieren. Rechte und Pflichten von Arbeitnehmer und Arbeitgeber werden ebenso diskutiert wie formale Vorgaben z.B. Kündigungsformalitäten, Abmahnungen, Gefahrenzulagen, Mutterschutz etc.
   Einstellungsverträge unterschiedlicher Art, z.B. Ausbildungs, Teilzeit-, Arbeitsverträge sollten mit den Jugendlichen exemplarisch bearbeitet und in ihren Konsequenzen diskutiert werden.
   Institutionen wie Gewerkschaften, Personal- oder Betriebsrat, Versicherungen und Finanzamt sollten bekannt und in ihren Funktionen verstanden sein.

6. **Erwerbstätigkeit und Privatleben**
   in ihrer Verflochtenheit bei der individuellen Lebensgestaltung bedürfen besonderer Beachtung im Arbeitslehreunterricht. Neben Maßnahmen zur sozialen Sicherung, obligatorische (Kranken-, Pflege-, Rentenversicherung) und freiwillig zusätzliche (Hausrat-, Haftpflicht-, Lebensversicherung) sollten Sparverträge, Aspekte des Wirtschaftens mit finanziellen Ressourcen, Möglichkeiten und Gefahren von Ratenverträgen und Verschuldungen intensiv thematisiert und bearbeitet werden.

6.4.2 Das Fach Sozialkunde

Im Zusammenhang mit der Berufsvorbereitung bildet das Fach Sozialkunde eine Ergänzung zur Arbeitslehre und eine Erweiterung in Richtung Lebensvorbereitung.

Hier werden weniger berufsbezogene Bereiche thematisiert, die u.a.

– das Verstehen der eigenen Lebenswirklichkeit,

- die Förderung sozialen Verhaltens,
- die Anbahnung von verantwortlicher Urteils- und Handlungsfähigkeit,
- die Förderung der Bereitschaft zur Pflichtübernahme und zum Gebrauch bürgerlicher Rechte,
- die Vermittlung formaler Regeln im gesellschaftlichen Zusammenleben,
- Institutionen- und Gesetzeskenntnis (Zivil- und Sozialrecht),
- Möglichkeiten der Freizeitgestaltung fokussieren.

Unter dem Aspekt einer erweiterten Berufsvorbereitung im Sinne von Lebensvorbereitung kommt diesem Fach große Bedeutung zu.

Es wird in einigen Bundesländern ergänzt durch das Fach Erziehungskunde, welches wesentlich die zukünftige Rolle der Schüler als Eltern und Erzieher im Blick hat.

Fragen der Partnerschaft, der Entwicklung von Kindern, der verantwortungsvollen Förderung und Erziehung des Nachwuchses sowie des Erziehungsverhaltens allgemein und in schwierigen Situationen im besonderen werden hier thematisiert.

Die Ausführungen unterstreichen die eingangs gemachte Aussage, dass Arbeitslehre als Einzelfach die Fülle der Aufgaben nicht bewältigen kann. Eine Kooperation nicht nur der praxisorientierten (Werken, Hauswirtschaft, Technik) sondern auch der Basisfächer (Mathematik, Deutsch) ist zwingend notwendig, um eine umfassende Berufsvorbereitung bei den Jugendlichen zu gewährleisten. Die praktische Umsetzung ist nicht nur in den Bundesländern sondern auch von Schule zu Schule unterschiedlich.

Die in den KMK – Empfehlungen mehrfach geforderte fächerübergreifende Berufsvorbereitung ist keinesfalls die Regel im Unterrichtsalltag, weder in der Hauptschule, noch in den unterschiedlichen Sonderschulen.

Allerdings wurden in den letzten Jahren vielfältige neue Wege beschritten, um die berufsbezogene Vorbereitung und Förderung effizient und motivierend zu gestalten.

Ein aktuelles Beispiel hierfür, welches den KMK-Empfehlungen in wesentlichen Punkten Rechnung trägt, ist der „Lernbereich Berufs- und Lebensorientierung" in den Schulen zur Lernförderung in Bayern, der im folgenden kurz skizziert werden soll.

6.4.3 Der Lernbereich Berufs- und Lebensorientierung (BLO)

Der am 29. Juli 2003 genehmigte und bekanntgemachte „Lehrplan für den Lernbereich Berufs- und Lebensorientierung (BLO)" stellt ein Novum für den Unterricht in der Oberstufe (4. Förderstufe) der Förderschule / Schule zur Lernförderung dar, nicht nur im Freistaat Bayern. Der Begriff „Lernbereich" macht bereits deutlich, dass es nicht um ein neues Unterrichtsfach sondern um ein fächerübergreifendes und fächervernetzendes Unterrichtsprinzip geht.

Die Notwendigkeit, bisherige Konzepte der Berufswahlvorbereitung und der Berufsorientierung weiterzuentwickeln, ergibt sich aus der bereits dargestellten Arbeitsstruktur- und Arbeitsmarktsituation. „Die angespannte aktuelle Arbeitsmarktlage sowie die unwiderlegbare These, dass künftig für immer mehr Menschen immer weniger Arbeit zur Verfügung steht, führen dazu, dass die Chancen von Schulabgängern aus Förderschulen auf eine berufliche Ausbildung und Eingliederung in die Arbeitswelt konsequenter als bisher genutzt werden müssen" (LEHRPLAN FÜR DEN LERNBEREICH BLO, 2003, 5). Mit dem Schuljahr 2003 / 2004 findet dieses von mir als Prinzip bezeichnete unterrichtliche Vorgehen in Bayerischen Förderschulen Anwendung. Bereits seit einigen Jahren besteht die Tendenz, stärker fächervernetzt in Lernbereichen (sprachlicher Lernbereich, mathematischer Lernbereich) zu unterrichten.

In dem neuen Lernbereich BLO gehen inhaltliche Elemente aus folgenden Fächern ein:

* Arbeitslehre (AL)
* Berufswahlvorbereitender Förderunterricht (BWFU)
* Hauswirtschaft (HW)
* Textilarbeit (TA)
* Technisches Werken (TW)
* Technisches Zeichnen (TZ)

Als neue Aspekte kommen hinzu, die Anbahnung von
* berufsbezogenen Kompetenzen
* informationstechnischen Kompetenzen
  (vgl. LEHRPLAN BLO, 8).

Bereits das Fach BWFU, welches in Bayern seit 1992 als verbindliches Unterrichtsfach für die Jahrgangsstufen 7 – 9 der Förderschulen eingeführt worden war, widmete sich diagnose-

und entwicklungsorientiert der Entscheidungshilfe und der Vorbereitung auf den Übergang von der Schule in die Arbeitswelt (1. Schwelle). Schwerpunkte waren dabei die Förderung
- der handwerklich-motorischen
- der körperlichen
- der geistigen
- der sozialen Reife
  (vgl. HENSLE / VERNOOIJ [7]2002, 200f.)

Im Lernbereich BLO erhält die Anbahnung / der Erwerb von berufsbezogenen Kompetenzen und Schlüsselqualifikationen (vgl. Abs. 6.6.1) besondere Bedeutung. „Sie sind unverzichtbare Bausteine für die berufliche Eingliederung von jungen Menschen" (LEHRNPLAN BLO, 2003, 10).

Die Inhalte des Lernbereiches BLO sind sowohl vernetzt mit den Hauptfächern (Deutsch, Mathematik, Sachkunde, evtl. Englisch), als auch mit unterschiedlichen Berufsfeldern, wie nachfolgende Abbildung zeigt.

Abb. 11: Inhaltliche Vernetzung des BLO (modifiziert nach Lehrplan BLO, 10)

Hauptfächer am Lernort	Beruf- und Lebensorientierung (BLO) Lernbereich mit Praxisbezug	
Deutsch Englisch	Fachliche Grundlagen	Berufsfelder
Sachkunde • Geschichte / Sozialkunde / Erdkunde • Physik / Chemie / Biologie	aus - Arbeitslehre - Berufswahlvorbereitender Förderunterricht - Hauswirtschaft - Textilarbeit - Technisches Werken - Technisches Zeichnen	- Bautechnik - Ernährung und Hauswirtschaft - Farbtechnik und Raumgestaltung - Gartenbau - Holztechnik - Körperpflege
Mathematik	Neue Aspekte - Berufsbezogene Kompetenzen - Informations- und kommunikations- technische Kompetenzen	- Metalltechnik - Pflegedienst - Service und Gastgewerbe - Textiltechnik und Bekleidung - Verkauf

Diese Vernetzungsstruktur führt in der praktischen Umsetzung zur unbedingten Notwendigkeit einer langfristigen (3 Schuljahre) Planung und Zusammenarbeit von Klassen- und Fachlehrern. Gemeinsam, das heißt: als festes kooperierendes Team, legen sie Inhalte, Methoden und Aktivitäten für die jeweilige Jahrgangsstufe fest. Eine gute Zusammenarbeit mit Betrieben, Berufsbildungswerken, Berufs- und Sonderberufsschulen ist bei diesem Konzept unerlässlich.

„Die Kooperation zwischen Sonderschullehrern, Fachlehrer, Ausbilder, Sozialpädagogen, Eltern und Erziehungsberechtigten sowie außerschulischen Institutionen, etwa Arbeitsamt, Jugendamt, Erziehungsberatungsstelle, muss im Hinblick auf die Koordination von Lernzielen und Lerninhalten einen hohen Grad an Verbindlichkeit besitzen." Aus diesem Grunde ist „ein Lehrerwechsel innerhalb der Vierten Förderstufe ... nur in fachlich begründeten Ausnahmefällen statthaft" (Lehrplan BLO, 2003, 11).

Die Langzeitplanung über drei Schuljahre wird von der Struktur her in drei Phasen unterteilt.

1. **Vorbereitungsphase** (7. Jahrgangsstufe)

   In dieser Phase, die auch Erkundungsphase genannt werden könnte, sollen die Schüler mir Hilfe von zahlreichen Betriebserkundungen „Einblicke in die Vielfalt der Berufe und in berufliche Anforderungen" erhalten. Ziel dieses Schuljahres bzw. dieser Phase ist es, „grundlegende Informationen in unterschiedlichen Berufsfeldern" zu sammeln (vgl. a.a.O., 13).

2. **Orientierungsphase** (8. Jahrgangsstufe)

   Berufsspezifische Fähigkeiten und Fertigkeiten sollen in dieser Phase erworben werden, u.a. durch Berufsorientierungstage und durch ein dreiwöchiges Praktikum („Orientierungswochen") in der Arbeitswelt. Neben Fähigkeiten und Fertigkeiten wird auch auf das (Sozial-) Verhalten unter berufsbezogenem Aspekt eingewirkt. Selbst- und Fremdbeurteilung, Neigung und Eignung, werden im Zusammenhang mit den Praxistagen und –wochen berufsbezogen deutlich und können bearbeitet und diskutiert werden mit dem Ziel,
   – einerseits zu einer möglichst „passgerechten" individuellen Berufswahlentscheidung zu kommen,
   – andererseits festgestellte Defizite und Fehlhaltungen auszugleichen bzw. zu verändern.

3. **Individualisierungsphase** (9. Jahrgangsstufe)

Mit Hilfe der Vertiefung bereits vorhandener Erkenntnisse und Erfahrungen, sowohl schulisch als auch bei Berufspraktikumstagen und während der drei Berufspraktikumswochen, soll eine weitgehend konkrete Berufswahlentscheidung eigenverantwortlich und konkret möglich werden. Unterstützung erhalten die Jugendlichen in dieser Phase nicht nur durch Lehrkräfte sondern auch durch betriebliche Betreuer, Berufsberater, psychologische und / oder medizinische Fachdienste.

Dieses Konzept, wenn es denn in der Praxis effizient umgesetzt werden kann, was die Zukunft erweisen muss, bezieht sowohl bisherige Erfahrungen im Zusammenhang mit berufsvorbereitenden schulischen Maßnahmen als auch die wesentlichen Aspekte der Ergänzungsempfehlungen (vgl. Tab. 12) mit ein.

Ergänzt werden die neuen pädagogisch – didaktischen Vorgehensweisen durch eine begleitende „berufsfeldbezogene Diagnostik“, die

– sich als Förderdiagnostik versteht,
– sich am individuellen Förderbedarf, Lernprozess und Lernfortschritt orientiert,
– im schulischen und außerschulischen (betrieblichen) Bereich stattfindet (vgl. LEHRPLAN BLO, 2003, 14).

Ergänzend anzumerken ist, dass der Lernbereich BLO im Rahmen der sogenannten Diagnose- und Werkstattklassen stattfindet, die seit dem Schuljahr 2000 / 2001 als Praxisklassen in der Hauptschule in Bayern installiert wurden, aber nur ein Jahr umfassen. Nach Schor stellt das Konzept „eine inhaltlich – fachliche Modifikation und sensible Adaption des < Modells Praxisklasse >" dar, das versucht, eine realisierbare wirklichkeitsnahe Berufsvorbereitung für die Förderschule zu entwickeln, welche „Schulferne und Schulverdrossenheit von frustrierten und entmutigten jungen Menschen“ überwinden kann (vgl. SCHOR 2001, 1).

Diese „Sonderpädagogischen Diagnose- und Werkstattklassen", die nicht nur begrifflich an die Sonderpädagogischen Diagnose- und Förderklassen[1] erinnern, subsumieren die Aspekte

---

1 Diagnose- und Förderklassen bilden in Bayern die Eingangsstufe aller Förderschulfomen. Dabei kann der Lehrstoff der ersten beiden Grundschuljahre in drei Jahren erworben werden. Unter präventivem

– diagnosegeleitete Förderung   und
– Praxis- / Berufsbezug
focussiert auf Berufsentscheidung und Berufsvorbereitung in der Schule, ausgelegt auf drei Schuljahre.

Die Zukunft wird zeigen, ob die Diagnose- und Werkstattklassen im Zusammenhang mit dem Lernbereich BLO möglichst viele lernbeeinträchtigte Jugendliche für ein Ausbildungs- oder Arbeitsverhältnis vorbereiten, und ihnen den Einstieg in die Arbeitswelt bahnen können.

6.5 Praxisorientierte Methoden der Berufsvorbereitung

Nach HOFSÄSS bleibt bei allen innovativen Konzepten die zentrale Frage „...wie der Lehr – Lernprozess und die Lehr – Lernstruktur .... beschaffen sein müssen, um einen nachhaltigen Kompetenzerwerb zu ermöglichen, der über das hinausreicht, was mit den herkömmlichen Mitteln" erreicht werden kann (vgl. 2003, 181).

Als wesentliche Merkmale innovativer methodischer Konzepte zur Berufsvorbereitung in allgemeinbildenden Schulen können genannt werden:
– die Auflösung starrer Unterrichtsorganisationen (45 Minuten – Sequenzen) zugunsten flexibler, sach- und inhaltsgerechter Strukturen;
– die Erweiterung der Handlungs- und Praxisorientierung im Sinne von selbsttätigem Probehandeln;
– die verstärkte Kooperation mit Betrieben und berufsrelevanten Institutionen (vgl. auch KMK – EMPFEHLUNGEN und Tab. 12), deren Vertreter in die Schulen eingeladen bzw. in Vorhaben eingebunden werden.

Eine Unterrichtsmethode, die zumindest den beiden erstgenannten Punkten Rechnung trägt, und die seit etwa 25 Jahren, wenn auch zögerlich, Eingang in die Schulen gefunden hat, ist

---

Aspekt ist das Ziel, Kindern mit Lern-, Verhaltens- und / oder Sprachstörungen auf diese Weise eine Sonderbeschulung zu ersparen, d.h. möglichst viele beeinträchtigte Kinder sollten im Anschluss an die Diafö in Klasse 3 der Grundschule eingeschult werden.

die Projektmethode oder der Projektunterricht (in einer etwas reduzierten Form auch als projektorientierter Unterricht bezeichnet).

Diese Methode wird in den KMK – Empfehlungen mehrfach im Zusammenhang mit Berufsvorbereitung genannt. Seit vielen Jahren ist die Projektmethode in den Richtlinien und Lehrplänen der Haupt- und der Sonderschulen (insbesondere der Förderschule / Schule für Lernbehinderte) verankert. Bei einigen Vertretern des gemeinsamen Unterrichts von behinderten und nichtbehinderten Kindern und Jugendlichen gilt sie als eine bevorzugte Methode des Lehrens und Lernens (FEUSER, 1984 / HEIMLICH 1999).

Die folgende Definition verdeutlicht die wesentlichen Aspekte dieser Unterrichtsmethode:

Unter Projektunterricht versteht man ein über längere Zeit sich erstreckendes unterrichtliches Vorhaben, an dessen Ende nicht isolierte Einzelerkenntnisse stehen sondern ein gemeinsames Produkt, an dessen Entstehung alle Schüler einer Klasse / alle Mitglieder einer Gruppe in unterschiedlicher Weise beteiligt waren.

Projektarbeit kann als eine ideale Form handlungsorientierten Unterrichts bezeichnet werden.

Für STRUCK (1980, 20) ist Projektunterricht „problem- und praxisbezogen, ... handlungsorientiert (erkennen, beobachten, konstruieren, herstellen, prüfen, verkaufen) und berücksichtigt den Lebenszusammenhang."

Da Projekte im Unterricht häufig auch fächerübergreifend angelegt sind, scheint diese Methode gerade im Zusammenhang mit Berufs- und Lebensvorbereitung wesentliche Aspekte zu berücksichtigen.

EXKURS: Offener Unterricht

Methodisch einzuordnen ist der Projektunterricht in das Konzept des „Offenen Unterrichts", welches ausgehend von einer Öffnung der Schule, und zwar
– pädagogisch
– inhaltlich
– methodisch
– organisatorisch
(vgl. WALLRABENSTEIN [4]1994,....), verschiedene methodische Formen umfasst.

Offener Unterricht bildet den Oberbegriff für Unterrichtsformen, die
– handlungsorientiert

– schülerzentriert
– ergebnis- bzw. zielorientiert
mehr oder weniger ausgeprägt die Schüler zu „Agenten ihres eigenen Lernens" (GÖTZ 1993,.....) macht.
Die Bezeichnung „Offener Unterricht" ist unscharf und wird in der Literatur uneinheitlich gebraucht. Insofern ist REISS / BÖHM / EBERLE (³1995, 11) zuzustimmen, wenn sie sagen: „Man muss konstatieren, dass die Bewegung um den Offenen Unterricht bis heute weder ein einheitliches Begriffs-, noch ein einheitliches Konzept- bzw. ein einheitliches Theorieverständnis hat", und wohl auch „gar nicht haben soll." Sie weisen auf die Begriffsvarianten
– schülerorientierter
– schülerzentrierter
– informeller   Unterricht
– handlungsorientierter
– ganzheitlicher
hin, die meines Erachtens als Merkmale der verschiedenen Formen gelten können, wobei Schüler- und Handlungsorientierung sowie Ganzheitlichkeit als allgemeine Unterrichtsprinzipien gelten können.

Als mögliche und wesentliche Formen Offenen Unterrichtes finden sich in der Literatur
– der Tages- oder Wochenplanunterricht
– die Freie Arbeit
– das Stationenlernen
– der Projektunterricht
(vgl. KASPER 1989, WALLRABENSTEIN ⁴1994).

Diese, dem selbstgesteuerten und teilweise selbstgeplanten Lernen mehr oder weniger Rechnung tragenden Formen, wechseln im schulischen Alltag mit lehrergesteuerten Lernphasen ab.

Im Sinne handelnden Lernens stehen beim Projektunterricht
– die Selbstplanung
– die Selbstdurchführung
– die Selbstverantwortung (für das Ergebnis)

der beteiligten Schüler im Vordergrund pädagogischen Handelns (Zur Vertiefung vgl. FREY ⁸1998; GUDJONS ⁴1994; REISS / EBERLE ³1995; WALLRABENSTEIN ⁴1994).
 Zum besseren Verständnis erscheint es notwendig, den Unterschied zwischen Projektorientiertem und Projektunterricht in nachfolgender Tabelle zu verdeutlichen.
 Der Unterschied der beiden Formen liegt in den Selbständigkeits- und Freiheitsgraden der Schüler. Stark handlungsorientiert für die Schüler sind beide Formen. Da die Anforderungen

Tab. 13: Merkmalsunterschiede Projektorientierter Unterricht / Projektunterricht

Projektorientierter Unterricht / Projektunterricht		
Dimension / Phasen	Projektorientierter Unterricht	Projektunterricht
Thema	Wird vom Lehrenden dargeboten	Wird von den Schülern aus mehreren Möglichkeiten ausgewählt und festgelegt
Lern- / Projektziel	Wird vom Lehrenden weitgehend festgelegt	Wird von der Schülergruppe diskutiert und festgelegt
Projektstrukturierung / -planung	Strukturierung des Betätigungsfeldes und Festlegung von Arbeitsschritten erfolgt in gemeinsamer Auseinandersetzung mit dem Thema durch Lernende und Lehrende	Abstecken möglicher Betätigungsfelder und Planung einzelner Arbeitsabschnitte / -phasen erfolgt weitestmöglich durch die Schüler
Korrekturen und Ergänzungen	Erfolgen durch den Lehrenden, zusätzlich sich ergebende Arbeits- und Wissensgebiete können nur teilweise aufgegriffen werden	Zusätzliche Arbeits- und Wissensgebiete ergeben sich in der Auseinandersetzung und werden von den Schülern einbezogen oder auch vernachlässigt
Arbeitsschritte / -phasen	Werden von allen Schülern möglichst gleichzeitig durchlaufen	Werden auf die Projektmitglieder verteilt und selbständig durchgeführt
Selbstständigkeit / Spontaneität	Sind erwünscht, aber nur begrenzt möglich	Sind Voraussetzung für das Gelingen des Projektes → Koordination
Kooperation / Kommunikation	Findet zwischen Lehrenden und Lernenden intensiv statt → partnerschaftliche Atmosphäre	Findet zwischen den Gruppenmitgliedern kontinuierlich statt, Voraussetzung für Gelingen des Projektes
Lehrerrolle	Lenkender Begleiter, der Fehlschritte verhindert bzw. deren Korrektur anmahnt	Nicht – lenkender Berater, der Wissen, Materialien, Begleitung zur Verfügung stellt

an die Schüler hinsichtlich Selbständigkeit, Zuverlässigkeit, Ausdauer und Kooperationsfähigkeit sehr hoch sind bei Projektunterricht, bildet der projektorientierte Unterricht häufig eine Vorform des Projektunterrichtes. In Förderschulen wird vermehrt der projektorientierte Unterricht praktiziert, da der reine Projektunterricht für einen Großteil der Schüler eine Überforderung darstellen könnte.

Gerade in der Berufsvorbereitung, bei der selbständiges Arbeiten, sachgerechte Planung, Teamarbeit und kollektive Ergebnisorientiertheit eine große Rolle spielen, sind beide Formen sinnvoll und effektiv, wobei der Übergang von projektorientierter zu Projektarbeit in jedem Fall erfolgen sollte.

BASTIAN (1984, 296) weist darauf hin, dass sich der Lehrende im Vorfeld von Projektunterricht am „Lernbestand" der Schüler orientieren muss.

Den Lernbestand unterteilt er in drei Kompetenzdimensionen:
– die arbeitsmethodische Kompetenz,
– die soziale Kompetenz,
– die Sachkompetenz.

Sach- und Faktenwissen kann allerdings noch im Laufe des Projektes angeeignet werden (vgl. BASTIAN, 298 f.).

Bei der Projektmethode wird vorwiegend induktiv gelernt, d.h. es wird vom Einzelfall auf das Allgemeine gefolgert. Bei einer zu bearbeitenden Thematik ergeben sich für die Schüler vielfältige Erfahrungen und Erkenntniszuwächse, die größtenteils im Sinne eines Lerntransfers auf andere Teilgebiete übertragen oder als allgemeine Erkenntnisse betrachtet werden können (z.B. ein Betriebserkundungsprojekt im holzverarbeitenden Bereich).

Nicht nur im Zusammenhang mit berufsvorbereitendem Unterricht sondern allgemein gilt:
– Die Projektmethode fördert unabhängig vom Projektthema vielfältige, personale, soziale und methodische Kompetenzen bei Kindern und Jugendlichen.
– Sie ist nicht für alle Unterrichtsinhalte geeignet.
– Die in der Projektmethode favorisierte Handlungsorientierung und gruppeninterne Differenzierung lässt sich auch in allen anderen Unterrichtsmethoden, seien sie schüler- oder lehrerzentriert, mehr oder weniger verwirklichen.
– Begabungs- und Inhaltsgerechter Unterricht kann sich vielfältiger Unterrichtsmethoden, offener oder geschlossener Art, bedienen. Die Projektmethode ist eine Methode unter anderen.
– Sie fördert insbesondere selbständiges und effizientes Arbeiten, Ausdauer, Zuverlässigkeit, Kooperations- und Kommunikationsfähigkeit sowie die Motivation der Schüler.

– Die Förderung dieser und anderer Kompetenzen sowie die Stärkung des Selbstwertgefühls der Schüler ist auch mit Hilfe anderer Methoden (Wochenplanarbeit, Lebensweltorientierung, Referatvergabe, Podiumsdiskussionen, Wettbewerbsgruppen etc.) mit gleicher Effektivität möglich.

Einem dramaturgisch gestalteten Unterricht sind hinsichtlich der Lehrerkreativität und –phantasie keine Grenzen gesetzt.

OSCAR WILDE sagte einmal:

„Langeweile ist eine Sünde, für die es keine Absolution gibt" (1903).

Lehrer, die Langeweile erzeugen haben nicht nur in der Sekundarstufe I ihren Beruf verfehlt !

6.6 Lebensvorbereitung als erweiterte Berufsvorbereitung

6.6.1 Das Konzept der Schlüsselqualifikationen im Zusammenhang mit der Lebensvorbereitung

Die Vorbereitung auf das Leben als erwachsene Person ist generell die Aufgabe allgemeinbildender Schulen (vgl. Abs. 6.1).

In unterschiedlicher Form ist diese Aufgabe in den Richtlinien und Lehrplänen der Bundesländer verankert.

Bezogen auf beeinträchtigte, sozial benachteiligte oder behinderte Kinder und Jugendliche erhält diese Aufgabe besonderes Gewicht. Im Zusammenhang mit Berufs- und Lebensvorbereitung von beeinträchtigten Jugendlichen sei hier exemplarisch die Förderschule / Schule für Lernbehinderte näher betrachtet.

Der Personenkreis, der diese Schule besucht, besteht zum größten Teil aus Kindern, die unter schwierigen, benachteiligenden Sozialisationsbedingungen aufwachsen. Sie stellen in der Sekundarstufe I eine Gruppe von Jugendlichen dar, die ohne sichtbares Impairment dennoch sonderpädagogischen Förderbedarf aufweisen und die in der Regelschule nicht angemessen zu för-

dern sind. Ihre beruflichen Chancen sind, aufgrund ihrer Sonderschulkarriere, noch schlechter, als die Chancen lernschwacher
Hauptschüler. Da das Deutsche Bildungssystem erst mit Schuleintritt oder bei Rückstellung von Schulbesuch infolge mangelnder Schulreife, Förderung für diese Kinder vorsieht, durchlaufen
sie eine „Sonderschulkarriere" und haben in der Regel bei Beendigung der Schulpflicht keinen Hauptschulabschluss.

Wie bereits ausgeführt (vgl. Abs. 6.1), reduzieren sich die
Chancen für eine Berufsausbildung mit abnehmendem Bil-
dungsgrad. So hatten im September 2003 z.B. 113.000 Jugendliche keine Lehrstelle (Die Welt, 06. Okt. 2003).

Betrachtet man die Situation von Abgängern der Förderschule, so hatten beispielsweise 1997 54% dieser jungen Menschen
bis zum Alter von 23 Jahren keine abgeschlossene Berufsausbildung (vgl. STORZ 1997, 399). Seither hat sich die Situation für
den Personenkreis kontinuierlich verschlechtert. MERZBACHER
(2000, 130f.) führt aus,

– dass ein Großteil der ehemaligen Sonderschüler trotz intensiver Bemühungen um berufliche Ausbildung und Eingliederung letztlich ohne Arbeit bleibt;
– dass Abgänger der Förderschule im Gegensatz zu Haupt-
 schulabsolventen
 • häufiger abgewiesen werden
 • seltener ein Ausbildungsverhältnis eingehen
 • überproportional von Ausbildungsabbruch betroffen sind.

Hierbei bleibt anzumerken, dass die Situation von Hauptschü-
lern ohne qualifizierten Hauptschulabschluss kaum anders aus-
sieht.

In einer Langzeit-Prognose der Entwicklung stellt STORZ
(1997, 399ff.) fest,

– dass ca. 30% der Förderschulabgänger langfristig arbeitslos
 sein werden,
– dass der Anteil einfacher Tätigkeiten in der Arbeitswelt bis
 zum Jahr 2010 weiterhin deutlich sinken wird (unter 20%),
– dass die Anzahl an einfachen Ausbildungsberufen bis 2010
 ebenfalls weiter sinken wird.

Damit sinken auch die realistischen Chancen für Absolventen
der unteren Bildungsgänge, in den Arbeitsprozess eingegliedert
zu werden.

Für diese Entwicklung können vielfältige Gründe angeführt
werden (Globalisierung, Technisierung, Produktionsverlage-

rung in Billiglohnländer, wirtschaftspolitische Aspekte etc.). Es würde hier zu weit führen näher darauf einzugehen. Sicher ist jedoch, dass sich bezogen auf die Art der Tätigkeiten deutliche qualitative und inhaltliche Veränderungen ergeben haben, die auch veränderte Qualifikationsprofile bedingen. Insbesondere gewinnen berufsspezifische Fachkompetenz verbunden mit fach- und berufsübergreifenden personalen Kompetenzen zunehmend an Bedeutung (vgl. auch MERZBACHER 2000, 129f.). In diesem Zusammenhang könnte man von funktionalen (mehr oder weniger berufsbezogenen) und extrafunktionalen (persönlichkeitsbezogenen) Kompetenzen sprechen.

Angesichts einer individuell und gesellschaftlich dramatischen Situation stellt sich die Frage, ob die Anbahnung bestimmter, für den beruflichen Bereich wichtiger Kompetenzen nicht bereits viel früher im Sinne allgemeiner Kompetenzanbahnung beginnen und in der Sekundarstufe I lediglich ausbildungs- und berufszentriert vervollständigt werden sollte.

Ein Konzept, welches ursprünglich berufsspezifisch und funktional für den Arbeitsbereich entwickelt wurde, ist das Konzept der Schlüsselqualifikationen.

1974 von MERTENS geprägt, entstand das Konzept aus arbeitspolitischen Überlegungen heraus bezogen auf die Problematik beruflicher Bildung und Ausbildung. Für bestimmte berufliche Tätigkeitsfelder in Handwerk und Industrie wurden „Schlüsselqualifikationen" formuliert, die bereits in der Oberstufe der Regel- (und Sonder-) Schulen angebahnt und in den berufsbildenden Schulen vertieft bzw. berufsspezifisch erweitert werden sollten (vgl. MERTENS 1974, 36f.; KRAFT 1999, 451; STEIN 1999/2000).

Das ursprüngliche Konzept von MERTENS (1974) wurde in unterschiedlicher Form weiterentwickelt (vgl. BUNK 1982; REETZ 1990; BECK 1995; ARNOLD 1999; KELLER & NOVAK 2000; SCHELBEN 2001 u.a.).

Aufgrund der Kritik an MERTENS' Konzept, welches als zu stark funktional orientiert gewertet wurde, entstanden modifizierte Konzepte, die um die personale Dimension erweitert, oder denen „das Menschliche" (BUNK 1982) eingefügt wurde.

Insbesondere im pädagogischen Feld wurde das Konzept kontrovers diskutiert, was im Titel eines Buchbeitrags von LAUR-ERNST (1996) sehr deutlich wird: „Schlüsselqualifikationen in Deutschland – Ein ambivalentes Konzept zwischen Ungewissheitsbewältigung und Persönlichkeitsbildung". Dabei bezieht sich die „Ungewissheitsbewältigung" auf die betriebswirt-

schaftliche Orientierung im Zusammenhang mit dem Arbeitsmarkt, während die „wissenschaftliche Auseinandersetzung aus
bildungstheoretischer und kognitionspsychologischer Perspektive" eher in Richtung „Persönlichkeitsbildung" zielt (LAUR-ERNST
1996, 19). Er wendet sich gegen Versuche, das Konzept der
Schlüsselqualifikationen zu einem „Ansatz individueller Persönlichkeitsbildung" umzufunktionieren. „Dabei wird von manchen Bildungsreformern eine Abkoppelung des Schlüsselqualifikationskonzepts von arbeitsweltlichen und ökonomischen Erfordernissen versucht, um es in einen primär bildungstheoretischen und persönlichkeitsbezogenen Zusammenhang zu stellen" (a. a. O., 17).

Sicher ist nicht zu leugnen, dass das Konzept der Schlüsselqualifikationen die Möglichkeit bietet, differenzierte Inhaltskataloge für unterschiedliche Kompetenzbereiche zu erstellen. Insofern ist es nicht erstaunlich, dass es im Bereich der Pädagogik / Sonderpädagogik große Beachtung findet.

Sieht man das Ziel von Erziehung und Bildung jedoch darin,
Kinder und Jugendliche dahingehend auszurüsten, dass sie –
auch bei unterschiedlichen Beeinträchtigungen – ihr Leben als
Erwachsene meistern können, so gibt es keinen Grund, dieses
Konzept einseitig berufsbezogen oder einseitig persönlichkeitsbezogen pädagogisch zu nutzen, denn die Zurüstung für eine
zufrieden stellende Lebensbewältigung heißt, Kinder und Jugendliche vorzubereiten auf die Bereiche
– Sozialbeziehungen (Familiengründung / Freundeskreis)
– Freizeitgestaltung
– **Berufs- und Arbeitsleben**.

In diesem Sinne hat das Konzept im pädagogischen Feld inzwischen eine Ausweitung erfahren, die weit über berufsspezifische Kompetenzen hinausgeht, diese jedoch deutlich einschließt. Danach kann unterschieden werden in
• Schlüsselqualifikationen im **engeren** Sinne,
• Schlüsselqualifikationen im **weiteren** Sinne.

Unter **Schlüsselqualifikationen** im **engeren** Sinne wird die
„Gesamtheit aller Kenntnisse, Fertigkeiten, Fähigkeiten, Einstellungen und Werthaltungen verstanden, die ein Individuum benötigt, um eine bestimmte berufliche Profession ausüben zu
können" (VERNOOIJ 2004, 15).

Schlüsselqualifikationen im **weiteren** Sinne umfassen
„die Gesamtheit aller Kenntnisse, Fertigkeiten, Fähigkeiten, Ein

Abb. 12: Umfassendes Konzept der Schlüsselqualifikationen (in Anlehnung an MÜLLER 1995, 41; SPRICK 1998, 23f.; VERNOOIJ 2004, 16)

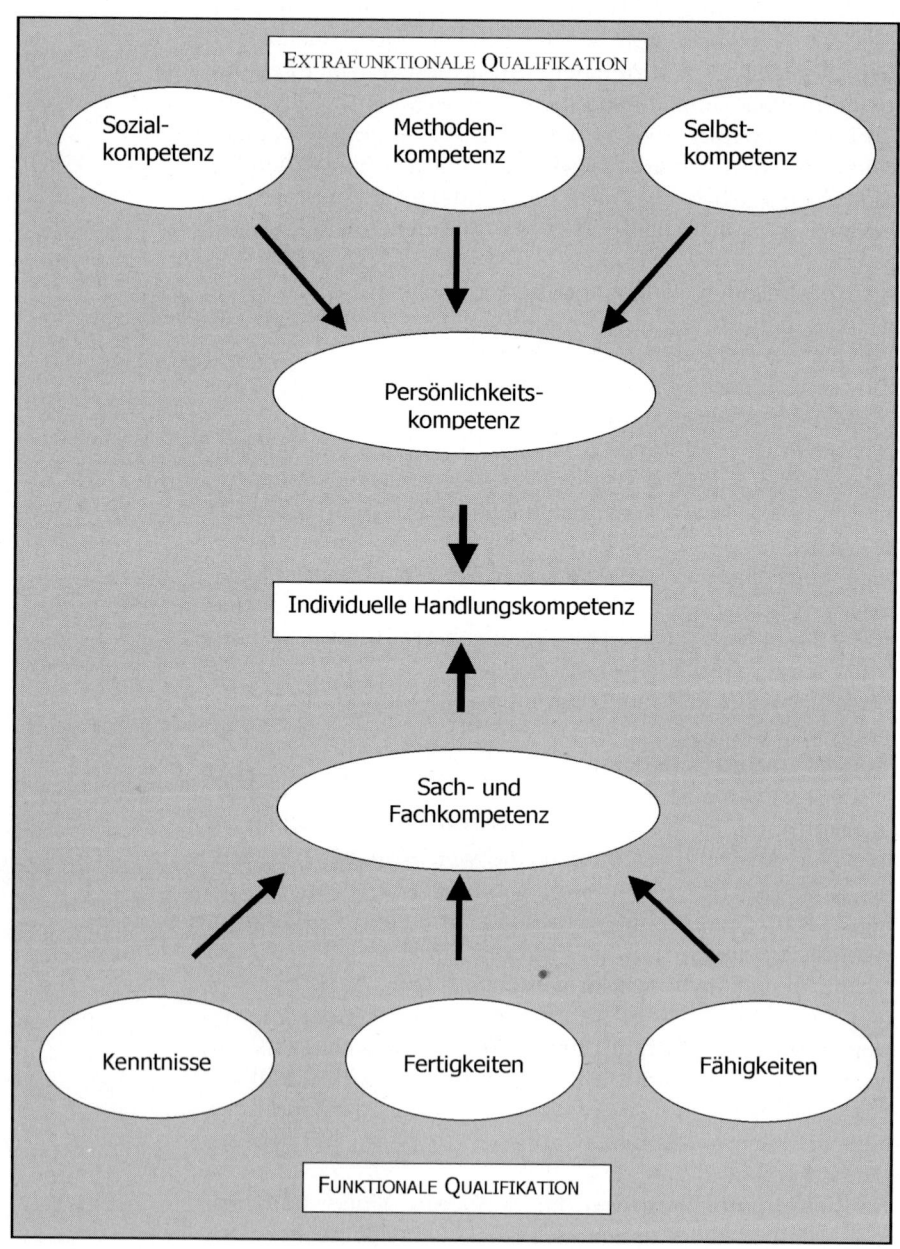

stellungen und Werthaltungen..., die ein Individuum befähigen, fachübergreifend eine gewisse Reife im sozialen und im beruflichen Feld zu erlangen, und sich situativ angemessen, sach- und sozialkompetent sowie individuell authentisch verhalten zu können" (Vernooij 2004, 15; 1998, 186f.).

Die nachfolgende Graphik stellt das Konzept der Schlüsselqualifikationen in einer erziehungswissenschaftlich weitgefassten Form vor.

Wie die Abbildung zeigt, ergibt sich die je individuelle Handlungskompetenz einerseits aus den extrafunktionalen Qualifikationen der **Persönlichkeitskompetenz**, die gebildet wird aus

– Sozialkompetenz
– Selbstkompetenz
– Methodenkompetenz;

andererseits aus den funktionalen Qualifikationen der **Sach- und Fachkompetenz**, bestehend aus

– Kenntnissen
– Fertigkeiten
– Fähigkeiten.

Dass nicht nur der Bereich der extrafunktionalen Qualifikation bereits im frühen Kindesalter entwickelt und gefördert werden sollte, muss dabei nicht eigens betont werden.

Erziehung und Bildung nach einem solchen Schlüsselqualifikationskonzept kann sich nicht beschränken auf die Oberstufe der Regel- / Sonderschule (Klasse 7-9) sondern müsste bereits in den ersten Schuljahren inhaltlich und methodisch eine Bildungsgrundlage darstellen, deren Schwerpunkt sich in der Oberstufe stärker auf die Berufsvorbereitung verschiebt, was, wie eben ausgeführt, nicht eine Hinwendung zu ausschließlich funktionalen Qualifikationen bedeuten kann, sondern im Sinne ganzheitlicher Erziehung und Bildung die Stärkung und Förderung extrafunktionaler Qualifikationen – unter deutlich berufsbezogenen Aspekten – mit umfasst.

Schlüsselqualifikationen als vielfältig verwendbare „Metakompetenzen" bedürfen in diesem Zusammenhang der Konkretisierung und der exemplarischen Einordnung in fachliche, berufs- und arbeitsweltspezifische Zusammenhänge (vgl. Stein 2000, 443f.).

Was unter „Metakompetenzen" zu verstehen ist, wird bei einer Definition von Arnold (1999, 226) gut deutlich. Für ihn sind

Abb. 13: Exemplarische Inhalte der Kompetenzdimensionen (vgl. auch REETZ 990 / STEIN 2000 / SCHELTEN 2001)

(extrafunktional) Persönlichkeitskompetenz		
Sozialkompetenz	**Methodenkompetenz**	**Selbstkompetenz**
• Kommunikations-/ Kooperationsfähigkeit • Teamfähigkeit • Fairness • Soziale Zuverlässigkeit / Ehrlichkeit • Konfliktbereitschaft und Konfliktmanage-ment • Soziale Sensibilität • Führungsfähigkeit	• Informationsbe-schaffung und -verarbeitung • Selbständigkeit in Lernen und Denken • Anwendungs- / Situationsbezogenes Denken • Problemlösestrategien • Organisations- / Planungsfähigkeit • Geistige Flexibilität	• Selbstvertrauen • Realistische Selbsteinschätzung • Selbständigkeit • Leistungsbereitschaft • Anpassungsfähigkeit (im Sinne von Kompromissbereit-schaft) • Verantwortungsbe-reitschaft • Optimismus / Erfolgsorientierung
Individuelle Handlungskompetenz		

• Wissen
  – Grundlagenwissen Allgemeinbildung
  – Zusatzwissen (neue Technologien, berufsfeldbezogenes Wissen)
  – spezifisch berufliches Wissen
• Wissensanwendung/ praktische Handhabung
	• Muttersprachliche / Fremdsprachliche Fertigkeiten
	• mathematisch / technisch / natur-wissenschaftliche Fertigkeiten
	• handwerkliche Fertigkeiten
	• künstlerisch/kreative Fertigkeiten
		• Genauigkeit
		• Pünktlichkeit
		• Ordnungssinn
		• Zuverlässigkeit
		• Pflichtbewusstsein
		• Disziplin
		• Konzentration
		• Ehrlichkeit

Kenntnisse	**Fertigkeiten**	**Fähigkeiten**
Sachkompetenz (funktional)		

Schlüsselqualifikationen solche Qualifikationen, die auf unterschiedliche Situationen anwendbar sind, und die zur Bewältigung unterschiedlicher Aufgaben zu unterschiedlichen Zeitpunkten genutzt werden können.

Als Grundfähigkeit ist dabei aus meiner Sicht die flexible Handhabung bekannter Verhaltensmuster notwendig, die ein Individuum in die Lage versetzt, selbstständig Lösungen für neue Situationen zu finden.

In der nachfolgenden Zuordnung sollen die Dimensionen aus Abb. 12 inhaltlich **exemplarisch** gefüllt werden.

Die aufgeführten Inhalte erheben weder einen Anspruch auf Vollständigkeit, noch sind sie unter der Berufsperspektive spezifisch. Vielmehr wurde versucht, relativ allgemeine, berufsübergreifende Aspekte zu berücksichtigen. Nach GMELCH(1997, 189) sind die sogenannten „Arbeitstugenden" (Vgl. Abb. 13 – Fähigkeiten) personale Fähigkeiten, die im Leistungs- und Berufsbereich funktionalen Charakter haben. Die Überschneidungen mit extrafunktionalen Qualifikationen sind dabei nicht zu übersehen. Das bedeutet, dass Persönlichkeits- und Sachkompetenz nicht voneinander zu trennen sind. Zur Informationsbeschaffung (Methodenkompetenz) gehört ein bestimmtes Wissen (Kenntnis), Pflichtbewusstsein ist ohne Leistungsbereitschaft kaum denkbar. Persönlichkeits- und Sachkompetenz haben einen breiten Überschneidungsbereich, der bezogen auf die Berufsvorbereitung spezifische Ergänzungen erfahren muss.

Deutlich geworden sein sollte jedoch auch, dass beruflicher Erfolg nur mit Sachkompetenz oder nur mit Persönlichkeitskompetenz nicht zu gewährleisten ist. Erziehung und Bildung sind bezogen auf dieses Konzept untrennbar miteinander vernetzt und sollten insofern frühestmöglich beginnen. Bestimmte notwendige Kompetenzen z.B. sind bei Jugendlichen nur noch schwer förderbar (z.B. Disziplin, Selbständigkeit, Fairness). Bei einem Großteil der in Abb. 13 aufgeführten Inhalte gilt das alte Sprichwort: „Was Hänschen nicht lernt, lernt Hans nimmermehr !".

Das Konzept der Schlüsselqualifikationen ist nur dann ein sinnvolles pädagogisches Konzept, wenn es in Einzeldimensionen bereits in der Früherziehung (vgl. Kap. 2) Anwendung findet und im weiteren Erziehungs- und Bildungsprozess sukzessive auf die unterschiedlichen Lebensbereiche focussiert wird.

6.6.2 Lebens- und Berufsvorbereitung beeinträchtigter Jugendlicher

In den bisherigen Ausführungen mag die besondere Problematik in Zusammenhang mit beeinträchtigten Jugendlichen hinlänglich deutlich geworden sein.

Komplexer gewordenen Anforderungen, insbesondere im kognitiven, kommunikativen und pragmatischen Bereich könnte mit Hilfe des Konzepts der Schlüsselqualifikationen begegnet werden. Je nach Art und Schwere der Beeinträchtigung ergeben sich jedoch auch hier Probleme in der Lebens- und Berufsvorbereitung.

Bereits 1994 stellt HILLER die Problematik lernbeeinträchtigter Schüler im Zusammenhang mit der beruflichen Eingliederung heraus. Seine Vorschläge sind wesentlich auf die nachschulische Lebensproblematik der Jugendlichen ausgerichtet. Unter anderem schlägt er vor, eine nachgehende Betreuung im Sinne einer Alltagsbegleitung zu organisieren. Dies könnte durch Beratungsstellen an Schulen, die durch Fördervereine organisiert werden, geschehen. Sein Ziel ist es, engagierte, kompetente Erwachsene als „Ansprech- und Aufbaupartner" für die Schüler der Oberstufe zur Verfügung zu stellen, die weit über die Schulzeit hinaus die Entwicklung der Jugendlichen beratend begleiten und die ihnen helfen, ihre Lebensgestaltung, insbesondere die berufliche Eingliederung erfolgreich in die Wege zu leiten (HILLER 1994, 36f.).

Ein weiterer Vorschlag ist, die Schüler bereits während der letzten Schuljahre einzubinden in sinnstiftende Kollektive und Organisationen, z.B. in kirchliche Gruppen, Vereine, Chöre etc. (a. a. O.). Die soziale Vernetzung, die dadurch entstehen könnte, wäre sicher hilfreich für die Jugendlichen, insbesondere dann, wenn sie weder Ausbildungs- noch Arbeitsplatz finden. Insgesamt scheinen mir die Vorschläge allerdings stark unter dem Fürsorgeaspekt entstanden zu sein. In der aktuellen Situation ist es jedoch von Bedeutung, räumlich und zeitlich flexibel und mobil zu sein und kreativ hinsichtlich der Erschließung von Möglichkeiten. Nur wer agil, findig, kreativ und nicht festgelegt einsatzbereit ist, kann ohne Berufsausbildung und mit eingeschränkten individuellen Ressourcen auf dem Arbeitsmarkt Möglichkeiten der Betätigung finden.

Sinnvoller erscheint es deshalb, die Jugendlichen in dieser Hinsicht zu fördern, bei gleichzeitiger Verbesserung von Selbständigkeit und Entscheidungsfähigkeit.

Ansatzweise versucht dies ANGERHOEFER (1998) mit ihrem Konzept einer allgemeinen schulischen Grundbildung. Auf der Basis des Konzeptes der Schlüsselqualifikationen plädiert sie für eine „grundlegende Umgestaltung des gesamten Bildungs- und Ausbildungsganges" für Schüler mit Lern- und / oder Verhaltensbeeinträchtigungen (1998, 99). „Handlungsdruck ergibt sich bezüglich der seht viel früher einsetzenden Vorbereitung [...] der Schüler auf das selbständige Leben, auf sehr unterschiedliche und wechselnde Arbeitsfähigkeiten, auch auf Nichtarbeit!" (a. a. O.)

Die von ihr vorgeschlagene „lebensbedeutsame allgemeine Grundbildung" (1998, 102) besteht einerseits aus relativ feststehenden Anteilen klassischer allgemeiner Bildung und andererseits aus flexiblen Anteilen, die sich aus je veränderten wirtschaftlichen und gesellschaftlichen Anforderungen sowie aus den Lebensweltbedingungen und den je individuellen Leistungspotenzen er Jugendlichen ergeben (1998, 103). Sowohl inhaltlich als auch methodisch sollte die allgemeine Grundbildung der Lebens- und Zukunftsvorbereitung dienen. Ziel ist der Erwerb von lebensbedeutsamen Wissen und ebensolchen Basiskompetenzen, die in möglichst vielen Lebensbereichen sinnvoll eingesetzt werden können (vgl. ANGERHOEFER 1998, 104f.). Dem erfolgsbezogenen und handlungsorientierten Lernen gibt sie dabei den Vorrang.

Auch wenn die Ausführungen insgesamt sehr theoretisch-allgemein und eher persönlichkeitsbildend ausgerichtet sind, ist das Konzept deutlich bezogen auf lernbeeinträchtigte Kinder und Jugendliche. Bei entsprechender Aufbereitung für die schulische Praxis könnte es die Aufgabe der Lebens- und Berufsvorbereitung in der (Sonder-) Schule nachhaltig befruchten, zumal es nicht auf die Oberstufe (Klasse 7-9) ausgerichtet ist. „Der Erwerb von Basiskompetenzen setzt einen langfristig über viele Schuljahre wirksamen und didaktisch-methodisch höchst anspruchsvollen und koordiniert gestalteten Befähigungsprozess voraus" (a. a. O., 110).

Einerseits untermauert ANGERHOEFER den Bildungsanspruch lernbeeinträchtigter Schüler. Andererseits ist dabei jedoch „die Utopie leitend, dass allgemeine Bildung per se gesellschaftlich integrativ wirkt" (HOFSÄSS 2003, 181).

6.7 Realitäts- und handlungsbezogene Berufsvorbereitung: Schülerfirmen

Veränderte Qualifikationsprofile in der Arbeitswelt bei gleichzeitig deutlichen Entwicklungs- und Leistungsrückständen beeinträchtigter Schüler bedingen für viele Jugendliche Perspektivlosigkeit und Resignation bezogen auf das zukünftige „Arbeitsleben". In der Schule zeigt sich dies in Desinteresse, Disziplinlosigkeit, Arbeitsverweigerung, Leistungsversagen etc. Diese Situation führte mancherorts zu einer didaktisch-methodischen Neuorientierung. Einer dieser neuen Formen der Berufsvorbereitung ist das Konzept der „Schülerfirmen", das in mehreren Bundesländern an einzelnen Schulen den berufsorientierten Unterricht in den Klassen 7-9 völlig neu gestaltet. Unter den Prämissen Handlungs- und Realitätsorientierung versucht das Konzept der Schülerfirmen eine reale Arbeitssituation herzustellen, bei der die Schüler in kleinen Gruppen und mit zunehmend mehr Verantwortung und Selbständigkeit in einem bestimmten auf Produktion bzw. Dienstleistung gerichteten Bereich zusammenarbeiten. In der Regel wird an mindestens einem Tag in der Woche in bzw. für die jeweilige Schüler(übungs)firma gearbeitet. Am Beispiel der Schülerfirmen am Förderzentrum II in Bad Windsheim / Bayern möchte ich das Konzept explizieren, welches als „wesentlicher Arbeitsbestandteil der Berufsvorbereitung" gewertet wird (Konzeptpapier, Internet 18.05.2004). Ganz im Sinne des Konzepts der Schlüsselqualifikationen versuchen die beteiligten Lehrkräfte „durch reale Arbeitssituationen, die Arbeit im Team und das schrittweise Übertragen von Verantwortung auf Schüler Schlüsselqualifikationen zu vermitteln und dabei zum selbständigen Lernen zu motivieren, zu ausdauerndem Arbeiten anzuleiten und schließlich auch soziale Verhaltensweisen zu verändern" (a. a. O.).

An einem Tag in der Woche arbeiten die Schüler im Rahmen ihrer Schülerfirma
– Holz
– Farbe
– Kiosk & Verkauf
– Schülercafe
– Dienstleistung
– Soziales (neu seit Schuljahr 2003/04),

Abb. 14: Konzept – Berufsvorbereitung durch Schülerfirmen (in Anlehnung an: www.foerderzentrum2-badwindsheim.de)

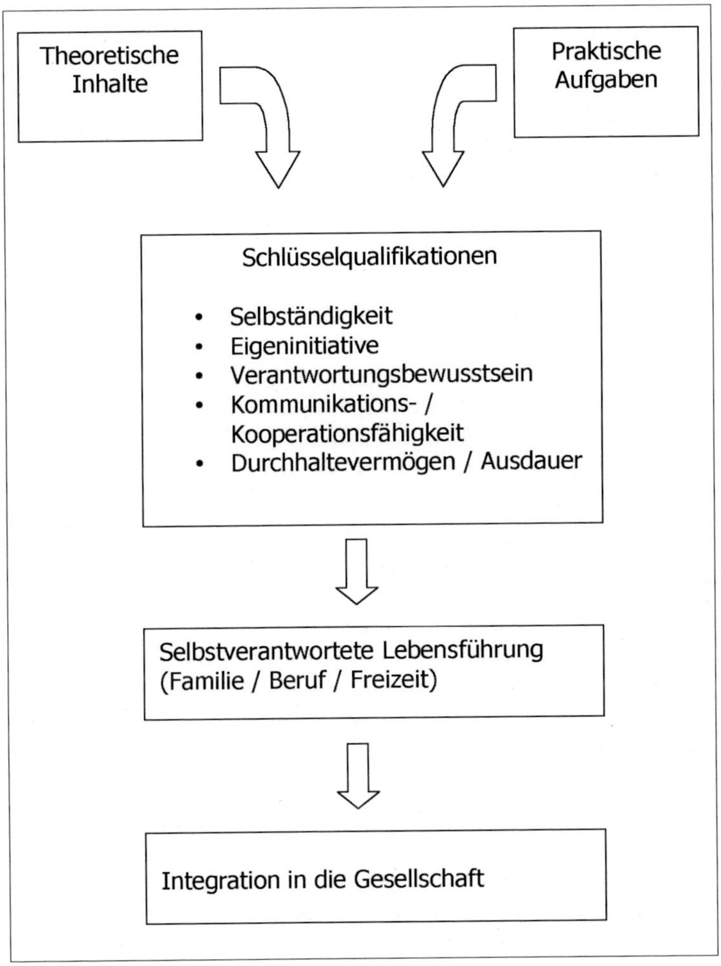

d.h. sie führen unterschiedliche Aufträge schulintern und extern so aus, wie eine selbständige Firma diese Aufträge ausführen müsste, um einen guten Ruf zu haben bzw. zu erhalten Die Leitung der jeweiligen Firma hat ein Sonderschullehrer, der sich einerseits durch Fachkräfte von außen, z.B. Handwerksmeister, unterstützen lassen kann, andererseits Verantwortung sukzessive an Schüler übertragen kann.

Die theoretischen Überlegungen sind in der folgenden Abbildung zusammengefasst:

Unterstützt wird das schulische Konzept der Schülerfirmen durch einen als gemeinnützig anerkannten „Förderverein Schülerfirmen e.V. Bad Windsheim", der sich während des Schuljahres 2000/2001 gegründet hat.

Der Verein fördert und unterstützt

– die Unterhaltung, Pflege und Gestaltung der Schülerübungsfirmen, insbesondere bezogen auf das Erlernen von Schlüsselqualifikationen bei den beteiligten Schülern;
– die Arbeit das SFZ Bad Windsheim
– besondere Leistungen von Schülern oder ehemaligen Schülern des SFZ
– Personen, Einrichtungen, Firmen, die sich um Schüler des SFZ besonders bemühen.

Er ergreift zudem Initiativen zur Finanzierung von Projekten des SFZ. Der Mitgliedsbeitrag pro Jahr beträgt 15 Euro.

Bei der allgemeinen Mittelverknappung in den Ländern und Kommunen sind Modellprojekte dieser Art kaum noch durch Landesmittel zu finanzieren. Ein fachlich breit gefächerter, privater Förderverein, in dem unterschiedliche Berufsgruppen vertreten sind, ist für die Realisierung solcher Projekte sinnvoll und finanziell notwendig.

Die Tätigkeiten in den einzelnen Firmenschwerpunkten sind nachfolgender Tabelle zu entnehmen.

Ohne näher darauf eingehen zu müssen, macht die Aufstellung deutlich,

– dass die Arbeit in den Schülerfirmen vielschichtig und komplex ist;
– dass flexibles, berufs- und fächerübergreifendes Denken und Handeln gefordert sind;
– dass die anfallenden Aufgaben nur im Team zufrieden stellend bzw. erfolgreich gemeistert werden können;
– dass Basiseigenschaften wie z.B. Zuverlässigkeit, Team- und

Tab. 14: Arten von Schülerfirmen mit exemplarischem Tätigkeitsspektrum (vgl. www.foerder-zentrum2-badwindsheim.de)

Firmenübergreifende Aufgaben:

– Preis- und Produktvergleiche
– Einkauf von Materialen oder Nahrungsmitteln (Arbeits-, Verbrauchs-, Gaststättenbedarf)
– Material- bzw. Lagerverwaltung mit regelmäßiger Bestandsaufnahme
   → Reinigung von Werkzeugen
   → Reparatur oder Neubestellung von Material / Werkzeug
– Büroaufgaben:
   • Angebotskalkulation und Rechnungserstellung (PC), Kuvertierung, Weiterleitung
   • Erstellen von Tagesberichten oder Tagesabrechnungen (ggf. auch monatlich)

Schülerfirma	Tätigkeitsbereiche
• **Holz** (Schreiner- und Gestaltungs-arbeiten im Zusammen-hangmit dem Werkstoff Holz)	• Erstellen von Bauplänen / Stücklisten • Werk- und Verbrauchsmaterialberechnung • Ressourcenplanung • Produktion: Sägen, Hobeln, Schleifen, Leimen, Dübeln, Schrauben, Lasieren, Lackieren
• **Farbe** (Anstrich-, Tapezierarbeiten)	• Flächenberechnung / Ermittlung der benötigten Farb-menge • Raumvorbereitung (Ausräumen, Zusammenstellen und Abdecken von Möbelstücken, Abkleben von Leisten, Schaltern, Scheiben etc.) • Malerarbeiten: Streichen, Tapezieren, Gestalten

• **Kiosk und Verkauf**
(Schulkiosk, ganzwöchig ge-öffnet, Besonderheiten an SF-Tag – gelegentlich Party-service bei kleinen Feiern)
	• Produktzubereitung
	• Lagerüberwachung (u.a. Verfallsdatum / Vorrat)
	• Verkauf: Bedienen, Kassieren, Koordinieren in Stoßzei-ten (Warteschlangen)
	• Buchhaltung:
	   – Tages- / Monatsabrechnungen,
	   – bank- bzw. kontobezogene Tätigkeiten

• **Schülercafé**
(Pausencafé mit warmen und kalten Getränken, klei-nen Snacks-ganzwöchig)
 	
In Planung:
Öffnung über Schul-stunden hinaus‡ Café als Treffpunkt und / oder Raum für infor-melle Aktivitäten (Schulsozi-alarbeit)
	• Produkt- und Verkaufsvorbereitung
	• Lagerkontrolle (Vorräte – Getränke, sonstige Materiali-en, z.B. Servietten etc.)
	• Verkauf und Service:
	   – Bedienen (Aufnehmen der Bestellung, Auftragen, Abräumen).
	   – Kassieren
	• Hygiene / Reinigung im Thekenbereich, Pflege des Gastraums
	• Gestaltung des Raumes (Verbindung von Schönheit und Zweckmäßigkeit)

• **Dienstleistung und Soziales** (ab Schuljahr 03/04 im Aufbau)	• Buchhaltung: – Tages- und Monatsabrechnungen; Wochenkalkulationen (Kontostand / Mengen / Sortimentveränderungen / Besonderheiten etc.) • Dienstleistungen (vorwiegend im Rahmen der Schule): – Kopier- und Heftarbeiten – Bücherverwaltung – Verwaltung / Archivierung von Freiarbeitsmaterialien – Technik- und Mediendienst • Soziales (noch keine Angaben verfügbar)

Kommunikationsfähigkeit, Anstrengungs- und Verantwortungsbereitschaft vertieft oder (erneut) angebahnt werden.

Die sukzessive Übernahme der Verantwortung für den Erfolg der Schülerfirmen unterstreicht die Ernstsituation, insbesondere bei Auftraggebern von außen.

Mit Blick auf das Konzept der Schlüsselqualifikationen bieten in der Praxis Schülerfirmen eine handlungs- und ernstfallorientierte Möglichkeit für Schüler, sowohl Schlüsselqualifikationen im engeren Sinne (stärker berufsspezifisch) als auch Basiskompetenzen allgemeiner Art zu erwerben bzw. zu vertiefen. In den Schülerfirmen haben Jugendliche die Gelegenheit, Erfahrungen mit einer Form von Berufstätigkeit zu machen, die wesentlich dem Bereich der Selbständigkeit (heute auch Ich-AG) zuzuordnen ist. Neben einem begleiteten und in gewisser Weise geschützten Einblick in die Berufswelt können je nach Art der Schülerfirma in unterschiedlicher Gewichtung
– kognitiv-fachliche
– kaufmännisch-mathematische
– handwerklich-motorische
– sozial-kommunikative

Fähigkeiten und Fertigkeiten erworben werden. Für den Bereich der Persönlichkeitskompetenz werden bei dieser Art des Lernens alle Teilbereiche angesprochen und – bei Gelingen – positiv bestärkt, erweitert und / oder modifiziert. Im Zeugnis wird die Mitarbeit in den Schülerfirmen durch umfängliche Anmerkungen dokumentiert und gewürdigt.

Inwieweit ein nachhaltiger Kompetenzerwerb möglich ist, muss in Langzeituntersuchungen ermittelt werden. Einerseits erleichtern die in Schülerfirmen erworbenen Erfahrungen und

Kompetenzen die Bewältigung von Anforderungen in der beruflichen Ausbildung (oder bei der Einarbeitung in ungelernte Arbeitsverhältnisse), andererseits darf nicht verkannt werden, dass der Freiheits- und Selbständigkeitsgrad in den Schülerfirmen häufig höher ist, als in einem realen Ausbildungs- oder Arbeitsverhältnis.

In einer Lernfeldstruktur, wie der BLO (vgl. Abs. 6.5) lässt sich das Konzept der Schülerfirmen gut einbinden, wobei das Engagement und die Fähigkeiten und Interessen der jeweiligen Lehrerschaft bei der Realisierung von Schülerfirmen eine wesentliche und prägende Voraussetzung darstellen.

6.8 Spezifische staatliche Maßnahmen für beeinträchtigte und behinderte Jugendliche (nach Vollendung der Regelschul- / Sonderschulpflicht)

Zur beruflichen Eingliederung von beeinträchtigten Jugendlichen bedarf es über berufsbegleitende Maßnahmen in der Schule hinaus spezifischer Hilfen von Seiten des Staates im Sinne subsidiärer Unterstützung, Begleitung und Förderung, die abschließend kurz angesprochen werden sollen. Eine wesentliche rechtliche Grundlage bildet hier das Arbeitsförderungsgesetz (nach der Reform von 2003 als Drittes Buch im Sozialgesetzbuch – SGB eingeordnet). Im Rahmen dieses Gesetzes können behinderten und / oder beeinträchtigten Jugendlichen Starthilfen im Sinne berufsvorbereitender Maßnahmen gewährt werden. § 19 SGB III beschreibt den förderungsfähigen Personenkreis wie folgt:

„§ 19

(1) Behinderte sind körperlich, geistig oder seelisch beeinträchtigte Personen, deren Aussichten, beruflich eingegliedert zu werden oder zu bleiben, wegen Art und Schwere der Behinderung nicht nur vorübergehend wesentlich gemindert sind und die deshalb Hilfen zur beruflichen Eingliederung benötigen.

(2) Den Behinderten stehen diejenigen Personen gleich, denen eine Behinderung mit den in Abs. 1 genannten Folgen droht."

Grundsätzlich sind nach § 98 SGB III zunächst die allgemeinen Leistungen zu gewähren, die auch Nichtbehinderten gewährt werden **können** (z.B. Berufsausbildungsbeihilfe). Diese Kann-Bestimmung betrifft insbesondere auch Abgänger der Schulen zur Lernförderung und für Erziehungshilfe, die nicht ohne weiteres besondere Maßnahmen in Anspruch nehmen können. Diese werden nur dann gewährt

- wenn Art und Schwere der Behinderung dies erfordern, z.B.
  - als Maßnahme in einer besonderen Einrichtung für Behinderte
  - oder als spezifische behinderungsbezogene Maßnahme;
- wenn die allgemeinen Leistungen nach Art und Umfang nicht ausreichen, den Eingliederungserfolg zu sichern.

Die berufliche Ausbildung beeinträchtigter Jugendlicher sollte nach Möglichkeit im Rahmen regelhafter Ausbildungsgänge erfolgen. Dabei können einjährige Vorbereitungs- und Förderlehrgänge zwischen Schulende und Berufsausbildung (1. Schwelle) sinnvoll sein.

Der einjährige **Förderlehrgang** für noch nicht berufsreife Jugendliche dient der Vorbereitung auf eine Berufsausbildung (F1) oder auf eine Beschäftigung (F2 / F3). Diese Förderlehrgänge werden im Auftrag des Arbeitsamtes von Bildungsträgern durchgeführt. Es besteht Berufsschulpflicht.

Das **Berufsvorbereitungsjahr** stellt eine von Berufs- / Sonderberufsschulen durchgeführte einjährige schulische Maßnahme dar für Jugendliche ohne Hauptschulabschluss.

Beide Maßnahmen werden nicht auf eine Berufsausbildung angerechnet. Allerdings gilt in beiden Fällen die Berufsschulpflicht als erfüllt, wenn im Anschluss an die Maßnahme keine Berufsausbildung angenommen wird.

In bestimmten Berufsfeldern ist das **Berufsgrundschuljahr** verpflichtend (z.B. Technische Berufe; Wirtschaft / Verwaltung; Gesundheit / Körperpflege; Ernährung / Hauswirtschaft). Im Rahmen der Berufsausbildung gilt es in der **Vollzeit-Schul-Form** als erstes Ausbildungsjahr. Daher wird ein Ausbildungsvertrag bei Eintritt in die Maßnahme dringend empfohlen, ist jedoch nicht verpflichtend. Für das BGJ als **Teilzeitmaßnahme** muss hingegen ein Ausbildungsverhältnis bestehen, da die Berufsgrundbildung teilweise in der Schule, teilweise im Ausbildungsbetrieb erfolgt. Das BGJ ist durch die Schulgesetze der Länder geregelt. Je nach Bundesland wird die rein schulische oder die kooperative Form präferiert.

Tab. 14: Formen des Berufsgrundschuljahres

BGJ (Berufsgrundschuljahr)	
• Verpflichtende Einrichtung für das erste Ausbildungsjahr in bestimmten Berufsfeldern. • Erwerb des Hauptschulabschlusses möglich.	
BGJ /s (Vollzeitschulform)	**BGJ / k** (Teilzeitschulform)
• 5 Tage / Woche an der Berufsschule (38 WoStd.) • Abschluss nach 1 Jahr mittels Abschlussprüfung • Werkstattunterricht mit hohem Fachkunde- und Praxisanteil • Ausbildungsvertrag empfohlen	• Kooperative Ausbildungsform Schule / Betrieb (2 Tage BS / 3 Tage Betrieb) • Ausbildungsvertrag notwendig • Theoretische und praktische Fachkunde neben betrieblicher Ausbildung (Berufsgrundbildung)

Die Ausbildung in staatlich anerkannten Ausbildungsberufen ist im **Berufsbildungsgesetz** geregelt. Die Berufsausbildung erfolgt in Deutschland im „Dualen System", d.h. während der Ausbildungszeit besteht Berufsschulpflicht, so dass die Berufsausbildung wesentlich im Ausbildungsbetrieb erfolgt und ergänzt wird durch fachbezogenen Unterricht in der Berufsschule (i. d. R. ein Tag in der Woche). Für jeden staatlich anerkannten Ausbildungsberuf bildet die jeweilige Ausbildungsordnung die Grundlage (§ 25 BBiG).

Nach § 28 Abs. 1 BBiG dürfen Jugendliche unter 18 Jahren grundsätzlich nur nach diesen Ausbildungsordnungen ausgebildet werden.

Eine Ausnahme lässt das Berufsbildungsgesetz nur in Zusammenhang mit behinderten und beeinträchtigten Jugendlichen zu. Hier haben die zuständigen Kammern (Handwerks-, Industrie-, Handelskammer etc.) die Möglichkeit, Ausbildungsordnungen zu modifizieren bzw. spezifische Ausbildungsgänge zu entwickeln und zu verabschieden (§ 48 BBiG). Ausbildungsgänge nach § 48 BBiG und § 42b HwO (Handwerksordnung) stellen theoretisch und / oder praktisch reduzierte Ausbildungsgänge dar, die in Anlehnung nach Ausbildungsgänge nach §§ 25 BBiG / HwO (Regelausbildung) körperlich, geistig oder seelisch behinderten Jugendlichen eine berufliche Qualifizierung und damit eine Eingliederung in die Arbeitswelt ermöglichen sollen.

Die Ausbildung behinderter Jugendlicher kann je nach Art und Schwere der Behinderung auch an einem Berufsbildungswerk (BBW) erfolgen. Berufsbildungswerke sind überregionale Institutionen zur beruflichen Erstausbildung von jungen Menschen mit Behinderungen / Beeinträchtigungen. Sowohl berufsvorbereitende als auch Angebote zur Berufsausbildung werden von den Berufsbildungswerken in je behinderungsbezogener Form gemacht. Vorteil in einem BBW ist die Möglichkeit, eine nach §§ 48 BBiG / 42b HwO begonnene Ausbildung als Regelausbildung fortzusetzen oder umgekehrt, je nach den persönlichen Möglichkeiten der beeinträchtigten Jugendlichen. Zumeist wohnen die Jugendlichen im Internat das BBW oder in betreuten Außenwohngruppen.

Zusammenfassend eine tabellarische Übersicht über die Möglichkeiten beruflicher Ausbildung und Eingliederung von beeinträchtigten Jugendlichen nach der allgemeinbildenden Schule (Hauptschule ohne Abschluss / Sonderschule / Sonderpädagogisches Förderzentrum):

Tab. 15: Möglichkeiten der Berufsvorbereitung und –ausbildung nach dem Besuch der allgemeinbildenden Schule

Berufsvorbereitende Maßnahmen	
Maßnahmen des Arbeitsamtes • Förderlehrgang (F1) • Förderlehrgänge (F2 / F3) (Beschäftigungsvorbereitung)	Berufsschulische Maßnahmen • Berufsvorbereitungsjahr (BVJ)

Berufsausbildung bzw. Berufstätigkeit				
Regelberufs-ausbildung nach §§ 25 BBiG / HwO	Berufsausbildung nach §§ 48 BBiG / 42b HwO	Berufsausbildung im BBW	Berufstätigkeit ohne Ausbildung (Hilfstätigkeit)	Arbeit in der Werkstatt für Behinderte (WfB)
Abschlussprüfung				
Qualifizierte Berufsfähigkeit				

MERKSÄTZE:

- Die Situation von Abgängern der Haupt- und der Sonderschule ist bezogen auf die Berufsausbildung annähernd gleich schwierig.
- Sogenannte Problemgruppen bezogen auf den Arbeitsmarkt sind
  - junge Menschen
  - (Schwer-) Behinderte
  - ältere Arbeitnehmer
  - Frauen
  - Ausländer
- Das Risiko der Arbeitslosigkeit ist ohne Berufsausbildung sehr hoch, wird jedoch bei vorhandener betrieblicher Ausbildung kaum nennenswert geringer (vgl. Tab. 10), legt man die Gesamtzahl der Arbeitslosen zugrunde.
- Die KMK-Empfehlungen (1994) behandeln den Bereich der beruflichen Vorbereitung und Eingliederung beeinträchtigter Jugendlicher eher vage.
- In den Ergänzungsempfehlungen zu den verschiedenen Förderschwerpunkten finden Einzelaspekte in unterschiedlicher Weise Beachtung.
- Als für alle Förderschwerpunkte wesentlich werden genannt
  - die Notwendigkeit allgemeiner Berufsorientierung und –vorbereitung
  - die Durchführung von Betriebserkundigungen und Betriebspraktika
  - die Kooperation von schulischen und berufsrelevanten Institutionen (vgl. Tab. 12)
- Zu den schulischen Möglichkeiten der Berufsvorbereitung gehören bundesweit die Fächer Arbeitslehre und Sozialkunde.
- Seit dem Schuljahr 2003 / 2004 wird in Bayern eine Neustrukturierung der Berufsvorbereitung in den Oberstufen sowohl der Hauptschule als auch der Förderschule (Schüler im Förderschwerpunkt Lernen) erprobt, die sog. Diagnose- und Werkstattklassen.
- Für die Förderschule wurde im Rahmen dieses Konzeptes der Lernbereich BLO – Berufs- und Lebensorientierung – eingeführt.
- Dabei handelt es sich nicht um ein neues Unterrichtsfach (wie z.B. 1992 das Fach BWFU – Berufswahlvorbereitender Förderunterricht) sondern um ein fächerübergreifendes und fächervernetzendes Unterrichtsprinzip, bei dem die Fächer
  - Arbeitslehre
  - BWFU
  - Hauswirtschaft
  - Textilarbeit
  - Technisches Werken
  - Technisches Zeichnen

  vernetzt werden und mit anderen Lernbereichen (sprachlich, mathematisch-naturwissenschaftlich) kooperativ verbunden sind.
- Als wesentliche Neuerung erhalten zudem die Aspekte Anbahnung von
  - berufsbezogenen Kompetenzen
  - informationstechnischen Kompetenzen

  verstärktes Gewicht.
- Neben inhaltlichen Veränderungen im Zusammenhang mit der schulischen Berufsvor-

bereitung müssen auch methodisch neue Wege beschritten werden, um Jugendlichen einen arbeitsmarktrelevanten Kompetenzerwerb zu ermöglichen.

- Einer Auflösung starrer Unterrichtsorganisationen (z.B. 45 oder 90 Minuten-Sequenzen) sowie einer verstärkten Handlungs- und Praxisorientierung trägt der Projektunterricht Rechnung.
- Dabei kann es im Zusammenhang mit beeinträchtigten Schülern notwendig sein, zunächst eine Vorform des Projektunterrichts, den projektorientierten Unterricht zu praktizieren.
- Große Bedeutung hat in den letzten Jahren das Konzept der Schlüsselqualifikationen gewonnen.
- Es wurde 1964 berufsspezifisch und funktional für bestimmte Arbeitsbereiche von MERTENS entwickelt und vielfältig modifiziert.
- Seit den 1990er Jahren wurde es in die Pädagogik adaptiert, wobei auch der extrafunktionale Bereich einbezogen wurde (vgl. Abb. 12)
- Schlüsselqualifikationen im weiteren Sinne stellen die Gesamtheit aller Kenntnisse, Fertigkeiten, Fähigkeiten, Einstellungen und Werthaltungen dar, die für ein Individuum notwendig sind, um fächerübergreifend eine gewisse Reife im sozialen und im beruflichen Feld zu erlangen und um sich situationsangemessen und individuell authentisch verhalten zu können.
- Individuelle Handlungskompetenz ist demnach Ergebnis von Persönlichkeitskompetenz und Sachkompetenz (vgl. Abb. 13).
- Für Jugendliche mit Lernbeeinträchtigungen haben insbesondere Hiller (1994) und ANGERHOEFER (1998) Vorschläge bzw. Konzepte vorgestellt.
- Eine neue Form der Berufsvorbereitung auf der Basis des Konzeptes der Schlüsselqualifikationen ist die Entwicklung von Schülerfirmen.
- Dabei werden schwerpunktmäßig verschiedene Berufsbereiche (Holz, Farbe, Dienstleistung, Kiosk / Verkauf etc.) in der Oberstufe der Allgemeinbildenden Schule (Haupt- / Förderschule) als Kleinstfirmen aufgebaut und auf der Basis sowohl schulinterner als auch schulexterner Aufträge betrieben.
- Die Jugendlichen erleben so eine reale Arbeitssituation, der sie in kleinen Gruppen sukzessive selbständig und verantwortlich zu begebnen haben.
- Dabei können vielfältige Sach- und Persönlichkeitskompetenzen erworben werden.
- Inwieweit diese Lehrform zu dauerhaftem Kompetenzerwerb führt, muss in Langzeituntersuchungen ermittelt werden.
- Staatliche Fördermaßnahmen nach Beendigung der Allgemeinbildenden Schule finden auf der Grundlage des SGB III, des BBiG und der HwO statt.
- Als Maßnahmen des Arbeitsamtes sind Förderlehrgänge zur Berufsausbildungsvorbereitung (F1) und zur Vorbereitung auf eine berufliche Beschäftigung (F2 / F3) möglich, die im Auftrag des Arbeitsamtes von entsprechenden Bildungsträgern durchgeführt werden.
- Als schulische Maßnahme für Jugendliche ohne Hauptschulabschluss ist das BVJ zu nennen.
- Beide Maßnahmen sind einjährig und werden nicht auf eine nachfolgende Berufsausbildung angerechnet.
- In beiden Fällen gilt die Berufsschulpflicht als erfüllt, wenn keine Berufsausbildung nach Abschluss der Maßnahme begonnen wird.

- Nach §28 Abs. 1 BBiG dürfen Jugendliche unter 18 Jahren grundsätzlich nur in staatlich anerkannten Berufen ausgebildet werden.
- Grundlage für diese Ausbildung bildet die jeweilige Ausbildungsordnung (BBiG, HwO).
- Für behinderte und beeinträchtigte Jugendliche ist es möglich, diese Ausbildungsordnungen zu modifizieren.
- Die Regelberufsausbildung erfolgt nach §§ 25 BBiG / HwO. Eine modifizierte Ausbildung kann gemäß §§ 48 BBiG / 42b HwO erfolgen.
- In beiden Fällen erfolgt eine Abschlussprüfung, die – bei Bestehen – zu einer qualifizierten Berufsfähigkeit führt (als Geselle bzw. Werker).
- Je nach Art und Schwere der Behinderung können alle Formen von Berufsvorbereitung und Berufsausbildung (nach Beendigung der Allgemeinbildenden Schule) in einem Berufsbildungswerk (BBW) erfolgen.
- Ohne Ausbildung kann eine berufliche Hilfstätigkeit in einem Betrieb oder eine Tätigkeit in der WfB aufgenommen werden.

Literaturverzeichnis

Kapitel 1:

AKTUELL – GRUNDSCHULVERBAND, Heft 80 (2002): Standpunkt Heterogenität der Kinder. VI-VII

ANDREAS, R. (1989): Förderung besonderer Schülergruppen in Bayern. München (Staatsinstitut für Schulpädagogik und Bildungsforschung).

ANTOR, G. / BLEIDICK, U. (Hg. – 2001) Handlexikon der Behindertenpädagogik. Stuttgart / Berlin /Köln

BACH, H (1976): Allgemeine Sonderpädagogik. In: Bach, H. (Hg.) Sonderpädagogik im Grundriss. Berlin, 5-78.

BACH, H. (1985): Grundbegriffe der Behindertenpädagogik. In: Bleidick, U. (Hg.): Theorie der Behindertenpädagogik, Bd.I, Berlin, 3-24.

BACH, H. (1993): Perspektiven schulischer Förderung beeinträchtigter Kinder und Jugendlicher. In: Lehrer und Schule heute, 44, 5, 120-122

BACH, H. (1993) Zusätzlicher Förderbedarf – Begriff und Begründung von zusätzlichem Förderbedarf eines Kindes in der Schule. In: VHN, 62, 137-143

BALLAUFF, TH. (1953) Die Grundstruktur der Bildung. Weinheim

BAUMGART, F. (Hg. – 1997) Erziehungs- und Bildungstheorien. Bad Heilbrunn

Bärsch, W. (1973): Der Behinderte in der Gesellschaft. In: Bärsch, W. et al., Behinderte inmitten oder am Rande der Gesellschaft. Berlin, 7-23.

BECKER, K.P. und Autorenkollektiv (1979) (Hg): Rehabilitationspädagogik. Berlin.

BEGEMANN, E. (1979): Die Förderung von schwerstkörperbehinderten Kindern in der Primarstufe. Mainz

BELLERMANN, M. ([3]1998): Sozialpolitik. Eine Einführung für soziale Berufe. Freiburg.

BENNER, D. (1995) Studien zur Theorie der Bildung und Erziehung. Weinheim; München

BINTINGER, E./WILHELM, M. (2001): Inklusiven Unterricht gestalten. Creating Inclusive Education. In: Behinderte in Familie, Schule und Gesellschaft, 24, 51-60.

BITTNER, G. (1973): "Behinderung" oder „beschädigte Identität"? Überlegungen zum Selbstverständnis der Sonderpädagogik. In: Heese, G./Reinhartz, A. (Hg.): Aktuelle Beiträge zur Sozialpädagogik und Verhaltensgestörtenpädagogik. Berlin, 7-16.

BLEIDICK, U. (1974): Pädagogik der Behinderten. Berlin.

BLEIDICK, U. (1976): Metatheoretische Überlegungen zum Begriff der Behinderung. In: Zeitschrift für Heilpädagogik, 27, 408-415.

BLEIDICK, U. (1977): Pädagogische Theorien der Behinderung und ihre Verknüpfung. In: Zeitschrift für Heilpädagogik, 28, 207-229

BLEIDICK, U. (1985) (Hg): Theorie der Behindertenpädagogik. Handbuch der Sonderpädagogik. Bd. 1, Berlin.

BLEIDICK, U. (2003): Über die mehrfache Verfehlung des Bildungsbegriffs und seine Bewährung in der Behindertenpädagogik. In: Gehrmann, P./Hüwe, B. (Hg.): Kinder und Jugendliche in erschwerten Lernsituationen. Stuttgart, 3-15

BLEIDICK, U., Hagemeister, U. ([5]1995): Einführung in die Behindertenpädagogik Bd.I. Stuttgart (Original 1977).

BLEIDICK, U., Hagemeister, U., Kröhnert, O., v. Pawel, B., Rath, W. ([4]1995): Einführung in die Behindertenpädagogik Bd. II. Stuttgart.

BÖHM, W. ([15]2000): Wörterbuch Pädagogik. Stuttgart.

BREINBAUER, I. (Hg. – 1991) Bildung für die Zukunft – die Zukunft der Bildung. Innsbruck u.a.

BREZINKA, W. (1972) Von der Pädagogik zur Erziehungswissenschaft. Weinheim / Basel

BREZINKA, W. (1975) Grundbegriffe der Erziehungswissenschaft. München u.a.

BREZINKA, W. (^{3}1993) Erziehung in einer wertunsicheren Gesellschaft. München u.a.

BROCKHAUS ENZYKLOPÄDIE (1968): Stichwort: Erziehung, Bd. 5, 707f.

BRUMLIK, M. (1991): Advokatorische Ethik. In: Sonderpädagogik, 21, 188-189

BUCHKREMER, H. (1982): Einführung in die Sozialpädagogik. Darmstadt.

BUCHKREMER, H. (^{2}1995): Handbuch Sozialpädagogik. Darmstadt.

BUNDESMINISTERIUM FÜR ARBEITS- UND SOZIALORDNUNG (1998) (Hg): Die Lage der Behinderten und die Entwicklung der Rehabilitation. Bonn.

BUNDESSOZIALHILFE-GESETZ (^{8}1997). Beck-Texte im dtv. München.

BÜRLI, H. (1997): Internationale Tendenzen in der Sonderpädagogik – vergleichende Betrachtung mit Schwerpunkt auf dem europäischen Raum. Hagen (Fernuni, KE 4098/1/01/S1).

CASSELLS WÖRTERBUCH (1980): Deutsch-Englisch / Englisch-Deutsch. Hgg. Von Betteridge, H. T., München.

CLASEN, J. (Ed. – 1997): Social Insurance in Europe. Bristol.

CLOERKES, G. (2001): Soziologie der Behinderten. Heidelberg.

COMENIUS, J.A. (1657): Didaktica Magna.

DAS NEUE BERTELSMANN LEXIKON IN 24 BD. (2001) Gütersloh / München

DERBOLAV, J. (1959): Die Stellung der pädagogischen Psychologie im Rahmen der Erziehungswissenschaft und ihre Bedeutung für das pädagogische Handeln. In: Hetzer, H. (Hg.): Pädagogische Psychologie (Handbuch, Bd. 19). Göttingen, 3-43

DER KLEINE STOWASSER (1966). Lateinisch-deutsches Schulwörterbuch. München.

DEUTSCHER BILDUNGSRAT (1974) (Hg): Empfehlungen der Bildungskommission. Zur pädagogischen Förderung behinderter und von Behinderung bedrohter Kinder und Jugendlicher. Verabschiedet am 12./13. Okt. 1973. Stuttgart.

DEUTSCHER BILDUNGSRAT (Hg.) (1973): Studien und Gutachten der Bildungskommission. Bd. 25, Sonderpädagogik 1, Behindertenstatistik – Früherkennung – Frühförderung. Stuttgart

DEUTSCHER BUNDESVERBAND FÜR SOZIALARBEIT, SOZIALPÄDAGOGIK UND HEILPÄDAGOGIK E. V. (1997): Professionell Handeln auf ethischen Grundlagen. Berufsethische Prinzipien des DBSH. Essen.

DOLCH, J. (1961): Worte der Erziehung in den Sprachen der Welt. In: Brezinka, W. (Hg.): Weltweite Erziehung. Freiburg, 163-176.

DUDEN. DEUTSCHES UNIVERSALWÖRTERBUCH (^{2}1989).

DUPUIS, G. / KERKHOFF, W. (Hg. – 1992): Enzyklopädie der Sonderpädagogik, der Heilpädagogik und ihrer Nachbargebiete. Berlin.

DRAVE, W./RUMPLER, F./WACHTEL, P. (2000) (Hg): Empfehlungen zur sonderpädagogischen Förderung. Würzburg.

EBERWEIN, H. (1984): Zum Stand der Integrationsentwicklung und Integrationsforschung in der Bundesrepublik Deutschland. Dargestellt am Beispiel der Uckermark-Schule in Berlin. In: Zeitschrift für Heilpädagogik, 10, 677-691.

EBERWEIN, H. (1988): Integrationspädagogik als Weiterentwicklung (sonder-) pädagogischen Handelns. In: Behinderte und Nichtbehinderte lernen gemeinsam. Handbuch der Integrationspädagogik. Weinheim/Basel, 45-53.

EBERWEIN, H. (1995): Kritische Analyse des Behinderungsbegriffs. Konsequenzen für das Selbstverständnis von Sonder- und Integrationspädagogik. In: Behinderte in Familie, Schule und Gesellschaft, 5-12.

EBERWEIN, H. (1995a): Zur Revision der bisherigen sonderpädagogischen Theoriebildung. In: Die Sonderschule, 40, 436-449.

EBERWEIN, H. (1995b): Zur Kritik des sonderpädagogischen Paradigmas und des Behinderungsbegriffs. In: Zeitschrift für Heilpädagogik, 46, 468-476.

EBERWEIN, H. (^{4}1997) (Hg): Behinderte und Nichtbehinderte lernen gemeinsam. Handbuch der Integrationspädagogik. Weinheim/Basel.

EICHENHOFER, E. (2001): Sozialrecht der Europäischen Union. Berlin.

ELLGER-RÜTTGARDT, S. (1995): Die aktuelle bildungspolitische Diskussion um die Förderung von Kindern und Jugendlichen mit schwersten Behinderungen. In: Zeitschrift für Heilpädagogik, 46, 132-138.

ELLINGER, S. (2000): Diagnose- und Förderklassen im Rahmen einer Ganztagsschule: Konzeptskizze zur Kooperation zwischen Jugendhilfe und Schule für Erziehungshilfe. In: Vierteljahreszeitschrift für Heilpädagogik und ihre Nachbargebiete (VHN), 69, 3, 380 – 385.

EMPFEHLUNGEN DER KMK (1974): Zur pädagogischen Förderung behinderter und von Behinderung bedrohter Kinder.

ENKE, H. ET AL. (⁴1977): Lehrbuch der medizinischen Psychologie. München.

EUROSTAT (2004): Sozialausgaben. In: www.wko.at/statistik/eu/eu-sozialausgaben, 10.08.2004

FAUST-SIEHL, G./GARLICHS, A./RAMSEGER, J./SCHWARZ, H./WARM, U. (1996): Die Zukunft beginnt in der Grundschule. Empfehlungen zur Neugestaltung der Primarstufe. Frankfurt a. M.

FEUSER, G. (1984): Gemeinsame Erziehung behinderter und nichtbehinderter Kinder. Integration als Regelfall? In: Behindertenpädagogik, 24, 354-391.

FISCHER, A. (1930, Nachdruck 1976): Bildsamkeit. In: Hölterschinken, D. (Hg.): Das Problem der pädagogischen Anthropologie im deutschsprachigen Raum. Darmstadt, 58-66

FISCHER, W. (1966): Was ist Erziehung? München.

FLITNER, A. (1983) Konrad sprach die Frau Mama. Berlin

FOOKEN, E. (1973): Grundprobleme der Sozialpädagogik. Eine Analyse ihrer theoretischen Aufgaben. Heidelberg.

FRAGNER, J. (1983): Grundzüge eines integrativen Förderkonzeptes Behinderter. Wien. (VWGÖ)

FRERICH, J. (³1996): Sozialpolitik. München.

GABRIEL, O. W. / BRETTSCHNEIDER, F. (Hg. – 1994): Die EU-Staaten im Vergleich. 2. überarb. und erw. Auflage. Opladen.

GAUGER, J. G. (Hg. – 1991) Bildung und Erziehung. Bonn u.a.

GEORGENS, J. D. (1860): Die Levana-Fibel. In: Heindl, J. B.: Repetitorium der pädagogischen Journalistik und Literatur. 14, München, 135-163.

GEORGENS, J. D./DEINHARDT, H. (1863): Die Heilpädagogik mit besonderer Berücksichtigung der Idiotie und der Idiotenanstalten. Bd.1/Bd.2, Leipzig.

GIESECKE, H. (⁶1993) Das Ende der Erziehung. Stuttgart

GIESECKE, H. (⁵1996) Pädagogik als Beruf. Grundformen pädagogischen Handelns. Weinheim; München

Goffman, E. (1967): Stigma. Über Techniken der Bewältigung beschädigter Identität. Frankfurt a. M.

Groothoff, H. H. (1969): Allgemeine Pädagogik und Sonderpädagogik. In: Helse, G./Wegener, H. (Hg): Enzyklopädisches Handbuch der Sonderpädagogik und ihrer Grenzgebiete. 3 Bd., Berlin, Bd.2, 2454 – 2458.

Groothoff, H. H. (1969a) (Hg): Pädagogik. Fischer-Lexikon, dort: Stichwort Pädagogik. Frankfurt, 204-221.

GRUS, H. (1996): Eröffnungsrede, Sonderschultag 1996. In: Schule heute. Zeitschrift des Verbands für Bildung und Erziehung/Nordrhein-Westfalen, 36, 5.

HAEBERLIN, M. A. (⁴1996): Allgemeine Heilpädagogik. Bern/Stuttgart.

HANSELMANN, H. (⁹1976): Einführung in die Heilpädagogik. Zürich.

HARTKE, B. (1998): Integrative schulische Erziehungshilfe – Bilanz und Perspektiven einer Entwicklung. In: Sonderpädagogik, 28, 3, 158 – 167.

HAVERKATE, G. / HUSLER, ST. (1999): Europäisches Sozialrecht. Baden-Baden.

HEIDE, E. (2000): Empfehlungen zum Förderschwerpunkt Unterricht kranker Schülerinnen und Schüler. In: Drave, W./Rumpler, F./Wachtel, P. (Hg.): Empfehlungen zur sonderpädagogischen Förderung. Würzburg, 153-163.

HENSLE, U./VERNOOIJ, M. A. (^{7}2002): Einführung in die Arbeit mit behinderten Menschen. Wiebelsheim.

HENTIG, H. v. (1999) Bildung. Ein Essay. Weinheim u.a.

HENZ, H. (1991) Bildungstheorie. Frankfurt a. M.

HERRIGER, N. (1995): Empowerment und das Modell der Menschenstärken. Bausteine für ein verändertes Menschenbild der sozialen Arbeit. In: Zeitschrift Soziale Arbeit, 44, 155 – 162.

HILLENBRAND, C. (1999): Paradigmenwechsel in der Sonderpädagogik? In: Zeitschrift für Heilpädagogik, 50, 240-246.

HINZ, A. (2000): Vom halbvollen und halbleeren Glas der Integration – gemeinsame Erziehung in der Bundesrepublik Deutschland. In: Hans, M./Ginnolt, A. (Hg.): Integration von Menschen mit Behinderungen – Entwicklungen in Europa. Neuwied, 230-237.

ISMAYR, W. (Hg. – 1997): Die politischen Systeme Westeuropas. Opladen.

JUGENDRECHT (^{21}1997). Beck-Texte im dtv. München.

JANTZEN, W. (1974): Sozialisation und Behinderung. Gießen.

JANTZEN, W. (1995): Bestandsaufnahme und Perspektiven der Sonderpädagogik als Wissenschaft. In: Zeitschrift für Heilpädagogik, 26, 368-377

JASPERS, H. (^{2}1992) Was ist Erziehung? München u.a.

KALLER, P. (Hg. – 2001): Lexikon Sozialarbeit, Sozialpädagogik, Sozialrecht. Wiebelsheim.

KERBER, W. (1981) Gerechtigkeit. Freiburg.

KLAUER, K. J. (1974) Revision des Erziehungsbegriffs. Düsseldorf

KOBI, E. (^{3}1977): Grundlagen der Heilpädagogik. Bern.

KOBI, E. (1981): Modelle und Paradigmen in der heilpädagogischen Theoriebildung. In: Bürli, A. (Hg.): Internationale Tendenzen in der Sonderpädagogik – vergleichende Betrachtung mit Schwerpunkt auf dem europäischen Raum. Hagen (Fernuni, KE 4098/1/01/S1).

KOBI, E. (^{5}1993): Grundlagen der Heilpädagogik. Bern/Stuttgart/Wien.

KOCH, K. / SCHWOHL, J. / SCHUCK, K.D. / KORNMANN, R. (2000) Redefinitionsversuche der Begriffe „Diagnostik" und „Förderung" angesichts des subjektwissenschaftlichen Paradigmas. In: FUNKE, E. / RIHM, T. (Hg.), Subjektsein in der Schule. Bad Heilbrunn, 239-254

KUPFFER, H. (1984) Erziehung – Angriff auf die Freiheit. Weinheim

LAMPERT, H. (1980) Sozialpolitik. Berlin / Heidelberg / New York.

LEGOWSKI, CHR. (1982): Was ist das „Sonderbare" der Sonderpädagogik? In: Brinkmann, W./Renner, K. (Hg.): Die Pädagogik und ihre Bereiche. Paderborn u.a.

LENZEN, D. (Hg.) (1994): Erziehungswissenschaft – Ein Grundkurs. Reinbek/Hbg.

LERSCH, R./VERNOOIJ, M. A. (1992) (Hg): Behinderte Kinder und Jugendliche in der Schule. Herausforderungen an Schul- und Sonderpädagogik. Bad Heilbrunn.

LICHTENSTEIN, E. (1966) Zur Entwicklung des Bildungsbegriffs. Heidelberg

LINDMEIER, B. (1998): Rezension: Hälmer, U./Niehof, U./Sack, R./Walther, H. 1997: Vom Betreuer zum Begleiter. In: Behindertenpädagogik in Bayern, 41, 45.

LITT, Th. (1957) Technisches Denken und menschliche Bildung. Heidelberg

LITT, Th. (1960/^{2}1962) Das Bildungsideal der deutschen Klassik und die moderne Arbeitswelt. Bochum

LÜSSI, P. (1991) Systemische Sozialarbeit. Bern / Stuttgart.

LOCKE, J. (1693): Some thoughts concerning education. Dt. Gedanken über Erziehung. Langensalza 1897.

MARKOWETZ, R. (2001): Soziale Integration von Menschen mit Behinderungen. In: Cloerkes, G.: Soziologie der Behinderten. Heidelberg. 171-232.

MÄRZ, F. (1993) Macht und Ohnmacht des Erziehers. Bad Heilbrunn

MENCK, P. (1998) Was ist Erziehung? Donauwörth

MAYR, G. v. (1921): Begriff und Gliederung der Staatswissenschaften. Zur Einführung in deren Studium. 4. neubearbeitete Auflage. Tübingen.

MOLLENHAUER, K. (1973): Bewertung und Kontrolle abweichenden Verhaltens. Aporien bürger-
lich-liberaler Pädagogik. In: Giesecke, H. (Hg.): Offensive Sozialpädagogik. Göttingen, 7-
23

MOLLENHAUER, K. (1966) Was heißt Sozialarbeit? In: MOLLENHAUER, K. (Hg.): Zur Bestimmung
von Sozialpädagogik und Sozialarbeit in der Gegenwart. Weinheim.

MOLLENHAUER, K. (1972) Theorien zum Erziehungsprozess. München

MOOR, P. (^{2}1969) Heilpädagogik. Bern / Stuttgart.

MOOR, P. (1958): Heilpädagogische Psychologie. Bd.I/Bd.II. Bern.

MOOR, P. (1962): Das Spiel in der Entwicklung des Kindes. Ravensburg

MOSER, V. (1997): Sonderpädagogik zwischen Erziehung und Bildung. In: Zeitschrift für Heilpädagogik, 48, 4-8.

MUTH, J. (1986): Integration von Behinderten. Essen.

MUTH, J. (^{4}1997): Zur bildungspolitischen Dimension der Integration. In: Eberwein, H. (Hg.):
Behinderte und Nichtbehinderte lernen gemeinsam. Handbuch der Integrationspädagogik.
Weinheim/Basel, 17-24.

OELKERS, J. (1985) Erziehen und Unterrichten. Grundbegriffe der Pädagogik in analytischer
Sicht. Darmstadt

OLK, T. / BATHKE, B. W. / HARTNUß, B. (2000) Jugendhilfe und Schule. Weinheim / München.

PLEINES, J. H. (Hg. – 1978) Bildungstheorien. Freiburg im Breisgau

PRENGEL, A. (^{4}1997): Zur Dialektik von Gleichheit und Differenz in der Integrationspädagogik.
In: Eberwein, H. (Hg.): Behinderte und Nichtbehinderte lernen gemeinsam. Handbuch der
Integrationspädagogik. Weinheim/Basel, ^{4}1997, 93-98.

PREUSS-LAUSITZ, U. (1981): Fördern ohne Sonderschule. Weinheim.

PREUSS-LAUSITZ, U. (1989): Stand der Integrationsforschung und Perspektiven integrativer Erziehung. In: SPD-Fraktion im Bayerischen Landtag (Hg.): Gemeinsam lernen – gemeinsam
leben. Zur Integration Behinderter. München, 14-28

PREUSS-LAUSITZ, U. (1992): Diskussionsbeitrag. In: Lersch, R./Vernoooij, M. A. (Hg.): Behinderte Kinder und Jugendliche in der Schule. Herausforderungen an Schul- und Sonderpädagogik. Bad Heilbrunn, 5.

RAWLS, J. (1975) Eine Theorie der Gerechtigkeit. Frankfurt / M.

ROTH, H. (^{2}1968): Pädagogische Anthropologie. Bd. 1: Bildsamkeit und Bestimmung. Hannover

SANDER, A. (1985): Zum Problem der Klassifikation in der Sonderpädagogik: Ein ökologischer
Ansatz. In: Vierteljahresschrift für Heilpädagogik und ihre Nachbargebiete, 54, 15-38.

SANDER, A. (1988): Behinderte Kinder und Jugendliche in Regelschulen. Köln.

SANDER, A. (2002): Internationaler Stand und Konsequenzen für die sonderpädagogische Förderung in Deutschland. In: Hausotter, A./Boppel, W./Meschenmoser, H. (Hg.): Perspektiven sonderpädagogischer Förderung in Deutschland. European Agency, 143-164.

SASSE, A. / MOSER, V. (2003) Welche Bildung ? – Disziplinäre Neuorientierung in Sonder- und
Sozialpädagogik. In: Gogolin, I. / Tippelt, R. (Hg.), Innovation durch Bildung. Beiträge
zum 18. Kongress der Deutschen Gesellschaft für Erziehungswissenschaft. Opladen, 339-
348

SCHAARSCHUCH, A. (1999): Soziale Arbeit in der Öffentlichkeit – Öffentlichkeit in der sozialen
Arbeit. In: HAMBURGER, FR. / OTTO, H. U. (Hg.): Sozialpolitik und Öffentlichkeit. Weinheim
/ München.

SCHÄFER, A. (1996) Das Bildungsproblem nach der humanistischen Illusion. Weinheim

SCHILLING, J. (1997) Soziale Arbeit. Neuwied / Kriftel / Berlin.

SCHALLER, K. (1961) Vom Wesen der Erziehung. Ratingen

SCHLEY, W. (1991): Braucht die Pädagogik einen Behinderungsbegriff? In: Zeitschrift für Heilpädagogik, 42, 124-127.

SCHWORM, E. (1975): Behinderung, Störung Beeinträchtigung als sonderpädagogische Begriffe. In: Heilpädagogische Forschung, 6, 66-105.

SINGER, P. (1984): Praktische Ethik (Neuauflage 1994). Stuttgart.

SPECK, O. (1995) Aktuelle Fragen sonderpädagogischer Förderung. In: Die Sonderschule, 40, 166-181

Speck, O. (1988): System Heilpädagogik. Eine ökologisch reflexive Grundlegung. München.

STEGMÜLLER, W. (^{5}1975): Hauptströmungen der Gegenwartsphilosophie. Bd.I. Stuttgart.

STICHWEH, R. (2000) Die Weltgesellschaft. Soziologische Analysen. Frankfurt / M.

TENORTH, H. E. (^{3}2000) Geschichte der Erziehung. Weinheim; München

TENORTH, H. E. (2003) Form der Bildung – Bildung der Form. Weinheim u.a.

THIERSCH, H. (1982) Arbeit am Behinderten, Arbeit mit Behinderten. Eine Arbeitsteilung zwischen Sozialpädagogik und Sonderpädagogik? In: SCHMIDTKE, H. P. (Hg.): Sonderpädagogik und Sozialpädagogik. Heidelberg, 12 – 26.

TUGGENER, H. (^{2}1973) Social Work. Weinheim / Basel.

VAHSEN, FR. (1996): Sozialarbeit auf dem Weg zur Sozialarbeitswissenschaft? Einige Anmerkungen zur Debatte. In: Sozialmagazin, 21, 10, 36 – 42.

Vernooij, M.A. (1995) Der Begriff Erziehung. In: Bunk, G.P. / Lassahn, R. (Hg.), Pädagogische Varia. Steinbach bei Gießen, 147-161

VERNOOIJ, M. A. (1983): Pädagogische Anthropologie – Sonderpädagogische Anthropologie, oder wie man die Absonderung Behinderter perfekt macht. In: Behinderte in Familie, Schule und Gesellschaft, 6, 17-26. (1984 in: Kobi/Bürli/Bioch (Hg): Zum Verhältnis von Pädagogik und Sonderpädagogik, Luzern, 57-65.)

VERNOOIJ, M. A. (1984): Schulische Einrichtungen für Verhaltensgestörte (Historischer Abriss). Hagen (Fernuni, KE 3575/1/01/S1).

VERNOOIJ, M. A. (1986): Verhaltensstörung und Behinderung. In: Zeitschrift für Heilpädagogik, 37, 233-236.

VERNOOIJ, M. A. (1995): Anthropologische Aspekte der Utilitaristischen Ethik. In: Uher, J. (Hg.): Pädagogische Anthropologie und Evolution. Erlangen, 275-290.

VERNOOIJ, M. A. (1997): Schulkultur aus der Sicht der Sonderschule. In: Seibert, N. (Hg.): Anspruch Schulkuktur. Bad Heilbrunn, 45-65.

VERNOOIJ, M. A. (1998a): Heilpädagogik 2000 – ein Auslaufmodell? In: Merz, H. P./Herzog, F.(Hg.), Wende statt Ende. Blickwinkel sozial- und heilpädagogischer Haltungen um die Jahrtausendwende. Luzern, 41-59.

VERNOOIJ, M. .A. (1998b): Aspekte von Schulkultur aus sonderpädagogischer Sicht: Herausforderung für die Ausbildung von Sonderpädagogen. In: Behindertenpädagogik in Bayern, 41, 179-189.

VERNOOIJ, M. A. (2000): Gedanken zum Paradigmenwechsel in der Sonderpädagogik. In: Vierteljahrsschrift für Heilpädagogik und ihre Nachbargebiete, 69, 249-253.

VERNOOIJ, M. A. (2002): Die Förderortentscheidung bei besonderem pädagogischem Förderbedarf – Folgerungen aus dem Beschluss des Bundesverfassungsgerichts vom 08. Okt. 1997. In: Die neue Sonderschule, 47, 103-112.

WAGNER, H. J.. (1995) Die Aktualität der strukturalen Bildungstheorien Humboldts. Weinheim

WARZECHA, B. (1999) Qualitätsentwicklung: Kooperation zwischen der Verhaltensgestörtenpädagogik und der Kinder- und Jugendhilfe. Zeitschrift für Heilpädagogik., 50, 2, 46 – 52.

WATZLAWICK, P. ET AL. (1974): Menschliche Kommunikation. Bern.

WEBER, E. (1969/^{3}1976) Der Erziehungs- und Bildungsbegriff im 20. Jh. Bad Heilbrunn

WEBER, H. / LEIENBACH, S. (Hg. – ^{4}2000) Die Systeme der sozialen Sicherung in der europäischen Union. Berlin.

WEINSTOCK, H. (1953) Die Tragödie des Humanismus. Heidelberg
WEINSTOCK, H. (1960) Arbeit und Bildung. Heidelberg
WHO/World-Health-Organization (1999): International Classification od Functioning and Disability. Beta-2 Draft Full Version. [www.who.int/msa/mnh/ems/icidh/].
WIDMER, K. (1966): Vom Sinn der Heilpädagogik. In: Zeitschrift für Heilpädagogik, 17, 553-565.
WILKEN, E. / VAHSEN, FR. (Hg. – 1999) Sonderpädagogik und soziale Arbeit. Neuwied / Berlin.
WILKEN, U. (1994) Desiderate einer Wissenschaft der sozialen Arbeit im heilpädagogisch-rehabilitativen Handlungsfeld. In: WENDT, W. R. (Hg.): Sozial und wissenschaftlich arbeiten. Status und Positionen der Sozialarbeitswissenschaft. Freiburg, 143 – 150.
WOCKEN, H. (1987): Integration und Leistung. In: Hinz, A./Wocken, H. (Hg.): Gemeinsam leben – gemeinsam lernen im Hamburger Integrationszirkus. Bericht vom 5. Bundeselterntreffen, Mai 1987, Hamburg, 11-124.
WOCKEN, H. (1996) Sonderpädagogischer Förderbedarf als systemischer Begriff. In: VHN, 65, 34-38

Kapitel 2:

ADLER, A. (1912, Nachdruck 1972): Über den nervösen Charakter. Frankfurt / M.
AINSWORTH, M. D. S. (1973): The development of infant-mother attachment. In: CALWELL, B. M. / RICCINTI, H. M. (Eds.): Review of child development research (Vol. 3). Chicago, 89 – 123.
AINSWORTH, M. D. S. / WITTIG, B. A. (1969): Attachment and exploratory behavior of one year olds in strange situations. In: TOSS, B. M. (Ed.): Determinants of infant behavior (Vol. 4). London, 111 – 136.
AYRES, A. J. (1979) : Lernstörungen. Sensorisch-integrative Dysfunktionen. Berlin / Heidelberg / New York.
AYRES, A. J. (1984) : Bausteine der kindlichen Entwicklung. Berlin.
AYRES, A. J. (^{3}1998) : Bausteine der kindlichen Entwicklung. Berlin / Heidelberg.
BALDWIN, A. L. (1974): Reiz-Reaktions-Theroien (S – R). In: BALDWIN, A. L. (Hg.): Theorien primärer Sozialisationsprozesse. Bd. 2. Weinheim, 101 – 213.
BANDURA, A. (1969): Principles of behavior modification. New York.
BANDURA, A. (1971): Psychological modeling-conflicting theories. New York.
BANDURA, A. (^{3}1973): Social-learning theory of identificatory processes. In: GOSLIN, D. A. (Ed.): Handbook of socialization theory and research. Chicago, 211 – 262.
BAYERISCHES STAATSMINISTERIUM FÜR UNTERRICHT, KULTUS, WISSENSCHAFT UND KUNST (1994): Bekanntmachung der Neufassung des Bayerischen Gesetzes über das Erziehungs- und Unterrichtswesen vom 7. Juli 1994. KWMBl I. München.
BECKER-GEBHARD, B. (1990): Ansätze zur Förderung sozialer Beziehungen zwischen behinderten und nichtbehinderten Kindern. In: STAATSINSTITUT FÜR FRÜHPÄDAGOGIK UND FAMILIENFORSCHUNG (Hg.): Handbuch der integrativen Erziehung behinderter und nichtbehinderter Kinder. München / Basel, 82 – 94.
BELSCHNER, W. / HOFFMANN, M. / SCHOTT, F. / SCHULZE. L. (1973): Verhaltenstherapie in Erziehung und Unterricht. Stuttgart.
BENNWITZ, H. / WEINERT, F. E. (Hg. – 1973): CIEL – Ein Förderungsprogramm zur Elementarerziehung und seine wissenschaftlichen Voraussetzungen. Göttingen.
BERNSTEIN, B. (1959): Sozio-kulturelle Determinanten des Lernens. In: HEINTZ, P. (Hg.): Soziologie der Schule, Sonderheft 4, Kölner Zft. für Soziologie und Sozialpsychologie, Köln, 52 – 79.
BERNSTEIN, B. (1964): Elaborated and restricted codes: Their origins and some consequences. In: GUMBERZ, J. J. / HYMES, D. (Hg.): The Ethnography of Communication. Am. Anthropologist, Special Publication, 66, No. 6, Part 2, 55 – 69.

BERNSTEIN, B. (1970): Soziale Strukturen, Sozialisation und Sprachverhalten. Amsterdam.

BERNSTEIN, B. (1971): Der Unfug mit der „kompensatorischen" Erziehung. In: B : E – ERZIEHUNG (Hg.): Familienerziehung, Sozialschicht und Schulerfolg. Weinheim, 21 – 36.

BERNSTEIN, B. (1981): Studien zur sprachlichen Sozialisation. Frankfurt / M. / Berlin / Wien.

BLOOM, B. S. (1965): Stability and change in human characteristics. New York.

BLOOM, B. S. (1969): Lernen, kognitive Organisation und Intelligenz. In: HASELOFF. O. W. (Hg.): Lernen und Erziehung. Berlin, 93 – 119.

BÖLLING-BECHINGER, H. (1998): Frühförderung und Autonomieentwicklung. Diagnostik und Intervention auf personzentrierter und bindungstheoretischer Grundlage. Heidelberg.

BOWLBY, J. (1951): Maternal care and mental health. Bull. WHO, 3, 355 – 533.

BRAND, I. / BREITENBACH, E. / MAISEL, V. (1987): Erziehung und Förderung in den Schulvorbereitenden Einrichtungen für behinderte Kinder. Würzburg.

BRAND, I. / BREITENBACH, E. / MAISEL, V. ([6]1997): Integrationsstörungen. Würzburg.

BREITENBACH, E.: Förderdiagnostik. Würzburg 2003

BREITENBACH, E. (2002): Kontrollierte Aufgabenvariation als zentrale Bestimmung einer neuropsychologisch orientierten Förderdiagnostik. Habilitationsschrift. Würzburg.

BRONFENBRENNER, U. (1974): Wie wirksam ist kompensatorische Erziehung? Stuttgart.

BÜTTNER, CHR. / DITTMANN, M. (Hg. – 1999): Kindergartenprofile. Weinheim / Basel.

BUNDESMINISTERIUM FÜR ARBEIT UND SOZIALORDNUNG (Hg. – 1998): Die Lage der Behinderten und die Entwicklung der Rehabilitation (Vierter Bericht der Bundesregierung). Bonn.

BUSEMANN, A. (1956): Beiträge zur pädagogischen Milieukunde aus 30 Jahren. Hannover.

CAPLAN, G. (1964): Principles of preventive psychiatry. New York: Basic Books.

COLBERG-SCHRADER, H. / KRUG, M. (1999): Arbeitsfeld Kindergarten. Weinheim / München.

DEUTSCHER AUSSCHUSS FÜR DAS ERZIEHUNGS- UND BILDUNGSWESEN (1957): Gutachten zur Erziehung im frühen Kindesalter. In: GROSSMANN, W. (Hg. – 1992): Kindergarten und Pädagogik. Weinheim / Basel, 48 – 56.

DEUTSCHER BILDUNGSRAT (Hg. – 1973): Studien und Gutachten der Bildungskommission. Bd. 25: Sonderpädagogik 1, Behindertenstatistik – Früherkennung – Frühförderung. Stuttgart.

DEUTSCHES PISA-KONSORTIUM (Hg. – 2001): Pisa 2000. Opladen.

DIRNAICHER, U. / KARL, E. (1994): Förderschulen in Bayern. Carl-Link-Vorschriftensammlung. München.

DÜHRSSEN, A. (1958): Heimkinder und Pflegekinder in ihrer Entwicklung. Göttingen.

EBERWEIN, H. ([4]1997): Behinderte und Nichtbehinderte lernen gemeinsam. Handbuch der Integrationspädagogik. Weinheim / Basel.

EIBL-EIBESFELDT, I. ([4]1974): Grundriß der vergleichenden Verhaltensforschung. München / Zürich.

FITZGERALD, H. E. / BRACKBILL, Y. (1976): Classical Conditioning in Infancy: Development and Constraints. Psychol. Bull. 83, 353 – 376.

FEUSER, G. (1984) – DIAKONISCHES WERK BREMEN E. V. (Hg.): Gemeinsame Erziehung behinderter und nichtbehinderter Kinder im Kindertagesheim. Ein Zwischenbericht. Bremen.

FTHENAKIS, W. E. (Hg. – 1984): Tendenzen der Frühpädagogik. Düsseldorf.

FTHENAKIS, W. E. / TEXTOR, M. R. (Hg. – 2000): Pädagogische Ansätze im Kindergarten. Weinheim / Basel.

FTHENAKIS, W. E. (2002): Frühpädagogik international. Opladen.

GINSBURG, H. / OPPER, S. (1975): Piagets Theorie der geistigen Entwicklung. Stuttgart.

GOLDENBERG, G. ([2]1998): Neuropsychologie. Jena / Lübeck / Ulm.

GRAICHEN, J. (1979): Zum Begriff der Teilleistungsstörung. In: LEMPP, R. (Hg.): Teilleistungsstörungen im Kindesalter. Bern / Stuttgart / Wien, 43 – 62.

GRAICHEN, J. (1981): Störungen der Integration. In: REMSCHMIDT, H. / SCHMIDT, M. (Hg.): Neuropsychologie des Kindesalters. Stuttgart, 280 – 291.

GRAICHEN, J. (1989 / ²1996): Neuropsychologische Perspektiven. In: GROHNFELD, M. (Hg.): Handbuch der Sprachtherapie. Bd. 1: Grundlagen der Sprachtherapie. Berlin, 113 – 132.

GRAICHEN, J. (1993): Die Steuerung des Verhaltens aus neuropsychologischer Sicht. In: DT. GES. F. SPRACHHEILPÄDAGOGIK E. V. – LANDESGRUPPE BAYERN (Hg.): Sprache – Verhalten – Lernen. Rimpar, 335 – 414.

GREENBERG, M. Z. / SPELTZ, M. L. / DE KLYEN, M. (1993): The role of attachment in the early development of disruptive behavior problems. In: Development and Psychopathology, 5, 191 – 213.

GROSSMANN, W. (Hg. – 1992): Kindergarten und Pädagogik. Weinheim / Basel.

HARDE, O. / SIERSLEBEN, W. / WOGATZKI, R. (1969): Lernen im Vorschulalter. Hannover.

HASELOFF. O. W. (Hg. – 1969): Lernen und Erziehung. Berlin.

HEBER, R. / GARBER, H. / HURRINGTON, S. / HOFFMANN, C. (1972): Rehabilitation of Families at Risk for Mental Retardation. Madison / Wisconsin.

HELLBRÜGGE, T. / MONTESSORI, M. (1978): Die Montessori-Pädagogik und das behinderte Kind. München.

HESS, E. H. (1975): Prägung. München.

HETZER, H. (1929): Kindheit und Armut. Leipzig.

HEUBROCK, D. / PETERMANN, F. (2000): Lehrbuch der Klinischen Kinderneuropsychologie. Göttingen.

HIELSCHER, H. (Hg. – 1978): Früherziehung in Kindergärten, Vorklassen und Familien. Hannover / Dortmund / Darmstadt / Berlin.

HÖLTERSHINKEN, D. (²1971): Vorschulerziehung – Eine Dokumentation. Freiburg / Basel / Wien.

HÖSSL, A. (⁴1997): Entwicklungen integrativer Erziehung im Elementarbereich. In: EBERWEIN, H.: Behinderte und Nichtbehinderte lernen gemeinsam. Handbuch der Integrationspädagogik. Weinheim / Basel, 147 – 155.

HOLSTEIN, H. (Hg. – 1973): Friedrich Fröbel – Die Menschenerziehung. Bochum.

HUNDERTMARK, G. (¹³1991): Soziale Erziehung im Kindergarten. Stuttgart / Dresden.

IBEN, G. u. a. (1971): Kompensatorische Erziehung. Analyse amerikanischer Programme. München.

IBEN, G. (1973): Überblick über Stand und Problematik der kompensatorischen Erziehung. In: BENNWITZ, H. / WEINERT, F. E. (Hg.): CIEL – Ein Förderprogramm zur Elementarerziehung und seine wissenschaftlichen Voraussetzungen. Göttingen, 277 – 299.

JANTZEN, W. (1990): Allgemeine Behindertenpädagogik. Bd. 2: Neurowissenschaftliche Grundlagen, Diagnostik, Pädagogik und Therapie. Weinheim.

KANFER / PHILLIPS (1970): Learning foundations of behavior therapie. New York (dt. 1975: Lerntheoretische Grundlagen der Verhaltenstherapie. München).

KLAUER, K. J. (1989): Denktraining für Kinder I. Ein Programm zur intellektuellen Förderung. Göttingen.

KLEIN, G. (1973): Die Frühförderung potentiell lernbehinderter Kinder. In: DEUTSCHER BILDUNGSRAT (Hg.): Studien und Gutachten der Bildungskommission. Bd. 25: Sonderpädagogik 1, Behindertenstatistik – Früherkennung – Frühförderung. Stuttgart, 151 – 186.

KLEIN, G. / KREIE, B. / KRON, M. / REISER, H. (1987): Integrative Prozesse in Kindergartengruppen. München.

KNOPF, M. / SCHNEIDER, W. (1998): Die Entwicklung des kindlichen Denkens und die Verbesserung der Lern- und Gedächtniskompetenzen. In: WEINERT, F. E. (Hg.): Entwicklung im Kindesalter. Weinheim, 75 – 94.

KOBI, E. (1983): Praktische Integration. Eine Zwischenbilanz. In: Vierteljahresschrift für Heilpädagogik und ihre Nachbargebiete, 52, 196 – 216.

KOHLBERG, L. (1974): Stufe und Sequenz: Sozialisation unter dem Aspekt der kognitiven Entwicklung. In: KOHLBERG, L. (Hg.): Zur kognitiven Entwicklung des Kindes. Frankfurt.

KOLB, B. / WISHAW. I. Q. (1996): Neuropsychologie. Heidelberg.

KRON, M. ([4]1997): Integrative Prozesse in Kindergärten – Theorie und Erfahrungen aus der Praxis. In: EBERWEIN, H.: Behinderte und Nichtbehinderte lernen gemeinsam. Handbuch der Integrationspädagogik. Weinheim / Basel, 156 – 160.

LEYENDECKER, CHR. / HORSTMANN, T. (Hg. – 2000): Große Pläne für kleine Leute. München / Basel.

LORENZ, K. (1935): Der Kumpan in der Umwelt des Vogels. Journ. f. Orn. 83 / 84, 137 – 213 / 289 – 413.

LORENZ, K. (1963): Das sogenannte Böse. Wien.

LÜCKERT, H. R. (1966): Wie kleine Kinder lesen lernen. München.

LÜCKERT, H. R. (1967): Begabungsforschung und basale Bildungsförderung. In: Schule und Psychologie, 14, 9 – 22.

LÜCKERT, H. R. (1969): Vorurteil in der Einschätzung der Lernfähigkeit von Kindern. In: HASELOFF. O. W. (Hg.): Lernen und Erziehung. Berlin, 145 – 155.

LURIA, A. R. (1970) : Die höheren kortikalen Funktionen des Menschen und ihre Störungen bei örtlichen Hirnschädigungen. Berlin (Ost) 1970.

LURIA, A. R. (1973) : The working brain. An Introduction to Neuropsychology. London.

LURIA, A. R. / CRETKOVA, L. S. (1989): Neuropsychologie und Probleme des Lernens in der Schule. In: Jahrbuch für Psychopathologie und Psychotherapie 9, 139 – 183.

LYONS-RUTH, K. / ALPEN, L. / REPACHOLI, B. (1993): Disorganized infant attachment classification and maternal psychosozial problems as predictors of hostile-aggressive behavior in the preschool classroom. Child Dev., 64, 572 – 585.

MARTE, F. (1990):Qualifikation pädagogischer Fachkräfte im Kindergarten. In: STAATSINSTITUT FÜR FRÜHPÄDAGOGIK UND FAMILIENFORSCHUNG (Hg.): Handbuch der integrativen Erziehung behinderter und nichtbehinderter Kinder. München / Basel, 138 – 154.

MARTE, F. (1990): Zusammenarbeit integrativer Einrichtungen mit Eltern. In: STAATSINSTITUT FÜR FRÜHPÄDAGOGIK UND FAMILIENFORSCHUNG (Hg.): Handbuch der integrativen Erziehung behinderter und nichtbehinderter Kinder. München / Basel, 175 – 190.

MELCHERS, P. / LEHMKUHL, G. (2000): Neuropsychologie des Kindes- und Jugendalters. In: STURM, W. / HERRMANN, M. / WALLERSCH, C.-W. (Hg.): Lehrbuch der klinischen Neuropsychologie. Lisse, 613 – 147.

MICHAELIS, R. (2000): Interdisziplinäre Beiträge der Kinderneurologie zur Frühförderung. In: LEYENDECKER, CHR. / HORSTMANN, T. (Hg.): Große Pläne für kleine Leute. München / Basel, 24 – 38.

MIEDANER, L. (1986): Gemeinsame Erziehung behinderter und nichtbehinderter Kinder. München.

MILLER, P. (1993): Theorien der Entwicklungspsychologie. Heidelberg / Berlin / Oxford.

NIEMANN, M. M. (2001): Kindergarten. In: KALLER, P. (Hg.): Lexikon Sozialarbeit, Sozialpädagogik, Sozialrecht. Wiebelsheim, 225 – 227.

OERTER, R. / VON HAGEN, C. / RÖPER, G. / NOAM, G. (Hg. – 1999): Klinische Entwicklungspsychologie. Weinheim.

OERTER, R. / MONTADA, L. (Hg. – [5]2002): Entwicklungspsychologie. Weinheim / Basel / Berlin.

OEVERMANN, U. ([2]1969): Schichtspezifische Formen des Sprachverhaltens und ihr Einfluß auf die kognitiven Prozesse. In: ROTH, H.: Begabung und Lernen. Deutscher Bildungsrat. Bd. 4. Stuttgart, 297 – 356.

OEVERMANN, U. (1970): Sprache und soziale Herkunft. Ein Beitrag zur Analyse schichtenspezifischer Sozialisationsprozesse und ihrer Bedeutung für den Schulerfolg. Berlin.

OPP, G. / PETERANDER, F. (Hg. – 1996): Focus Heilpädagogik. Projekt Zukunft. München.

PAWLOW, I. P. (1927): Conditioned Reflexes. London (1. Aufl. 1897, Moscow).

PESTALOZZI-FRÖBEL-VERBAND (Hg. – [3]1959): Friedrich Fröbel – Ein Lebensbild. Frankfurt / M., Berlin / Bonn.

PETERMANN, F. / NIEBANK, K. / SCHEITHAUER, H. (Hg. – 2000): Risiken in der frühkindlichen Entwicklung. Göttingen.

PIAGET, J. (1947 / dt. [6]1974): Psychologie der Intelligenz. Olten / Freiburg / Br.

RACHMANN, S. (1970): Verhaltenstherapie bei Phobien. München.

RAUH, H. (1973): Psychologische Grundlagen und Probleme der Elementarerziehung. In: BENNWITZ, H. / WEINERT, F. E. (Hg.): CIEL – Ein Förderungsprogramm zur Elementarerziehung und seine wissenschaftlichen Voraussetzungen. Göttingen, 11 – 73.

REISER, H. (1984): Pädagogische Voraussetzungen integrativer Kindergartengruppen. In: GROSSMANN, W. (Hg. – 1992): Kindergarten und Pädagogik. Weinheim / Basel, 191 – 197.

REISER, H. (1987): Interaktionsprozesse in integrativen Kindergartengruppen. In: Gemeinsam Leben, Sonderheft 2, 23 – 28.

REMSCHMIDT, H. / SCHMIDT, M. (1981): Neuropsychologie des Kindesalters. Stuttgart.

REMSCHMIDT, H. ([3]2000): Kinder- und Jugendpsychiatrie: Eine praktische Einführung. Stuttgart.

ROEDER, P. M. (1965): Sprache, Sozialisation und Bildungschancen. In: ROEDER, P. M. / PASDZIERNY, A. / WOLF, W. (Hg.): Sozialstatus und Schulerfolg. Heidelberg.

RONEN, T. (2000): Kognitive Verhaltenstherapie mit Kindern. Bern.

ROSSBACH, H. G. (1996): Bildungsökonomische Aspekte in der Weiterentwicklung des Früherziehungssystems. In: TIETZE, W. (Hg.): Früherziehung. Neuwied / Kriftel / Berlin, 279 – 293.

ROTH, H. ([2]1969): Einleitung und Überblick. In: DEUTSCHER BILDUNGSRAT, GUTACHTEN UND STUDIEN DER BILDUNGSKOMMISSION. Bd. 4. Begabung und Lernen. Hg.: ROTH, H. Stuttgart, 17 – 67.

SCHAMBERGER, R. (1978): Frühtherapie bei geistig behinderten Säuglingen und Kleinkindern. Weinheim.

SCHENK-DANZINGER, L. (1980): Möglichkeiten und Grenzen kompensatorischer Erziehung. Wien / München.

SCHLEIFFER, R. (1998): Bindung als integrierende Kraft kindlicher Entwicklung. Zur Relevanz der Bindungsforschung für die Frühpädagogik. In: THURMAIR, M. (Hg.): Beiträge zur Frühförderung interdisziplinär. Bd. 4.: Frühförderung und Integration. München / Basel, 59 – 68.

SCHMALOHR, E. (1968): Frühe Mutterentbehrungen bei Mensch und Tier. München.

SCHMIDT-DENTER, U. ([5]2002): Vorschulische Förderung. In: OERTER, R. / MONTADA, L. (Hg.): Entwicklungspsychologie. Weinheim / Basel / Berlin, 740 – 755.

SCHNEIDER, W. / BULLOCK, M. / SODIAN, B. (1998): Die Entwicklung des Denkens und der Intelligenzunterschiede zwischen Kindern. In: WEINERT, F. E. (Hg.): Entwicklung im Kindesalter. Weinheim, 53 – 74.

SCHOR, B. J. (2001): Das Sonderpädagogische Förderzentrum. Von der Idee zur Realität. Donauwörth.

SCHÜMER, G. (2001): Institutionelle Bedingungen schulischen Lernens im internationalen Vergleich. In: DEUTSCHES PISA-KONSORTIUM (Hg.): Pisa 2000. Opladen, 411 – 427.

SKINNER, B. F. (1938): The behavior of organisms. New York.

SKINNER, B. F. (1953): Science and human behavior. New York.

SKINNER, B. F. (1961): Cumulative report. New York.

SLUCKIN, W. ([2]1972): Imprinting and early learning. London.

SPITZ, R. (1945): Hospitalism. Psychoanal. Stud. Child, 1, 53; 2, 113 – 117.

SPITZ, R. ([3]1960): Die Entstehung der ersten Objektbeziehungen. Stuttgart.

STAATSINSTITUT FÜR FRÜHPÄDAGOGIK UND FAMILIENFORSCHUNG (Hg. – 1990): Handbuch der integrativen Erziehung behinderter und nichtbehinderter Kinder. München / Basel.

STERN, W. (1914): Psychologie der frühen Kindheit. Leipzig (dt. – [8]1965 Darmstadt).

STURM, W. / HERRMANN, M. / WALLESCH, C. (Hg. – 2000): Lehrbuch der klinischen Neuropsychologie. Grundlagen, Methoden, Diagnostik, Therapie. Lisse.

SYDOW, H. V. / MEINCKE, J. (1994): Denkfit – Das Berliner Programm zur Förderung des Denkens und der Wahrnehmung von drei- bis sechsjährigen Kindern. Kirchdorf.

TEMBROCK, G. (1978): Verhaltensbiologie. Berlin / DDR.

THOMAE, H. (1959): Handbuch der Psychologie. Bd. 3: Entwicklungspsychologie. Göttingen.

THOMAE, H. (1959): Entwicklungsbegriff und Entwicklungstheorie. In: THOMAE, H. (Hg.): Handbuch der Psychologie. Bd. 3: Entwicklungspsychologie. Göttingen, 3 – 20.

THORNDIKE, E. L. (1932): The fundamental of lerning. New York.

THORPE, W. H. (1956): Learning and instinct in animals. London.

THURMAIR, M. (Hg. – 1998): Beiträge zur Frühförderung interdisziplinär. Bd. 4.: Frühförderung und Integration. München / Basel.

TIETZE, W. (Hg.) (1996): Früherziehung. Neuwied / Kriftel / Berlin.

TOUWEN, B. C. L. (1985): Prävention von Behinderung aus der Sicht des Entwicklungsneurologen. In: Frühförderung interdisziplinär, 4, 97 – 105.

TOUWEN, B. C. L. (1993): How normal is variable, or how variable is normal? In: Early Human Development 34, 1 – 12.

TRAUTNER, H. M. (1991): Lehrbuch der Entwicklungspsychologie. B. II. Göttingen / Toronto / Zürich.

TRAUTNER, H. M. (^{2}1992): Lehrbuch der Entwicklungspsychologie. Bd. I. Göttingen / Toronto / Zürich.

VERNOOIJ, M. A. (1990): Integrative Erziehung behinderter und nichtbehinderter Kinder im Kindergarten. In: BÖNSCH, M. (Hg.): Integration – Zur gemeinsamen Erziehung von behinderten und nichtbehinderten Kindern und Jugendlichen – Theorie und Praxis. Bd. 32. Universität Hannover, 28 – 55.

VERNOOIJ, M. A. (1991): Intelligenz und Menschlichkeit – haben sie etwas miteinander zu tun? In: EHINGER, M. / MATTMÜLLER, F. (Hg.): Tatort Schule! Wider den pädagogischen Ernst! Bern / Stuttgart, 59 – 68.

VERNOOIJ, M. A. (1991): Prävention von Verhaltensstörungen – Verhindern psychischer Fehlentwicklungen? In: NEUKÄTER, H. (Hg.): Verhaltensstörungen verhindern. Prävention als pädagogische Aufgabe. Oldenburg, 118 – 127.

VERNOOIJ, M. A. (1991): Gesichtspunkte für die Fort- und Weiterbildung von Mitarbeitern in integrativen Gruppen im Elementarbereich. In: SANDER, A. / RAIDT, P. (Hg.): Integration und Sonderpädagogik. Saarbrücker Beiträge zur Integrationspädagogik. Bd. 6. St. Ingbert, 102 – 110.

VERNOOIJ, M. A. (1991):Überlegungen und Konzepte zur Aus-, Fort- und Weiterbildung von Pädagogen in integrativen Einrichtungen. In: SANDER, A. / RAIDT, P. (Hg.): Integration und Sonderpädagogik. Saarbrücker Beiträge zur Integrationspädagogik. Bd. 6. St. Ingbert, 265 – 275.

VERNOOIJ, M. A. (1992): Integrative Erziehung behinderter und nichtbehinderter Kinder im Kindergarten. „Kontaktkindergarten Weberstraße" – Ein Projekt in Hannover. In: „Zusammen", 12. Jg. Heft 3, 18 – 22.

VERNOOIJ, M. A. (2001): Kompensatorische Erziehung. In: KALLER, P. (Hg.): Lexikon Sozialarbeit, Sozialpädagogik, Sozialrecht. Wiebelsheim. 241 – 243.

VERNOOIJ, M. A. (2002): Kinder mit besonderen Begabungsressourcen in der Grundschule. In: APEL, M. J. / SACHER, W. (Hg.): Studienbuch Schulpädagogik. Bad Heilbrunn / Obb., 352 – 383.

WATSON, J. B. (1913): Psychology as the behaviorist views it. Psychol. Rev. 20, 158 – 177.

WATSON, J. B. (1925): Behaviorism. New York.

WATSON, J. B. / RAYNOR, R. (1920): Conditioned emotional reactions. J. exp. Psychol. 3, 1 – 14.

WEINERT, FR. E. (1984): Psychologische Forschung für eine kindgemäße und entwicklungsgerechte Frühpädagogik. In: FTHENAKIS, W. E. (Hg.): Tendenzen der Frühpädagogik. Düsseldorf, 29 – 47.

WEINERT, F. E. (Hg. – 1998): Entwicklung im Kindesalter. Weinheim.

WEINERT, F. E. (1998): Überblick über die psychische Entwicklung im Kindesalter. In: WEINERT, F. E. (Hg.): Entwicklung im Kindesalter. Weinheim, 1 – 35.

WEMBER, FR. B. (1986): Piagets Bedeutung für die Lernbehindertenpädagogik. Heidelberg.

WEMBER, FR. B. (2000): Kompensatorische Erziehung. In: BORCHERT, H. (Hg.): Handbuch der sonderpädagogischen Psychologie. Göttingen / Bern / Toronto / Seattle, 314 – 324.

WOLFRAM, W. W. (1995): Präventive Kindergartenpädagogik: Grundlagen und Praxishilfen für die Arbeit mit auffälligen Kindern. Weinheim / München.

WYGOTSKI, L. S. (1969): Denken und Sprechen. Frankfurt / M.

WYGOTSKI, L. S. (1978): Mind in Society: The Development of Higher Psychological Processes. Cambridge.

WYGOTSKI, L. S. (1985): Theorie der höheren psychischen Funktionen.

WYGOTSKI, L. S. (^{2}1987): Ausgewählte Schriften. Hg.: LOMPSCHER, J.. Bd. 2: Arbeiten zur psychischen Entwicklung der Persönlichkeit. Köln.

Kapitel 3:

BACH, H. (^{2}1976): Sonderpädagogik im Grundriß. Berlin.

BACH, H. (1985): Grundbegriffe der Behindertenpädagogik. In: BLEIDICK, U. (Hg.): Theorie der Behindertenpädagogik. Handbuch der Sonderpädagogik. Bd. 1. Berlin, 3 – 24.

BACH, H. (1996): Begriffe im Bereich der Sonderpädagogik. Wegweiser und ihre Risiken. In: OPP, G. / PETERANDER, F. (Hg.): Focus Heilpädagogik. München / Basel, 36 – 44.

BAIER, H. / WEIGERT, H. (1980): Schulvorbereitende Einrichtungen an der Schule für Lernbehinderte. In: Z. f. Heilpäd., 31, 321 – 329.

BARTH, K. (1997): Lernschwächen früh erkennen im Vorschul- und Grundschulalter. München.

BERKEL, K. (1987): Arbeitsgruppe. In: HOYOS, C. GRAF / KROEBER-RIEL, W. / ROSENSTIEL, L. V. / STRÜMPEL, B. (Hg.): Wirtschaftspsychologie in Grundbegriffen. München / Weinheim, 73 – 82.

BONDERER, E. (1980): Integrationsbegriffe in der Behindertenpädagogik. In: Vierteljahresschrift für Heilpädagogik und ihre Nachbargebiete, 49, 1, 57 – 66 / 49, 2, 179 – 190.

BRACK, U. B. (Hg. – 1993): Frühdiagnostik und Frühtherapie. Weinheim.

BUNDESMINISTERIUM FÜR ARBEIT UND SOZIALORDNUNG (Hg. – 1998): Die Lage der Behinderten und die Entwicklung der Rehabilitation (Vierter Bericht der Bundesregierung). Bonn.

BUNDESMINISTERIUM FÜR ARBEIT UND SOZIALORDNUNG (Hg. – 2001): Frühförderung – Einrichtungen und Stellen der Frühförderung in der Bundesrepublik Deutschland.

BUNDESMINISTERIUM FÜR ARBEIT UND SOZIALORDNUNG (Hg. – 2002): Frühförderung – Einrichtungen und Stellen der Frühförderung in der Bundesrepublik Deutschland.

BURGENER WOEFFRAY, A. (1998): Frühförderung in systemischen Zusammenhängen. Zur Begrenzung von Machbarem und Möglichem. In: VEREINIGUNG F. INTERDISZIPLINÄRE FRÜHFÖRDERUNG (Hg.): Frühförderung und Integration. München / Basel, 106 – 115.

CAPLAN, G. (1964): Principles of preventive psychiatry. New York.

DER GROßE DUDEN (^{7}2001). Bd. 5. Fremdwörterbuch.

DEUTSCHER BILDUNGSRAT (Hg. – 1974): Gutachten und Studien der Bildungskommission. Bd. 26: Zur pädagogischen Förderung behinderter und von Behinderung bedrohter Kinder und Jungendlicher. Stuttgart.

DEUTSCHES PISA-KONSORTIUM (Hg. – 2001): Pisa 2000. Opladen.

DTV-LEXIKON (1999). Ein Konversationslexikon in 20 Bänden. Bd. 9. München.

EULITZ, R. / GEBHARDT, E. (1996): Vermitteln diagnostischer Ergebnisse an die Eltern behinderter Kinder. In: Frühförderung Interdisziplinär, 15, 4, 152 – 159.

GUTBERLET, M. et al. (1983): Integrierte sonderpädagogische Betreuung bei Lern- und Verhaltensstörungen in Grundschulen – Ergebnisse eines Schulversuchs in Frankfurt am Main. In: Sonderpädagogik, 13, 114 – 120 / 165 – 188.

HEESE, G. (1978): Frühförderung behinderter Kinder als pädagogische Aufgabe. In: HEESE, G. (Hg.): Frühförderung behinderter und von Behinderung bedrohter Kinder. Berlin, 3 – 25.

HELLBRÜGGE, T. (1971): Prävention und Rehabilitation in der frühen Kindheit. In: Med. Klinik, 66, München, 981 – 986.

HINZE, D. (1992): Väter und Mütter behinderter Kinder. Berlin.

HÖCK, S. / THURMAIR, M. (1999): Eine Basisdokumentation für die Frühförderung. In: ARBEITS-STELLE FRÜHFÖRDERUNG BAYERN (Hg.): Kind sein und behindert. München / Eigendruck, 123 – 139.

JETTER, K. H. (1995): Vision Frühförderung. In: Frühförderung interdisziplinär, 14, 97 – 107.

JUGENDRECHT (²¹1997). Beck-Texte im dtv. München.

KASZTANTOWICZ, U. (²1986): Wege aus der Isolation. Heidelberg.

KASZTANTOWICZ, U. (²1986): Zum Problem der sozialen und gesellschaftlichen Integration Behinderter, insbesondere geistig behinderter Kinder und Jugendlicher. In: KASZTANTOWICZ, U. (Hg.): Wege aus der Isolation. Heidelberg, 11 – 26.

KIPHARD, E. J. (²1976): Wie weit ist mein Kind entwickelt? Dortmund.

KLEIN, G. (1973): Die Frühförderung potentiell lernbehinderter Kin- der. In: DEUTSCHER BILDUNGSRAT (Hg.): Sonderpädagogik I. Behin- dertenstatistik – Früherkennung – Frühförderung. Stuttgart, 151 – 186.

KLEIN, G. (1984): Frühförderung von Kindern, die möglicherweise später die Schule für Lernbehinderte besuchen werden. In: BAIER, H. / KLEIN, G. (Hg.): Spektrum der Lernbehindertenpädagogik. Donauwörth, 36 – 64.

KLEIN, G. (1993): Ökologische und interaktionale Aspekte pädagogischer Früherkennung. In: VEREINIGUNG F. INTERDISZIPLINÄRE FRÜHFÖRDERUNG E. V. (Hg.): Früherkennung von Entwicklungsrisiken. München / Basel, 23 – 32.

KLEIN, G. (1996): Soziale Benachteiligung: zur Aktualität eines verdrängten Begriffs. In: OPP, G. / PETERANDER, F. (Hg): Focus Heilpädagogik – Projekt Zukunft. München / Basel, 140 – 149.

KLEIN, G. (2002): Frühförderung für Kinder mit psychosozialen Risiken. Stuttgart.

KOCH, K. (1999): Frühfördersystem – Überblick, Analyse und perspektivischer Ausblick. Neuwied / Kriftel / Berlin.

KORTE, K. (1977): Aufbau der pädagogischen Frühförderung in Bayern. In: SPECK, O. (Hg.): Frühförderung Entwicklungsgefährdeter Kinder. München / Basel, 105 – 131.

LÖWE, A. (1965, ²1976): Früherfassung, Früherkennung, Frühbetreuung hörgeschädigter Kinder. Berlin.

MICHAELIS, R. / NIEMANN, G. (1996): Pädagogische und medizinische Paradigma in der Frühförderung. In: OPP, G. / PETERANDER, F. (Hg.): Focus Heilpädagogik – Projekt Zukunft. München, 272 – 279.

MINSEL, W. R. / LOHMANN, J. / BENTE, G. (1980): Krisenintervention. In: WILTLING, W. (Hg.): Psychotherapeutische Interventionsmethoden. Hdb. der Klin. Psychologie. Bd. 2. Hamburg, 78 – 101.

MOTH, B. (1991): Erfahrungen mit der Frühförderung. In: VEREINIGUNG FÜR INTERDISZIPLINÄRE FRÜHFÖRDERUNG E. V. (Hg.): Familienorientierte Frühförderung: Dokumentation des 6. Symposions Frühförderung. Hannover / München / Basel, 51 – 59.

NEUHÄUSER, G. (1996): Vom Wandel ärztlicher Aufgaben in der Frühförderung – Entwicklungen und Perspektiven. In: PETERANDER, F. / SPECK, O. (Hg.): Frühförderung in Europa. München / Basel, 61 – 67.

NEUHÄUSER, G. (2001): Entwicklung und Entwicklungsstörungen. In: HESSISCHES SOZIALMINISTERIUM / BUNDESVEREINIGUNG LEBENSHILFE FÜR MENSCHEN MIT GEISTIGER BEHINDERUNG E. V. (Hg.): An-Sichten über Frühförderung. Marburg, 299 – 310.

PECHSTEIN, J. (1975): Sozialpädiatrische Zentren für behinderte und entwicklungsgefährdete Kinder. In: DEUTSCHER BILDUNGSRAT (Hg.): Gutachten und Studien der Bildungskommission. Bd. 53.

PECHSTEIN, J. (1981): Sozialpädiatrische Aufgaben der Frühbetreuung bei behinderten und von Behinderung bedrohten Kindern und deren Familien. In: SIEPMANN, D. / BLUM, F. (Hg.): Behinderte zwischen Anspruch und Wirklichkeit. Stuttgart / Bonn.

PETERANDER, F. / GIARDINA, F. (1996): Kooperation zwischen Fachleuten und Eltern. In: PETERANDER, F. (Ed.): Helios II Final Report. Thematic Group I of the Helios II programme with the support of the European Commission DG V. Social Affairs and Employment and DG XXII Education, Training and Youth. Brussels, 75 – 78.

PETERANDER, F. / SPECK, O. (Hg. – 1996): Frühförderung in Europa. München / Basel.

PRETIS, M. (1999): Krisenintervention in der interdisziplinären Frühförderung und Familienbegleitung. In: Frühförderung interdisziplinär, 18, 4, 145 – 155.

PRETIS, M. (2001): Frühförderung planen, durchführen, evaluieren. Beiträge zur Frühförderung interdisziplinär. Bd. 8. München / Basel.

PSCHYREMBEL (^{257}1994): Medizinisches Wörterbuch. Sonderausgabe, Hamburg.

RAHN, L. (1993): Für die Frühförderung ist Interdisziplinarität, Beteiligung aller am Kind wirkenden, ohne Alternative. In: VEREINIGUNG INTERDISZIPLINÄRER FRÜHFÖRDERUNG E. V. (Hg.): Früherkennung von Entwicklungsrisiken: Dokumentation des 7. Symposiums Frühförderung in Tübingen. München / Basel, 46 – 49.

ROSENSTIEL, L. V. (1996): Das „gute" Team: Spannungsfeld zwischen Autonomie, Kooperation und Führung. In: OPP, G. / PETERANDER, F. (Hg): Focus Heilpädagogik – Projekt Zukunft. München / Basel, 380 – 391.

SARIMSKI, K. (1997): Prävention von sozialen Entwicklungsauffälligkeiten bei frühgeborenen Kindern durch frühe, interaktionsorientierte Elternberatung. In: LEYENDECKER, C. / HORSTMANN, T. (Hg.): Frühförderung und Frühbehandlung: wissenschaftliche Grundlagen, praxisorientierte Ansätze und Perspektiven interdisziplinärer Zusammenarbeit. Heidelberg, 250 – 279.

SCHLACK, H. G. (1989): Paradigmenwechsel in der Frühförderung. In: Frühförderung Interdisziplinär, 13 – 18.

SCHLACK, H. G. (1991): Familie im System der Hilfen. In: VEREINIGUNG INTERDISZIPLINÄRER FRÜHFÖRDERUNG E. V. (Hg.): Familienorientierte Frühförderung. Hannover / München / Basel, 17 – 26.

SCHLACK, H.-G. (1996): Kinder mit Behinderungen. Veränderungen des Spektrums, Veränderungen der Aufgaben. In: OPP, G. / PETERANDER, F. (Hg.): Focus Heilpädagogik – Projekt Zukunft. München, 186 – 193.

SCHLACK, H.-G. (1997): Neue Konzepte in der Frühbehandlung und Frühförderung. In: LEYENDECKER, C. / HORSTMANN, T. (Hg.): Frühförderung und Frühbehandlung: wissenschaftliche Grundlagen, praxisorientierte Ansätze und Perspektiven interdisziplinärer Zusammenarbeit. Heidelberg, 15 – 22.

SCHOR, B. (1994): Die Schulvorbereitende Einrichtung für sprach- und Entwicklungsverzögerte Kinder. Arbeitsbericht. Staatsinstitut für Schulpädagogik und Bildungsforschung / München. Druck: Würzburg.

SOHNS, A. (2000): Frühförderung entwicklungsauffälliger Kinder in Deutschland. Weinheim / Basel.

SPECK, O. (1973): Früherkennung und Frühförderung behinderter Kinder. In: DEUTSCHER BILDUNGSRAT (Hg.): Sonderpädagogik I. Behindertenstatistik – Früherkennung – Frühförderung. Stuttgart, 111 – 150.

SPECK, O. (1977): Frühförderung entwicklungsgefährdeter Kinder. München / Basel.

SPECK, O. (1977): Pädagogische Aufgabenstellung. In: KANTER, G. O. / SPECK, O. (Hg.): Pädagogik der Lernbehinderten. Berlin, 90 – 110.

SPECK, O. (1989): Entwicklungen im System der Frühförderung. In: SPECK, O. / THURMAIR, M. (Hg.): Fortschritte der Frühförderung entwicklungsgefährdeter Kinder. München / Basel, 11 – 27.

SPECK, O. (1993): Interview vom 03.06.1993. In: PORTMANN, T.: Heilpädagogische Förderung entwicklungsauffälliger Kinder: eine Bestandsaufnahme mit besonderem Augenmerk auf die Aus- und Weiterbildung von Pädagogen im deutschsprachigen Raum. Frankfurt / M., 127 – 144.

SPECK, O. (1995): Wandel der Konzepte in der Frühförderung. In: Frühförderung Interdisziplinär, 14, 3, 116 – 130.

SPÖRRI-SCHÖNLE, C. L. (1987): Die Geschichte der Eltern mit einem behinderten Kind. In: Frühförderung Interdisziplinär, 4, 142 – 149.

STEINEBACH, C. (1997): Familienberatung in der Frühförderung: Bedingungen und Wirkungen aus der Sicht der Mütter. In: Praxis der Kinderpsychologie und Kinderpsychiatrie, 15 – 35.

STRÜMPELL, L. (1890): Pädagogische Pathologie. Leipzig.

THURMAIR, M. / NAGGL, M. (2000): Praxis der Frühförderung. München / Basel.

VERNOOIJ, M. A. (1986): Verhaltensstörung und Behinderung. In: Zeitschrift für Heilpädagogik, 37, 4, 233 – 236.

VERNOOIJ, M. A. (1987): Therapie oder sonderpädagogisches Handeln bei Kindern und Jugendlichen mit Verhaltensstörungen. In: Zeitschrift für Individualpsychologie, 12, 1, 12 – 21.

VERNOOIJ, M. A. (1996): Diagnostik – Förderdiagnostik – und was dann? In: NEUKÄTER, H. (Hg.): Erziehungsziele bei Verhaltensstörungen. Oldenburg, 123 – 139.

VERNOOIJ, M. A. (1998): Systemische Aspekte in der Lernbehindertenpädagogik. In: ANGERHOEFER, U. / DITTMANN, W. (Hg.): Lernbehindertenpädagogik: Eine institutionalisierte Pädagogik im Wandel. Neuwied / Kriftel / Berlin, 33 – 50.

VERNOOIJ, M. A. (1999): Beratung und Krise. In: ROLUS-BORGWARD, S. / TÄNZER, U. (Hg.): Erziehungshilfe bei Verhaltensstörungen. Oldenburg, 455 – 466.

WAGNER, H. V. (1997): Aufbau der Frühförderung in Deutschland. Vielfalt und aktuelle Perspektiven. Vereinigung f. Interdisziplinäre Frühförderung e. V. LVB Hessen. Gießen / Marburg.

WAGNER-STOLP, W. (1999): Aufbau und Organisation der interdisziplinären Frühförderung in der Bundesrepublik Deutschland – Sozialrechtlicher, sozialpolitischer und institutioneller Handlungsrahmen. In: WILKEN, E. (Hg.): Frühförderung von Kindern mit Behinderung. Stuttgart / Berlin / Köln, 13 – 33.

WEIß, H. (1993): Kontinuität und Wandel in der Frühförderung – zu Erfahrungen und Perspektiven der „frühen Hilfen". In: Frühförderung Interdisziplinär, 21 – 36.

Wilken, E. (1999): Therapie in der Frühförderung. In: WILKEN, E. (Hg.): Frühförderung von Kindern mit Behinderung. Stuttgart / Berlin / Köln, 100 – 113.

Kapitel 4:

BUNDESSOZIALHILFEGESETZ (BSHG – 1999). Beck-Texte im dtv. 9. Aufl. München.

ELLINGER, S. (2002): Arbeitszufriedenheit in Jugendhilfewerken. Bad Heilbrunn / Obb.

FREHSEE, D. (2000): Die „Jugend" des Rechts. In: SANDER, U. / VOLLBRECHT, R. (Hg.): Jugend im 20. Jahrhundert: Sichtweisen – Orientierungen – Risiken. Neuwied et al., 116 – 136.

HASENCLEVER, C. (1979): Jugendhilfe und Jugendgesetzgebung seit 1900. Göttingen.

JORDAN, E. / SENGLING, D. (2001): Kinder- und Jugendhilfe. Eine Einführung in Geschichte und Handlungsfelder, Organisationsformen und gesellschaftliche Problemlagen. Weinheim et al.

JUGENDRECHT (JugR – 2000). Beck-Texte im dtv. 22. Aufl. München.

KALLER, P. (2001): Familie / Familienprobleme. In: KALLER, P. (Hg.): Lexikon Sozialarbeit, Sozialpädagogik, Sozialrecht. Wiebelsheim, 126 – 127 / 131 – 132.

KALLER, P. (Hg. – 2001): Lexikon Sozialarbeit, Sozialpädagogik, Sozialrecht. Wiebelsheim.

MEYER, T. (1996): Familienformen im Wandel. In: GEIßLER, R.: Die Sozialstruktur Deutschlands: Zur gesellschaftlichen Entwicklung mit einer Zwischenbilanz zur Vereinigung. 2. neubearbeitete Aufl. Opladen, 306 – 332.

MÜNDER, J. ET AL. (²1993): Frankfurter Lehr- und Praxiskommentar zum KJHG. Münster.

MÜNDER, J. (1996): Einführung in das Kinder- und Jugendhilferecht. Münster.

NAKAD, A. (2001): Jugendhilfe(system). In: KALLER, P. (Hg.): Lexikon Sozialarbeit, Sozialpädagogik, Sozialrecht. Wiebelsheim, 205 – 207.

NAVE-HERZ, R. (1997): Pluralisierung familiärer Lebensformen – ein Konstrukt der Wissenschaft? In: VASKOVICS, L. A. (Hg.): Familienleitbilder und Familienrealitäten. Opladen, 36 – 49.

OLK, T. / BATHKE, B. W. / HARTNUß, B. (2000): Jugendhilfe und Schule. Weinheim / München.

PEUKERT, R. (³1999): Familienformen im sozialen Wandel. Opladen.

STATISTISCHES BUNDESAMT (Hg. – 2000 A): Datenreport 1999: Zahlen und Fakten über die Bundesrepublik Deutschland. Bonn.

STATISTISCHES BUNDESAMT (Hg. – 2000 B): Statistik der Kinder- und Jugendhilfe. Teil I bis IV. Wiesbaden.

VERNOOIJ, M. A. (2001): Jugend. In: KALLER, P. (Hg.): Lexikon Sozialarbeit, Sozialpädagogik, Sozialrecht. Wiebelsheim, 192 – 195.

Kapitel 5:

AKTION GRUNDGESETZ (Hg. – 1997): Die Gesellschaft der Behinderer. Reinbeck.

ALBRECHT, F. / HINZ, A. / MOSER, V. (Hg. – 2000): Perspektiven der Sonderpädagogik. Disziplin- und professionsbezogene Standortbestimmung. Neuwied / Kriftel / Berlin.

ANTOR, G. / BLEIDICK, U. (1995): Recht auf Leben – Recht auf Bildung. Heidelberg.

ASPERGER, H. (1943): Die autistischen Psychopathen im Kindesalter. In: Arch. Psychiatrie, 117, 76 – 136.

ASPERGER, H. (1961): Heilpädagogik. Einführung in die Psychopathologie des Kindes für Ärzte, Lehrer, Psychologen, Richter und Fürsorgerinnen. Wien / New York.

BACH, H. (1971 / ³1976): Unterrichtslehre L. Allgemeine Unterrichtslehre der Sonderschule für Lernbehinderte. Berlin.

BANSE, R. (2000): Soziale Interaktion und Emotion. In: OTTO, J. H. / EULER, H. A. / MANDL, H. (Hg.): Emotionspsychologie. Ein Handbuch. Weinheim. 360 – 369.

BAYERISCHES STAATSMINISTERIUM FÜR UNTERRICHT UND KULTUS (Hg. – 1997 / intern): Information für Schulräte. München.

BAYERISCHES STAATSMINISTERIUM FÜR UNTERRICHT UND KULTUR (Hg. – 1999 / intern): Das „Benachteiligungsverbot" aus Art. 3 Abs. 3 Satz 2 des Grundgesetzes und seine Auswirkungen auf das Bayerische Schulrecht (Stand: 1. Januar 1999), München.

BECKER, H. (1989): Behinderte Menschen und ihre Gleichberechtigung in Schule und Leben. In: SASSE, O. / STOELLGER, N.: Offene Sonderpädagogik – Innovationen in sonderpädagogischer Theorie und Praxis. Referate der 25. Arbeitstagung der Dozenten für Sonderpädagogik in deutschsprachigen Ländern vom 29. 9. bis 1. 10. 1988 in Berlin. Frankfurt, 13 – 30.

BINTINGER, G. / WILHELM, M. (2001): Inklusiven Unterricht gestalten. Creating Inclusive Education. In: Behinderte in Familie, Schule und Gesellschaft, 24, 51 – 60.

BLEIDICK, U. (1968): Über Lernbehinderung. Begriffliche und psychodiagnostische Überlegungen. In: Zft. f. Heilpädagogik, 19, 449 – 464.

BLEIDICK, U. / RATH, W. / SCHUCK, U. D. (1995): Die Empfehlungen der Kultusministerkonferenz zur sonderpädagogischen Förderung in den Schulen der Bundesrepublik Deutschland. In: Zeitschrift für Pädagogik, 41, 247 – 264.

BLEIDICK, U. (1998): Grundsatzentscheidung des Bundesverfassungsgerichts zum Benachteiligungsverbot für Behinderte und zum Besuch von Sonderschulen. In: Die neue Sonderschule 43, 1, 39 – 41.

BÖHM, W. (^{15}2000): Wörterbuch Pädagogik. Stuttgart.

BORCHERT, J. (1996): Pädagogisch-therapeutische Interventionen bei sonderpädagogischem Förderbedarf. Göttingen.

BORCHERT, J. (Hg. – 2000): Handbuch der Sonderpädagogischen Psychologie. Göttingen.

BREUER, H. / WEUFFEN, M. (^{3}1996): Lernschwierigkeiten am Schulanfang. Schuleingangsdiagnostik zur Früherkennung und Frühförderung. Weinheim.

BÜRLI, A. (1997): Internationale Tendenzen in der Sonderpädagogik – Vergleichende Betrachtung mit Schwerpunkt auf den Europäischen Raum. Hagen (Fernuni, KE 4098 / 1 / 01 / S1).

BUNDESMINISTERIUM FÜR ARBEIT UND SOZIALORDNUNG (Hg. – 1998): Die Lage der Behinderten und die Entwicklung der Rehabilitation. Bonn.

BUNDESVERFASSUNGSGERICHT (1997): Beschluss des Ersten Senats vom 8. Oktober 1997. Az. 1 BvR 9/97.

CLOERKES, G. (^{2}2001): Soziologie der Behinderten. Heidelberg.

DEUTSCHER BILDUNGSRAT (1973): Empfehlungen der Bildungskommission: zur pädagogischen Förderung behinderter und von Behinderung bedrohter Kinder und Jugendlicher. Bonn.

DIRNAICHNER, U. / KARL, E. (1996): Überweisung an die Förderschule: eine Diskriminierung? In: SchulVerwaltung BY, 429.

DIRNAICHNER, U. (1997): Bayerisches Schulrecht: Keine Benachteiligung Behinderter. In: Bayerische Verwaltungsblätter, 128, 18, 545 – 555.

DIRNAICHNER, U. / ERHARD, K. (2003): Förderschulen in Bayern. Sonderpädagogische Förderung. Kommentar der Schulordnungen und Sammlung schulischer Vorschriften mit Erläuterungen. 41, Ergänzungslieferung, Kronach / München / Bonn / Potsdam.

DÖRR, B. (Hg.): Neue Perspektiven in der Sonderpädagogik. Düsseldorf.

DOUBEK, A. (1996): Elementarunterricht anders. Neue Konzepte für den Einstieg in die Kulturtechniken bei unterschiedlichen Voraussetzungen. Dortmund.

DRAVE, W. / RUMPLER, F. / WACHTEL, P. (Hg. – 2000): Empfehlungen zur sonderpädagogischen Förderung. Allgemeine Grundlagen und Förderschwerpunkte (KMK) mit Kommentaren. Würzburg.

Einzelbeiträge (im Text benutzt):

• Die Empfehlungen zur sonderpädagogischen Förderung in den Ländern in der Bundesrepublik Deutschland (1994), 25 – 39.

• Empfehlungen zum Förderschwerpunkt Hören (1996), 55 – 74.

• Empfehlungen zum Förderschwerpunkt Sehen (1998), 177 – 198.

• Empfehlungen zum Förderschwerpunkt körperliche und motorische Entwicklung (1998), 97 – 118.

• Empfehlungen zum Förderschwerpunkt Sprache (1998), 223 – 240.

• Empfehlungen zum Förderschwerpunkt geistige Entwicklung (1998), 265 – 282.

• Empfehlungen zum Förderschwerpunkt Lernen (1999), 299 – 316.

• Empfehlungen zum Förderschwerpunkt emotionale und soziale Entwicklung (2000), 343 – 366.

• Empfehlungen zu Erziehung und Unterricht von Kindern und Jugendlichen mit autistischem Verhalten (2000), 283 – 298.

• Empfehlungen zum Förderschwerpunkt Unterricht kranker Schülerinnen und Schüler (1998), 143 – 152.

- ASMUSSEN, S. / HEIDENREICH, R.: Empfehlungen zum Förderschwerpunkt emotionale und soziale Entwicklung, 367 – 372.
- BURBAT, C.: Empfehlungen zum Förderschwerpunkt geistige Entwicklung, 283 – 287.
- DREHER, W. / HEINEN, N. / MÜNCH, J.: Empfehlungen zum Förderschwerpunkt geistige Entwicklung, 289 – 298.
- GÜNTHER, K. B.: Förderschwerpunkt Hören, 85 – 95.
- HANING, C.: Zu den Empfehlungen zur sonderpädagogischen Förderung der Kultusministerkonferenz (KMK) 41 – 43.
- HEIDE, E.: Empfehlungen zum Förderschwerpunkt Unterricht kranker Schülerinnen und Schüler, 153 – 163.
- KANTER, G.: Die KMK-Empfehlungen von 1994 zur sonderpädagogischen Förderung, 45 – 54.
- PLUHAR, C.: Bemerkungen zu den KMK-Empfehlungen zum Förderschwerpunkt Sehen, 199 – 205.
- ROEDLER, P.: Einige grundlegende Überlegungen zur Förderung von Kindern und Jugendlichen mit autistischen Verhalten, 405 – 409.
- RUDNICK, M. / SCHULZ, P.: Anmerkungen zur Entwicklung der Empfehlungen zum Förderschwerpunkt motorische Entwicklung, 119 – 125.
- SCHAAR, E.: Empfehlungen zum Förderschwerpunkt Hören, 75 – 83.
- SCHAAR, E.: Empfehlungen zum Förderschwerpunkt Sprache, 241 – 249.
- SCHLICHTIG, H. / SCHULZ, P.: Empfehlungen zu den Förderschwerpunkten im Bereich des Lern- und Leistungsverhaltens, insbesondere des schulischen Lernens und des Umgehenkönnens mit Beeinträchtigungen im Lernen, 317 – 322.
- SCHMETZ, D.: Förderschwerpunkt Lernen, 323 – 342.
- SCHMITT, F.: Förderschwerpunkt Unterricht kranker Schülerinnen und Schüler, 165 – 175.
- SCHWÄGERL, D: Empfehlungen zur Förderung von Kindern und Jugendlichen mit autistischem Verhalten, 399 – 403.
- SPIESS, W.: Empfehlungen zum Förderschwerpunkt emotionale und soziale Entwicklung, 373 – 379.
- STADLER, H.: Förderschwerpunkt körperliche und motorische Entwicklung, 127 – 141.
- WALTHES, R.: Förderschwerpunkt Sehen, visuelle Wahrnehmung und Umgehen-können mit einer Sehschädigung, 207 – 219.
- WELLING, A.: Förderschwerpunkt Sprache – eine kopernikanische Wende im Kleinen, 251 – 260.

EBERWEIN, H. (1984): Zum Stand der Integrationsentwicklung und Integrationsforschung in der Bundesrepublik Deutschland. Dargestellt am Beispiel der Uckermark-Schule in Berlin. In: Zeitschrift für Heilpädagogik, 10, 677 – 691.

EBERWEIN, H. (1985): Fremdverstehen sozialer Randgruppen / Behinderter und die Rekonstruktion ihrer Alltagswelt mit Methoden qualitativer und ethnographischer Forschung. In: Sonderpädagogik, 15, 97 – 106.

EBERWEIN, H. (Hg. – 1988 / ⁴1997): Behinderte und Nichtbehinderte lernen gemeinsam. Handbuch der Integrationspädagogik. Weinheim / Basel.

EBERWEIN, H. (1995): Zur Kritik des sonderpädagogischen Paradigmas und des Behinderungsbegriffs. Rückwirkungen auf das Selbstverständnis der Sonderpädagogik und der Förderschulen. In: Zeitschrift für Heilpädagogik, 46, 10, 468 – 476.

EBERWEIN, H. (1998): Stellungnahme zur Entscheidung des Bundesverfassungsgerichts vom 8.10.1997 über die Verfassungsbeschwerde einer Schülerin mit körperlicher Beeinträchtigung gegen ihre Sonderschuleinweisung. In: Die neue Sonderschule, 43, 2, 136 – 140.

ELLGER-RÜTTGARDT, S. (1995): Die aktuelle bildungspolitische Diskussion um die Förderung von Kindern und Jugendlichen mit schwersten Behinderungen. In: Zeitschrift für Heilpädagogik, 46, 132 – 138.

ELLGER-RÜTTGARDT, S. (1998): Drei Jahre Grundgesetz zugunsten behinderter Menschen – juristischer Höhenflug ohne Bedeutung? In: Zeitschrift f. Heilpädagogik, 49, 1, 26 – 30.

ELLGER-RÜTTGARDT, S. (1998): Entwicklung des Sonderschulwesens. In: FÜHR, C. / FURCK, C. – L. (Hg.): Handbuch der deutschen Bildungsgeschichte. Band V / I. München, 356 – 377.

FAUST-SIEHL, G. / GARLICHS, A. / RAMSEGER, J. / SCHWARZ, H. / WARM, K. (1996): Die Zukunft beginnt in der Grundschule. Reinbek / Hbg.

FEDERL, T. (2001): Chaostheorie, Fuzzy-Logik und systemische Pädagogik. Günthersleben.

FEUSER, G. (1984): Gemeinsame Erziehung behinderter und nichtbehinderter Kinder im Kindergarten. Ein Zwischenbericht. Bremen.

FEUSER, G. / MEYER, H. (1987) : Integrativer Unterricht in der Grundschule. Ein Zwischenbericht. Jarick-Oberbiel.

FORNEFELD, B. (1995): Das schwerstbehinderte Kind und seine Erziehung. Heidelberg.

FRAGNER, J. (1983): Grundzüge eines integrativen Förderkonzeptes Behinderter. Wien (VWGÖ).

FRIEBEL, H.:

FRÖHLICH, A. (1991): Ganzheitliche Entwicklungsförderung. In: FRÖHLICH, A. (Hg.): Pädagogik bei schwerster Behinderung. Handbuch der Sonderpädagogik. Bd. 12. Berlin, 155 – 168.

FÜSSEL, H.-P. (1998): Ein Fortschritt, ein Rückschritt – oder was? – Zur Entscheidung des Bundesverfassungsgerichts vom 8. Oktober 1997 – In: Die neue Sonderschule, 43, 2, 134 – 136.

FUCHS, A. (1899 / ³1922): Versuch einer Hilfsschulpädagogik. Berlin.

GLASERSFELD, E. V. (1987): Wissen, Sprache und Wirklichkeit. Arbeiten zum radikalen Konstruktivismus. Braunschweig.

GRIPP-HAGELSTANGE, H. (1995): Niklas Luhmann. Eine Einführung. München.

HAARMANN, D. (Hg. – 1998): Wörterbuch Neue Schule. Weinheim.

HAEBERLIN, U. (1987 / 1988): Wirkungen separierender und integrierender Schulformen auf schulleistungsschwache Schüler. Erster und zweiter Zwischenbericht. Fribourg / Schweiz.

HANNING, C. (1994): Zu den Empfehlungen zur sonderpädagogischen Förderung der Kultusministerkonferenz. In: Zeitschrift für Heilpädagogik, 45, 483 / 84.

HARTMANN, K. (1992): Autistisches Syndrom. In: DUPUIS, G. / KERKHOFF, W. (Hg.): Enzyklopädie der Sonderpädagogik, der Heilpädagogik und ihrer Nachbargebiete. Berlin, 58.

HARTMANN, M. (2003): Der Mythos von den Leistungseliten. Hamburg.

HEIMLICH, U. (1995): Behinderte und nichtbehinderte Kinder spielen gemeinsam. Bad Heilbrunn.

HEIMLICH, U. (1997): Zwischen Aussonderung und Integration. Schülerorientierte Förderung bei Lern- und Verhaltensschwierigkeiten. Neuwied.

HEINEN, H. (2000): Die Menschen stärken, die Sache klären. In: HEINEN, N. / LAMERS, W. (Hg.): Geistigbehindertenpädagogik als Begegnung. Düsseldorf, 159 – 175.

HENSLE, U. / VERNOOIJ, M. A. (⁷2003): Einführung in die Arbeit mit behinderten Menschen I. Theoretische Grundlagen. Wiebelsheim.

HERKA, H. / STADELMANN, A. / STEPHAN, K. / NEKAHM, D. / WELZL-MÜLLER, K. (1996): Aspekte der Förderung bei frühkindlichen Hörschäden. In: GROSS, M. (Hg.): Aktuelle phoniatrisch-pädaudiologische Aspekte 1995, 220 – 221.

HETZNER, R. / HINZ, A. (1996): Nichtaussonderung in der Schulpraxis. In: Die neue Sonderschule, 41, 6, 410 – 433.

HEUER, G. U. (1997): Beurteilen, Beraten, Fördern. Dortmund.

HILLENBRAND, C. (1999): Paradigmenwechsel in der Sonderpädagogik? In: Zeitschrift für Heilpädagogik, 50, 5, 240 – 246.

HINZ, A. (2000): Vom halbvollen und halbleeren Glas der Integration – Gemeinsame Erziehung in der Bundesrepublik Deutschland. In: HANS, M. / GINNOLD, A. (Hg.): Integration von Menschen mit Behinderung – Entwicklungen in Europa. Neuwied, 230 – 237.

HOVORKA, H. / SIGOT, M. (Hg. – 2000): Integration(spädagogik) auf dem Prüfstand. Behinderte Menschen außerhalb von Schule. Innsbruck / Wien / München.

JANTZEN, U. (1995): Bestandsaufnahme und Perspektiven der Sonderpädagogik als Wissenschaft. In: Zeitschrift für Heilpädagogik, 46, 9, 368 – 377.

JANTZEN, U. (1997): Weiterentwicklung – Stillstand – Rückschritt. 25 Jahre Empfehlung der Bildungskommission des Deutschen Bildungsrates zur Pädagogischen Förderung behinderter und von Behinderung bedrohter Kinder und Jugendlicher. In: Zeitschrift für Heilpädagogik, 48, 18 – 25.

KAMINSKI, G. (1995): Behinderung in ökologisch-psychologischer Perspektive. In: NEUMANN, J. (Hg.): Behinderung. Von der Vielfalt eines Begriffs und dem Umgang damit. Tübingen, 44 – 74.

KANNER, L. (1943): Autistic disturbances of affective contact. In: Nervous Child, 2, 217 – 250.

KANTER, G. O. (1998): Weiterentwicklungen im Bereich der Lernbehindertenpädagogik. Fernuniversität – Gesamthochschule Hagen.

KARL, E. (1997): Förderschulen als Beitrag zur Integration Behinderter. In: BAY. STAATSMINISTERIUM FÜR UNTERRICHT, KULTUS, WISSENSCHAFT UND KUNST (Hg.): Schulreport, 1, 32 – 35.

KIRMSSE, M. (1911): Zur Geschichte der frühesten Krüppelfürsorge. In: Zeitschrift für Krüppelfürsorge, 4, 3 – 18.

KIRMSSE, M. (1922): Der Schwachsinnige und seine Stellung im Kulturleben der Vergangenheit und Gegenwart. In: Zeitschrift für die Behandlung Schwachsinniger, 42, 81 – 88.

KLAUER, K. J. (1966 / ⁴1975): Lernbehindertenpädagogik. Berlin.

KLAUER, K. J. / LAUTH, G. W. (1997): Lernbehinderungen und Leistungsschwierigkeiten bei Schülern. In: WEINERT, F. E. (Hg.): Psychologie des Unterrichts und der Schule (Enzyklopädie der Psychologie, Serie I, Band 3). Göttingen, 701 – 738.

KOBI, E. E. (1988 / ⁴1997): Was bedeutet Integration? – Analyse eines Begriffs. In: EBERWEIN, H. (Hg.): Behinderte und Nichtbehinderte lernen gemeinsam. Handbuch der Integrationspädagogik. Weinheim / Basel, 71 – 79.

KÖSEL, G. (²1995): Die Modellierung von Lernwelten. Elztal-Dallau.

KONFERENZ DER KULTUSMINISTER (KMK) (1972): Empfehlung zur Ordnung des Sonderschulwesens. Beschlossen von der Ständigen Konferenz der Kultusminister der Länder in der Bundesrepublik Deutschland am 16. März 1972. Nienburg.

KONFERENZ DER KULTUSMINISTER (KMK) (1978): Empfehlungen für den Unterricht in der Schule für Sprachbehinderte (Sonderschule). Beschluss der Kultusministerkonferenz vom 10.11.1978. Neuwied.

KONFERENZ DER KULTUSMINISTER (KMK) (1994) Empfehlungen zur sonderpädagogischen Förderung in den Schulen der Bundesrepublik Deutschland. Beschlossen von der Ständigen Konferenz der Kultusminister der Länder in der Bundesrepublik Deutschland am 6. Mai 1994. Bonn. In: Zeitschrift für Heilpädagogik, 45, 484 – 494. Und in: DRAVE, W. / RUMPLER, F. / WACHTEL, P. (Hg.): Empfehlungen zur Sonderpädagogischen Förderung. Würzburg, 25 – 39.

KULTUSMINISTERKONFERENZ – KMK (1998): Die Sonderschulen in der bundeseinheitlichen Schulstatistik von 1987 bis 1996. Statistische Veröffentlichungen der KMK, Dokumentation Nummer 147.

LANTERMANN, E. D. (2000): Handlung und Emotion. In: OTTO, J. H. / EULER, H. A. / MANDL, H. (Hg.): Emotionspsychologie. Ein Handbuch. Weinheim. 381 – 394.

LAUTH, G. / SCHLOTTKE, P. (1988): Die Förderung kognitiver Kompetenzen bei lernbehinderten Kindern mit Unterstützung durch Mediatoren. In: Heilpädagogische Forschung, 14, 148 – 160.

LEONHARDT, A. (Hg. – 1998): Mehrfachbehinderte mit Hörschäden. Neuwied.

LERSCH, R. / VERNOOIJ, M. A. (Hg. – 1992): Behinderte Kinder und Jugendliche in der Schule. Bad Heilbrunn.

LERSCH, R. / VERNOOIJ, M. A. (1992): Einführung: Integration Behinderter in die Schule. In: LERSCH, R. / VERNOOIJ, M. A. (Hg.): Behinderte Kinder und Jugendliche in der Schule. Bad Heilbrunn, 9 – 20.

LUHMANN, N. (1977): Interpenetration – Zum Verhältnis personaler und sozialer Systeme. In: Ztft. für Soziologie, 6, 216 – 229.

LUHMANN, N. (1985): Soziale Systeme. Grundriss einer allgemeinen Theorie. Frankfurt / M.

LUHMANN, N. (1988): Erkenntnis als Konstruktion. Bern.

MAGER, R. F. (^{2}1977): Lernziele und Unterricht. Weinheim / Basel.

MARKOWETZ, R. (^{2}2001): Soziale Integration von Menschen mit Behinderungen. In: CLOERKES, G.: Soziologie der Behinderten. Heidelberg, 171 – 232.

MATURANA, H. R. / VARELA, F. J. (1984 / dt. ^{3}1987): Der Baum der Erkenntnis. Bern / München.

MEISTER, H. / KRÄMER, H. (1988 / ^{4}1997): Innovation als Aufgabe, Voraussetzung und Wirkung integrativer Pädagogik. In: EBERWEIN, H. (Hg.): Behinderte und Nichtbehinderte lernen gemeinsam. Handbuch der Integrationspädagogik. Weinheim / Basel, 404 – 410.

MOSER, V. (1997): Sonderpädagogik zwischen Erziehung und Bildung. In: Zeitschrift für Heilpädagogik, 48, 1, 4 – 8.

MOSER, V. (2000): Sonderpädagogische Konstitutionsprobleme. In: ALBRECHT, F. / HINZ, A. / MOSER, V. (Hg.): Perspektiven der Sonderpädagogik. Disziplin- und professionsbezogene Standortbestimmung. Neuwied / Kriftel / Berlin, 45 – 57.

MUTH, J. (1980): Handlungsfelder und Maßnahmen der Lernbehindertenpädagogik II. Kurseinheit 2: Gemeinsamkeit von Behinderten und Nichtbehinderten in der Erziehung. Studienbrief der Fernuniversität. Hagen.

MUTH, J. (1986): Integration von Behinderten. Über die Gemeinsamkeit im Bildungswesen. Essen.

MUTH, J. (1988 / ^{4}1997): Zur bildungspolitischen Dimension der Integration. In: EBERWEIN, H. (Hg.): Behinderte und Nichtbehinderte lernen gemeinsam. Handbuch der Integrationspädagogik. Weinheim / Basel, 17 – 24.

OECD (1995): Integrating students with special needs into mainstream schools. Paris.

ORTMANN, M. (1995): Progredient erkrankte Schüler als schulpädagogische Herausforderung für die Körperbehindertenpädagogik. In: Zeitschrift für Heilpädagogik, 47, 160 – 167.

OSKAMP, U. (1993): Wie geht es weiter mit der Schule für Körperbehinderte? In: Das Band, 24, 29 – 32.

PALMOWSKI, W. (2000): Anders Handeln. Lehrerverhalten in Konfliktsituationen. Dortmund.

PHILIPP, E. (1996): Teamentwicklung in der Schule. Weinheim.

PRENGEL, A. (1988): Zur Dialektik von Gleichheit und Differenz in der Integrationspädagogik. In: EBERWEIN, H. (Hg.): Behinderte und Nichtbehinderte lernen gemeinsam. Weinheim / Basel, 70 – 74 / ^{4}1997, 93 – 98.

PREUSS-LAUSITZ, U. (1988): Zum Stand der Integrationsforschung. In: EBERWEIN, H. (Hg.): Behinderte und Nichtbehinderte lernen gemeinsam. Handbuch der Integrationspädagogik. Weinheim / Basel, 241 – 247.

PREUSS-LAUSITZ, U. (1989): Stand der Integrationsforschung und Perspektiven integrativer Erziehung. Beitrag für ein Hearing der SPD-Landtagsfraktion im Bayerischen Landtag (2 / 89).

PREUSS-LAUSITZ, U. (1992):Diskussionsbeitrag. In: LERSCH, R. / VERNOOIJ, M. A. (Hg.): Behinderte Kinder und Jugendlcihe in der schule. Bad Heilbrunn / Obb., 5.

PREUSS-LAUSITZ, U. (^{4}1997): Integrationsforschung: Ergebnisse und „weiße Flecken". In: EBERWEIN, H. (Hg.): Behinderte und Nichtbehinderte lernen gemeinsam. Handbuch der Integrationspädagogik. Weinheim / Basel, 299 – 306.

PREUSS-LAUSITZ, U. (1998): Integration Behinderter zwischen Humanität und Ökonomie. Zu finanziellen Aspekten sonderpädagogischer Unterrichtung. In: Erziehung heute – Sonderheft 3b, Weißbuch Integration, 32 – 40.

PREUSS-LAUSITZ, U. (2000): Gesamtbetrachtung sonderpädagogischer Kosten im gemeinsamen Unterricht und im Sonderschulsystem – Ergebnisse einer empirischen Studie. In: ZfH, 51, 95 – 101.

RAUPACH, M. (2003): Schule für Kranke im Umbruch. In: ZfH, 54, 8, 320 – 323

ROHDE, K. (²1999): Ich Igelkind. Botschaften aus einer autistischen Welt. München.

ROTTHAUS, W. (²1999): Wozu erziehen? Entwurf einer systemischen Erziehung. Heidelberg.

RUDNICK, M. (1998): Elternrecht auf gemeinsamen Unterricht gestärkt. Entscheidung des Bundesverfassungsgerichts vom 8. Oktober 1997. In: Die neue Sonderschule, 43, 2, 140 – 143.

SALAMANCA-STATEMENT (1994): The Salamanca Statement and Framework for Action on Special Needs Education. Adopted by the World Conference on Special Needs Education: Access and Quality. Salamanca / Spain, 7 – 10 June 1994. Paris (UNESCO).

SANDER, A. (1985): Zum Problem der Klassifikationen in der Sonderpädagogik: Ein ökologischer Ansatz. In: Vierteljahresschrift für Heilpädagogik und ihre Nachbargebiete, 54, 15 – 38.

SANDER, A. (1988 / ⁴1997): Behinderungsbegriffe und ihre Konsequenzen für die Integration. In: EBERWEIN, H. (Hg.): Behinderte und Nichtbehinderte lernen gemeinsam. Handbuch der Integrationspädagogik. Weinheim / Basel 99 – 107.

SANDER, A. (2002): Internationaler Stand und Konsequenzen für die sonderpädagogische Förderung in Deutschland. In: HAUSOLTER, A. / BOPPEL, W. / MESCHENMOSER, H. (Hg.): Perspektiven sonderpädagogischer Förderung in Deutschland. European Agency, 143 – 164.

SANDER, A. et al. (1988) : Behinderte Kinder und Jugendliche in Regelschulen. Jahresbericht 1987 über schulische Integration im Saarland. St. Ingbert.

SCHAAR, E. (1992): Erziehung und Unterricht im Krankheitsfall. Eine Herausforderung für unsere Schulen. In: Schulverwaltung Bayern, 42 – 46.

SCHARFF, G. (1998): Wohnortnahe berufliche Rehabilitation. In: SCHARDT, N. / SCHARFF, G. (unter Mitarbeit von DRECHSLER, I.): Wege zur Verbesserung der beruflichen Eingliederung für Jugendliche mit Lernbehinderungen. Würzburg, 55 – 60.

SCHMITT, F. (1999): Förderschwerpunkt kranke Schüler. In: Zeitschrift für Heilpädagogik, 50, 182 – 186.

SCHUCK, K. D. (1998): Sonderpädagogischer Förderbedarf – Profilbildung sonderpädagogischer Einrichtungen in einer sich verändernden Schullandschaft. In: forum, 6, 12 – 23.

SELLIN, B. (1993): Ich will kein inmich mehr sein. botschaften aus einem autistischen kerker. Köln.

SPECK, O. (1987): System Heilpädagogik. München.

SPECK, O. (1995): Aktuelle Fragen sonderpädagogischer Förderung. In: Die Sonderschule, 40, 166 – 181.

SPECK, O. (1997): Sonderschule, Benachteiligung und Elternrecht. In: Zeitschrift f. Heilpädagogik, 48, 6, 233 – 241.

SPECK, O. (2000): Sonderschulpädagogische Professionalität durch Qualitätsentwicklung – Begriffe, Modell, Probleme. In: Heilpädagogische Forschung, Band XXVI. H. 1, 2 – 15.

STADLER, H. (1998): Rehabilitation bei Körperbehinderung. Eine Einführung in schul-, berufs- und sozialpädagogische Aufgaben. Stuttgart.

STADLER, H. (2000): Die schulische Förderung junger Menschen mit Körperbehinderung und chronischer Erkrankung zwischen Segregation und Integration. In: Sonderpädagogik, 30, 88 – 101.

STINKES, U. (1999): Auf der Suche nach einem veränderten Bildungsbegriff. In: Behinderte in Schule und Gesellschaft, 22, 73 – 82.

STOELLGER, N. (2000): Lernbehinderung – Geschmacksfrage oder Ansichtssache? In: Sonderpädagogik in Berlin, 1, 4 – 13.

STÖTZNER, H. E. (1864 / Nachdruck 1963): Schulen für schwachbefähigte Kinder. Erster Entwurf zur Begründung derselben. Berlin.

SUCHAROWSKI, W. (^{3}1989): Zur Entstehung der Integrationsklassen in Schleswig-Holstein. Kiel.

THEUNISSEN, G. (1992): Neue Ansätze zur Förderung schwerstbehinderter Menschen und Perspektiven für die heilpädagogische Arbeit. In: Zeitschrift für Heilpädagogik, 43, 16 – 27.

ULICH, D. (^{4}1988): Emotion. In: ASANGER, R. / WENNINGER, G. (Hg.): Handwörterbuch der Psychologie. München / Weinheim, 127 – 132.

VALTIN, R. / SANDER, A. / REINARTZ, A. (Hg. – ^{2}1991): Gemeinsam leben – gemeinsam lernen. Behinderte Kinder in der Grundschule. Konzepte und Erfahrungen. (Beiträge zur Reform der Grundschule 58 / 59). Frankfurt.

VERNOOIJ, M. A. (^{2}1984): Schulische Einrichtungen für Verhaltensgestörte (Historischer Abriss). Hagen (Fernuni, KE 3575 / 1 / 01 / S1).

VERNOOIJ, M. A. (1989): Systemische Ansätze in der Lernbehindertenpädagogik. In: ANGERHOEFER, U. / DITTMANN, W. (Hg.): Lernbehindertenpädagogik: Eine institutionalisierte Pädagogik im Wandel. Neuwied, 33 – 50.

VERNOOIJ, M. A. (1990): Der neue Terminus: MEDIZINISIERUNG abweichenden Verhaltens. In: Sonderpädagogik, 20, 87 – 89.

VERNOOIJ, M. A. (1995): Anthropologische Aspekte der utilitaristischen Ethik. In: UHER, J. (Hg.): Pädagogische Anthropologie und Evolution. Erlangen, 275 – 290.

VERNOOIJ, M. A. (1997): Schulkultur aus Sicht der Sonderschule. In: SEIBERT, N. (Hg.): Anspruch Schulkultur. Bad Heilbrunn, 45 – 65.

VERNOOIJ, M. A. (1998): Aspekte von Schulkultur aus sonderpädagogischer Sicht: Herausforderung für die Ausbildung von Sonderpädagogen. In: Behindertenpädagogik in Bayern, 41, 3, 179 – 189.

VERNOOIJ, M. A. (1998a): Im Leiden begegnet uns Gott – aber wollte ich ihm denn begegnen? Überlegungen im Zusammenhang mit dem „Leid", ein behindertes Kind zu haben. In: ADAM, G. / KOLLMANN, R. / PITHAN , A. (Hg.): Mit Leid umgehen. Dokumentation des Sechsten Würzburger Religionspädagogischen Symposiums. Münster, 23 – 45.

VERNOOIJ, M. A. (1998b): Aspekte von Schulkultur aus sonderpädagogischer Sicht: Herausforderung für die Ausbildung von Sonderpädagogen. In: Behindertenpädagogik in Bayern, 41, 3, 179 – 189.

VERNOOIJ, M. A. (1998c): Heilpädagogik 2000 – ein Auslaufmodell? In: MERZ, H. P. / HERZOG, F. (Hg.): Wende statt Ende. Blickwinkel sozial- und heilpädagogischer Haltungen um die Jahrtausendwende. Luzern, 41 – 59.

VERNOOIJ, M. A. (1999): Veränderte sonderpädagogische Arbeitsfelder aus wissenschaftlicher Sicht. In: Behindertenpädagogik in Bayern, 42, 4, 243 – 251.

VERNOOIJ, M. A. (2000): Gedanken zum Paradigmenwechsel in der Sonderpädagogik. In: VHN, 69, 3, Sonderpädagogik und Rehabilitation auf der Schwelle in ein neues Jahrhundert (Beiträge zur 36. Dozententagung, Berlin), 249 – 253.

VERNOOIJ, M. A. (2002): Die Förderortentscheidung bei besonderem pädagogischen Förderbedarf – Folgerungen aus dem Beschluss des Bundesverfassungsgerichts vom 8. Oktober 1997. In: Die neue Sonderschule, 47, 2, 103 – 112.

VERNOOIJ, M. A. (2002): Kinder mit besonderen Begabungsressourcen in der Grundschule. In: APEL, M. J. / SACHER, W. (Hg.): Studienbuch Schulpädagogik. Bad Heilbrunn, 352 – 383.

VERNOOIJ, M. A. (2003): Verhalten und Beziehung als multifaktorielle Handlungsgestalten. In: VERNOOIJ, M. A. / WITTROCK, M. (Hg.): Beziehung(s)-Gestalten. Oldenburg, 8 – 28.

VERNOOIJ, M. A. / WINKLER, U. (2004): Systemischer Ansatz am Beispiel der Familientherapie. In: WITTROCK, M. / VERNOOIJ, M. A. (Hg.): Verhaltensgestört?! Zur Mehrperspektivität eines Phänomens. Paderborn.

WACKER, A. (1999): Unterricht mit Kindern in Not. Die Schule für Kranke als Ort und Konzept sonderpädagogischer Förderung. In: PROBST, H. (Hg.): Mit Behinderungen muss gerechnet werden. Solms-Oberbiel.

WAGNER, M. (1995): Menschen mit geistiger Behinderung – Gestalter ihrer Welt. Bad Heilbrunn.

WALTHES, R. (1999): Ich sehe dich – ich bin hier. Überlegungen zu Blindheit und Sicht. In: SCHMETZ, D. / WACHTEL, P.: Entwicklungen, Standorte, Perspektiven. Sonderpädagogischer Kongress 1998. Würzburg, 69 – 79. [www.vds-bundesverband. de/Material/kongress98/walthes.htm]

WERNER, B. (2000): Sonderpädagogen im Spannungsfeld zwischen Ideologie und Tradition. Zur Geschichte der Sonderpädagogik, speziell der Hilfsschulpädagogik in der SBZ / DDR. In: Sonderpädagogik, 30, 16 – 29.

WERNING, R. (1996): Anmerkungen zu einer Didaktik des Gemeinsamen Unterrichts. In: Zeitschrift für Heilpädagogik, 47, 463 – 469.

WHO (^{2}1993): Internationale Klassifikation psychischer Störungen. ICD-10, Kapitel V (F). Klinisch-Diagnostische Leitlinien. Bern / Göttingen / Toronto / Seattle.

WHO – International Classification of
• Impairment, Disabilities and Handicaps (1980)
• Impairment, Acitvities and Participation (1998)
Internet: www3.who.int/icf/icftemplate.cfm

WITTROCK, M. (Hg. – 1998): Verhaltensstörungen als Herausforderung: Pädagogisch-therapeutische Erklärungs- und Handlungsansätze. Oldenburg.

WITTROCK, M. / VERNOOIJ, M. A. (Hg. – 2004): Verhaltensgestört?! Zur Mehrperspektivität eines Phänomens. Paderborn.

WOCKEN, H. (1987): Integration und Leistung. In: HINZ, A. / WOCKEN, H. (Hg.): Gemeinsam leben – gemeinsam lernen im Hamburger Integrationszirkus. Bericht v. 5. Bundeselterntreffen, Mai 1987 in Hamburg. Hamburg, 11 – 124.

WOCKEN, H. (1988 / ^{4}1997): Schulleistungen in heterogenen Lerngruppen. In: EBERWEIN, H. (Hg.): Behinderte und Nichtbehinderte lernen gemeinsam. Handbuch der Integrationspädagogik. Weinheim / Basel, 255 – 260 / 315 – 320.

WOCKEN, H. / ANTOR, G. / HINZ, A. (1988): Integrationsklassen in Hamburger Grundschulen. Bilanz eines Modellversuchs. Hamburg.

WORLD HEALTH ORGANIZATION (1999): International Classification of Functioning and Disability. Beta-2 Draft Full Version. [www.who.int/msa/mnh/ems/icidh/]

WÜLLENWEBER, W. / LUX, B. / WACHE, F. (2003): Das Märchen von der Chancengleichheit. Stern, 30, Hamburg, 30 – 40.

Kapitel 6:

ANGERHOEFER, U. (1998) Zur Entwicklung von Schlüsselqualifikationen im Kontext einer veränderten allgemeinen Grundbildung in der Förderschule. In: ANGERHOEFER, U. / DITTMANN, W. (Hg.) Lernbehindertenpädagogik: Eine institutionalisierte Pädagogik im Wandel. Neuwied / Berlin, 97 – 115

BASTIAN, J. (1984) Lehrer im Projektunterricht. Plädoyer für eine profilierte Lehrerrolle in schülerorientierten Lernprozessen. In: WESTERMANNS PÄDAGOGISCHE BEITRÄGE, 6, 293 – 300

BAYERISCHES STAATSMINISTERIUM FÜR UNTERRICHT UND KULTUS (Hg. – 2003): Lehrplan für den Lernbereich Berufs- und Lebensorientierung (BLO) für die Vierte Förderstufe der Schule zur Lernförderung und des Sonderpädagogischen Förderzentrums. Bekanntmachung vom 29. Juli 2003, Nr. IV – 7 – 5 S 8410 – 4.76613

BUNDESMINISTERIUM FÜR GESUNDHEIT UND SOZIALE SICHERUNG (Hg. – 2003): Statistisches Taschenbuch 2003. Arbeits- und Sozialstatistik. Internet: http://www.bmgs.bmd.de/deu/drv/datenbanken/stats/stb03_3596.cfm

BUNDESANSTALT FÜR ARBEIT (Hg. – 1997) direkt: Fördern und Qualifizieren. Nürnberg

BUNDESANSTALT FÜR ARBEIT (Hg. – 1999) Beruf aktuell. Nürnberg

BUNDESANSTALT FÜR ARBEIT (Hg. – 2000) Berufliche Rehabilitation junger Menschen. Handbuch für Schule, Berufsberatung und Ausbildung. Nürnberg

EISELT, M. (1996) Berufliche Perspektiven für lernbeeinträchtigte Jugendliche. In: Förderschulmagazin, 5, 5 – 9

Gmelch, (1997

GÖTZ, M. (1993) Offener Unterricht. In: HELL, P. (Hg.): Öffnung des Unterrichts in der Grundschule. Donauwörth, 9 – 23

GUDJONS, H. (1998) Didaktik zum Anfassen. Bad Heilbrunn

HEIMLICH, U. (1999) Gemeinsam lernen in Projekten. Bad Heilbrunn

HILLER, G. G. (2002) Ein Bildungskonzept für Jugendliche in schwierigen Lebenslagen. In: Die neue Sonderschule, 47, 5, 327 – 332

HOFSÄSS, TH. (2003) Didaktische Konzepte der Oberstufe an der Schule für Lernbehinderte: Schulentwicklung zwischen Tradition und Innovation. In: ZfH, 54, 5 / 2003, 180 – 182

JÜRGENS, E. (1997) Offener Unterricht im Spiegel empirischer Forschung. In: Pädagogische Rundschau 51, 677 – 697

KASPER, H. (1979) Vom Klassenzimmer zur Lernumgebung. Bausteine für eine fördernde Grundschule. Ulm

LEHRPLAN FÜR DIE BAYERISCHE HAUPTSCHULE (1997) Bayerisches Staatsministerium für Unterricht, Kultus, Wissenschaft und Kunst. München

LEHRPLAN ZUR INDIVIDUELLEN LERNFÖRDERUNG vom..... Bayerisches Staatsministerium für Unterricht, Kultus, Wissenschaft und Kunst. München

LINDMEIER, CHR. (1999) Kinder und Jugendliche mit sonderpädagogischem Förderbedarf im Bereich des Lernens und die Möglichkeiten ihrer Vorbereitung auf Arbeit und Leben in der nachindustriellen Gesellschaft. In: ZfH, 50, 5, 234 – 239

NEISE, H. (1992) Arbeitslehre In: DUPUIS, G. / KERKHOFF, W. (Hg.): Enzyklopädie der Sonderpädagogik, der Heilpädagogik und ihrer Nachbargebiete. Berlin, 35 – 36

REIß, G. / EBERLE, G. (Hg. – 1995) Offener Unterricht – Freie Arbeit mit lernschwachen Schülerinnen und Schülern. Weinheim

REIß, G. / EBERLE, G. / BÖHM, O. (⁴1997) Offener Unterricht mit lernschwachen Schülerinnen und Schülern – Eine Einführung. In: REIß, G. / EBERLE, G. (Hg.): Offener Unterricht – Freie Arbeit mit lernschwachen Schülerinnen und Schülern. Weinheim

SCHOR, B. J. (2003): Ein Modell positiver Schulentwicklung: Die Sonderpädagogischen Diagnose- und Werkstattklassen in Förderschulen. ISB, München (Staatsinstitut für Schulpädagogik und Bildungsforschung)

SCHÜLERFIRMEN IM SONDERPÄDAGOGISCHEN FÖRDERZENTRUM II, BAD WINDSHEIM (2004) Internet: http://www.foerderzentrum2-badwindsheim.de/schuelerfirmen/index.html, 18.05.2004

STATISTISCHES BUNDESAMT (Hg. – 2000) Datenreport 1999. Bundeszentrale für politische Bildung. Bonn

STATISTISCHES BUNDESAMT (Hg. – 2003) Datenreport 2002. Bundeszentrale für politische Bildung. Bonn

STORZ, M. (1997) Schöne neue Arbeitswelt. In: ZfH, 48, 10, 398 – 405

STRUCK, P. (1980) Projektunterricht. Stuttgart / Berlin / Köln / Mainz

VERNOOIJ, M. A. (1992) Hauswirtschaftsunterricht. In: DUPUIS, G. / KERKOFF, W. (Hg.): Enzyklopädie der Sonderpädagogik, der Heilpädagogik und ihrer Nachbargebiete. Berlin, 272 – 273

WALLRABENSTEIN, W. (⁴1994) Offene Schule – offener Unterricht. Ratgeber für Eltern und Lehrer. Bernbeck bei Hamburg.

Verzeichnis der Exkurse